Van Loon's Geography

房龙地理

[美] 房龙 著　刘梅 译

中国友谊出版公司

图书在版编目（CIP）数据

房龙地理 /（美）房龙（Van Loon,H.W.）著 ；刘梅译. -- 北京 ：中国友谊出版公司，2013.11（2023.8重印）
ISBN 978-7-5057-3252-0

Ⅰ. ①房… Ⅱ. ①房… ②刘… Ⅲ. ①社会地理学－世界－通俗读物 Ⅳ. ①C912.8-49

中国版本图书馆CIP数据核字(2013)第246919号

书名 **房龙地理**
作者 [美]房龙
译者 刘梅
出版 中国友谊出版公司
发行 中国友谊出版公司
经销 新华书店
印刷 唐山富达印务有限公司
规格 889×1194毫米 32开
12.25印张 300千字
版次 2013年12月第1版
印次 2023年8月第6次印刷
书号 ISBN 978-7-5057-3252-0
定价 39.80元
地址 北京市朝阳区西坝河南里17号楼
邮编 100028
电话 （010）64678009

告读者

我现在将对你10年前的来信进行答复。下面是你写给我的信的内容（我引用了原文）：

“……是的，地理学究竟是什么呢？对于我来说，我所需要的只是属于自己的地理学，而不是那种全新的地理学。我的地理学里有我想了解的东西，我不想了解的东西则丝毫不会提起。你要为我写的就是这样的地理学，这是我所希望的。我任职的那所学校对所有的课程都有着一丝不苟的态度。所有国家的大致情况以及它们的疆界形成的原因，我都学习了；不同城市的概况以及各个城市的人口数量情况，我也学习了；同时，我还学习了所有高山的名称和高度,连同它们煤的年产量。但遗憾的是，我刚刚学习完，又全都忘掉了。这些东西就像一个被塞满了图片的博物馆，又如同一场冗长的音乐会，彼此之间没有关联，又混乱无序。对我而言，这些东西是毫无价值的。在需要了解事实的真相时，我只有去翻阅地图和地图册，或者去求助于大百科全书以及蓝皮书。对于我这样的经历，我想应该有很多人碰到过吧！在此，我代表所有可怜的受害者对你提出恳切的请求，希望你能为我们写出一本有实际帮助的新的地理书。请把所有的高山、城市、大海一个不落地全部写进这本地理书里，这本书只需要向我们讲述生活在那里的居民的情况、他们居住在那里的原因、他们从什么地方来以及他们来做什么，诸如这些人类关心的故事，请你写进地理学中去。并且，请不要对那些只有一个名称的国家浪费过多的笔墨，应该将那些着实有趣味的国家放在突出的位置，这样的话，我们就有可能记住它们了，不然的话……”

一如从前，当你们的命令到达的时候，我就急切地去完成。

“亲爱的，就是这个！”

亨德里克·威廉·房龙

目录

CONTENTS

第一章 人类及其家园 /001
第二章 地理学的定义 /007
第三章 我们生存的这个星球的特点、规律和状况 /010
第四章 地图 /029
第五章 地球的四季及其形成 /043
第六章 海洋中的陆地 /046
第七章 欧洲和生活在那里的民族 /053
第八章 连接古老亚洲和新兴欧洲的桥梁——希腊 /058
第九章 意大利 /069
第十章 西班牙 /088
第十一章 法国 /100
第十二章 比利时 /113
第十三章 卢森堡 /118
第十四章 瑞士 /120
第十五章 德国 /126

第十六章 奥地利 /135
第十七章 丹麦 /140
第十八章 冰岛 /144
第十九章 斯堪的纳维亚半岛 /147
第二十章 荷兰 /157
第二十一章 英国 /162
第二十二章 俄国 /180
第二十三章 波兰 /194
第二十四章 捷克斯洛伐克 /198
第二十五章 南斯拉夫 /201
第二十六章 保加利亚 /205
第二十七章 罗马尼亚 /209
第二十八章 匈牙利 /211
第二十九章 芬兰 /215
第三十章 亚洲的发现 /217
第三十一章 亚洲与世界 /221
第三十二章 亚洲中部高原 /223

第三十三章　亚洲西部高原　/227
第三十四章　阿拉伯半岛　/241
第三十五章　印度　/245
第三十六章　亚洲东南半岛　/254
第三十七章　中国　/259
第三十八章　朝鲜与蒙古　/273
第三十九章　日本　/277
第四十章　菲律宾　/289
第四十一章　荷属东印度群岛　/293
第四十二章　澳大利亚　/299
第四十三章　新西兰　/307
第四十四章　太平洋群岛　/310
第四十五章　非洲　/312
第四十六章　美洲　/348
第四十七章　新的家园　/373

第一章

人类及其家园

尽管这听起来令人难以置信,然而却是真实存在的。关于人类,如果我们做一个大胆的设想:假设地球上每一个人都是6英尺高、1.5英尺宽、1英尺厚(这比真实的人要高大,很多人还达不到这样的尺码),那么,只要用一个长、宽、高各半英里的巨型集装箱就能够像装沙丁鱼一样,把所有的人类(根据最新统计资料,现在生活在地球上的大约有20亿人)全部装进去。就像我前面所说的,这听起来似乎荒诞无稽,让人不可思议,但如果你不相信的话,只要你动手略加计算,就会发现我的计算是正确的。

我们把这个大箱子运到亚利桑那州的科罗拉多大峡谷,那是一个自然界的神奇之境,它是由永恒之手在静默之中创造出来的。我们就把这里作为人类最后的安息之地。大峡谷的美景是那么雄伟壮观,为了避免人类被它所震撼而望断了脖子,我们把那个塞满人类的集装箱巧妙地放在那道低矮的石墙上,然后,找来一条德国种的小猎犬(这个小家伙非常聪明,而且非常听话),让它用它那棕褐色的小软鼻子拱向那个笨重的庞然大物。大木箱往下掉的时候,不时地撞击山石、灌木和乔木,发出长长的轰隆声和撕裂声,装着人类的集装箱一路砸树碾石,从山崖一直朝谷底滚落,随着最后的一声訇然巨响,集装箱的边缘撞上了河岸,人类便撞进科罗拉多河的怀抱之中。

尔后，一切复归于沉寂。

很快，人类就会被遗忘在墓穴之中，好像一切从未发生过一样，任由月圆月缺，而大峡谷将一如既往，依旧与风霜雨雪相伴。在这个神秘的宇宙间，地球也将继续在太空中按照既定的轨道运行。

对地球上发生的这个变化，星际间的远居近邻，还有那些外星球上的天文学家即使天天观察太空，也不会注意到究竟发生了什么异乎寻常的事情。

一个世纪之后，也许那个小小的青冢依然覆盖着一层层密密麻麻的绿色植物，而这就是人类曾存在过的唯一物证。

人类的故事到此落下帷幕。

我完全可以想象得到，有些读者不大会喜欢这个故事。把不可一世的人类贬抑到这样微若尘芥的地步，看到引以自豪的人类落得如此可悲的下场，他们感到非常难受。然而，我们需要从另外一个角度去看待这个问题——这个角度把人类数量的微小和弱小躯体的无助变得具有深远的意义。

人类在这里实际上只不过是一群哺乳动物罢了，既卑微软弱，又孤立无助。从出生的前一天黎明开始，我们就被成群结队的其他物种包围着，它们已经为生存斗争做了更充分的准备，因此比我们更适应这个物竞天择的环境。在人类早期的对手中，有长达 100 英尺、重得像小火车一样的庞然大物；有牙齿像锯一样锋利的猛兽；也有身披像中世纪骑士盔甲、每天只是吃喝玩乐的家伙；还有一些是人的肉眼所无法看见的，但它们却以惊人的速度成倍地繁殖，如果没有以同样惊人的速度去消灭它们的天敌的话，它们可能用不了一年的时间就会占据整个地球。很显然，人类的邻居具有在任何自然条件下生存的能力与决心，对高寒的山峰、深邃的海洋，它们从无半点畏惧。然而，人类只有在最适宜的环境中才能生存，只能在高山与大海之间那些小块的干燥陆地上择地而栖。

根据确凿的证据我们了解到，有些种类的昆虫能够在石油中欢快地嬉戏（如果让我们把石油这种东西作为日常饮食的主要成分，实在令人难以想象），还有一些昆虫可以在极大的温差条件下生存，而这种悬殊的温度可以在几分钟内夺去我们的生命。更让人惊奇的是，那些令人讨厌的棕色小甲虫似乎非常热爱文学，总是不厌其烦地光顾我们的书橱，即使失去两条腿，甚至三条、四条腿，仍能日复一日地在书橱中爬行。而我们人类呢？只要有一个脚趾被针扎了一下，都可能会行动艰难，甚至卧床不起。这时我们开始认识到，在这个冷漠的宇宙间，为了避免有一天消亡在某个黑暗的角落里，从我们出生在这个旋转的星球上开始，我们不得不进行不懈的斗争，以确保继续生存下去。

对于我们这些麻木不仁的现代人，人类的经历似乎有些可笑。我们站在一旁，看着他们抛开树枝、手杖，努力学习用后肢走路，一开始这也许有些滑稽可笑。然而，正是由于这笨拙的行走，人类才开始了从原始向文明的迈进。

而那些昔日的主宰者，它们曾凭借蛮力和机智狡猾对地球上两亿平方公里的陆地和海洋进行过至高无上的统治，如今它们的命运又如何呢？

它们中的大部分在地球上已经永远地消失了，只有在自然博物馆中，它们才能以“展品 A”或“展品 B”的形式占有一席之地。还有一部分生存下来了，但它们不得不降尊屈贵，被迫从事劳动，而且仅仅为了生存，做了人类的家畜。为了取悦人类，它们只好把自己的皮毛、蛋、奶以及肋间的肌肉贡献出来，甚至由于人类的懒惰，它们不得不替人类拖拉一些人类力所不及的重物。还有不少动物则是迁徙于荒郊野地，人类允许它们在那里吃草，保存和延续它们种族，其实人类也只是认为那些地方现在还不值得一争，没必要把它们的土地占为己有。于是，这些可怜的生物才得以暂时在那里生息、繁衍。

简单来说，在仅仅二三十万年的时间内(对于无尽的时间长河而言，这只不过是短短一瞬间)，人类已使自己成为这个星球上每一块土地不容置疑的统治者，而且现在又有可能把大气层和大海纳入自己的版图。所有这一切竟然是由几亿人类成员创造出来的。然而，除了神奇的理性之外，人类所具有的优势并不比那些竞争对手多。

在这儿，我有些言过其实了。实际上，尽管这种神授理智和为自身利益打算的能力是以最高贵的形式出现的，但也只是人类中一小群男女才能拥有的特权，其他大多数成员并不被允许拥有这种权力。因此,这一小群人也就顺理成章地成了大多数人的主人。其他人无论对现实如何愤愤不平，也只能俯首听令。人类的进步就变成了这样一个怪诞而踯躅的进程。不管人们如何努力，数千个不断奋斗的人中真正的先锋只有一个。

我们不知道，也无法预料这条人类前进的道路会把我们引向何方。但在过去4000年文明之光的引导下，人类一定能够创造出更加辉煌的未来——除非我们被自身奇异的、固有的残忍性所引诱而偏离了正常的发展道路。这种残忍使得人类自身之间的杀戮比对待一头牛、一条狗甚至一棵树更加残暴。

地球及其万物都处于人的支配下。人类的足迹几乎遍及了地球的每一块土地，纵然还有洪荒旷野，但凭借其卓越的智慧、远见和手中的猎枪，人类最终也会将它们置于自己的主宰之下。

我们有一个非常美好的家园。它生产出足够多的食物，让人类不再饥饿；它奉献出充足的岩石、泥土和森林，让我们每一个人都可以利用这些东西建房以御寒安居；那牧场上驯顺的羊群、盛开着蓝色花朵的如同波浪一样起伏的亚麻田，还有中国的桑树上勤奋工作的蚕宝宝，都向我们提供了丰富的原料，使我们的身体免受冬季的寒冷和夏季的灼晒。地球这个美好的家园，它给予我们的是如此之多，每个男人、女人以及儿童在未来的岁月中只需要稍做投入就可分享其成。

但是，大自然也有它自身的法则。这些法则既是冷酷无情的，却也是公正的，在这里不存在上诉法庭。大自然毫不吝惜地给予我们以无数恩赐，无私地关爱着人类，而作为回报，它要求我们学习它的法则，并遵从它的规定。

在一块只能放养50头牛的牧场上放养了100头牛，就会引发灾难，这是每个农夫再熟知不过的道理。在一片土地上，如果本来只够10万人生活，却居住了100万人，这就意味着人满为患，拥挤、贫困和痛苦就将会出现在这一地区。然而，这一事实显然被那些期望支配人类命运的人忽略了。其实在人类犯下的许多错误中，这还不是最为严重的一个。我们还在其他方面伤害了我们这位宽宏大量的慷慨母亲。在现存的生物群体中，敌视同类的唯一生灵就是人类。狗不会吃狗，老虎也不会吃老虎，甚至最凶残、最令人嫌恶的鬣狗也能与同胞和平相处。可是，人类却是互相仇恨、互相杀戮。今日世界，为了屠杀邻国或者防止来自邻国的杀戮而做出最快的反应，就是每个国家的头等大事。

大自然的第一条法则就是要求人们彼此之间和平共处，友善相待，而人类却公然违抗这一法则，这使我们不得不忧心忡忡，担心人类会面临种族灭绝的境地，因为人类生存竞争中的敌人一直都在戒备着。如果智人（这个称谓太具有谄媚色彩了，它是由玩世不恭的科学家赋予我们这个种族以表示我们的智力要优于动物界其他成员的）不愿意或无力继续担任这个世界的主宰者，那么，将有成千上万的候选者等着把人类打倒，自己登上主宰者的宝座。看来，一个由猫、狗、大象或者别的什么高级昆虫（它们是多么焦急地等候着这个时机啊）作为主宰者的世界，比一个充斥着战舰和攻坚大炮的星球大概有着更多毫无疑问的好处。

由于祖先的愚笨与无知，人类误入了歧途，身陷悲惨而危险的环境。人类到底该何去何从？摆脱这种可悲可耻的事态的出路在哪里？这本小册子试图拨开迷雾，试图冒昧地寻找一条唯一的途径，以走出充满悲哀和灾难的死胡同。

我们需要花费很多时间，需要接受数百年缓慢、乏味而又痛苦的教育，才能寻找到一条真正的获救之路。这条出路会使我们意识到我们大家都在同一个星球上，我们是同行者，是邻居，是旅伴。一旦我们认识到这个确定不移的真理，明白地球是人类唯一的、共同的家园，除此之外，再无其他的栖身之地，我们决不会离开这个太空中的小点时，我们就会像火车或者轮船上的游客，学会互相尊重。这样，我们就会迈出解决这个可怕问题的第一步，而且是至关重要的一步。这个可怕的问题也是我们面临的所有困难的根源。

我们所有的人都是同一个星球上的旅伴，应该荣辱与共，同舟共济，一人的祸福就是我们大家的祸福。

称我为梦想者吧，叫我空想家吧，或者干脆就称我为傻瓜，也可以去叫警察把我抓走，或者叫救护车把我送进疯人院，使我不再有机会散布这令人不快的“异端邪说”。但是，请记下我的话，在人类将不得不收起自己的小把戏，把福祉移交给更有资格的继任者那性命攸关的时刻，再想想我的话。

下面这句话就是人类生存下去的唯一希望：

> 我们大家都是同一个星球上的伙伴，为了我们赖以生存的地球的福祉，所有人都应对人类世界的幸福美满肩负起责任。

第二章

地理学的定义

一个人如果选择去旅行，动身之前，他就会对自己的行程和将要到达的目的地做一个详细的了解。读书也是这个道理，读者在翻开书本之前就应该对自己的阅读方法和阅读目的有一个明确的认识。就拿这本书来说吧，“地理学”这个概念就是读者在阅读之前必须做的功课。

关于地理学的解释，我们可以来看一下我手边的这本 1912 年版的《简明牛津词典》，第 344 页里面是这样说的：

> 地理学是一门研究地球的地貌、结构、自然地物、自然区域与政治区域、气候、物产及人口状况的科学。

这本书是关于地理学的，不过，它毕竟不是一本单纯的地理教材，因此也不可能太过全面，比如地貌、自然物、自然与政治区域划分这些都不在这本书的重点范畴之内。我在这本书中重点介绍的是人类为了生存而努力获得食物、建造居所和休闲娱乐的方式，还有人类在追求幸福和舒适生活的过程中不断突破自我的精神以及征服自然和改造环境的手段。

在这个地球上有 20 亿的庞大人口，正可谓各式各样、形态万千，就像人们常说的那句："龙生九子，各不相同。"如此众多的人口，虽然他们在集装箱里显得渺小卑微，但无论如何也掩饰不了这个庞大数字存在的意义。不仅仅是这个数字，其间还包含着形形色色的经济、文化和社会特征，而恰恰是这些人文的东西最应该引起我们的重视，至少我是这样认为的。一座大山，当人们没有发现、涉足它的时候，当一代代饥不果腹的人们还没有占领、开发和争夺它的时候，它仅是一座山而已。

13 世纪初期，因为有了人类的那次横渡探险，永恒、深邃、宽广和咸湿的大西洋一下子变成了连接美洲大陆和欧洲旧大陆的桥梁，并且成功实现了东西方的商贸交往。

俄罗斯广袤无垠的大平原默默守候了成百上千年，它想将自己丰富的物产奉献给某个长途跋涉、不畏艰险的耕耘者，可是，第一个在这块土地上开垦的是斯拉夫人，而不是日耳曼人和法国人，假如两者可以交换，这块土地将是另外一种全新的景象。

日本频繁发生地震的命运，不管是世世代代生活在那里的日本人，还是已经消失的塔斯马尼亚人都不能改变。不过，假如是由塔斯马尼亚人来经营这块土地，那么很可能将有 6000 万人处于饥饿状态。还有英伦诸岛，假如它的统治者是那不勒斯人或者北非的柏柏尔人，而不是具有攻击性的北欧人，那我们可能永远也见不到这个国家成为日不落帝国中心的那一天，更不可能成功地将世界上 1/6 的人口纳入它的统治范围内，国土疆域也不可能比原来的本土面积扩大 150 倍。

总而言之，我更加看重地理学中包含的人文意义，而非商贸往来。至于商贸，当今的大生产时代已经赋予了它太多的内涵。

凭经验讲，读者对于进出口贸易量、煤炭产量、石油产量还有银行存款额这些数字总是记不住的，不管怎样夸大其词、大肆渲染，想让读者逐页记住，那都是无比困难的事。并且，假如读者确实需要这些数据，工具书可以给他提供帮助（但是，许多统计手册里面提供的数据是相互矛盾的）。

首先，这是一本关于人类的书。

然后，这是一本关于人类自然环境和历史背景的书。

当然，如果有足够的篇幅，我会尽量涉及一些其他方面的知识。

第三章

我们生存的这个星球的特点、规律和状况

在古代人们的意识里，地球是“一个悬挂在宇宙中的黑色小物体，并且是孤零零的一个”。

其实，人类生活的地球是一个“椭圆球”，而不是真正的“圆球”。这是一个两极稍扁的、类似圆形的球体。我用一个例子来说明“两极”的位置，用一根织毛衣的针笔直地从一个橘子或者苹果的中间位置穿过去，毛衣针进去和出来的地方就是“两极”了。地球上的两极即南北两极，前者在高原之巅，后者在深海之下。

我们通常可以将地球两极之间的“扁平”问题忽略掉，因为两极之间的中轴线长度与赤道相比，只短了 1/300。如果你能有幸在博物馆里找到一个直径为 3 英尺的大地球仪，你可以从上面看到南北中轴线的长度比起赤道仅仅短了 1/8 英寸，当然，看到这个细微差别的前提是这个地球仪必须非常精准。本书的读者只要掌握这些就足够了，但要是地理学家或是探险家则不然，他们会非常重视这个差距。细小到一粒尘埃也会在它自转时发生两极扁平，这是很自然的事。关于这个现象，假如你的地理老师有这套可以显示的设备的话，你可以在他的实验室里看到。我建议你去问一下你的地理老师，这样就省去了你亲自到极地做实验的麻烦。

地球是一颗行星，这是众所周知的，行星 planet 这个词，来自希腊。

很早以前，希腊人就观察到（也可以说他们自以为观察到）宇宙中有很多不停运转的星球，他们把这些星体叫作“行星”（planets），还有另外一个名字是“流浪星”（wanderers）。他们还观察到宇宙中有些星球总是处于静止状态,他们用“恒星”（fixed stars）来为这些星球命名，当然，那个时候的希腊人还没有望远镜，所以他们看到的行星是不运动的。“星星”（star）这个词的出处，我们已经无从知晓了，它很可能与梵语词根“撒、播、点缀”这个词有关联——天空缀满了点点繁星，像无数的小火苗在闪动，这真是一个美妙贴切的比喻啊!

地球围绕太阳公转，不断地吸收太阳的光和热。地球从太阳那里获取的光和热，比起太阳本身所拥有的6000℃的体表温度实在是不算什么，更何况，太阳系里所有行星体积加在一起仅仅能达到太阳体积的1/700而已，如此大的差距，地球大可不必为自己微乎其微的索取而感到惭愧。

古代人一直把地球当作宇宙的中心，在这块干燥的陆地周围有汪洋大海包裹，就像悬浮在空中的穆罕默德的棺材和断线的风筝。关于这种观点，极少数有先见之明的希腊天文学家和哲学家（这是第一批不向教士们做请示而自行思考的人）表示过怀疑。经过几个世纪艰苦卓绝的探索研究，先驱们得出了这样一个结论：人类站立的这块土地并不是一个扁平的圆盘，而是一个圆球，它在天空中并非静止不动，而是围绕着比它更大的太阳快速地转动，并且这个球体并不是宇宙的中心。

此外，他们还指出，与那些所谓静止的恒星相比，运动的星球，即行星，它们跟地球一样都是绕着太阳转动，而不是绕着地球转动的。它们和地球都是太阳系的家族成员，有相同的运动规律（人们的日常作息，如起床、睡觉的时间等都是由这一规律决定的），在各自既定的轨道上运行，假如有任何偏差，都会导致毁灭性的灾难。

罗马帝国以后的200年里，这种说法已经得到了知识阶层的认可。不过，如果在4世纪教会独揽大权的时代接受这种思想，就将面临非常危险的境地了。那个时候，如果有人胆敢说地球是圆的，他将会为此付出生命的代价。虽然如此，我们却不能怪罪于教会，因为早期的基督教徒只不过是一群愚昧无知的人，在他们的脑袋里深深地烙印着这样的思想：世界末日正在一步步靠近，末日到来之时，上帝将会在荣光之后再次回到他的受难地，来审判人世间的邪恶与美善。基督徒们对这一信念恪守不移。如果基督真的能够再次回到这个地球上来，那么，除此之外的一切都是骗局而已，人们脚踏的这块土地也就如教会所言是扁平的，如若不然，基督只能重生两次，一次去西半球，一次去东半球。果真如此的话，那真是太荒谬可笑了，并且这该是亵渎神灵了吧。由此看来，地球是圆形的可能性为零。在近千年的时间里，教会组织努力地向教徒们灌输“地球是圆形的、地球是宇宙的中心”这样的思想。那个时候的知识分子和修道院的某些学者以及新兴城市的天文学家其实一直都坚持古希腊的地圆学说，不过，这并不是一个可以公开讨论的话题，如果公开讨论的话，无数愚昧无知的人们就不会再有平静的生活了。

可是，人们还是慢慢地、被动地接受了地圆学说，在15世纪后期，这种学说已经得到了社会的普遍认可。这种学说也是人们经过了无数的观察研究才得出来的：

第一，人们靠近一座大山或者一艘大船的时候，最先看到的总是它们的顶部，接着才看到全部。第二，身在任何地方的人们，目光所及之处总是圆形的，不管是看大海还是看大地，人们总是平行地移动着自己的视线，如果是坐在热气球上，随着高度的增加，人们视野逐渐扩大，圆圈的范围自然也扩大了。如果地球是圆形的，人们将会觉察到，自己被一个椭圆的世界所包围着，并且中心就是他自己，同样，三角形或者方形的地球会拥有三角形或方形的地平线。第三，如果有月偏食发生，你会看到地球投射在月亮上的圆形阴影，而圆形的阴影只有通过圆形的物体来投射。第四，成千上万的行星和恒星都是圆形的，为何偏偏将地球排除在外呢？第五，葡萄牙航海家麦哲伦的船队从东开始向西航行，经过漫长的旅程，他又回到了出发地；探险者库克船长也是如此，他所率领的船队自西向东航行，活下来的人都回到了自己的故乡。最后，如果我们一直走向北极，那些耳熟能详的星座（古代的黄道十二宫星座）就会渐渐地消失在我们的视线里，反之，我们走向赤道，那些星座就会逐渐升高。

这些事实就是最有力的证据——人类脚踏的这个星球是圆形的。

如果还嫌不够的话，我们还可以将大量的科学数据摆出来，不过，一般的人会觉得这些数据没有任何意义。就拿光来说吧，它以每秒18.6万英里的速度飞驰着，你弹一个手指的时间，它就已经绕着地球走完7圈的路程了。太阳光达到地球需要的时间是8分钟，木星的光到达地球只需要3分钟。但是，距离太阳系最近的恒星，又叫作比邻星，它的光束投到地球上则需要4年零3个月的时间；在航海事业中有举足轻重作用的北极星，光束投射到地球则需要40年的时间。

我们可以尽情张开想象的翅膀，想象一下这个距离、想象一下一光年的长度、想象一下光用一年的时间走过的路程，或者大胆地想象一下这个公式所表示的意义：365 × 24 × 60 × 60 × 186000英里。其结果绝对是个天文数字，绝大多数人都会在它面前迷失方向的，我认为还是不想的好。

下面，我举一个大家都很熟悉的火车的例子来加以说明：

一列普通的旅客列车如果要到月球上去，昼夜不停地开，要260天才能到达目的地；如果它要到太阳上去，那就需要更长的时间了。也就是说，假设这列火车现在（1932年）就出发，当它到达太阳的时候已经是2232年了。如果是去冥王星的话，则需要8300年的时间。当然，这些根本算不了什么，因为如果它要到距离太阳系最近的那颗恒星上的话，要7500万年的时间；假如是到北极星，那就更可怕了，要整整7亿年，这个旅程实在是太过漫长了吧！那么，我们来看一下7亿年是什么概念呢？按照人类平均寿命为70岁来计算，这列火车到达目的地的时候，人类已经繁衍到1000万代以后了。

实际上，我们现在只是谈论观察到的一部分宇宙而已。与伽利略同时代的天文学家依靠一种非常简陋的设备来观察天空，他们有了很多的重大发现。现在，我们有了比那个时代先进很多的望远镜，但仍然不能让人们满意，直到出现了可以将镜头扩大1000倍的高倍望远镜，人们在天空领域的探索才得到了前所未有的发展。从中我们可以看出，我们口中的宇宙其实只是“人类用肉眼或者借助感光胶片观察到的那浩渺宇宙中的很小一部分”。除此之外，我们简直不敢去想象那个未知的领域是什么，宇宙中尚未被人类开发探索的那些空间对我们而言实在是太陌生了。

茫茫宇宙中，太阳和月亮是我们的两个近邻，它们对人类的生产有着直接、明显的影响。地球上的生命需要从太阳那里获取光和热，每24小时，地球上有一半的生命就将从太阳上获得光热能量。另一个邻居月球对人类的影响主要体现在大海的运动上，它会使大海出现“潮汐”这种奇特的水流现象。

从体积上来说，月球是无法与太阳相提并论的（假如太阳是一个直径为3英尺的球，相比之下，地球只是一粒青豆，而月球顶多只是一个针尖而已），可是如果论这两者对地球所产生的引力，太阳则自愧不如了，因为地球的真正近邻是月球。如果地球的组成物质全部都是固体状，那么月球的引力就微乎其微了。但是，海洋面积占了地球表面积的3/4，当月亮绕着地球公转的时候，海水就会跟着移动，从而发生潮起潮落的现象，就像用一块磁铁在吸引纸张上的铁屑一样，磁铁移动，铁屑也跟着移动了。

因为有了月球引力的牵引，一条宽几百英里的水带日夜不停地奔流着。当它到达海湾、港口或者河口的时候，这些狭窄的端口对它而言将会是极大的束缚，于是它性情大发，狂吼怒叫，翻出高 20 英尺、30 英尺甚至 40 英尺的巨大浪头来。如果在航行过程中遇到这样的事情，那真是惊险万分啊！当月亮、太阳在地球的同一个方向，海水将会受到更大的引力，这个时候，“大潮”产生了。对很多地方而言，大潮无异于一次洪灾。

地球被一层叫作“空气”的氮氧混合气体包裹着，约有 300 英里的厚度。空气与地球的关系，如同橙皮保护着橙肉那样，它们紧密地连在一起并共同运转。

人类首次进入大气层的壮举发生在一年以前(也就是 1931 年)。有一位教授坐在一只特别制作的热气球上，缓缓上升到 10 英里高的空中。这是人类在这个领域的一次伟大征程，可是还有 290 英里厚的大气层需要我们继续去探索研究。

大气和地表以及海洋就像一个实验室的必要组成部分，而这个实验室负责生产风、暴雨、暴风雪还有干旱。由此可见，人类的生活与气候有着非常密切的联系，既然如此，我想我们有必要对气候这个话题做一个详细的探讨。

归纳起来，影响气候（ climate ）变化的三个因素分别是土壤温度、盛行风以及空气湿度。越接近极点，地球表面越“倾斜”，温度和湿度的变化也就越大，关于这一点，古希腊人早就注意到了。至于“climate”这个词的含义，后来发生了变化，它不单单表示某个特定区域的气候，而是指任何地方的气候。

现在我们所说的国家或区域气候是指这个国家和区域在整年中的平均天气情况。

首先，来谈一下风的问题，风在人类文明的历程中有着无可替代的作用。如果热带海洋盛行的信风不复存在了，那么我们可能要把发现美洲大陆的希望全部寄托在蒸汽机的发明上了。加利福尼亚和地中海沿岸国家的繁荣景象与湿润的和风是分不开的，正是因为和风的存在，才有了这些国家和地区的昌盛，在它们东部和北部的那些邻居是无论如何也赶不上它们的。此外，还有那些夹杂着飞沙走石的风，它们有着一张巨型砂纸的威力，可以在几百万年的时间内磨平任何一座雄伟壮丽的山峰。

“Wind”本来的意思是指“曲折、迂回、盘旋”地向前进，一股从一个地方向另一个地方“曲折”前行的气流就是风。可是，为什么风会从一个地方曲折前行到另一个地方呢？其原因是有些地方空气湿度比较高，从而导致它比其他地方的空气轻很多，因此，这些轻空气就会自然而然地向上飘逸。这样一来，真空带就在温度高、重量轻的空气下面产生了。而此时，那些温度低且重的空气就会迅速钻进真空地带。空气对于真空的厌恶就像水和人类一样，2000年前的希腊人有过这样一句话：“大自然讨厌真空。”

如果想让屋子变得暖和，点一只火炉就行了。我们可以将太阳系中的行星看成是一个等待温暖的房间，那么很显然，太阳就是浩瀚宇宙中的一只火炉了。地球上的“火炉”就是赤道，距离这个“火炉”越近，就会越热，反之，离它最远的南极和北极，就是地球上最冷的地方。

“房间”里因为空气中有“火炉”的存在，导致空气产生巨大的震动，产生了一股环形的气流。受热后的空气会不断上升，一直抵达大气层的顶部，也就是我们说的“天花板”，这样它就逐渐远离热源了，所以，温度也就降低了。气流冷却后，重量会增加，此后它又将回到地面上来，在接近地面的过程中，距离“火炉”也就越来越近，于是它再次受热变轻、升空走人。这个过程一直循环往复，直到“火炉”熄灭才会终止。不过，当火炉开始燃烧的时候，“房间的墙壁”已经吸取了大量的水分，房间的湿度已经能够得到满足，而墙体的材料才是真正决定保温时间长短的因素。这面“墙壁”就是与我们人类生产息息相关的大地。当太阳落山以后，我们会觉得沙漠降温速度非常快，而森林却能够在夜色笼罩之下保持好几个小时的温暖，这是因为积满水的沼泽吸热慢，散热也慢，但沙石则相反，吸热快，散热也非常快。

靠近海边的国家和岛屿拥有比内陆国家更加温和、舒适的气候，就是水这个蓄热池的功劳。

地球的“火炉”——太阳，夏季向地球上输送热量的时间远远长于冬季，并且夏天的阳光更加强烈，所以，我们能够感受到夏季比冬季炎热。不过，太阳的供热情况还受到其他因素的影响。我们在冬季用小型电热器对浴室进行加热处理的时候，会发现浴室温度的高低直接受到电热器位置摆放的影响。太阳也是如此。热带地区所接收的是近乎直射的阳光。非洲和南美的荒原 100 英里的土地上能够接收到 100 英里宽的阳光，并且这种光线是均匀地洒下来的，做到了物尽其用，没有任何浪费。两极地区接收到的是斜射的阳光，200 英里宽的硬土或者冰面只需要 100 英里宽的阳光就能够将其全部覆盖了,所以,两极地区并没有获得应有的阳光,只是获得了一半而已。就像有 12 个房间，只有 6 个房间有取暖用的炉子，很明显出现了供热不足的现象，比起每个房间一个暖炉的效果肯定是大不相同的。

事实上，太空“火炉”——太阳有着极其复杂的工作程序，让地球周围的大气保持在恒温状态，也是它的工作内容。不过，这个工作是依靠地球的协作来完成的，并不是太阳自己单独完成。

越高的山峰越寒冷，造成山峰顶部寒冷的原因是太阳透过大气层向地球发射光束，这些光热被地球储存了起来，之后，再慢慢地向大气层输送，太阳光并没有直接对地球保护层的温度产生影响，山越高，接收到的热量就越少，所以山峰顶部比较寒冷。如果太阳直接把热量传递给了大气层，由大气层往下输送，那么我们就不可能看到白雪皑皑的山顶了。

现在，我们有必要把话题转到这个问题的难点上来。空气是由许多物质组成的，它有实际的重量，并不是“空”的。因此，我们能够很好地理解大气层中的下层空气承受的重量总是比上层多。有如你想压扁一朵花或者一片树叶，只需要将它们放到书本当中，然后在这本书上面放20本书，让它承受最大的压力。与此类似，我们周围的空气压力远远超出了我们的想象，每平方英寸有15磅之多。而我们人体内也有相同压强的空气，否则的话，一定会被压扁。尽管这样，平均每个人仍然要承受3万磅的压力。这实在是非常沉重的压力，如果你不相信的话，完全可以去尝试举一辆小货车，通过这个游戏，你就能够感受到3万磅的概念。

从伽利略的学生托里拆利那里我们了解到大气压是不断变化着的。17世纪初出现的气压表是托里拆利最伟大的一项发明，有了这个仪器，人们可以在任何时候、任何地方轻而易举地测量出大气压。托里拆利气压表一问世就受到了人们热烈的欢迎，它成为各种实验中的必备仪器。人们发现，海拔每上升900英尺，气压就会相应下降1英寸。除这个发现以外，其他新发现也逐渐出现，这为以大气现象和天气观测为主要内容的气象学的发展奠定了很好的基础。

气压的高低与盛行风之间的关系引起了某些物理学家和地理学家的怀疑。人们用了几个世纪的时间来研究这些盛行风的运行规律，从中收集一些有用的数据，并对相关规律做了很好的总结，最后终于得出了一个结论。通过研究发现，在地球上有一些地区的气压高于海平面的平均气压，还有一些地区的气压则低于海平面的平均气压。因此，高气压区和低气压区就出现了。有一股气流会从高气压区流向低气压区，这股气流就是风，它的强度和速度由这两个区气压的对比度来决定。风会在高气压区气压很高、低气压区气压很低的情况下加大力度，从而导致暴风、飓风或龙卷风的出现。

风的作用主要表现在两方面：首先，它能够使我们生存的地球上的大气不停地做循环运动，使我们的家园保持良好的通风效果；另外，它还为大地带来了降水。而降水作用是非常重要的，假如没有雨水的滋润，动植物都将不能存活。

海洋内陆湖以及陆地雪原的水受到热以后，将蒸发升空，此时，我们的空气中就会飘浮着一层水蒸气。这些水蒸气被热空气轻松地带动旋转，等到空气温度降低，变成冷空气以后，它们就停止运动了。这个时候，有一部分水蒸气因为受冷而凝结在一起，变成雨、雪、冰雹降到地面上来。

所以一个地区降水量的多少跟那个地区的风有着最直接的关系。我们经常看到那种被山脉分割两边的沿海区域和内陆区域的地貌，风在这样的地貌下运行，到达山区的时候，会被迫抬升，越是靠近海平面，温度就越低。水蒸气则会以雨雪的形式降落到地面，这就是沿海地区比较湿润的原因。翻山越岭到达山体另一面的风早已经被榨干了水分，成为所谓的干风。在热带地区，地表温度很高，因此，空气以很快的速度上升，水蒸气遭受到冷空气的袭击，会迅速完成凝结步骤，继而暴雨来临了，这就给热带地区带来了充沛而稳定的降水。我们知道，太阳并不总是直射在赤道上，有时候它会向北偏，有时候又会向南偏，于是四季就产生了。在这个地方，只在两个季节里有大量的降水，而另外两个季节则持续干旱。

最不幸的是那些终年受到从寒冷地区流向温暖地区气流控制的地区。因为从寒冷地区吹向温暖地区的风，尽管具备了吸收水分的能力，并且这种能力还持续增强，但遗憾的是空气中的水蒸气遇冷也不会凝结，更不会发生降雨，像这样的地区，即使10年也不会有超过两次的降雨。慢慢地，它们只能接受变成沙漠的命运。

关于风和降雨的问题就先说到这里吧，有些具体情况，将在以后的章节中再加以讨论。

下面，我要介绍的是地球本身的一些情况和我们踩在脚底下的这层坚硬无比的岩石地壳。

有很多种关于地球内部构造的说法存世，可是，时至今日，依然找不到一种能够令人完全信服的观点。

人类曾经上过的天有多高、下过的海有多深这类问题，应该先从现实中寻找答案。

世界最高峰珠穆朗玛峰缩小在一个直径为3英尺的地球仪上，只有一张纸的厚度，而我们看海洋最深的地方，即位于菲律宾群岛东部的马里亚纳海沟，就像看到一张邮票上的齿孔一样。对于珠穆朗玛峰之巅和大洋最深处这些地方，人类从来没有征服过。就算是乘坐热气球或者飞行器升入高空，那个高度也只是比喜马拉雅山高出一点点而已，可是，还有29/30的未知大气层等待着人们去探索和发现。说到海洋，我们连1/40深度的地方都没有涉足过。而且，如果我们把世界上各个大洲的最高山峰全部放在大洋底部，那么像珠穆朗玛峰这样的世界第一高峰的顶部距离海平面还有几千英尺之遥。由此可见，最高的山峰也远远不及大海的深度，至于为什么会这样，到目前为止，还没有人能够给出一个答案来。

有很多困惑人们的事实，即使现代的科学知识也无法对其做出一个合理的解释。人们对地壳的认识停留在最初的阶段，我们无法弄清楚它的过去和未来。关于火山的知识，我们现在所掌握的是，它并不像大多数人认为的那样是地球内部的那些热物质的一个喷出口，了解了这一点，我们可以不用再下功夫去研究火山，希望通过它去进一步探寻地球内部的构造了（我们的祖先曾经这样想过）。对此，我要做一个不太恰当的比喻，希望这个比喻不会引起大家的厌恶，火山就如同人们身上的一个脓包，不管它再怎么疼痛，毕竟只是身体的一小部分而已，并不代表身体内部有问题。我们生活的这个地球上原本有400多座火山，现在已经缩减到了320座（活火山），因为在岁月的磨砺中，有一些火山不再活跃，最后失去了火山的特点，变得像普通山峰一样了。

其实，很多地震活跃带都与大海毗邻，岛国日本就是最好的例子（据地震监测显示，每天有4次轻微地震光顾这个国家，每年要发生1447次地震）。此外，还有马提尼克和喀拉喀托，像这些在最近的火山爆发中付出惨痛代价的牺牲品，都是漂泊在大洋中间的孤立岛屿。

可能因为绝大多数火山都靠近海洋，这给了人们一个错误的信息，他们把火山喷发的原因归于地球渗水，以为水渗进了地球内部从而导致巨大的爆炸，熔岩、蒸汽这些物质就从地球内部喷涌而出，人类也因此受灾。不过，这种想法在人们发现那些远离海洋的异常活跃的火山时，就不攻自破了。

此外，让我们来探讨一下人们对地球表面的认知情况。以前的人们总是喜欢用坚如磐石来比喻那些永恒不变的事物，但是科学界对这个比喻却不苟同。用科学的眼光来看待磐石，其实岩石并不是一成不变的，它不停地成长，是不断变化着的。高山年年月月经历着风雨的侵蚀，平均每一个千年，它要减少3英寸，按照这个速度，地球上的山脉早该全部消失了，就算喜马拉雅这样的山脉也将会在11600万年后完全消失在人们的视线里，幸好在大自然中有相应的反作用力来抵消这些外力侵蚀。由此可见，这种存在于自然界中的反作用力是非常强大的。

我们可以就此做一件有益于提高大家对地表运动认识的事情，首先准备好半打干净的手帕，然后，将这些手帕平整地铺在桌子上，做好这些，请伸出你的手，从两边开始向中间挤压这些手帕。此时，有一些奇怪的皱褶就出现在手帕上了，这些皱褶凸起的像山峰一样，凹进去的如同深谷，还有一些重叠在一起的就像丘陵。这样，一个直观的地球表面就在手帕上展露无遗了。地壳是地球这个巨大球体的必要组成部分，当它快速旋转于宇宙之中，热量将不断地流失。在这个过程中，地表会出现紧缩、褶皱变形，就像被人用力挤压的手帕那样。

现在，有一种比较权威的猜测（仅是猜测而已），地球一诞生，它的直径就皱缩了30英里。作为一段直线的长度，你可能觉得30英里不是很长，不过，在我们面前的是一个巨大无比的曲面，这一点一定要记住。地球作为表面积为1.9695亿平方英里的巨大球体，假如直径突然变小了几码，那意味着一场无法想象的大灾难即将来临，届时人类将不复存在。

非常幸运的是，自然界的奇迹并不是朝夕之间产生的，而是经年累月创造出来的，它将巧妙地守护着世间万物的平衡。如果这个地方有一片海洋消失了（美国的盐湖正在加速干涸，再过10万年瑞士的康斯坦丁湖也将彻底消失），那一定会在另一个地方出现新的海洋；如果有一段山脉被磨平了（欧洲中部的阿尔卑斯山在6000万年以后，将平坦得如同美国大平原一样），就会有另一座山脉出现在地球的某个角落。这可能只是人们单方面的想法而已。当然，在地壳运动中所发生的那些细微变化，我们是无法观测到的，毕竟这是一个长久而且缓慢的过程。

但是，并不是每次都这样。可能大自然的确是秉性较慢，但在很多时候，人类充当了助推器的作用，经过人类的鼓动，大自然会一改常态，快得让人恐惧。当人类文明的步伐越走越快，蒸汽机和炸药这些东西都问世了，于是，一场翻天覆地的变化从地表席卷而来。假如邀请我们的曾祖回到这个世界与我们一起过节，他们一定不会认为这个地方是他们曾经生活过的牧场和花园。人类对森林的索取太过贪婪，一片片山林就这样被剥去了原本青葱的外衣，当森林和灌木被砍伐殆尽的时候，绵绵不绝的青山就回到了远古的荒漠时代。失去了森林的庇护，原先固定在岩石中的肥沃土壤将被雨水冲刷干净，这时，一大片面目丑陋的山脊重见天日了，周边地区为此感到惶惶不可终日。树根和草皮消失了，雨水无法得到寄托，于是它们汇集成了洪流，一路咆哮着从山顶冲下来，抵达平原后更是肆无忌惮地到处冲撞，所到之处，一片狼藉、生灵涂炭。

这绝不是夸大其词。先不说它在冰川期的杰作——用厚厚的积雪覆盖了北欧和北美，每个山区都有它创造的危崖。就让我们回到罗马时代去看看吧，那些卓越的先驱（谁能说他们不是古代“最讲究实际的人”）如何能够使用不足五代人的力量就完全打破那个半岛上维持气候平衡的条件呢？真难以置信，他们一手“改造”了岛上的气候。世世代代勤劳卑微的印第安人在南美洲辛苦耕作他们富饶的梯田，但是，西班牙人的铁蹄改变了这一切，原本丰饶的土地被荒漠取代了。这个事实就在眼皮底下发生了,还有什么好说的呢?

当然，剥削和奴役土著人最简单的方法就是断绝他们的食物来源，在这方面，美国政府起到了很好的表率作用。美洲的野牛都被他们杀绝了，所以在他们眼里，那些英勇的印第安战士只是肮脏、懒惰的保留地教化民而已。不过，殖民者所犯下的累累罪行最终将由他们自己来承担恶果。关于这一点，美国大平原和安第斯山脉的现状已经向我们做了很好的说明，美国政府做了一件愚蠢的搬起石头砸自己脚的事情。

人类依存的命脉就是土地。幸运的是，统治者已经开始觉悟，意识到问题的严重性。现在各国政府都对这种侵占土地的可耻行为采取了严厉的惩治措施。对于地表产生的整体运动，我们实在是找不到应对的方法，不过仍然有一些我们力所能及的事情，比如，可以对地表进行小范围的局部改造，让更多的甘露降临到大地上，让黄沙远离我们的绿洲。我们可能不太清楚地壳深处的情况，但至少对地表还是有一些了解的，我们有义务积累更多的知识，并运用它们为全人类谋取福祉。

到今天为止，我们依然没有能力改造海洋世界，也没有办法让这占整个地球 3/4 的地表成为人类的居住地。这一层地表，我们只看到深浅不一的海水而已，最浅的地方只有 2 英尺，最深的地方则达到 3.5 万英尺。

这些海水由三部分组成，一部分是太平洋，这是整个水域中最为宽广的一部分，有 6850 万平方英里；剩下那两部分分别是大西洋和印度洋，前者有 4100 万平方英里，后者为 2900 万平方英里。除此之外，还有内陆海和河流湖泊，它们的面积分别达到 2000 万平方英里和 1000 万平方英里。假如人类不能够像几百万年前的祖先那样长出鳃的话，那么不管过去、现在还是未来，人类都不可能居住在这片水域里。

地球上一共有 5751 万平方英里的土地可以供人类支配，不过这并不是全部可以投入使用的土地，那些无法开发的沙漠和类似西伯利亚那样的荒原要从中扣除掉，其中，沙漠有 500 万平方英里，荒原有 1900 万平方英里。除了这些，还有一大片广袤无垠的土地根本没有办法被利用，它们有些是因为海拔太高（比如喜马拉雅山和阿尔卑斯山），有些是因为气温太低（比如南极和北极地区）和湿度过大（比如南美洲沼泽地区），有些是因为丛林密布（比如位于非洲中部的丛林地带）。人类从这些土地的危机感中悟到珍惜土地的动力，可是上帝会将这些土地重新赐予我们吗？所以当看到一大片宽广的大海占用了跟它一样多的土地的时候，人类该感到万分惋惜吧！但我们也要明白，这其实不算是浪费，假如没有这些大海发挥蓄热池的功能，人类的生存又岌岌可危了。

通过地质遗迹，我们了解到陆地面积在史前时代是非常宽广的，那个时候的海洋面积远远小于现在，地球也是处在寒冷之中。现在，陆地与海洋在地球上的比例已经达到了 1 ∶ 4 的理想状态。这种理想比例一直保持下去，气候也就能够长期保持稳定，人们就能在这片乐土上世世代代地生存下去。

环绕在地球上的海洋跟着地壳一起做着永不停歇的运动。在太阳和月亮的引力作用下，海水不断地升高，有一部分升高的海水受热以后，蒸发成了水蒸气，接着，它们受到北极地区严寒的影响，变成了寒冰。从实用方面来讲，海洋受大气流（风）的影响，也可以说大气流是影响人类生活的最直接的自然因素。

如果一股巨大的气流一年四季地向大洋吹去，那么循着气流的方向，海水会向前“飘移”，这就跟你对着一盆汤吹气时，汤从两边跑开是一个道理，但是如果吹向海面的风是来自四面八方的很多股的时候，水流就互相抵消了。还有一种情况是，风向处于稳定状态下所产生的漂流将成为真正的洋流，就像赤道吹来的风。在这些洋流的影响下，一片片舒适的乐土就产生了，所以说，洋流在人类历史上有着举足轻重的作用。试想一下，如果洋流不存在，那么将有非常多的地区像冰天雪地的格陵兰岛那样终日被严寒覆盖。

受到从北边向东边吹拂的信风影响而形成的日本暖流是太平洋中最重要的洋流。日本暖流在日本海完成任务以后，就会开始去阿拉斯加的旅程，它跨过太平洋，直达目的地，因为它的到来，阿拉斯加变成了温暖的、适合人类居住的地方。此后，它还将转向南方，为加利福尼亚送去舒适宜人的气候。

既然已经说到了洋流，墨西哥湾暖流就不得不粉墨登场了，这条宽 50 英里、深 2000 英尺的神秘洋流在悠长的岁月里将墨西哥的温暖播撒到北欧，连英格兰、爱尔兰和北海沿岸的那些国家都受到了它的福泽。

发源于北大西洋涡流的墨西哥湾暖流极具传奇色彩。实际上，北大西洋涡流与漂流的相似度更高，而不是洋流。这个巨大的漩涡位于大西洋的中部，在它不停旋转的过程中，半凝滞的海水连同成千上万条小鱼和其他浮游生物被不断地卷入这个漩涡中，如同一片藻海。

在人类最初的航海历史上，这股漩涡扮演了一个重要的角色。生活在中世纪的水手都有这样一种观念：任何船只要被信风（北半球的东风）卷入这片藻海之中，都别想活着出来。因为陷入藻海中的船只会很快失去方向感，没有水和食物的水手只能等待死亡的来临，而恐怖的死亡之船在天清气朗的天空下，一上一下地漂浮在那儿，发出永恒的死亡信号，警示着那些企图跨越雷池触犯神灵的人们。

这个故事就像但丁的地狱旅程那样，具有典型的中世纪风格。当哥伦布率领的舰队顺利通过这片寂寞的海域时，这个巨型藻海的故事就显得没那么可信了。不过，很多人直到今天听到它的名字仍会充满恐惧和敬畏。事实上，它还没有纽约中央公园的那个天鹅池更令人神往。

我们接着来说墨西哥湾的暖流吧。加勒比海最终容纳了北大西洋涡流的一部分，这部分涡流与从非洲海岸来的一股洋流合二为一。这样一来，加勒比海无法装下它们，于是它们一路咆哮着奔向墨西哥湾。

可是，墨西哥湾也无法装下这么多的海水，所以，佛罗里达与古巴之间的海峡很自然地被墨西哥湾当成了水龙头，从这个水龙头里流出来的是华氏 80 度的热流，这就是墨西哥湾暖流。古代人在海上航行的时候，通常都选择避开墨西哥湾暖流，这是因为从水龙头喷涌而出的暖流奔流速度达到了每小时 5 英里，船在这样的逆流中航行，速度会受到严重影响，所以绕道而行是比较明智的选择。

源自于墨西哥湾的墨西哥暖流沿美国东海岸持续向北，在前行的过程中受到阻拦，于是折转向东，穿过北大西洋。到达纽芬兰附近的时候，遇到了自己的支流拉布拉多寒流，于是二者合二为一。来自格陵兰岛冰天雪地里的拉布拉多寒流突然遭遇温暖热情的墨西哥湾暖流，立刻产生了茫茫的大雾，这片水域因此而承受了被人唾弃的臭名。除此之外，漂浮在水中的大量冰山给航运带来的麻烦，也给它增添了骂名。这些冰山来自格陵兰岛的冰川之上，由于太阳的炙烤，这些冰山从坚硬的冰川上脱落了，它们被洋流缓慢地一路携带着向南前行，最后掉进了一个巨大的漩涡之中，这个漩涡是墨西哥湾暖流和拉布拉多寒流汇合时所形成的。

这些漂浮在海面上的冰川慢慢地做着旋转运动，并且逐渐地融化，不断地变小。处于融化状态的冰山是最为可怕的，因为它用残留在水面的那部分迷惑了人们的眼睛，而将巨大的下半部隐藏在了水中，人们无法看到的水下部分可以不费吹灰之力穿破船只的铁壳，就像用锋利无比的刀去切一块黄油一样。现在这里已经成为一片禁海了，所有船只都对它敬而远之，美国巡逻舰队负责在此观望守护，他们将小的冰山炸毁，如果发现有大的冰山，就会立刻发出警告，警示来往的船只。不过这片危险的海域却为渔民们所钟爱，因为这里有来自北冰洋的大量鱼群。这些生活在拉布拉多寒流低温下的鱼群十分不习惯墨西哥湾暖流的温度，当它们还在为北极和墨西哥湾的去留问题犹豫不决的时候，就已经落进法国渔民的渔网里了，这些迟钝的鱼只能在渔夫的渔船上懊恼了。法国渔民的祖先比其他人早几百年到达过美洲大浅滩。离加拿大海岸不远的圣皮埃尔岛和密克隆岛，在200年前就已经被瓜分美洲大陆半壁江山的庞大法兰西帝国占有了，并且这两个地方还光荣地见证了诺曼底渔民的英勇。当诺曼底渔民踏上美洲东海岸的土地时，距离哥伦布出生还有150年的时间。

告别“冷墙”（墨西哥湾暖流和拉布拉多寒流的温度差异所引起的）后，墨西哥湾暖流一路向北，它悠然自得地跨过大西洋，随后如同一把扇子在西欧海岸四散开来。它不停地抚摸着西班牙、葡萄牙、比利时、爱尔兰、荷兰、法国、英国、丹麦和斯堪的纳维亚半岛的海岸，并为这些国家和地区送去了温暖舒适的气候。做完这件善事后，它的使命也完成了，之后，它消失在北冰洋的怀抱之中，即使将世界上所有的江河水量汇集在一起也比不过这股洋流所携带的海水量多。当然，北冰洋也无法容纳如此多的海水，倾倒出去是它唯一的选择，由此产生了格陵兰洋流，它是前面所说的拉布拉多寒流的母亲。

这真是一个趣味无穷的故事。

我有继续讲下去的念头，不过，这个章节的篇幅已经够长了。

这仅仅是关于气象学、海洋学和天文学的一个背景章节而已，在这个背景之下,本章的主要角色都已经一一亮相了,就在此落幕吧。

幕布又一次升起之时，也是新剧开始之时。

在下一幕中，人们将了解到人类在山川、海洋、荒漠中寻找道路的方法。我认为我们大可不必给这个世界冠之以“人类的家园”这样的名称，因为这里的一切都需要人类去征服。

好吧，现在帷幕又开始上升了。

第四章

地图

人类对地图有相当大的依赖性，已经将它纳入日常生活中不可或缺的那个部分了。对地图习以为常的现代人无论如何也无法想象那些没有地图的日子。不过，对于古代人来说，他们确实不知道地图是出行的必备物品，就像现代人同样搞不清楚为什么测量宇宙要用数学公式一样。

擅长几何学的古巴比伦人曾经测绘过整个古巴比伦王国的地籍（大约在公元前 3800 年测绘的，也就是摩西诞生前 2400 年）。从出土于那片地区的陶片绘图上可以看到那个时代巴比伦王国的大致疆域。不过，那些绘制在陶片上的图画还不能称之为现在的地图。埃及的当权者也曾经做过类似的测绘，不过他们测量埃及境内的土地只是为了以税款的方式更好地剥削和敲诈人民大众。古埃及非常出色地完成了这项艰巨的测量工作，后来人们发现，那个时候的埃及已经掌握了足够的应用数学知识。不过，至于现在我们所说的地图这个玩意，我们翻遍古埃及法老的陵墓，仍然一无所获。

古希腊人曾经撰写了很多地理方面的著作，可是后人仍然无法找到这些求知欲旺盛的古人的地图。古希腊某些发达的商业城市里，好像出现过用青铜板雕刻的最佳航行线路图，人们可以通过这些线路了解如何到达地中海的各个国家。不过现代人对这些青石板一无所知，因为它们还深埋在地下，不知道什么时候才能出现在人们的视线中。曾经将大片土地收归到自己名下的亚历山大大帝确实是一个空前绝后的人物，他所率领的马其顿军团为了寻找黄金而不知疲惫地四处奔波，在这支军队的最前面，他特意设置了领路队伍，通过这支特殊的队伍，亚历山大大帝能够准确地知道自己距离印度黄金的位置。这样看来，亚历山大大帝的“地理意识”强于常人。尽管如此，我们仍然无法从一处遗迹、一张残片或一条路线中得到我们能够理解的地图。

对于古罗马人来说，他们走到哪里，哪里就是他们的住所，道路和税收也同步到达哪里。由于劫掠成性，在他们到达过的每一个地方，都能看到用绳索勒死或者被钉在十字架上的被征服者的尸体。他们会在到达过的地方兴建庙宇和游泳池，之后又留下一座座的废墟，让后人去凭吊。的确，罗马人的地图经常为罗马的作家和雄辩家津津乐道，他们甚至对那些地图的精准程度进行大肆夸耀。不过他们对一张真正的地图的需求似乎不大，因为世界超级帝国已经在这些罗马强盗的统治之下了。在我们手上，有一张简陋粗糙的罗马地图，并且是唯一的一张，它其实并没有多大的实用价值，只能被作为古董收藏。

历史学家都知道有一张用康拉德·坡廷格尔的名字命名的坡廷格尔古地图，这个罗马人曾经担任奥格斯堡市的执事，他想利用斯特拉斯堡的约翰·古登堡发明的印刷机来印刷大批地图。可惜坡廷格尔想做的这件事情并不顺利，因为他没有原件可以用来复制。后来他用了一张并不完整的 13 世纪的复制品作为原稿，这张复制品的原件是 3 世纪的一张地图，由于经过 1000 年的岁月变迁，老鼠和蛀虫已经将那张复制品中许多重要的细节破坏了。

虽然存在很多问题，但坡廷格尔地图还是保持了与原件一样的轮廓，这一点是毋庸置疑的。假如那张 3 世纪的原件就是罗马人在这方面的真实水平，那么我对他们的地理知识实在不敢恭维，他们应该继续学习了。要想对罗马地理学家的水平有一个大致的了解，你可以通过解读这张地图来达到目的。那些曾经想进军英格兰和黑海的罗马将军能够找到的最好依据就是这个如同意大利面条般的世界。从那个时候到今天的这个时代，人类所取得的进步是无可比拟的。

中世纪的教会对一切“没有用处的科学探索”都深恶痛绝，因此，就没有必要提那个时期的地图了。对教会而言，人们只需要知道通往天堂的道路就足够了，至于莱茵河到多瑙河的最短路线知不知道都无关紧要。所以地图仅是一幅荒诞可笑的图画罢了，在这幅图画里，你可以看到无头魔鬼（这个别具一格的形象，原型是那些习惯于把头缩进皮大衣的可怜的爱斯基摩人）、打响鼻的独角兽、喷着水的巨型鲸、长着翅膀的半鹰半马兽和半鹰半狮子怪兽，以及海兽和美人鱼，还有所有在恐惧和空想中诞生的怪兽。那个时候耶路撒冷被认为是世界的中心，这是意料之中的事，而西班牙被认为是世界的边缘，苏格兰是一个孤独隔离的岛屿，巴别塔（通天塔）则成为有 10 个巴黎城大的巨型塔。

波利尼西亚人编织的地图（这些看似小孩子所做的玩意儿却十分精准和实用）跟中世纪那些制图员的拙劣作品相比，就像出自某个天才的航海家之手的得意之作。还有那个时候的阿拉伯人和中国人，他们一直被视为龌龊的异教徒，以欧洲为中心的世界根本不包括他们，至于他们在地理学方面的成就，就不用说了。地图绘制方面的进步直到 15 世纪末才初见端倪，那个时候航海业已经发展成为一门独立的科学了。

那时连接欧亚两大洲的桥头堡被土耳其人占领了，导致欧洲连通东方的陆上交通要道一度中断。于是，最为紧迫的任务就是寻找一条海上交通要道，能够与印度连接。那种依靠陆地上教堂顶尖和辨别沿岸的狗叫声来识别方向的原始航行办法已经行不通了，人们必须放弃这些，使自己快速适应无比漫长的海上航行，并且终日只能见到碧水蓝天。因为有了这种寻找海上通道的迫切需求，才带动了航海事业的飞速发展。

古埃及人似乎有一次因为遇到大风，船只偏航以后，阴差阳错地到达了希腊的克里特岛，那是他们到过的最远的一个地方，当然，那只是偶然事件，并不是精心策划的探险旅程。腓尼基人和希腊人着实只想做本分的水手，挨着教徒的边缘过完一辈子的航行生涯。但是，他们还是做过几件惊天动地的大事，刚果河和锡利群岛都曾留下他们的足迹。不过这些小心翼翼的人，在去往刚果河和锡利群岛的途中，采取了逢岸必上的策略，每当夜幕降临，他们因为担心船会被风吹到大海中央找不到出路而采取稳妥的方法，将船拖上岸，停在陆地上。还有中世纪的商人也是如此，在整个航行过程中始终密切注视着岸上的山脉，尽管他们在地中海和波罗的海都有无数的航线，但他们仍然觉得看见陆地上的山才能安心。

一旦这些商人在海中迷失了方向，他们就会利用鸽子寻找最近的陆地。鸽子总是能够轻易地找到通向陆地的最短路线，因此他们在航行中总是带着鸽子。如果方向模糊，无法辨别，他们就会放飞一只鸽子，让鸽子给他们带路。当陆地上的山尖出现在他们视线里的时候，他们会找最近的港口将船停好，然后再打听自己的位置。

与现代人相比，中世纪的人更加熟悉天空中星星的分布，即使一个普通人也是如此。可能是因为那个时代没有像今天这样的印刷年历和日历，所以他们必须懂得那些知识。那个时代的船长都是靠观察星星来辨别方向，制定航线也是凭借北极星和其他星座的位置来决定，稍微有一点知识的船长都懂得这些。可是，如果是在北方，这个办法就行不通了，因为那里的天空经常是乌云密布。13 世纪后半期，有一件神奇的发明传到了欧洲，正是因为有了这件东西，航海事业才终结了付出高昂代价的惨痛历程，并且结束了依靠运气和猜测（大多数是猜测）战战兢兢前行的日子。不过，我要强调的是，我所说的这些也只是猜测而已，因为直到今天也没有人揭开关于指南针起源和发展的神秘面纱（指南针是中国的四大发明之一。作者由于受到西方对东方固有偏见的影响，有了错误的认识。——译者注）。

13世纪上半叶，有一个身材矮小、目光斜视的蒙古人成吉思汗统治了欧洲大陆一个疆土宽广的庞大帝国（东边起自黄海，西部抵达波罗的海，1480年才结束对俄罗斯的统治）。我们有理由相信，他一定是有一个类似指南针的东西在手，所以才能安然越过亚洲中部广袤无垠的荒原，直抵欧洲寻欢作乐。至于地中海的水手是什么时候第一次看到指南针这个东西的，我们没有确切的证据加以说明。不过，有一点是非常肯定的，那就是地中海的船队在这个被教会称之为“魔鬼撒旦亵渎上帝的发明”的带领下开始了到世界各个角落去拜访的旅程。

具有世界意义的重要发明，其身世总是扑朔迷离的，这似乎成了惯例。有可能是那个时候到巴基斯坦的雅法或法马古斯塔的人在返回的时候将指南针带了回来。有一个从印度回来的人将指南针卖给了波斯商人，波斯商人又将它给了那个去巴基斯坦的人。这个消息迅速在巷子口的啤酒店里炸开了花，对这个被撒旦施了魔法的小东西，人们充满了好奇，都想一睹为快。据说，这个小东西能够在任何地方准确地告诉人北方在哪里。很多人对此难以置信，但他们却拜托自己的朋友，希望他们下次去东方的时候，给自己带回一个来，有些人甚至还付了钱。因此很多人都在6个月以后拥有了指南针。此后，大马士革和士麦那商人从东方带回的指南针成了抢手货，因为每个人都想拥有自己的指南针，看来撒旦的魔法真是无比灵验啊！随着人们需求量的增大，威尼斯和热那亚的仪表制造商也开始行动起来。没过几年，这个有着玻璃盖的小小金属盒子成了人们日常生活中极为常见的一件小东西，它的存在已经完全不能引起人们的特别关注了，因为它实在是太普及了。

关于指南针来历的这个问题，就在此打住吧，就让它继续待在属于它的神秘世界里吧。人类对指南针的认识要追溯到首批威尼斯人依靠这根灵巧的小针从浅海峡航行到尼罗河三角洲的事迹，从那以后，人们对它的认识提高了很多。如：人们发现指南针有时偏向东，有时偏向西，它并不总是指在正北那个方向，这种差距即专业术语里面所说的“磁差”。磁差是由于南北磁极和地球的南北极不在同一个点上而产生的，它们之间会有好几百英里的距离。南磁极是位置在南纬 73° 、东经 156° 的交叉点上，北磁极则位于加拿大北部的布西亚岛（詹姆士·罗斯爵士于 1831 年第一次登上了这个岛）。

因为有磁差的存在，作为一个船长，应该同时拥有罗盘和航海地图，这样才能对世界各地的不同磁差有所掌握。这样一来，就牵扯到航海学了，而对于这门高深的学问，绝非三言两语就可以解释清楚。这本书并不是航海手册，我只有一个目的，希望你知道指南针传入欧洲的时间是 13 世纪和 14 世纪，因为有了指南针，航海才成为一门有据可循的科学，它告别了过去依靠运气去猜测和经过痛苦复杂的计算来进行航行的历程。

这才刚刚开始而已。

罗盘上所指示的 32 个方位中的任何一个，如向北、北偏东、北—北偏东，或是北—东偏北……现代人都能清楚地知道自己的航向。可是在中世纪，船长们在浩渺的大海上航行时，只能依靠测探绳和测速器来辨别方位。

与航船同一世纪出现的测探绳，其主要的作用是对海洋任何一个位置的深度进行测量。如果船长手中有一张详细标明他们所航行的那片海域的不同深度的海图，那么他就可以通过测探绳来了解这片海域的情况，从而决定船只要向哪一个方向前行。

船长们依靠的另一件物品测速器，在最开始的时候，仅仅是一片木头而已。把它丢在水中，通过观察船尾经过这块木头所用的时间来推算船的航行速度。船员已经掌握了船的长度，然后只要了解船经过一个固定点的时间就可以算出船的速度了。

后来，这种测速器变成了一根细长、结实的绳子，木片材质的被淘汰了。根据原先设定的长度在绳子上打一个结，同时在它的另一端系一块三角形的木块，做好这些后，将绳子投入水中，并将沙漏打开。当沙漏里的沙子全部漏完以后（一般情况下，沙漏的时间是两三分钟，这个时间长度是预先知道的），就可以从水中拉出绳子，统计一下在沙子从一个瓶子漏到另一个瓶子这段时间内在水中的绳结的数量，也就知道船航行的距离了，因为一个绳结就等于一海里。知道了距离，就能够算出船的速度。

由于船长们精准的计算可能受到洋流、潮汐和风的影响，所以只掌握航船的速度和航向是远远不够的。因此就算已经拥有了指南针，在相当长的一段时间内，每一次普通的航行任务其实都是一次海上大冒险。所以那些企图用理论知识来解决问题的人终于觉悟了，教堂的尖顶是无济于事的，只有为海上航行事业找一个新的物体才能改变目前的状况。

这并不是一个玩笑。那些曾经在航海史上有重要位置的固定实物给水手们提供了莫大的帮助，它们是高高屹立的教堂的尖顶，是摇曳在沙滩上的树冠，是堤坝上旋转的风车或者沿岸传来的狗吠。无论海上如何风云变幻，它们一如既往地站在原来的地方，为水手们充当参照物，水手们据此推算出自己的位置。他们根据上次的记忆，明确地知道“必须继续向东航行”。那个时候的数学家（尽管没有充足的信息和精密的仪器，但并不妨碍他们取得与前人一样的卓越成就，这是一些真正的天才）都致力于寻找一个本质性的“参照物”，从根本上替代人工“参照物”。

其实，这个工作早在哥伦布横渡大西洋的200年前就着手准备了，不过，时至今日依然没有完成。古老的舵手们在无线报时系统、水下通信系统和机械操舵装置这些工业时代的伟大发明面前束手无策，航海领域现代先进系统的运用，几乎让他们回到了历史的垃圾堆里去。

请想象一下，现在你的面前是一个建在巨型球面上的高塔，在高塔的顶部有一面旗帜在猎猎飘扬，如果你纹丝不动地站在那里，你会在头顶的正上方看见这面旗帜。随着你不停地移动，你会看到不同角度的旗帜，你和高塔之间的距离将决定着这个角度的变换。

我们只要找到这个“固定点”作为参照物，那么问题就变得简单明了了。其实，这就是一个计算角度的问题，生活在古希腊的人对此非常熟悉。还有三角形边角关系的问题，对他们而言也同样是小菜一碟，这样，三角形的发展就有了良好而坚实的基础。

这一章中最艰涩难懂的部分就是角度问题，确切地说，经度和纬度确定的问题就是这一章中最深奥、最难理解的一段。与经度的确定时间相比，纬度的确定要提早好几百年。经度的确定看起来比纬度的确定简单得多，但古代人是没有计时器的，所以对他们而言，确定经度是一件比登天还难的事。可是对于纬度的确定，只要进行仔细观察和精心计算就可以了，这个相对简单的问题，人类已经提前解决了。上面只是一个基本的论述而已，接下来，我将对纬度问题进行简单的解释。

你将从这幅图中看见几个平面和角。位于 D 点时，你的位置是塔的正下方，这相当于你在正午 12 点的时候站在了赤道上太阳的正下方。假如你走到 E 点，情况就大不相同了。因为被你踩在脚下的是一个圆形球体，所以你需要画一个平面来计算角度。从地球的假象中心 A 点开始，画一条直线从你的身体上经过，一直到达天顶（天顶的正式名为 zenith，从天文学的角度来说，就是观察者正上方的天空一点。而位于观察者正下方的天空一点则叫天底——nadir）。

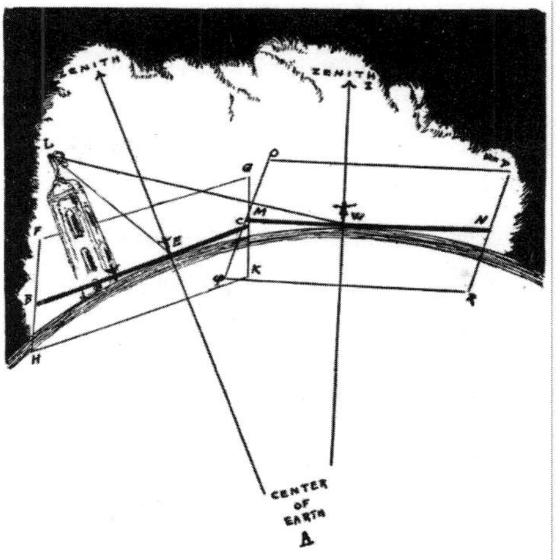

这个问题有些复杂，最好借助实验来加以说明。假如你现在的位置是一个苹果的侧面，在你身后是一根毛衣针，毛衣针穿过苹果的中心，其上端就是天顶，而下端则为天底。然后，假设有一个直角存在于一个平面与你的这个位置及毛衣针的方向之间，要是现在你的位置是 E 点，那么这个平面就是 FGKH，你在这个平面上观察到的一条直线就是 BC 线。为了更简单地说明问题，我们假设你的脚趾上长了一双眼睛，那刚好是你两只脚踩在直线 BC 上的一点。现在请你睁开眼睛观察一下位于塔顶的旗杆，你对旗杆的顶部（L）、你的地理位置（E）和线段 BC 与平面 FGKH 的交叉点之间的角度（天顶到地心之间的直线与这个平面成直角）做一个计算，如果你熟悉三角知识，那就能够利用这个角度计算出你和塔顶之间的距离。这个方法同样适用于你走到 W 点的位置。你在直线 MN 的位置就是 W 点，直线 MN 在平面 OPRQ 上，从地心到目前的天顶（观察者一移动，天顶也跟着移动）上的直线与直线 MN 是成直角的。现在，只需计算出 LWM 的角度，那你和高塔之间的距离就能很容易地计算出来了。

其实，我们解说的方式是很简单的，但这个问题看上去还是很复杂。因此，我只能大致地阐释一下现代航海学的基本理论。你得去一所专业的学校学习，才能实现你成为一名真正的水手的梦想。对于那些必要的计算，你可能需要花好几年的时间去学习，然后用二三十年的时间去熟悉那些工具、表格以及海图，当你掌握了驾驭船员驰骋四海的本领的时候，你就有被船主雇用为船长的可能了。假如你志不在此，那大可不必去学习那些复杂烦琐的计算。我只是做了一个简单的概述，大家千万不要介怀，这只是一个短小的章节。

航海理论有了巨大进展是在欧洲人重新发现三角学的时候，因为航海学实在是一门完全依赖于计算的学科。这门学科曾经因为古希腊人的付出而有了坚实的基础，不过，托勒密（古埃及亚历山大城的著名地理学家）离开人世以后，复杂难懂的、一度被视为奢侈的三角学被人丢弃在记忆的角落里渐渐遗忘了。不过，印度人以及后来北非和西班牙的阿拉伯人却并不这样想，他们堂堂正正地将这门被遗弃的学科进行收藏保留，并在此基础上发扬光大。在阿拉伯语中有两个专业术语“zenith”和“nadir”，从中我们也可以看出，当三角学再次被写进欧洲学校的课程表里（约在13世纪）的时候，它已经脱去了基督教遗产的帽子，转身成为伊斯兰宝贵的财富。但是在后来的300年间，欧洲人奋力追击，逐渐超越了他们。这个时候，他们虽然又一次掌握了角度计算和解决三角形问题的本领，但新的问题又出现了，他们需要找到一个能够替代教堂尖顶的参照物，并且这个参照物要距离地球的固定点很远。

于是，北极星光荣地承担起了这个任务，成为最具权威的航海参照物。可能是北极星距离人类太过遥远的缘故，无论我们怎么看，它似乎都是静止的。而且它实在太容易辨认了，假如迷失了方向，不管多么愚笨的捕虾人都能轻易地在天空中找到北极星的位置。在北斗七星最右边的那两颗星会指引人们沿着它们的直线方向找到北极星的所在。另外，太阳也是不错的参照物，因为它也是不变的，不过，它的运行轨迹还没有被科学界测算出来，只有那些博学多才的航海者才有资格得到它的帮助。

在“地球是扁平的”这一理论被强行灌输到人们脑海里的那个年代，一切算术都非常无奈地背离了客观事实。这种尴尬局面结束于16世纪早期，那个时候圆盘理论被圆球理论所取代。地理学家先用一个与南北极中轴线垂直的平面把地球均匀地一分为二，即南北两个半球，赤道就是那条分界线，它距离南极和北极是一样长的。接下来，赤道与两极又被他们平均地分成了90份，因此，在赤道和两极之间均匀地分布着90条平行线，从极点到赤道之间距离的1/90就是每两条线之间的距离，即69英里。

从赤道一直到极点的所有圆圈都被地理学家做了编号处理，赤道是0°，极点是90°，纬度就此诞生了。

在地理学上，纬度的确立是一个了不起的壮举，标志着这个学科所取得的突破性进展。尽管如此，航海的危险性仍然是存在的。当所有的船长还对纬度计算一无所知的时候，一代又一代的数学家和航海者为了收集太阳运行方面的数据，为了记录太阳每年每月在每一个点的确切位置，费尽了心思，付出了巨大的心血。

只要不是蠢笨的航海者，只要能够识字读书，都能够在第一时间准确地说出自己现在的位置是北纬几度（赤道以北的纬度称北纬，以南称南纬）还是南纬几度，简单地说，就是他距离极点和赤道的长度。由于南半球看不到北极星，船只在航行的过程中没有参照物做指引，所以，让航船穿越赤道去南半球，是一件非常困难的事情。这个难题在16世纪末期终于被科学家们解决了，此后，纬度不再是困扰航海者的问题了。

不过，经度问题还在一个未知领域等待人们去探索（你应该知道，经线与纬线是相互垂直的）。揭开这层神秘的面纱又花去了人类两个多世纪的时间。科学家们用北极点和南极点这两个基准点来确定纬度。“这就是我们永恒不变的教堂尖顶。”他们这样说道。

可是地球是没有东极点和西极点的，并且，地轴也不在那个方向。不过，对于那条穿越两极点、环绕地球南北方向的圆圈，人们完全有能力画出很多条来，也就是子午线。问题是，“本初子午线”是哪一条呢？划分东西半球的界线是哪一条呢？水手们依托这条线，可以自豪地说：“我当前的位置是本初子午线以东（或以西）100 英里。”传统观念将耶路撒冷是世界的中心这一观点强行塞进人们的意识里，所以人们强烈地要求界定东西半球的本初子午线定给那条穿过耶路撒冷的经线，也就是纵向的“赤道”。最终，这个计划以失败告终，因为有民族自尊心挡在它前面，每个国家的人民都争相抢占本初子午线，他们都希望世界的开端在自己的国度。就算在这个人们自以为心胸宽广的现代社会，本初子午线的争夺战也没有停止过，德国、法国以及美国的地图上，本初子午线分别出现在柏林、巴黎和华盛顿。最后，真正的本初子午线的殊荣被赋予了穿过格林尼治的那条经线，它同时成为东西半球的分界线。这得益于 17 世纪（经度确定的年代）的英格兰在航海领域的卓越贡献，还有另外一个原因是，1675 年在伦敦附近格林尼治建立的英国皇家天文台统治着当时的航海业。

至此，航海者成功地在经度上找到了一个“教堂尖顶”。不过，还有一个问题困扰着他们，那就是当他们在浩渺的大海中航行时，如何确定自己与格林尼治经线之间的距离呢？ 1713 年，英国政府成立了“海上经度确定委员会”，其目的就是为了解决这个问题。此外，这个委员会还设置了巨额奖金，专门对那些能使人类在大海上确定经度的优秀发明进行奖励。这笔巨额奖金的金额是 10 万元，这个数字在两个多世纪以前无异于天文数字了，因此，有很多人为了它赴汤蹈火地奋斗着。在这个委员会解散的时候，它已经累计发放 50 多万元的奖励了，得到这些奖励的都是那些称得上“发明”的发明。

随着时间的推移，到了现代，大多数人的努力成果都已经湮没在历史的洪流中，人们渐渐地将它们遗忘了。不过，有两项在巨额奖金的诱惑下产生的发明，一直到今天还发挥着它们的实际作用。这两项发明分别是六分仪和天文钟。

复杂的六分仪（这种海上观测仪，体型较小，能够夹在臂下，携带方便）的主要功能是测量出各种角距离。这一项发明的灵感来源于中世纪粗劣的观象仪、直角仪和16世纪的象限仪（四分仪）。这个六分仪的最先发明权有三个人在苦苦争夺，就像全世界在同一段时间内探求同一个问题那样，这种情况似乎是常见的。

尽管航海界对于六分仪的出现表现出了兴奋，但他们对天文钟似乎更有兴趣，表现出的兴奋也更加强烈。天文钟诞生于1735年，这个在六分仪之后4年问世的仪器其实是一种精确而可靠的计时装置。它的发明者叫约翰·哈里森，是一个天才的钟表制造者（在制造钟表之前，他是一个木匠）。这个计时无比准确的天文钟能够用任何方式在世界上任意一个地方，准确地将格林尼治时间报给人们，并且丝毫不受天气变化的影响。因为聪明的哈里森给每个天文钟都安装了一个叫作“补偿弧”的装置。这个特殊的装置具备调整平衡弹簧的作用，它能够适应在温差因素下引起的热胀冷缩现象，使得天文钟完全不受气温变化的影响。

在哈里森离世的前三年（1773年），他如愿收到了那10万美元的奖金，当然，这是经过了很长时间的讨价还价，并且这是一个不光彩的过程。现在，每一只随船携带着天文钟的航船都能够在任何地方轻松而准确地掌握格林尼治时间。至于航船与本初子午线之间的距离，我们可以通过航船的当地时间和格林尼治时间之间的差来计算，因为太阳绕地球运转一圈的时间是24小时（其公转方向与地球自转方向是相反的，我运用同样的表达方式是为了方便而已），每小时经过15° 经线。

为了进一步说明这个问题，我举一个例子：假如，航船所在位置的当地时间是12点，此时的格林尼治时间是下午2点，由于太阳每小时经过15°经线，所以，这个时候的航船与格林尼治时间的距离就是$2\times15^\circ=30^\circ$。这样，我们就可以在航海日志上写下：航船在某年某月某日中午到达了西经30°。

诞生于1735年的天文钟曾经在世界范围内引起了巨大的震动，不过，时至今日，它原先所具有的重要位置已经逐渐地模糊了。现在，每天中午向全世界准点报时成了格林尼治天文台的日常工作，因此，天文钟以极快的速度加入奢侈品的行列。其实，只要你对领航员的能力有信心，那些复杂烦琐的表格和费尽心机的计算都可以扔进大海里去。跨过那一页与勇气、耐心和智慧有关的航海传奇，人类最辉煌的那段航海史将成为永远的过去。茫茫大海中的每一个领域都被人们勘测过，我们与那种即使最优秀的水手也会在惊涛骇浪面前茫然不足所措、方向尽失的岁月彻底告别了。那个手中拿着六分仪、仪表不凡的人将从驾驶室中走出来，坐在船舱中，将耳机戴在头上，问道："喂，楠塔基特岛（或者'喂，瑟堡岛'），我现在的方位是多少？"身处陆地的领航员会将他目前所在的方位报告给他。现在，事情已经简单到这个地步了。

经过20多个世纪艰苦卓绝的努力，人类终于成功实现了平安、快乐而且有所收获地在地表上行走的愿望，也表明逝去的20多个世纪的时日并没有虚度。人类历史上的首次国际合作圆满地画上了句号。许多国家的人大批加入这项有益的工作中来，他们在这项工作中做出了自己应有的贡献，这些人分别是中国人、阿拉伯人、印度人、腓尼基人、法国人、荷兰人、希腊人、英国人、西班牙人、葡萄牙人、挪威人、瑞典人、意大利人、丹麦人、德国人。

人类合作史上这特殊的一页就此翻过了。接下来，我们并没有太多的空闲时间，因为我们还需要为其他的内容忙碌。

第五章

地球的四季及其形成

起源于拉丁动词“serere”的“季节”这个词，是“播种”的意思。由此可见，这个词表示的是“播种的季节”，那么它应该只是指春天而已。不过，在中世纪，由于其他三个季节的加入，“季节”这个词偏离了原来的意思，它现在代表的是一年之中的四个季节，即春夏秋冬。秋季，又叫作增长的时期（它与“增长”或“尊严”有着一样的词根，也指“增长的时期”和“有尊严的人”）；冬季，还有一种说法是“湿季”；夏季在古梵语中代表的是一整年。

一年中的四季不但对人们的日常生活和浪漫情感有莫大的关系，同时还具有单调乏味的天文背景。因为四季的循环过程其实是地球绕着太阳做年度运转而产生的。

地球自转一圈所用的时间是 24 个小时，它绕着太阳做公转运动所需的时间是 365.25 天。人们将每年的 0.25 天叠加在了一起，这样做的目的是为了使历法整齐，同时也导致了闰年的出现，确切地说是每四年出现一次，在闰年里将产生 366 天。通常情况下，结尾是两个“零”的年份是没有闰年的，不过，也有例外，能够被 400 整除的年份都可以有闰年，所以这个特例出现在了公元 1600 年，下一次的特例是公元 2000 年。

地球绕着太阳运转的轨迹是一个椭圆形，而不是正圆形。虽然这个椭圆也算不上真正的椭圆，但是，它却使人类所研究的地球运行工作变得异常复杂了。

除此之外，存在于地球中轴与太阳同地球之间平面的那个角也不是直角，它只是一个 66.5° 的倾角。

地球绕着太阳做公转运动的时候，它的轴始终保持这个角度，由此直接导致了四季交替的现象在世界各地的出现。

世界各地的昼夜平分日期第一次出现每年的 3 月 21 日，因为这一天，地球表面接收到的太阳光是均匀的。90 天以后，地球刚好走完它公转路程的 1/4，此时，北极地区整个转向了太阳，而南极地区则恰好处于太阳的背面，因此，在北极出现了有 6 个月之长的白昼，而南极地区却迎来了 6 个月黑暗的极夜。当北半球处在阳光灿烂的夏季时，身处南半球的人还需要在火炉边看书来打发漫长的寒夜。不过，当北半球的人在圣诞节享受滑冰乐趣的时候，夏天炙热的阳光却照晒着阿根廷人、智利人；当他们打磨自己的冰刀时，滚滚热浪又开始袭击美国了。

每年的第二个昼夜平分的日子是 9 月 23 日，这也是第二个重要的四季交替的日期。北极与太阳分离的日子是 12 月 21 日，这个时候，太阳开始光顾南半球，南半球迎来了它炙热的夏天，而北半球则走进了严寒的冬季。

不过，四季循环并不是全部由地轴特别的倾斜和地球的自转来决定的。因为有了地轴 66.5° 的倾斜，地球被划分出了五个区域。热带地区在赤道的两侧，这片区域接收到的阳光几乎都是垂直照射的。紧挨着热带的是南北两个温带地区，阳光并不直射这个区域，因此这里比热带更宽广的高山平原和江河湖海都可以享受到温暖。而太阳照射在两极地区的角度是很小的，这个地方就算是到了夏天，阳光照射在地表的面积也整整比它自己大了一倍之多。

仅从文字上来理解这一切你可能觉得不是那么容易，我建议你去天文馆参观一下，或许在那个地方你能够了解到更多关于地球的知识，这要比从书本中获得快很多。不过，可以允许建造天文馆的城市毕竟太少了。或者，你可以到市政府去找政府官员要一份圣诞节的礼物，当然这个礼物就是一座天文馆。

那些官员可能会为了弄清楚天文馆是什么，而费尽心思地去查阅字典（要找出这个答案，他们可能要用20年或者30年的时间），这个时候，我建议你还是自己动手去演示四季的交替吧，你可能需要苹果、橘子、蜡烛以及用来分区的墨水这些道具。当你用一根火柴点亮一支蜡烛的时候,就可以让“南极”或者“北极”变成“白昼”或“黑夜”了。如果恰是此时，在你自己制作的地球上，有一只苍蝇光顾了，请你不要有这样的念头：“假设——只是单纯的假设——人类就是这样的一只小虫子而已，它没头没脑地爬行在一个巨大的橘子上面，同时，有一支更为硕大的蜡烛照耀着它们，可是这些都只是某个巨人为打发饭后闲暇时间的消遣而已。”

尽管想象力丰富是一件好事，但我奉劝你千万不要在天文学领域放飞你的想象。

第六章
海洋中的陆地

所有的人类都以地球上的岛为居住地。我们所谓的“大陆”实际上也是岛屿,是比其他岛屿大很多的一类岛屿的总称。而大陆,从字面意思上来理解,就是比诸如英格兰、马达加斯加或曼哈顿岛这样的小岛拥有或集结了更多陆地面积的超大块陆地。

不过,这个划分的标准并不是非常严格和统一的。美洲、亚洲和非洲是这个地球上当之无愧的三块最大的陆地。假如火星上也有天文学家的话,当他们俯瞰欧洲的时候,欧洲就像从亚洲大陆上延伸出去的一个半岛(它可能只比印度稍大一些),但它却总以大陆自居。对于澳洲,如果有人以它的面积不够大,人口不够多为由怀疑它称之为大陆的权利,这会惹起这个小岛上人们的愤怒,他们可能会为争取这个荣誉而豁出命去。居住在格陵兰岛上的爱斯基摩人却与之相反,他们坐拥的陆地面积是新几内亚岛和婆罗洲(即加里曼丹岛)这两个世界上最大岛屿之和的两倍,尽管如此,爱斯基摩人却甘于平凡和普通。事实上,南极地区拥有与北冰洋和地中海之间的那块陆地一样大小的面积,可能是生活在南极的企鹅太过谦卑恭顺了吧,不然的话,它们也可以对外宣布,它们是生活在陆地上的。

这似乎有些混乱不堪,我也实在找不出形成这种混乱局面的原因。地理学在前进的道路上曾经被很多个世纪的偏见和愚蠢所阻碍,这一点是毋庸置疑的。在那个时代，错误的观点随处散落在地理学资料之中，如同那些附着在废弃船只上的藤壶。这些藤壶经年累月（愚昧黑暗的时代有 1400 年之久）地生长，最终与船身成为一体了。

我们现在还是采取最流行的那种观点，将大陆分成五大块吧，它们分别是亚洲、美洲、非洲、欧洲和澳洲，这样划分可能不会导致新的混乱出现。五大洲中，亚洲的面积是欧洲的 4.5 倍，美洲的面积是欧洲的 4 倍，非洲的面积是欧洲的 3 倍，澳洲与欧洲相比要小几十万平方英里。从地理手册中可以看出，欧洲排在了亚洲、美洲和非洲的后面，不过，假如综合考虑面积大小和区域在世界发展史上所产生的影响这些因素的话，欧洲排在第一位是当之无愧的。

我们还是来看一下地图吧，其实我们真应该多看地图，而不是只注重文字。地图与地理学的关系就像乐器和音乐、水和游泳一样，是紧密而不可分割的。当你对着一张地图仔细审视的时候，如果是一个地球仪就更好了，你会发现欧洲半岛的确切位置是在北半球的中心地带，而北半球是拥有陆地最多的半球，而且包围着它的是北冰洋、大西洋和地中海三大片海域。同样，南半球的心脏位置被澳洲所占领。它孤零零地站在海域面积广阔的南半球的中心。

欧洲最大的优势就是能够面临如此之多的海洋，并且这些还不是全部。有四五个欧洲大的亚洲却有 1/4 的陆地处于炎热状态，有 1/4 的陆地在北极的笼罩之下，那个地方只有驯鹿和北极熊而已，你不可能找得到半个永久性的居民。

与之相比较，欧洲要有优势得多，真可谓得天独厚。在欧洲的最南端，被称为意大利的脚趾尖的那个地方，尽管酷暑难耐，可是却距离热带有 800 多英里。位于欧洲北部的瑞典和挪威，有大部分土地虽然也在北极圈的范围之内，但它们非常幸运地得到了墨西哥湾暖流的庇护，这使它们的沿海地区常年处于温和之中，而与它同一个纬度的拉布拉多岛则完全是另外一番情景，常年被冰雪覆盖。

除此之外，欧洲还有深入内陆的海洋和众多的半岛。像非洲和南美洲这些地区最为匮乏的东西全部被欧洲囊括了，比如西班牙、意大利、希腊、波罗的海、丹麦、斯堪的纳维亚半岛、北海、爱琴海、地中海、马尔马拉海、比斯开湾和黑海。你可以看到欧洲几乎每一片土地都被海洋揽入怀中，因此，它具有冬暖夏凉的宜人气候，居住在这片陆地上的人民过着既不轻松也不艰难的平常日子，他们不似亚洲人那样负担沉重，也没有非洲人游手好闲的特性，他们最拿手的本领就是将工作和娱乐休闲恰当而有效地结合在一起。

不过，欧洲人成为世界的主宰（在1914—1918年间爆发的那场战争中，他们彻底失去了世界霸主的地位），其主导因素不单单是气候，自然地理环境在这个过程中也起着举足轻重的作用。虽然说地理位置只是个偶然的因素，不是任何人的杰作，可这又有什么关系呢？它丝毫也不能影响欧洲人坐收渔翁之利。如今我们看到的欧洲山水是由于火山猛烈的喷发、大规模的冰川入侵和恐怖的山洪暴发而形成的，因此山脉被国家当作了国界。在内陆地区则以水铺路，并且一直向海洋延伸，由此带动了商业和贸易的发展，一直到迎来铁路和汽车称霸的时代，这些都是极为自然的事。

西班牙和葡萄牙的天然屏障比利牛斯山将伊比利亚半岛从欧洲大陆上切割开来。同样,阿尔卑斯山之于意大利也是一样的关系。法国西部大平原则以塞文山脉、侏罗山脉和孚日山脉三座大山作为遮掩，自己安静地躲在它们身后。面对着俄罗斯大平原的喀尔巴阡山脉，坚定地充当着匈牙利的堡垒。尽管在过去的800年间，奥地利曾经在历史舞台上有过重要的“演出”，但是它仅仅是一个圆形的平原而已。不过，它拥有一道能够将左邻右舍拒之门外的围墙，这道围墙就是四周那些绵延不绝的高山，如若不然，它可能早就不复存在了。德国也是如此,并不单纯是由政治催生出来的。这是一个幅员辽阔的国家，阿尔卑斯山和波希米亚山脊是它广袤国土的巨大依托，并且一直向波罗的海岸边延伸而去。英格兰以及位于古希腊爱琴海上的那些小国家，还有被称为水上城市的荷兰以及威尼斯等这些岛屿都是天然的要塞。在造物主的别具匠心之下，它们都顺利地发展成了独立的政治实体。

连俄国这样传闻诞生于个人集权之下的国家（如罗曼诺夫王朝的彼得大帝）也不例外。传闻毕竟是传闻，真正导致这个国家诞生的是自然力的发展。然而，俄罗斯是完全具备成为一个高度集权制帝国的条件的，因为在广袤的俄罗斯大平原周围环绕着北冰洋、乌拉尔山脉、黑海、里海、喀尔巴阡山脉和波罗的海，它们将大平原紧紧地包裹在中间。最好的证明就是建立在毁灭的罗曼诺夫王朝废墟之上的苏维埃共和国被顺利地保全了下来。

在欧洲经济发展中，那些河流的流向起着非常重要的作用，并且具有最实际的价值。贯穿马德里和莫斯科的所有河流一致都呈南北走向，它们将每一片大陆与大海连接了起来。

文明形成的因素里，起到决定作用的往往是水，而非陆地。正是由于有了这些天赐之水，欧洲大陆才成就了霸主之业，不过，令人羡慕的霸主之位最终葬送在1914—1918年爆发的那场自杀性灾难之中了。我所说的这些话，地图可以做证。

与欧洲相比，有两条雄奇伟岸的山脉平行地横卧在北美洲的东西海岸之上，茫茫无边的中西部大平原突兀地躺在两条山脉之间，从这个地区到大海的唯一通道就是密西西比河以及它的支流，它们最终将奔流到距离太平洋和大西洋都非常遥远的墨西哥湾（它顶多就是一个内海）。

我们再将视线转移到亚洲来，这片大陆有着杂乱不堪的地表结构，山系的走向也是任意发挥的结果，江河毫无头绪地向四面八方流去，没有任何章法和秩序。有几条重要的河流从众多的水系中脱颖而出，它们横贯广袤的西伯利亚大平原，最终被收归在北冰洋之下，这些河流仅仅为当地的渔民带去了一些福泽而已，此外，它们并没有给亚洲大陆留下什么实际的好处。至于澳洲，就更不用说了，它与欧洲相比，甚至不能算是一个有河流的大陆。还有非洲，中部宽阔的大平原把河流挤向了沿海的高山峡谷之中，在悬崖峭壁的压迫下，河水到处冲击，曲折盘旋，这些河流根本不利于海运的开展，通往内陆的道路是不畅通的。相比之下，欧洲的江河水系实在是太完美了，山形地势也比较合适。另外，在沿海蜿蜒曲折的地貌作用下，欧洲还具备了比规整的海岸（比如非洲和澳洲）长 9 倍的海岸线。此外，它的气候是如此温暖适宜，还拥有处于大陆中心的有利地理位置。这样的得天独厚，欧洲大陆成为世界的统治者，还有什么好怀疑的呢，这是必然的结果啊！

然而，成就这一切的决定因素并非先天的条件，人的聪明才智也是成就欧洲霸业的一个非常重要的因素。人们生活在舒适清爽的北欧，对脑子大有裨益。正是在这种不冷不热的气候条件之下，人们能够同时兼顾休闲娱乐和日常工作。也正因为如此，北欧人可以在国家安定、法制健全（有了法律的强大保障，脑力劳动才能很好地开展）的时候，把全部的精力投入科学研究事业中，高度发达的科学力量最终将成为他们奴役和剥削其他四个洲的有力武器。

在数学、天文学和三角学方面他们也有很深的造诣，他们自信满满地驰骋在四大洋之中，根本不用为迷失航路而担心。此外，他们还在化学研究方面取得了累累硕果，有一种能够在内部点火的机器就是他们的杰作，他们利用这个强大的工具可以更快、更准确地将人和动物消灭掉。他们在医药学方面也苦下功夫，成功避免了那些能将世界上人口迅速减少的病魔的攻击。在他们的意识中和天性里，埋藏着根深蒂固的节省和贪婪，在这种习性的驱使下，他们常常为了财富而不择手段。这可能与他们生活的贫瘠土地（与恒河平原和爪哇山区相比）有关，还与他们在生活质量上永不知足的贪婪有关。假如他们失去了财富，邻居们就会鄙视他们，并被看作不幸的失败者。

因为神奇的指南针的传入，他们最终甩掉了教堂尖顶和熟悉的海岸线的束缚，浩瀚的大海成为他们自由驰骋的天堂；因为船只的成功改造——其实是将舵桨从船舷移动到了船尾（这是发生在 14 世纪上半期的一项改革，它是人类有史以来最重要的一项创举，从此以后人类尝到了掌握航向带来的前所未有的乐趣），欧洲人还冲出了狭窄的内陆海，此外，欧洲人还走出了地中海、北海和波罗的海，走向了浩瀚的大西洋航道，更加遥远的军事和商业征服就此拉开了序幕。就在这个星球的大陆群中间位置，他们充分利用了这种幸运的地理安排。

500 年来，这个巨大的优势一直被欧洲人有效地利用着。在贸易中，廉价的交通方式总是大受欢迎的，当蒸汽机将帆船取而代之的时候，欧洲一如既往地保持着它的领先地位。古代的军事学家告诉我们，强大的海军能够成为一个国家支配全世界的力量。历史已经很好地证明了这个规律，他们说的是对的。首先，挪威刚刚被威尼斯和热那亚掌控不久，葡萄牙就将他们全部收服了；后来，世界霸主的王冠从葡萄牙人那里落到了西班牙人手中；接着荷兰人接任了海上霸主之位；最后，荷兰人又被英国人打败，让出了霸主之位。几乎每一个统治过世界的国家都有一支世界上最为强大的海军在后面作为支撑。然而，现在这个时代，海洋的辉煌已经一去不复返了，第二大商业高速公路迅速在广阔的天空中崛起了。当那种远远重于空气却能够在空气中自由飞翔的飞行器一问世，就给欧洲的命运带来了巨大的影响，所以，我们不能将欧洲沦为二流大陆这个罪责全部归咎于世界大战。

蕴藏在海洋中的无限潜力是被热那亚一位羊毛商的儿子哥伦布发现的，此后，人类历史的进程就被改变了。

而发现天空价值的是美国俄亥俄州代顿市郊区的一个自行车

修理摊的主人，他们是莱特兄弟。生活在未来的孩子可能会不熟悉哥伦布其人，但是我敢肯定他们绝对会熟知威尔伯·莱特和奥维尔·莱特的名字。因为世界文明的中心从旧世界转向新大陆都归功于这对兄弟的天赋与耐心。

第七章
欧洲和生活在那里的民族

生活在欧洲大陆上的人口总数为5.5亿，是南北美洲人口总和的两倍，多于美洲、非洲和澳洲加起来的人口数量，而亚洲的人口总数是9.5亿。这是由国际统计学会统计出来的数据，应该是比较准确的，因为这个学会里都是专家学者，对于各种事物，他们能够保持客观冷静的态度，那种歪曲事实而去讨好某个国家的事是绝不可能发生在他们身上的。

就是这个统计学会给出了我们这样一个信息：世界人口以每年3000万的速度递增。按照这个人口发展趋势，600年之内世界人口将在此基础上翻一番。真不敢想象，以这个速度持续发展下去，千百万年以后，在19320年，或193200年，抑或1932000年，人类的情况将变成什么样子呢？在地铁站里如果“只有站位”，是件糟糕透顶的事情，而更为严重的是，如果在地球上也出现“只有站位”的情况，那绝对是让人无法接受的。

现在我们大可不必去研究那个经济学范畴的问题，有一个更为迫切的问题正摆在我们面前，对于那些居住在欧洲大陆的早期居民，他们是从哪里来的？毕竟这群人曾对历史产生过重要的影响。除此之外，我们还要了解，在这些人之前，欧洲大陆有没有其他人居住过。可遗憾的是，我们并没有找到清晰明了的答案。这些走进欧洲大陆的人极有可能是从亚洲来的，他们穿越了乌拉尔山和里海之间的那条狭窄的通道，历经艰险，跋涉万水千山，最终到达目的地。当他们踏上欧洲大陆时，在这块土地上可能已经有人居住了，只不过最先到来的人还处于原始社会的蒙昧状态吧。这些虚无缥缈的故事因为地理学家的努力而渐渐有了清晰的脉络，他们有幸收集了更多的相关资料，不过，现在还不是将这些“故事”写进这本地理书中来的时候，因为我们关注的重点是那些后来的移民。

这些人迁移过来的目的是什么呢？纵然是山高路远，道路充满了艰难险阻，他们都不辞辛苦，千里迢迢地赶来欧洲，这究竟是为什么呢？就像在过去两三百年的时间里，从旧的欧洲大陆上迁移到美洲新大陆的成千上万的人那样，人们充满了对西方世界的无限向往，他们在生存机遇和饥饿的胁迫下，不断从亚洲迁往欧洲，以至于后来亚洲人流向欧洲的壮观场面可以媲美欧洲移民抢占美洲大陆的情景。人们疯狂地抢占土地和湖泊（在人类早期，土地没有湖泊珍贵），我们再也找不到任何“纯血统种族”的痕迹了。还有一些弱小的民族固守着他们与世隔绝的遗憾，并为自己保留了种族的纯正血统而自豪不已，其实这些人是生活在大西洋沿岸的那些无法进入的深山峡谷之中的原始居民，他们一直过着自生自灭的生活。现在我们口中的“民族”这个词，已经失去了人种纯正的意思了。

对于那些庞大的人群，我们用这样的语言来描述：他们（或多或少）讲共同的语言，连他们的历史渊源也是相同的；他们的民族个性、思维模式及社会行为在过去有记载的2000年的历史中，都是惊人的一样。正因为这样，那种民族的归属感在他们中间产生了，所以我们就用“种群”（racial group）这个词来称呼他们吧。

在“民族”这个定义下，现在的欧洲人可以用三个大民族和六七个小民族进行划分。

首先出场的是包括英格兰人、荷兰人、挪威人、瑞典人、丹麦人、弗兰芒人和部分瑞士人在内的日耳曼民族；接着是包括了法兰西人、西班牙人、意大利人、葡萄牙人以及罗马尼亚人的拉丁民族；最后是包括俄罗斯人、波兰人、捷克人、塞尔维亚人和保加利亚人的斯拉夫民族。这三个大民族在欧洲的总人口中占到了93%。

此外，还有几个小民族，接近200万的芬兰人、有200万的马扎尔人（也叫匈牙利人）、大约有300万的犹太人、有100万的土耳其人的后裔（昔日土耳其帝国在君士坦丁堡周围的残存地区就是他们的居住地），还有即将被同化的希腊人，至于这些在血缘关系上与日耳曼人更加接近的人究竟是不是希腊人，我们也只能把判断权交给猜测了。同样具有日耳曼血统的还有阿尔巴尼亚人，他们早于古罗马人和古希腊人五六百年的时间出现在欧洲大陆上，可是现在的他们已经被时代远远地抛在后面1000多年了。最后，不要忘了还有爱尔兰的凯尔特人、波罗的海的利特人和立陶宛人，以及吉卜赛人。来历不清、人数不详的吉卜赛人有着颇具趣味性的现身经历。他们的命运就是历史的警示：当最后一片土地被瓜分殆尽的时候才姗姗而来的人，将会得到和吉卜赛人一样的下场。

就是这些人，生活在旧大陆的山水之间。接下来让我们看一下他们改造地理环境的方法以及他们如何被地理环境造就的情况。在人类与环境的相互斗争中，文明之花悄然开放了，假如没有这种斗争，人类很可能还活在那个茹毛饮血的年代。

如果想真正了解这本书，正确的阅读方法就是参考地图。你可以选择任意一本地图册更好地帮助你理解这本书，因为现在绝大多数地图都制作得非常精美。

在这本书里，你可以看到一些插图，但千万不要把它们当作地图册来使用。这些插图存在的意义是为了列出多种方法，便于你对书中讨论的重点问题有一个清楚的认识。假如这些插图同时激起了你画画的兴趣，那也是我所希望看到的，这样一来，你就可以利用自己掌握的地理知识亲自动手画图了。虽然说平面图的制作是非常巧妙的，可是与实际相比，多少还是有些不一样的地方存在。就算是地球仪上的地图也不能做到完全一致，尽管它已经与实际情况非常接近了，但却不是一个椭圆体。其实制作地球仪的出发点也不是为了与实际情况一致，而是从方便这个角度进行考虑的。我们不能把真实地球上的扁平地区在地球仪上表现出来，因为要做到这一点的话，那个地球仪必须是个庞然大物，所以我们不必太在意这些小问题。你应该有一个地球仪（在这本书的写作过程中，我借助了一个地球仪作为参考，它只是一个价值 10 美分的、装在铅笔刀上的小地球仪而已），当你尽可能多地利用你的地球仪的时候，一定不要忘记它与真实的地球并不是“完全一致”的，它们只是“相似”而已。只有真正走入现实生活中，去领略地球的真实风貌，你才有可能获得船长的资格证书。假如你真的有这样的想法，请你做好奋斗多年的准备吧，这门艰深难懂的学问并不是朝夕之间就能掌握的，请千万不要把我所写的这本书当作专业书籍来使用，它的定位是大众读物，地球上的普通百姓要通过它来了解一些地理概况还是行得通的。

现在，请把这句箴言放在心里吧：学习地理最有效、最简便的方法是借助于图画，所以你大可不必临摹包括我在内的任何人的图画。当然，我的那些图画是可以为你提供参考的，但它们对你而言，只能是一道“开胃菜”而已，请你最大限度地享受自己做菜的乐趣吧！

在这个方面，我就是最好的榜样，我根据自己所掌握的一些地理知识动手画出了一些平面图和立体图。关于那些立体图，你可能需要一些时间才能慢慢地适应，可是，一旦你熟知了立体图，那些平面图就再也不可能讨你欢心了。这里有一些角度变换很快的插图，看起来就像从山顶俯视大地那样，通过这些图，你可以更好地观察地貌。另外一些图，像极了在飞机或齐柏林飞艇上描画的那样，还有一些像大海干枯以后才能看到的景象。此外，还有如同装饰画一样漂亮的图画和类似几何图形的图画。要如何挑选，你自己拿主意吧，凭借对事物的认识，请自由地去动手画吧。

动手画图之前，先准备好一个地球仪、一本地图册以及笔和纸张。

亲自动手画图，可以给你留下永生不忘的记忆，这也是学习地理最有效的方法。

第八章

连接古老亚洲和新兴欧洲的桥梁——希腊

处于巴尔干半岛最南端的希腊半岛，与亚洲毗邻，东临黑海、马尔马拉海、博斯普鲁斯海峡和爱琴海，南向地中海，非洲是与它隔海相望的大陆，在西南面与它携手的是亚得里亚海，意大利则与它一水相连，多瑙河在北面与它相依相偎。

从天空中俯瞰，巴尔干半岛呈现出一只手掌的形状，它从欧洲向亚洲和非洲伸展而去，当然，这只是我在脑海中想象的情景，事实上，我从未做过从天空中俯瞰巴尔干半岛的事情。虽然如此，还是让我继续完成这个想象吧：在这只手掌中，希腊就是大拇指，色雷斯是小手指，这根小手指上的指甲就是君士坦丁堡了，从马其顿和帖撒利亚一直延续到小亚细亚的崇山峻岭自然就是这只手掌中的其他几个手指了。这些最终跌进爱琴海波浪中的绵延山峰历经了从北到南的遥远路程，假设我们现在从高空往下看，我们将会看到清晰的、如同浸泡在清水中的手指似的山峰。

构成这只手掌的骨骼就是那一列列雄奇险峻的高大山脉，它们以对角线的形式自西北向东南伸展。它们的名称也因为不同的语言在叫法上各式各样，保加利亚人、黑山人、塞尔维亚人、土耳其人，还有阿尔巴尼亚人和希腊人都对这些山脉进行了命名。在这个地区，有几条山脉有着非常重要的地位和作用。

从瑞士阿尔卑斯山一直延伸到科林斯湾的狄那里克阿尔卑斯山就是其中的一条。宽阔的科林斯海湾将希腊半岛分为两半，近似于三角形的半岛南部，曾经被希腊人错误地当成一个单独的岛屿（这并不奇怪，由于连接半岛南北部的科林斯地峡只有 3.5 英里宽）来看待，这个“岛屿”被他们称之为珀罗普斯岛或者伯罗奔尼撒半岛。古希腊传说中的主神宙斯的孙子就是珀罗普斯，他是坦塔罗斯（古希腊传说中宙斯的儿子。他杀死了自己的儿子珀罗普斯，并将其制作成一道菜肴来招待诸神以试验他们的观察力，还向人类泄露了上天的秘密，因此触怒了诸神，罚他在冥界受苦，让他站在齐颈深的水里，但等他口渴时水就退去；等他饥饿时，悬挂在他头顶的果子就会被风吹走。——译者注）的儿子，也是奥林匹亚人心目中的运动健将之父。

中世纪，那群毫无想象力的威尼斯商人占据了希腊，他们对那个被父亲制作成一道菜肴来招待客人的年轻人珀罗普斯没有丝毫兴趣，于是他们将这个半岛的名称更改为摩里亚半岛，这是因为他们发现伯罗奔尼撒半岛在地图上的形状就像一片桑树叶子。摩里亚半岛这个名字一直沿用到今天。

此外，这里还有两条互不相连的山脉。一条是半环形山脉南端的巴尔干山脉，它位于北部地区，整个半岛都以巴尔干山脉的名称来命名。另一条是在这个山系北端的喀尔巴阡山脉。多瑙河从重叠的大山中突围而出的时候，留下了一道如“铁门”般的峡谷，就是这道“铁门”横在两座山脉之间，将它们断开了。在这个地方，崇山峻岭压迫着多瑙河，它被迫放弃了从匈牙利平原奔向爱琴海的“念头”，决然转头，向东投奔黑海。

可惜的是，横在希腊半岛与罗马尼亚之间的这道“墙”并不能比肩阿尔卑斯山，所以从俄罗斯平原吹来的刺骨寒风它是无法抵挡得了的，巴尔干地区只能忍受着常年的冰雪和雨水。幸好罗多彼山脉这第二堵“墙”及时地将俄罗斯的乌云挡在了希腊的门外。罗多彼山代表着“满山的玫瑰”。其他一些词也具备同样的词根，比如玫瑰树、爱琴海上的罗德岛，意思是“玫瑰花盛开的小岛”。由此看来，希腊确实拥有非常宜人的气候。

罗多彼山脉有9000英尺之高，而巴尔干山脉的最高点才达到8000英尺（著名的希普卡关就在它的附近，1877年通过这个关隘的俄罗斯军队遭受了严重的损失）。罗多彼山脉为它身后的那个半岛的气候做出了重要贡献。另外，希腊民族的诞生之地帖撒利亚平原也是常年受到奥林匹斯山的庇护，这座山有10000多英尺高，终年被冰雪覆盖。

富庶的帖撒利亚平原的前身是一片内陆海，后来，皮尼奥斯河（今天的萨拉米比亚河）在著名的腾比河谷中间开辟了属于自己的道路，塞萨洛尼基湾有幸容纳了帖撒利亚湖全部的湖水，此后，陆地在这里诞生了。对于这个古希腊人的鱼米之乡，土耳其侵略者完全没有把它放在眼里，他们满不在乎的习惯可能是受到邪恶内心的驱使，不过，更重要的原因是穆斯林的惰性在作怪。土耳其人总是对摆在眼前的那些很现实的关键问题持轻视的态度，他们耸耸肩，然后问道：“有什么用呢？”当这些土耳其人被驱逐出这片土地的时候，希腊的债主们又恢复了身份，农民的命运被他们攥在手心，横征暴敛的时代再次继续。

而今，烟叶成为帖撒利亚平原的主要出产物。这里的沃洛港口就是当年的亚尔古英雄们寻找金羊毛的出发地。关于这些英雄的事迹，在特洛伊城尚未出现之前，人们就已经耳熟能详了。帖撒利亚平原上的铁路枢纽是拉里萨，它同时也是一座工业城市。

下面我来讲一件颇有趣味的事情，借此解释古代人莫名其妙地混居在一起的原因。战争过后，它在拉里萨城内留下了一个纪念品，即一个黑人聚居区。1821—1829年，希腊人发动起义，于是土耳其人从他们在非洲的领地苏丹调回几个军团用于镇压起义运动，土耳其统治者丝毫不会在乎为他们流血丧命的是些什么人。镇压运动的大本营被土耳其人设在了拉里萨。战争过后，可怜的苏丹人被抛弃了，他们深陷异国他乡，一直到今天，依然不知道何去何从。

接下来，你将在这本书里看到更加令人费解的故事。比如，你会知道红色皮肤的印第安人生活在北非，中国的东部不乏犹太人居住，甚至在渺无人烟的大西洋荒岛上还有马儿的踪迹。这些奇闻趣事比较适合那些坚持“纯正血统”的狂热分子。

要到达埃皮鲁斯地区，只需从帖撒利亚平原翻过品都斯山就可以了。如巴尔干山一样高大雄奇的品都斯山是埃皮鲁斯与希腊其他地区之间的天然屏障。可是原先居住在这里的埃皮鲁斯人在某次战役失利后，被罗马人当作奴隶卖掉了15万之多（这是罗马人建立法律秩序的臭名昭著的手段之一），因此，这个地方人烟稀少、民生凋落，也没有港湾和任何像样的公路，只有延绵不断的高山和毫无活力的牛群而已。我实在想不明白，就是这样的一个地方，却曾经成为亚里士多德眼中的人类发源地，这个谜团至今也没有任何人能够弄明白。不过，伊萨卡岛和克基拉岛这两个地方在此值得一提，这两个岛屿因为伊奥尼亚狭长的水道而与大陆分开了。那个神话中的英雄人物、历尽艰难险阻的奥德修斯就诞生在伊萨卡岛上。而克基拉岛则孕育了淮阿喀亚人，瑙西卡的父亲就是他们的国王阿尔喀诺俄斯。瑙西卡以一个可爱女人的形象出现在古典文学作品中，她一直是热情和优雅的化身。克基拉岛是爱奥尼亚群岛的组成部分，最先霸占它的是威尼斯人，后来法国人又将它纳入自己的版图，紧接着它的主人又变成了英国人，当它再次回到希腊的怀抱时已经是1869年了。现在这个岛屿已经名满天下了，除了在1916年成为战败的塞尔维亚部队的藏身之地外，还因为它遭受过法西斯海军若无其事的几次炮轰。在不久的将来，这个地方有可能成为一个冬季疗养胜地，不过，它却坐落在欧洲著名的地震带上。

狄那里克阿尔卑斯山一直被认为是地震的罪魁祸首，并因此而臭名昭著。1893年，有一次严重的地震袭击了它的近邻扎金索斯岛。尽管有地震灾害的威胁，但这并不能阻碍人们来到这些风景秀美的地方。有很多舒缓的山坡都是人满为患的，人口密度比地球脆弱的地表上不容易发怒的地区要大很多，如果你有过环球旅行的经历，你就知道了。暂且不去管它了，就让我们从埃皮鲁斯继续南行，到维奥蒂亚去吧。

躺在阿提卡向南伸展的丘陵、帖撒利亚和埃皮鲁斯向北伸展的山区之间的维奥蒂亚地区像极了一只巨大的空汤盆。维奥蒂亚在自然对人类的影响方面堪称经典范例，正如我在本书开头部分所说的那样，这种影响力被维奥蒂亚充分证实了，所以我要详细地讲一下这个地区。生活在黄金时代的希腊人把维奥蒂亚人当成十足的乡巴佬，在他们眼中，这些人粗俗并且反应迟钝，是呆头呆脑的傻瓜一个，是小丑，他们的命运就是在古希腊所有低俗闹剧中充当笑料。他们是呆子和蠢货，尽管从帕纳萨斯山走出来的维奥蒂亚人，来自诗神缪斯的灵地，来自特尔斐神谕立庙之圣地。

事实上，与希腊人相比，维奥蒂亚人的天赋并不低。维奥蒂亚人的杰出代表就是古希腊军事家伊巴密浓达和传记作家普鲁塔克，只是在他们还是个孩子的时候，就离开了故乡。维奥蒂亚人常年受到科皮斯湖沼泽地带的瘴气的毒害，从现代医学的角度看，那些人多半成了疟疾的牺牲品，在这种疾病的毒害之下，又怎么可能造就出头脑聪慧的人呢？

13 世纪，雅典的统治权被法国十字军所掌控，为了改善维奥蒂亚的基础条件，他们排干了沼泽。不过，随后统治这个地区的土耳其人却放任蚊虫繁殖，致使这里的环境又走向恶劣。后来，在继任者法国人和英国人的努力下，科皮斯湖的湖水全部流进了埃维克海，湖水流干以后，这个地方被改造成了丰饶的草场。

过去这片土地的代名词是傻瓜笨蛋和弱智低能的 A 级展览区，人们总是对它持嘲弄的态度。当沼泽消失以后，昔日的瘴气也不见了踪影，疟蚊也销声匿迹了，那些不好的年月成为永久的历史。而今的维奥蒂亚人已经和过去大不相同了，他们不再是和雅典布鲁克林的擦鞋匠相提并论的人了。他们有足够的智商，完全有能力把钱从亚美尼亚人或者苏格兰佬的口袋里掏出来。

接下来，就让我们去看看阿提卡吧，这是希腊最有趣的一个地方。现在，就让我们坐上火车，踏上那条与欧洲主干线相连接的铁路线吧。对于古希腊人来说，要从北方的帖撒利亚到南方的阿提卡去，只能选择取道温泉关隘，这是唯一的道路。我们所说的这个关隘，位于伊蒂山与埃维亚海的海拉伊湾中间，这是一条只有45英尺宽的狭窄山沟，局促地夹在两座山之间。公元前480年，就是在这个关隘前，斯巴达国王利奥尼达斯和他的300名斯巴达士兵全部壮烈牺牲了，他们是为了抵抗薛西斯游牧部落的侵犯，使欧洲免遭游牧民族铁蹄的蹂躏而牺牲了自己。200年后，希腊人也是在这里成功地将野蛮的高卢人赶出了国门。这个关隘的重要作用在1821—1822年的希腊与土耳其战役中也有所体现。而今，温泉关已经不复存在了。海水往后退了3英里，留下了一个简陋的海水浴场，这些温泉水成为风湿病和坐骨神经痛患者试图减轻痛苦（希腊语“thermos”的意思是“热”,英语“温度计”与“热水瓶”都是由此而来）的希望。那些在失败中牺牲掉的英雄连同这个以“温泉”命名的战场将被载入史册，永垂不朽——只要人类能够记住这些。

在爱琴海的碧波之中有一块面积不大的三角形岩岬，它就是阿提卡地区。这是一个以山地为主的地带,无数小山谷镶嵌于山中，每一条山谷都能与大海相连，海面上吹来的风为它带来了清爽宜人的气候。古代的雅典人宣称，他们的聪明才智和远见卓识得益于他们所呼吸的清新空气，这倒是事实。在这里，根本不可能看到维奥蒂亚那种污浊的死水沼泽和生命力极旺的疟蚊。雅典人在这样清新空气的恩宠下，有着持久健康的体魄。关于肉体与精神合二为一这一认识，最先是由雅典人提出的。他们认为，肉体与精神是密切相关的，精神的健康有赖于肉体的健康，而想要让肉体获得健康，也不能忽视精神健康。

站在阿克罗波利斯，呼吸着无比清新的空气，抬眼一望，彭特莱恩山就尽收眼底了。在这座高山上，可以轻易地俯瞰马拉松平原，同时，这里还是大理石的盛产地。当然，成就雅典的并不是只有气候这一个因素。

阿提卡人依靠海洋走向了世界各地，在人烟稠密的城镇港湾和人迹罕至的天涯海角，都有阿提卡人的足迹。地理中的奇迹就是经过大自然鬼斧神工的技艺创造而来的，那个如同方台的峭壁平顶小山就这样被放在了平原的中心地带。这是一座有435英尺宽、500英尺高、870英尺长的平顶小山，在它的四周分布着伊米托斯山（出产优质雅典蜂蜜）、彭代利孔山和埃格柳斯山（当年，在这埃格柳斯山上，那些从雅典逃出来的可怜难民亲眼看见了薛西斯的海上战船在萨拉米斯湾全军覆没，而在几天前，薛西斯的军队刚刚烧掉他们的城市）。这座平顶峭壁的小山对从北方而来的移民充满了吸引力，因为这里有足够的食物和安全保障，而这些移民也成为这里最早的居民。

这里还有一个很有趣的现象。欧洲最为重要的古代城市总是与大海保持好几英里的距离，就像雅典和罗马（或者伦敦、阿姆斯特丹），它们一般不会紧挨着大海而建造。这也许是因为受到克诺索斯的教训吧，这个临海而建的早期地中海世界的中心城市位于克诺索斯岛上，是一个海盗经常光顾的地方，这为几百年后的雅典和罗马做出了很好的警示。相比较而言，古代的雅典要比罗马更靠近大海。古希腊的水手们踏上比雷埃夫斯（现在的雅典港）的土地后，只需再走很短的路程就能与家人团聚了，而罗马商人上岸后，至少还需要三天的时间才能赶到家，相比较而言，确实有点远了。于是，他们选择了在台伯河边定居，而放弃回到故乡罗马。

就这样，能够为取得世界霸权提供巨大好处的大海逐渐疏远了罗马。

这些在方台山居住的人，也就是居住在“高城”（卫城）中的人们开始向平原地区迁居。他们把房屋和围墙修建在方台山附近，一直延伸到雷埃夫斯，这些人从贸易和抢劫中获利，并过上了富足的生活。这座坚固的城堡在很长一段时期内，一直站在地中海富裕城邦的前沿。在他们遗弃的“高城”里，竖起了一座白色大理石的神殿，与阿提卡淡紫色的天空交相辉映，那个渺无人烟的地方变成了一个圣地。这座卫城的一部分神殿毁在了土耳其人的手中，尽管它已经残缺，但也无疑成为展现人类智慧的历史遗迹的代表。

当希腊在1829年取得独立的时候，雅典已经变成了一个只有2000人居住的小村子。到了1870年，已经有4.5万人居住在那里了。到了今天，这里的人口已经增加到70万，它的人口增长速度完全可以与美国西部的城市相媲美。世界大战以后，雅典原本有机会成为爱琴海地区的新霸主，不过它犯了一个愚蠢的错误，将小亚细亚无比重要的殖民地全部拱手让人了。虽然如此，但相信在不远的未来，它还会重新振作起来，好事多磨，终究会实现的。这是一个以宙斯最聪明、最机敏的女儿命名的城市，它必定会像那位出生于父亲的脑袋里的守护女神那样，具有无与伦比的力量和死而复生的能力，永远生机勃发。

最后，我们将要到达的是希腊半岛的最南端。在这里，任何祝福和自信心都将失去威力。这是一个以珀罗普斯王子命名的地方，可怜的王子遭到了恶毒父亲的诅咒，连同这块土地也没能逃离厄运。在这个地方，雄奇的大山挡住了海洋，阿卡迪亚的田园美景被阻隔在了大山之后。那些未知的实物往往更能激发诗人们的满腔热情，从小生活在阿卡迪亚的诚实、纯朴、可爱的牧羊女和小伙子成为所有诗人称颂的对象。事实上，阿卡迪亚人并不比希腊人更为诚实。与那些老到的希腊人相比，阿卡迪亚人可能更不喜欢玩骗人的把戏，那是因为他们还没有学会这些，而不是因为他们不爱说谎。当然，他们是不会去偷窃的，因为这个地方只有枣树和山羊，能有什么好偷的呢？他们居住在一个很小的村子里，大家都彼此知根知底，所以他们也不可能说谎。假设他们对诸神的敬仰之情不如埃莱乌西斯或者其他圣地之人，那么，他们该有属于自己的神——潘神。这位神灵在低俗的玩笑和体现乡巴佬弱智方面总是表现得游刃有余，并且绝不逊色于奥林匹斯山的任何一位神灵。

能征善战的本性对阿卡迪亚人而言，没有丝毫好处。像绝大部分乡巴佬那样，他们无视纪律的存在，也不接受任何人来统领他们。

阿卡迪亚山的南边，是一块肥沃的土地，即拉哥尼亚平原，它比阿提卡的所有山谷都要肥沃。可是，出现在这里的只是最基本的维持生活的物质，真是一片荒芜凄凉的景象。紧挨着这块平原的是斯巴达城，这是一座奇特的古迹。北方人反对的，斯巴达人则全盘接受。如果雅典人说“是”，那么从斯巴达人口中出来的一定是“不是”。在雅典人看来，天授神权是值得骄傲自豪的雄才伟人，而对于斯巴达人来说，那只是把所有人引入庸碌无为的千人一面；雅典人将灵感的光芒视为信念，而斯巴达人看重的则是效率和服务；雅典人向全世界敞开大门，斯巴达人却杀光了所有踏入他国门的人；雅典人天生具有贸易才能，而斯巴达人则拒绝让双手沾染铜臭味。假如我们衡量英雄的标准是成功和失败，那么斯巴达人理所当然地属于失败者的行列。雅典人的精神之花在世界各地自由开放，而斯巴达人的灵魂却跟随他们的诞生地一起散落在风中，消失不见。

“斯巴达”这个名称依然存在于现代希腊的版图之上，只是已经成为贫苦的农民和卑微的蚕农生活的小村子了。1839 年，有一位热情的英国人出资建立了这个小村庄，它现在所占的地方是传说中的古斯巴达的旧址，村庄的图纸是一个德国人绘制的。可是并没有人愿意住在那里。经过一个世纪的努力，它才拥有 4000 位居民。这是一个古老的诅咒，珀罗普斯的诅咒！它的魔力在半岛的另一端更加奏效，史前时代的迈锡尼古城更是彻底应验了这个咒语。

古迈锡尼的旧址就在伯罗奔尼撒半岛著名的港口城市纳夫普利翁附近。这个城邦毁于公元前5世纪。但是对于现代人而言，迈锡尼与雅典相比，前者对罗马的意义更为直接和重要，因为这是人类文明第一次登上原始的欧洲大陆的起点，那个时候，有文字记录的历史画卷还未展开。

现在，让我们一起来看一下这个巨大的巴尔干手掌吧，在这个手掌中，有三根沉浮不定的“手指”，现在我们能够清楚地明白那时的情形了，在海里的那些岛屿正是由这三根手指形状的山脊形成的，这些岛屿大部分属于希腊，只是在爱琴海东部的极少几个岛屿被意大利控制，因为远洋中几块毫无用处的礁石而把战斗打响，这实在是太荒谬了，不会有任何一个国家愿意这样做的，所以那几个小岛迄今为止还在意大利的势力范围内也是正常的。

从方便的角度出发，我们将这些岛屿分成两组，一组的基克拉泽斯群岛紧挨着格雷西亚海岸，另一组的斯波拉泽斯群岛则靠近小亚细亚。这些岛屿之间相距并不遥远。在亚洲文明向欧洲大陆传递的过程中，这些岛屿充当着古埃及文明、古巴比伦文明、亚述文明向西前进的桥梁。这些岛屿受到爱琴海各个岛屿上居住的亚洲早期移民的影响，具有非常显著的“东方化”特性。当那些文明传播到古迈锡尼的时候，迈锡尼本应像后来出现的雅典那样，一跃成为古希腊世界的中心，可事实却并非如此。

我们无法知道这个没有变成现实的原因。迈锡尼的辉煌像昙花一现，在极短的时间内凋落了，这些都是永远无法揭开的谜。就像我们同样搞不清楚马赛——雅典最有资格的继承者，地中海的新霸主——为何会逼不得已将这莫大的荣誉拱手送给一个后起的小村庄、时代的暴发户——罗马。

由于我所说的都是历史，而不是地理方面的知识，你可能已经开始抗议了。但是希腊的历史与地理是相互交织在一起的，我们不能将它们分开，进行单独审视，这一点，与许多古代国家的情况相同。而且从现代意义上看，值得介绍的希腊地理内容实在少得可怜。

一条仅为三英里长的运河拦腰切断了科林斯地峡，这是一条水浅河窄的运河，大船无法从中通过。在与土耳其（还有保加利亚、塞尔维亚和黑山单独或一起）的一系列战役中，希腊的疆域得到了扩展，几乎扩大了一倍之多。不过，它一面做着霸主的美梦，一面小瞧着土耳其人的战斗力，于是新的一半领土又一次得而复失了。当今的希腊人和他们的祖先一样，随时做好奔向大海的准备。在地中海的上空，他们那面蓝白（1821年希腊重新取得独立时，首任国王采用了这种颜色作为国旗的颜色，而这种颜色是古巴伐利亚人使用过的）相间的希腊国旗四处飘扬着。它的身影甚至在北海和波罗的海都看得见。可是，希腊的船只却与英国诗人描写的如同希腊古瓶一般高贵优美的形象大相径庭，它们只是些以肮脏和懒散著称的船只。我再补充一点，希腊是无花果、橄榄以及没有核的小葡萄的盛产地，这些东西被送往那些喜欢美食的国家去。

就像它的子民所祈祷的那样，昔日的荣光能够再次回到希腊吗？或许有这个可能。

前前后后，这个国家遭受到马其顿人、罗马人、哥特人、汪达尔人、赫鲁利人、斯拉夫人的侵犯。占领过这个国家的有诺曼底人、拜占庭人、威尼斯人和犯下累累罪行的十字军恶棍，他们将它变成了一个殖民地。希腊人曾经几乎被阿尔及利亚赶尽杀绝，新来的移民又差点同化了他们。

此外，希腊人在土耳其人的统治下苟延残喘了400年的时间，世界大战期间，它沦为协约国军队的后勤供应基地和战场——这是一个苦难深如海的国家，要复兴实在是比登天还难啊！伟大的希望是那样渺茫，但是，只要还有一口气在，就一定不能轻言放弃。

第九章

意大利

意大利就像一座巨大的废墟，全然一副高原残垣的景象，巍然地矗立在那里。这个方形的高原曾经与今天的西班牙具有同样的地形，不过，在后来的岁月中（在几百万年的悠长岁月的洗涤下，任何坚硬的岩石也会发生改变），它开始不断地做下沉运动，直至彻底消失在波涛汹涌的地中海里。现今，古老的高原只残存了最东面的一个角，从波河流域一直到靴尖的卡拉布利亚都是它的地盘，我们把它叫作亚平宁山脉。

在这片史前高原的遗迹中还包含着科西嘉岛、厄尔巴岛、撒丁岛和西西里岛。散落在第勒尼安海中的那些小岛化身为这座远古高原上的山峰。无法想象当这个高原完全掉进大海的时候，该是怎样悲壮而惨烈的局面啊！还好，我们距离那个悲剧的发生已有2000万年的时间了。那时，最后一次火山喷发的灾难笼罩着整个地球，那简直是一个烟尘飞舞的世界，绝对不会有谁能够对当时的情景做一个清晰的阐述。沧海桑田，变幻莫测，一座巍峨的大山用自己的覆灭给后世的亚平宁居民带去了意外的恩泽，这真是让人难以置信。而今，这个国度沐浴着温和的气候，拥有优越的地理位置，坐享肥沃的土地，因为上天的眷顾，他们成为古代强大的帝国已经是注定的事实，并且这里还将成为科学和艺术发展的温床。

从尼罗河和幼发拉底河流域散发出来的文明之光被那只向亚洲延伸的巨大手掌——希腊紧紧地握在手中，继而，欧洲大陆的其他地区也得到了这束光亮的照耀。尽管希腊人慷慨地向欧洲大陆送去福泽，但他们自己却极少与欧洲大陆往来。事实上，希腊就像一个孤岛那样，形单影只地被隔离在巴尔干山脉的崇山峻岭、层峦叠嶂之外。

与之相反，意大利拥有三面环海以及横跨北欧山地的绝对优势。对于这一点，我们经常不够重视，甚至不时将西班牙和希腊拿来与意大利做比较。西班牙和希腊倒是有很多相似的地方。在南北之间横亘着比利牛斯山和巴尔干山脉，这是一道无法逾越的天然屏障。但是位于意大利的波河平原犹如一个凸角，笔直地向欧洲的心脏位置插过去。在它最北方的城市，其纬度高于日内瓦和里昂，就算跟波尔多和格勒诺布尔做比较，更加靠近北方的城市仍然是米兰和威尼斯。但佛罗伦萨（我们常常无意中就把它视为意大利的中心了）与马赛近乎在同一条纬线上。

此外，远远高于比利牛斯山和巴尔干山脉的阿尔卑斯山，它南北走向的山势造就了一条便利的南北交通要道。平行于意大利北部边境线的莱茵河和罗讷河横贯阿尔卑斯山，这两条大河上的支流却与主河道成垂直角度，这样一来，通向波河平原的便利捷径就此形成了。汉尼拔和他的大象马戏团是最先证实存在这条捷径的人，可是，因为他们的到来，许多从不多疑的罗马人遭受了沉重的打击。

正是在这样的地利优势下，意大利的双重职能被发挥得淋漓尽致：在地中海世界里，它是强大的统治者，是名副其实的海上霸主；在欧洲各国中，它占据着统治和压迫的地位，它是众望所归的陆地强国。

当意大利往日的荣光渐渐退去之时，世界的中心已经从地中海世界转移出去了，美洲新大陆出现在人们的视线里，大西洋已经成为商贸和文化的枢纽。在与西方工业国一决高下的斗争中，它之所以败下阵来要归咎于煤、铁资源的匮乏。但不可否认的是，从罗马建城的公元前 753 年一直到公元 4 世纪，近 1200 年的悠长时期里，意大利人一直掌控和管理着易北河、多瑙河以南的所有欧洲土地。

来自亚洲的日耳曼野蛮部落（这些人现在正在疯狂地抢夺东欧地区的所有权），从意大利人那里首次受到法律与秩序观点的洗礼。同时，意大利人还向那些蛮夷部落充分证明了自己开明的生活远远优越于他们居无定所、脏乱无序的游牧生活。当然，它堆积如山的财富是建立在对其他国家横征暴敛的基础之上的。它也能够将征收的苛捐杂税中的一部分用在人民身上，正因为如此，这些国家的命运发生了改变。就算是时至今日，我们仍然不能否认巴黎、布加勒斯特、马德里或者特雷沃的居民与罗马人在外观和观念上有着明显的相似。一个细心的人可能还会惊奇地发现他能够看懂这些地方的商店招牌，无论是法语、西班牙语、罗马尼亚语还是葡萄牙语。这个时候，可能会有这样一个念头出现在他的意识里：“噢，我已经来到古罗马帝国的旧殖民地了，这个地方以前是在意大利的统治之下的，就像当今的美国控制着菲律宾一样。意大利的建筑师在这里兴建了首批房屋，并铺设了第一条道路，他们用意大利文书写了这里的第一部商业法律，而中央政府的语言也正是意大利语。”接着，他可能会对这个国家所处的地位优势感叹一番，这真是一个同时属于大海和大陆的国家啊！

幸运的地理优势成为意大利向所有已知世界挑战的强大力量，依靠这个优势，它顺利地收获了征服的战果。可是，也正是由于这个位置，它无法从某种瑕疵中逃脱出来。这个拥有月光下的废墟、橘子树、曼陀林音乐会以及性格突出的农夫的文明古国，还背负着“火山之国”的称号，火山喷发使它名震四方。这个诞生于火山喷发的国家，时时都被“生身之母”扼杀的危险笼罩着。

每一个有幸活到70岁（对于欢笑和礼貌已经成为天性的意大利人来说，这简直太容易了）的意大利人，从出生到被恭敬地送入家族墓地期间，至少亲自见证过三次地震的发生，并且三次地震中会有一次大地震、两次小地震。根据地震仪（这是一种非常可靠的仪器，所有的仪器若能像它那样精确就好了）的报告，仅仅在1905—1907年两年的时间里，就有300次地震光顾了这个国家。墨西拿就是在1908年的地震中被彻底毁灭的。在我手边有一些关于卡普里岛对面的伊斯基亚岛地震记录的资料（几页文字的资料还没有几个数字的说服力强大）提供给大家参考：

这些是发生在伊斯基亚岛上的地震的年份：1228年，1302年，1762年，1796年，1805年，1812年，1827年，1828年，1834年，1841年，1851年，1852年，1863年，1864年，1867年，1874年，1875年，1880年，1881年，1883年……

经过了千百万年火山喷发的洗礼，广袤的意大利已经铺上了一层厚厚的凝灰岩。所谓凝灰岩，是一种软质岩石，其构成成分是火山喷发时从火山口喷发出来的火山灰。它具有良好的渗透性，这一特性直接影响着意大利半岛的山形地貌。被火山凝灰岩染指的土地达到了4000平方英里之多，连同罗马城的那7座小山，也是硬结的石灰岩堆积在一起形成的。

那些史前时期喷发的火山还导致了其他地质构造的产生，由此造就了意大利脆弱的土壤层。纵贯整个半岛的亚平宁山脉是将这个半岛分为两半的“罪魁祸首”，它的构成物质绝大部分是石灰岩。这种在年份遥远的坚硬岩石上进行覆盖的石灰岩具有容易滑动和下陷的特点。对此，意大利人能够保持清醒的头脑，他们会在火山不喷发的时候，对地界进行勘察，查看全国每一块大地产的石头标记，从而确定那些代表个人财产范围的标记原封不动地立在原地，这个工作一般是每20年一次。如今的意大利人只要看到道路发生断裂、铁路变形或者有一个可爱的小村庄从绿色的山坡上滑落的时候，他们就知道是土地开始移动了（人类付出了极其惨重的代价才对这个过程有所觉悟）。

如果你去访问意大利，一定会对高山顶上众多的村庄而惊诧不已的。为什么会出现这样的情况呢？通常的解释是为了安全起见，他们才避居“鹰巢”。事实上，这个因素只是次要的。最主要的原因还是为了免于毁灭在滑坡的灾难之中，因此选择到生活并不是很方便的山顶去居住，从此远离山谷的水井和山下的交通要道。他们选择的山顶有着十分坚固的地表，因为那是裸露在外的古老的地质岩，完全可以作为永久的居所。相反，位于山坡上的石灰岩松软得像流沙一样，非常不安全。远远地看那些村庄，固然美丽如画，可是如果让你居住在里面，马上会有不舒服的感觉袭来。

在这一切的牵引之下，我们走进了对现代意大利的思考之中。意大利并不像希腊那样已经江河日下，大不如前。这是一个具有智慧和勇气的国家，它正向下一个新的目标前进。只要它坚定不移，一如从前，那些千年来在疏忽下造成的损失就会点点滴滴得到补偿，就算夺回往日的荣耀，再次踏入世界强国的行列也将会成为现实。

1870年，意大利完成了重新统一的大业。外国统治者终于被赶到了阿尔卑斯山的另一边（那里是侵略者的家乡），独立自主又回到了意大利人手中。这时，那个伟大而看不到什么希望的奋斗历程拉开了序幕，他们迎来了重整山河的时代。

首先吸引他们注意力的是波河流域，这里被称为整个半岛的鱼米之乡。这条并不太长的波河位于北纬45°附近，其实，在欧洲，只有伏尔加河能够获得进入世界长河前列的资格，这一点你完全可以从世界河流长度一览表里清楚地看到。只有450英里长的波河却影响着27000平方英里之大的盆地，这包括了它的支流的发源地以及受到波河福泽的那些地区。与其他几条大河相比，尽管波河流域根本排不上号，然而它却有着自己独特的一面。

整条波河的 5/6 河段都能够通航，此外，它还具备三角洲面积能够快速扩大的特性，波河三角洲的面积每年都扩大 3/4 英里，并以 200 英尺的速度向前推进。按这个速度下去，再过 1000 年，我们将会在对岸的伊斯特拉半岛看到延伸过来的三角洲，并且将会出现一条将它和亚得里亚海隔开的宽 7 英里的堤坝，而且会有一个包裹威尼斯的内陆湖出现。

大量的沉积物被波河一路夹带着冲向大海，有一部分沉积物会在这个过程中沉落在河底，因此，波河的河床上往往堆积着一层厚度为几英尺的坚硬物质。就这样日积月累，波河的河床出现了不断抬升的现象，以至于洪水泛滥，周围地区就会遭受可怕的灾难。自古罗马时代开始，波河沿岸的居民以构筑堤坝的方式来阻止这种情况的发生，这项工程一直持续到了今天。因此，我们看到的波河河面总是高于周围的那些平原。甚至在某些村庄里，堤坝已经达到了 30 英尺的高度，波河的河面简直可以与屋顶一比高下了。

有很多闻名遐迩的地方坐落在波河流域。在那个遥远的时代（如果从地质学的角度来说，其实也就在不久之前），亚得里亚海还囊括着意大利的北部平原，阿尔卑斯山峡谷其实是一个狭窄的港湾，这恰好能够博得夏日游客的钟爱，现在的挪威峡湾也是这样的，它们在远古时期的前身是峡谷，后来，海水逐渐将它们淹没，就慢慢演变成现在的样子。在远古时期，当冰川融化以后，水就顺着那些海湾流了出去。那个时候，欧洲的绝大部分地区都在冰川的覆盖之下，覆盖阿尔卑斯山的冰川面积自然也远远大于今天的面积。冰川之上，有许多顺着下滑的冰川滚落而下的石头，它们就是形成“冰川堆石”或“冰碛”的罪魁祸首。当两块冰川相互碰撞的时候，它们会很快合为一体，这时，“中部冰碛”就诞生了，而所谓的“终极冰碛”是那些冰川融化以后剩下来的琐碎石头。

那些与地质学概念上的海狸堤坝极为相似的“终极冰碛”按照从高到低的顺序，塞满了整个峡谷地区。冰川时期，冰川融化成水以后，透过“终极冰碛”向下流去，水量会随着冰川的消失而慢慢减少，此时，因为“终极冰碛”的水位在原来的基础上上升很多，于是湖泊就出现了。

冰碛湖遍布意大利的北部地区，马焦雷湖、科莫湖和加尔达湖都是冰碛湖。这些冰碛湖在人类出现以后的世界里发挥了重要的作用，它们为农田灌溉工程充当了天然的蓄水池。一到春季，累积了一整个冬天的冰雪开始融化，这些雪水全部流入冰碛湖储存起来。试想一下，如果这些水全部汇集在一个没有湖的山谷里，那将形成一股破坏力如何强大的山洪啊！接收了冰川融水的加尔达湖水位将上升 12 英尺，如果是马焦雷湖，水位会上升 15 英尺，而且即使有更多的融水，它也能够容纳得下。控制这些水只需要一个很简单的水闸系统，根据用水需求用开关控制水量。

居住在波河平原的早期居民对这些上天赐予的地理优势运用自如。他们开凿大运河，连接了几百条汇入波河的小河流，并且修建了许多堤坝。现如今，每分钟就有 1000 多立方米的河水从这些运河流过。

波河流域还是水稻种植的理想天堂。如果你现在来到波河平原，将会被那一大片壮观的水稻景象吸引。这个地区首次引入水稻种植是在 1486 年，是一位比萨商人引入的。除此之外，还有很多其他农作物也被引进这个地区，比如玉米、大麻和甜菜等。与意大利相比，波河平原的降水量要相对少一些，不过，这并不影响它成为意大利最富饶的地区。

人们从这片土地上获得了粮食和衣服。为了发展养蚕业，先要种植大量的桑树，最先把桑树从中国引入波河流域是在 9 世纪，并且是由拜占庭（拜占庭位于罗马帝国东面，1453 年，土耳其人攻占拜占庭的主要城市——君士坦丁堡，并把这个城市定为奥斯曼土耳其帝国首都,于是拜占庭灭亡了）人传入的。伦巴第地区（这个地区因伦巴第人而得名，这是一个从易北河河口迁移至波河流域定居的条顿部落），也就是波河流域，具有非常适合桑树生长的气候条件，因为桑树是一种喜热怕冷的植物。今天，出产于波河平原的丝绸质量甚至比“蚕的故乡”中国和日本的同类产品还要优越得多，在那个地方有将近 50 万人从事丝绸行业。人类所穿的华丽服饰正是从那些毫不起眼的小虫子身上得来的。

波河平原拥有稠密的居住人群，这一点是毋庸置疑的。可是早期居住在波河流域的城镇居民区距离大河却是相当远的。因为在那个年代，工程技术落后，人们没有能力建造坚固的堤坝，而且每年春涝以后，都会出现大片的沼泽地，这个问题一直困扰着那里的人们。都灵是当时的波河平原上唯一的城市了。早些年，萨瓦公国议会曾经在这个城市召开过，而现在，它更是统治了整个意大利，并且从法国通向瑞士的关隘也由它来连接（通往法国的是塞尼斯关隘，通往罗讷河河谷的是圣伯纳关隘，因为狗和修道院，这个关隘有着极高的声誉）。都灵处在较高的地势之上，洪水不会给它造成威胁。而这个地区的首府是另外一座城市,叫作米兰。米兰是五条商业要道（圣哥达、辛普朗、小圣贝纳德、马洛亚和施普吕根）的交汇之地，它位于波河与阿尔卑斯山之间。位于阿尔卑斯山脚下的维罗纳城是布伦山口的终点，布伦山口坐落在意大利与德国的边境，它是那个地区最为古老的山口。波河边上的克雷莫纳是著名的小提琴制作世家斯特拉地瓦利、瓜奈里和阿马蒂三家族的故乡。还有伯杜瓦、摩德纳、费拉拉和博洛尼亚（这里有一所欧洲最古老的大学），它们处于波河的安全距离之内，并且依靠波河来发展自己。

威尼斯和拉韦纳是两座有着相同经历的浪漫色彩浓郁的城市。在威尼斯城内有157条内河，总长28英里，它们就是这个城市的主要交通要道。当亚洲移民大潮袭来的时候，无数难民背井离乡，蜂拥来到波河流域这片泥泞不堪的土地上，当他们来到这个避难所的时候，却惊奇地发现了一笔宝贵的财富，那就是流域上的盐滩，只要他们愿意去捡，这些如黄金般珍贵的盐滩会让他们富甲一方。于是，制盐业开始迅速发展起来，并且成为垄断行业，这些难民由此踏上了致富之路。只在很短的时间内，在原来的茅草屋旧址上，成片的大理石宫殿拔地而起，他们的渔船规模简直可与舰队相媲美。

文明世界里殖民首领的地位，他们一直端坐了接近三个世纪，在这期间，他们的身份是温文尔雅且高傲尊贵的教皇、帝王和苏丹。后来，一个消息让他们陷入了极度恐慌之中，这个消息就是哥伦布找到了通往印度的道路，并且他顺利返航。这个消息最先传到威尼斯里亚尔托岛的商业中心，很快，股票和债券统统下跌了50个点。经纪人敏锐地意识到，威尼斯可能要从此衰落了。这个预言果然成了现实。曾经精心捍卫的海上通商要道失去了存在的意义，所有的投资都扔到海里打水漂了。威尼斯被迅速崛起的里斯本和塞维利亚取代，它们很快成为欧洲各国进货的国际大仓库，这里堆满了待售的香料和其他亚洲、美洲的产品。满身铜臭的威尼斯俨然一副18世纪巴黎的样子，许多纨绔子弟集聚于此，他们堂而皇之地模仿起上流社会的时髦，不然就是过着低俗的吃喝玩乐的生活。狂欢拉开序幕的时候，末日也悄悄来临了。这座城池马上被拿破仑的一个小分队占领，虽然美景依旧、流水如故，但20年后出现的机动船终成威尼斯风景的一大败笔。

拉韦纳是诞生在波河泥沙之上的城市。当一片长6英里的泥沙将它与亚得里亚海隔开的时候，它再也不是原先那个平凡安静的小港湾了，它以一座内陆城市的姿态吸引了著名的但丁和拜伦，这两个异乡客曾在这里放浪形骸、陶然自得。15世纪，罗马帝国将首都定在了拉韦纳，它是一个比今天的纽约还重要的城市，是一个有着庞大卫戍部队的重要海军基地，以及当时最大的纺织用锭盘和木材供应基地。

当蛮族的势力不断发展，已经严重威胁到罗马帝国的安全时，当时的皇帝意识到了即将到来的危险,这是发生在公元404年的事。因此，他们选择了“海上城市”拉韦纳作为新的都城，这是出于安全因素的考虑，因为那里能更好地避免蛮族部落的侵袭。此后，一切就像你从那些美妙的镶嵌画上看到的那样，罗马帝王和他的后代们在这个城市里过着安居乐业的生活，他们随意发号施令、谈情说爱。在欣赏这些镶嵌画的时候，如果你能够细致一些，那么一定能够发现一个黑色眼睛的女人身在其中。这个女人是著名的罗马皇帝查士丁尼一世最宠爱的女子，其实她原来只是一个舞女而已，在君士坦丁堡的杂技团里谋生，但她离世的时候，却被赋予了一个圣洁无比的名字——狄奥多。

最终，韦拉纳落入了哥特人手中，成为哥特人的首都。后来，这里的潟湖被淹没了。为了取得韦拉纳的统治权，威尼斯和教皇展开了激烈的争夺战，再后来，有一位可怜的流浪者把这座城市当成了自己的家。这个被逐者为自己的家乡佛罗伦萨做出了重要的贡献，却得到了上火刑柱的下场。这个人的一生就这样孤独地完结在韦拉纳城外的松树林里，跟随他一起完结的还有这座古老的城市。

对于意大利北部地区，我还要再啰唆几句。这是一个资源匮乏的国家，煤矿资源与它无缘。还好，北部的水力资源蕴藏着巨大的能量，这里的水利工程开始筹建的时候，正好赶上了世界大战。在以后的20年里，这种低廉的能量发挥着巨大的作用，这是有目共睹的。意大利人具有勤劳俭朴的特性，就是这一点成了他们对抗那些资源富足却人力匮乏的国家的有力武器。

位于波河平原西部的利古里亚阿尔卑斯山安然地躺在波河流域和地中海的中间，它将亚平宁山和真正的阿尔卑斯山联系起来。于是，从北方吹过来的寒风被阻隔了，利古里亚阿尔卑斯山的南部也因此跻身为闻名于世的里维埃拉海滨旅游胜地的一个组成部分。欧洲人整个冬季都将在里维埃拉海滨旅游胜地度过，准确地说，这个地方成为一部分欧洲人休闲玩乐的场所，因为他们有能力承担长途旅费和昂贵的宾馆费用。发展成现代意大利重要港口的热那亚成为这个地区的首府，许多大理石宫殿在这里拔地而起，这些都是与威尼斯争夺近东地区殖民霸权的产物，它们建立在热那亚最为辉煌的年月。

阿尔诺河平原是一块面积不大的平原，位于热那亚的南部。流经佛罗伦萨市中心的阿尔诺河发源于城市东北 25 英里的山区。佛罗伦萨在中世纪的时候，就已经成为西方世界里唯一的金融中心了，这得益于它有利的商业地位，中世纪的佛罗伦萨将罗马这个基督教世界的中心同欧洲各国紧密地联系在一起，成为重要的交通要道。

在佛罗伦萨居住着一个在商业方面有优越表现的家族，那就是大名鼎鼎的美第奇家族（他们原本的职业是医生，后来他们纹章上的三枚药片变成了当铺里的三只金球）。这个家族掌控着对托斯卡纳地区的世袭统治权，并且将佛罗伦萨打造成为 15 世纪和 16 世纪最耀眼的艺术中心。

1865—1871 年间，新意大利帝国还将它的首都定在了佛罗伦萨。它在意大利的重要地位，在后来的日子里虽然有所下降，但这并不影响它在人们心目的地位，它依然吸引着人们的目光。如果说金钱与品位是同等的，那么生活就会过得舒心惬意，这一点，佛罗伦萨将给你最好的阐释。

流经一片富庶的区域之后，阿尔诺河流最终投入了大海的怀抱。不过位于河口边上的那两座城市却是平淡无奇的，历史没有记录下它们值得回忆的往事。由于建筑师的疏忽，在比萨地区出现了一座斜塔，可是伽利略却从著名的比萨斜塔那里得到了研究落体定律的便利。还有一个叫作里窝那的城市，英国人却把它叫作“来亨”，至于个中原因，就不甚了解了。由于著名的英国诗人雪莱于1822年在此溺水身亡，使得这个城市永远地留在了人们的记忆中。

从里窝那出来，顺着海岸，踏上那条古老的马车驿道（就是现在的铁路线），一直向南而行，厄尔巴岛（当年拿破仑被放逐于此，后来他突然离开这里，返回法国，卷土重来，但很快就在滑铁卢战役中走向了末路）将会出现在游客的视线中，对于坐在车上的游客来说，也可能只是一瞥。继续往前走，就到了台伯河平原。在意大利语中，台伯河也叫特维雷河。河水缓慢地流淌，并且呈现出浑浊的颜色。这让人想起了芝加哥河，只是它不如芝加哥河宽阔而已，此外，它与柏林的施普雷河也很相似，不过却比不上施普雷河的清澈见底。台伯河是从塞宾山脉流淌出来的，这个地方还记录了很早以前罗马人抢亲的事迹。与史前时代相比，现在的台伯河河口已经向前推移了2英里，而以前的河口距离罗马现址只有12英里。台伯河里夹杂了大量的泥沙，这一点与波河是一样的，不过，台伯河平原与阿尔诺河平原却大相径庭。阿尔诺河平原的面积小于台伯河平原，可是，它却拥有比台伯河平原更加富庶、更加有活力的资本。相反，台伯河平原虽然面积庞大，土地却非常贫瘠，荒凉不堪，并且这个地方是各种疾病的“盛产地”。中世纪生活在台伯河平原上的平民造就了英语中的“疟疾”这个词，在他们看来，人们之所以会得热病、常年高烧不退，都是“污浊的”空气造成的。为了避免这种恐怖疾病的侵扰，人们会在太阳落山的时候，紧闭门窗，不让一丝风吹进屋子里来，这样一来，即使有一只小小的蚊子，也被关进屋子里了，这反而成了这种预防措施的一个很大的弊端。不过，人们大可不必去嘲笑祖先们的无知，关于蚊子与疟疾之间的关系，人们直到 30 年（1900 年左右）前才开始有所认识。

这片著名的罗马大平原是在罗马帝国时代，被排干了沼泽形成的。慢慢地，这个地区的人口开始变得稠密，然而随着罗马警察的消失，地中海各个区域内频繁地出现了海盗的身影。罗马大平原立刻成为海盗的首选之地，因为，这是一个直接面对第勒尼安海的平原,它几乎完全敞开的地形为海盗的进入提供了方便。于是，村庄变成了废墟,大量农田荒废了,死水潭中到处都是疟蚊的尸体。人们对从台伯河河口到尔切奥山附近的彭甸沼地敬而远之，如果实在避不开，也会绕道而行，或者急速而过，这种恐惧感一直充斥着整个中世纪乃至 30 年前。

就是在这样一个瘟疫横行的地区，居然建立起如此重要的城市，实在是令人匪夷所思。原因何在呢？另外，为什么要赔上几万人的性命去排干沼泽的水，而把圣彼得堡建立在那个地方呢？为什么要将马德里的城址选择在一个远离其他城市的高原之上呢？而且那个高原非常荒凉，连一棵树也没有。又为什么要在一个低谷的盆地建立巴黎城呢？在那里，它只能终年饱受雨水的侵袭。这一切究竟是为什么，我没有办法回答。原因可能很多，可能是因为贪欲的驱使，也可能是机缘——或者是包含了许多失误的政治预见——这些成分都有吧。我没法了解，反正这本书讲述的内容不是哲学，就随它吧！

总之，罗马的城址就在罗马，这是一个帝国的首都，同时也是全世界的宗教圣地，但它的确存在很多问题，空气不利于健康，冬天极其寒冷,夏天又酷暑难耐,并且交通也不方便。就是这样的情况，怎么能够简简单单就解释清楚呢？会有几千种解释存在，并且这些解释不重复也不相关联，只是这些解释不会出现在本书当中。因为如果想要得出问题的答案，那必须写这样厚度的三本书才行。

也许是我对这个被称为东半球不朽的城市——罗马——有很深的成见吧，也可能没有人比我更憎恨它了，所以我不愿意花费太多的笔墨来书写它了。当然，这可能跟我的那些先辈有关，在反叛精神的驱使下，他们与罗马结下了很深的芥蒂，从公元前50年一直到公元1650年，他们与罗马一直呈对立状态。站在古罗马巨型会议广场的废墟上，面对那些逝去的岁月，我应该无限缅怀和哀悼，可是，出现在我视野中的只是一些流氓与恶棍，他们打着将军和党魁的幌子，将整个欧洲大陆和大部分亚非地区置于他们的魔掌之下。虽然他们确实曾给那些地区留下了几条大道，不过，想以这个为永久的借口而抹杀他们犯下的滔天大罪，那是不可能的。本来我应该对那座纪念殉难者与圣彼得的大教堂流露出敬畏之情，可是我只是感到了深深的痛苦而已，因为这样一座比同类建筑物稍大的教堂，根本谈不上美丽迷人，只不过是用无数钱财堆积而成的。对于佛罗伦萨和威尼斯的和谐我充满了敬仰之情，我也欣赏热那亚的协调，我很清楚，只有我一个人会有这样的想法。像彼特拉克和歌德那样有成就的人在首次看到布拉曼特的穹窿时，总是会陷入深深的哀思之中。随他们去吧，至于他们对城市的鉴赏力，我是不会去破坏的。意大利选择罗马作为它的都城是在1871年,在这座城市中还有一个城中之城,它就是梵蒂冈。1870年9月，梵蒂冈这个教皇之国迎来了它的劫难日。就在这一天，意大利王国踢开了梵蒂冈的大门，颁布了一道将梵蒂冈纳入罗马帝国版图的法令。此后,梵蒂冈教皇结束了他绝对统治的时代。教皇再次获得梵蒂冈城是在1930年，于1870年9月被剥夺的最高统治权也在此时重新回到了教皇的手中。

走进现代的罗马，你可以看到那些破烂不堪的古罗马时代的遗址，以及许多穿着考究军装的人，这个地方几乎没有什么工业，它的中央街道很容易让人联想起美国的费城。

接下来，就让我们到另外一座城市里去看看吧，这是一个地理与历史相产生的奇怪的混血儿，现在它是整个半岛上人口最为稠密的地方，无数的自然优势汇集于此。不过同时又有一个问题开始困扰我们了：那个建造在一条干涸小河河道上的罗马城为什么没有被它取而代之呢?

拥有比罗马历史更加悠久的那不勒斯占据着意大利西海岸最为肥沃的一片土地，在它的身后是一个优良的港湾。最早建立起那不勒斯城的是希腊人，他们最先居住在伊斯基亚岛，目的是为了与危险的亚平宁部落进行商业往来，事实上，那个与大陆有一定距离的岛屿也并不是非常安全，因为火山喷发的危险随时威胁着他们。在这种情况下，希腊人不得不向大陆迁居。在移民中出现一些摩擦，这是不可避免的现象（因为背井离乡，再加上贪婪的总督对他们进行大肆搜刮，他们的脾气都非常火暴急躁），这些摩擦最终导致了内乱的爆发，战斗毁坏了三四个居民点（就像美国建国时候那样），因此，一批新移民回到原点，建立了一个新的城市。在他们口中，这个新的城市叫作“新城”,也叫“那波利斯”,经过后来不断地演变，这个名字就变成了“那波利”，在英语中也叫作“那不勒斯”。

那不勒斯以一座繁荣的商业中心四面威风的时候，罗马只不过是一个牧羊人的小村庄而已。可是，到了公元前4世纪的时候，那不勒斯同罗马“结盟”了，由此看来，那些牧羊人真是一群极具管理天分的人才啊！不过，所谓的“结盟”只是一个文绉绉的字眼而已，让人听起来觉得柔和一些，其实就是“臣服”。此后，那不勒斯下降为二流城市，后来又落入了蛮夷部落的手中，最后，波旁王朝的西班牙后裔控制了它，不过，波旁王朝无异于卑劣的暴政和思想镇压行为的代名词。

虽然如此，却并没有阻碍它成为欧洲大陆人口最为稠密的城市之一，至于这些人的生存状态，是没有人知道的，当然也不会有人来关注。1884 年，霍乱在那不勒斯城肆意横行，意大利王国被迫清理这里的房屋，他们采取了很严苛很聪明的清理措施。

极具观赏价值的维苏威火山紧邻着这个妙不可言的城市。维苏威火山是已知的火山中喷发得最为干净利索、最有条不紊的火山。无数美丽的村庄绕着这座有 4000 英尺之高的活火山而建。传说中“基督之泪”就是这些村里的特产，这里的烈性酒非常独特，而且拥有很高的知名度。这些在古罗马时代就出现在这里。因为那个时候的维苏威还是一座不会喷发的死火山，人们清楚地记得，它不喷发的岁月已经累积了 1000 年之多了，只是在公元 63 年的时候，有一点点的颤抖光顾了这里的地下，不过，这点轻微的震动根本不会引起意大利的特别关注。

可是，它却选择了在 16 年以后给人类送来一份无比震撼的大礼。仅仅两天的时间，岩浆和火山灰吞没了海格利尼姆城、庞贝城和另一个更小一点的城市，这个地球上再也看不到它们的影子了。此后，每隔 100 年，这座火山就要向人们做一个提醒：它还没有死去。新的火山口在原来的基础上足足升高了 1500 英尺，浓烟不断地从这里冒出来。那不勒斯城极有可能成为第二个庞贝城，这是由过去 300 年间提供的统计资料推断出来的，比如 1631 年，1712 年，1737 年，1754 年，1779 年，1794 年，1806 年，1831 年，1855 年，1872 年，1906 年等，都有相关的资料记载。

在那不勒斯的南边是卡拉布里亚地区。偏远与荒凉一度让这个地区受尽了苦难。虽然有铁路连接着北方，不过，疟疾却肆虐在卡拉布里亚的沿海区域。被花岗岩所覆盖的中部地区的农业只能达到古罗马时代的水平。

卡拉布利亚和西西里岛被墨西拿海峡的一道狭窄的海峡分割开来的。这条仅宽一英里的海峡在古代的时候，以两大漩涡而闻名于世，这两大漩涡，其一是希萨瓦（六头女妖），其二是卡里布迪斯。传说，一旦航船偏离航道，就会立刻陷入这两大漩涡之中，即使只偏离了半码也是这样的下场。古代的航海者对大漩涡充满了无可奈何的情绪，我们可以从他们的恐惧中看出来，可是现在，大漩涡根本算不了什么，我们的机动船根本不在乎水流的方向就能轻而易举地从中心位置穿过它们了。

古代世界的中心理所当然地归于西西里岛的名下。这是一个有着丰富物产和稠密人口的岛屿。拥有同那不勒斯一样的轻松、优越、富足和舒适的生活，可能正因为如此，西西里人默默地忍受了两千多年的外强压迫。当腓尼基人、希腊人、迦太基人（他们在100英里之外的非洲海岸居住）、汪达尔人、哥特人、阿拉伯人、诺曼人、法兰西人和以这个快乐小岛命名的120位王子、82位公爵、129位侯爵、28位伯爵及356位男爵对这个岛的欺凌与压迫终结以后，西西里人开始行动起来，他们要修复那些毁于埃特纳火山震怒之下的房屋。墨西拿是西西里岛最重要的一座城市，却被1908年的那次火山爆发完全毁灭了，直到今天，人们依然无法忘记那次有7.5万人丧生的火山喷发事件。

在这里，我不得不顺便说一下马耳他。从政治角度上说，它是不在意大利的统治范围之内的，不过，它就像西西里建在海上的郊区一样，和西西里有着非同一般的关系。这个富饶的小岛恰好坐落在西西里与非洲的中间地带，欧洲人要从苏伊士运河航行到亚洲，必须经过这个咽喉重地。十字军战败之后，马耳他岛成为献给圣约翰骑士（1530年，马耳他被割让给一个宗教军事组织，叫作医院骑士团，也叫作耶路撒冷圣约翰骑士团）的礼物，因此，这些人以马耳他骑士自称。1798年，拿破仑发动了对埃及的远征，在行军途中，他顺便占领了马耳他岛。他原本是设想把英国人彻底驱逐出印度（这是一个天才的构想，却以失败而告终，因为沙漠浩瀚无边的真相并没有在他的意料之中），完成这个梦想的第一步是将埃及和阿拉伯据为己有。两年以后，这个岛又落到了英国人手中，他们只是找了一个借口就夺走了马耳他，从此在这个岛上赖着不走。这让意大利人十分懊恼，不过对马耳他人却没有什么影响，如果把这个岛交给他们自己管理，那我们很可能无法看到这一片富裕的景象了。

对于意大利的东海岸，我并没有提及，那是因为它只是一个无关紧要的地方而已。首先，由于亚平宁山脉一直延伸到海滩上，规模庞大的城镇在这里根本无法建立。此外，受到陡峭的亚得里亚海岸山崖的地形限制，这是个不适合人类居住的地方，自然也不会有发达的商贸活动出现。同时，也没有任何港口坐落在从北方的里米尼到南方的布林迪西（邮船从这里出发到达非洲和印度）之间。

意大利的“靴跟”阿普利亚同卡拉布里亚一样，因为远离文明而受尽苦头，并且它只具有与汉尼拔统治时期一样的农业水平。汉尼拔统治时期的人们将希望寄托在迦太基人身上，然而他们苦苦等候的迦太基人一直没有给他们提供想要的帮助，尽管等候了12年，还是一场空。

阿普利亚地区还拥有世界上最好的港湾——塔兰托，但是它就是无法引来更多的客人。在阿普利亚人的语言中，被称为“塔兰托”的还有一种毒蜘蛛和一种舞蹈，在古代人的意识里，被毒蜘蛛咬伤的人一旦睡着了，就会进入致命的昏迷状态，要避免这种状态的出现，就必须跳塔兰托舞。

世界大战的爆发，将地理分布变成一个复杂无比的问题。一旦提起现在的意大利，伊斯特拉半岛必须在谈论的范畴之内，这个半岛作为一个奖品送给了意大利，奖励他们能够在大战中倒戈相向。曾经作为奥匈帝国重要出口港的里雅斯特，如今已经不是内地贸易的供应区了，所以这个港口一落千丈。而在瓜尔内罗湾的最里面还隐藏着早期哈布斯堡家族的产业，那就是阜姆港。这个港口是日耳曼人一扇良好的对外窗口，当然，它之所以有这样的地位，是因为它是整个亚得里亚海岸唯一一个优良的港口。为了避免阜姆成为雅斯特港的威胁，意大利必须拿下这个竞争对手，于是，他们在争夺这个港口归属权的问题上不停地争吵。意大利人提出要获得阜姆港口，可是《凡尔赛和约》协约国的政要们否决了那个提议，为此，意大利人不得不直接去抢了。确切地说，占领了这个港口的是他们的诗人邓南遮，他代表意大利人无耻地抢夺了这个港口。无奈之下，阜姆港被协约国赋予“自由港”的身份。后来，南斯拉夫与意大利的谈判时间被一再拖延，阜姆港最终还是归意大利所有了。

这一章中，没有提起的就只有撒丁岛了。由于撒丁岛处在很偏远的地方，那里人口稀少，人们也因此常常将它遗忘，不过，这确实是一个很大的岛，它在欧洲的岛屿排行榜上居于第六位，有 1 万平方英里的面积。撒丁岛是史前的亚平宁地区的最远处，这一点与亚平宁山脉是一致的。撒丁岛背靠大陆，天然良港在它的西海岸，悬崖峭壁在它的东海岸，在这里到处是面目狰狞的景象，几乎找不到任何一个像样的港口。撒丁岛这个趣味无穷的角色一直在意大利的历史中扮演了 200 年之久。在 1708 年以前，西班牙人控制着撒丁岛，后来，它又回到了奥地利人手中。1720 年，西西里岛被奥地利人用撒丁岛交换回来，那个时候的西西里岛是属于萨瓦公爵的，都灵就是他公国的首府。如愿换得撒丁岛之后，萨瓦公爵自豪地以撒丁国王自居（从公爵至国王是晋升的重要步骤），这个叫作撒丁岛的王国成了现在的意大利王国的前身，尽管如此，在 10 万个意大利人中，可以找出 99999 个没有到过撒丁岛的人来。

第十章

西班牙

不管在任何地方、任何环境之下，你绝对可以第一眼就认出西班牙人来，因为他们是这个世界上最具特点的民族之一，他们身上有着显著的“民族”特征。全世界的人都知道这些居住在伊比利亚半岛上的民族具有强烈的自豪感和骄傲的天性，他们礼貌文雅并且庄重得体。这种所谓的“民族理论”甚至可以用现代音乐来加以佐证，因此，想要分清楚谁是西班牙人，你可以依据他们弹吉他、打响板的水平来判断。

弹吉他和打响板能够像骄傲和自尊一样向世人指明谁是西班牙人，这也许是事实。不过，我却认为西班牙人擅长弹吉他和打响板与地方气候有关，温暖干燥的西班牙气候为室外乐器的使用提供了良好的条件。假如美国和德国也拥有这样的气候，相信他们国家的人民能弹奏出比西班牙更加美妙的音乐来。可惜，好机会并没有眷顾他们，他们的国家不具备适合室内乐器发展的气候条件。在柏林，暴雨持续不停的寒夜，你的手指早已经被冻得瑟瑟发抖，又如何能够拨动吉他呢？当然，也不可能再去打响板了。对于西班牙人来说，他们身上体现出来的自尊、骄傲和礼貌文雅其实是经过几百年严格的军事训练所形成的。

从地理的角度进行观察，西班牙就像非洲的一部分，这个事实导致了他们必定有那样的军事生活，难道不是这样的吗？所以，这个地方注定成为欧洲人与非洲人一争高下的战场，西班牙人的命运真是太可悲了，谁说不是呢？虽然最后的胜利是属于西班牙的，但这个民族从此却被这块他们一直为之奋战的土地打上了不可磨灭的印记。试想一下，如果西班牙人起源于哥本哈根或者伯尔尼，那他们可能如同平凡普通的丹麦人和瑞士人那样，绝不可能是现在的样子。如此一来，他们有可能会用美妙的歌声来替代打响板，因为人们可能会在峭壁空谷里回音的刺激下学习美声唱法。而且他们可能会吃上足以抵抗北欧潮气的黄油，喝上大众饮品蒸馏酒，而不是干瘪的小面包或者已经变质的酒水，甚至连那块荒芜（非洲与欧洲的战争导致了土地的荒芜）的土地也不需要他们费力地去耕作了。他们会过着丰衣足食的生活，到处堆满廉价的食物。

不知道你的脑海里还有没有希腊和意大利山脉的轮廓。希腊的山脉以对角线的形式纵贯全国；意大利的那些山脉是以直线形式贯穿南北，它们将意大利分成两部分，两旁剩余的地方用来修建公路，沿海地区被这些公路线串联在了一起，连接亚平宁半岛和欧洲大陆的是波河平原。

横亘在西班牙的山脉常常被人们当成可以看见的纬线，因为这些山脉都是水平走向的。几乎任何有序的发展都将受到这些山脉的阻碍，这是为什么呢？如果你翻看一下地图，马上就会明白是怎么一回事了。

首先看一下比利牛斯山脉，一直从大西洋的东部地区直直地绵延到地中海的西岸，总长度为 240 英里。这些山要比阿尔卑斯山矮一些，表面上看似乎很容易就能够从山口翻越过去，其实则不然。阿尔卑斯山的确很高，不过它同时也很宽阔，漫长的山路具有较为舒缓的坡度，因此，行人和货运马车行走在上面，并没有多大的困难。可是比利牛斯山却只有 60 英里的宽度，这实在有些窄，对于行人来说，比利牛斯山的山口太过陡峭了，能够勉强爬过去的恐怕只有山羊和骡子吧。不过，我们从那些具有丰富旅行经验的游客口中得知，就连骡子也很难从这些山口翻越过去。能够成功翻越过去的只有那些训练有素的山里人（绝大多数是职业走私贩子），并且他们也只有在夏季的那几个月才能做到。正因为如此，工程师们修建连通西班牙和外面世界的铁路的时候，采取了沿海岸线修建的方案，两条铁路都是这样，一条沿着大西洋海岸线修建，即巴黎—马德里铁路线，另一条沿着地中海海岸线修建，即巴黎—巴塞罗那铁路线。没有任何一条铁路能够从比利牛斯山中通过，从西部的伊伦直到东部的菲格拉斯都是如此。因为没有人有能力开凿一条 60 英里长的隧道，火车也不可能爬行在 40° 的斜坡上，而在阿尔卑斯山区，情况却大不相同，有很多翻山越岭的铁路穿山而过。

著名的龙塞斯瓦列斯山口位于比利牛斯山的西部，它是唯一一个比较容易通过的山口。这是查理曼大帝显赫的十二武士之一罗兰的牺牲地，在当年与撒拉逊人的斗争中，罗兰勇士尽了自己最大的努力，用生命效忠了主人。700 年以后，另一支从这个山口进入西班牙的是法兰西军队。可是，穿过山口之后，却遇到了潘普洛纳，南下之路被再度阻断。在守城战役中，有一个西班牙士兵受了严重的枪伤，他在养伤期间萌发了一些想法，并由此创建了一个基督教组织，那就是著名的耶稣会，而这个创建者就是依纳爵·罗耀拉。

翻越比利牛斯山脉中部的这个独一无二的山口受到了起源于此的耶稣会的庇护。此后，耶稣会的影响力在很多国家疆域变迁的历程中发挥着巨大的作用，就连那些倔强不屈到各地进行游说活动的方济各会教士都不及耶稣会的影响力大。

比利牛斯山就像一座无法逾越的天然屏障，守护着巴斯克人，所以他们才能够从史前时代一直安然生活到现在。同时，这个天险还守护着东部山巅的安道尔公国，使它能够一直保持独立。现在70万巴斯克人的安身立命之所是一个三角形地带，它北起比斯开湾，东到西班牙纳瓦拉省，西到桑坦德市和埃布罗河的洛格罗尼奥市。在英语中，巴斯克的意思有点类似“吹嘘者”，不过，它与著名的达塔南队长的老朋友并没有关系。在罗马统治者口中，巴斯克人又叫作伊比利亚人，西班牙被称作伊比利亚半岛。巴斯克人则自豪地给自己取了一个类似爱斯基摩人的名字，叫埃斯卡尔杜纳克人，这个名字听起来一点也不像欧洲人。

现在让我们来了解一下关于巴斯克人起源的一些最新的说法吧。对于种族起源这个课题，有些教授通过头盖骨和发音方式来进行研究，从而得出巴斯克人可能与柏柏尔人有关的结论。柏柏尔人即克罗马尼翁人，我在前面已经提到过了，这是欧洲史前最早的一个人种。也有人认为，巴斯克人是那个神秘而富有传奇色彩的亚特兰蒂斯岛上的幸存者。亚特兰蒂斯岛沉没之前，他们一直生活在那里，后来灾难来临，他们纷纷逃往欧洲大陆，由此得以存活下来。还有人认为，巴斯克人的发源地就是他们现在居住的这块地方，由此，没有必要再去研究他们的来历，这似乎是个很无聊的课题。不管外界的纷争如何，巴斯克人始终保持着自己的平静，他们明智地选择了远离尘世的纷扰。在南美洲可以统计出来的巴斯克人大约有10万。这是一个勤劳的种族，他们的大多是渔民、水手或者铁匠，不管在哪个行业，他们都很优秀。他们总是默默地做自己的事情，从来不滋生事端，报纸的头条中从来不会出现他们的影子。

在巴斯克人的国度里，最重要的城市是6世纪一位哥特国王建立的，名字叫作维多利亚。这里曾经发生过一场著名的战役，就是在这场战役中，一位叫波拿巴（即拿破仑）的科西嘉将军率领的军队败给了一位叫作亚瑟·韦斯利（他的英文名字似乎更加响亮，即威灵顿公爵）的爱尔兰人。那个时候，拿破仑将军还顶着法国皇帝的桂冠呢，却被威灵顿公爵彻底赶出了西班牙。

奇妙的小公国安道尔只有5000位长久居民，生活在这里的人们要与外界进行联系只能借助于一条马道。这个妙趣横生的小公国是中世纪存活下来的唯一一个活着的标本，它作为一个前沿据点，居然能够得以保持独立，完全是因为它对远方帝王的慷慨，他们会赠送最珍贵的礼物给帝王。另外，这个小公国距离外面的世界实在是太遥远了，没有人愿意去理他们。

安道尔的首都大概有600位市民，他们与冰岛人及意大利人一样，按照自己的意愿自由地管理国家事务，这个制度开始于外面的民主制度试行前的800年。安道尔公国拥有非常悠久的历史，这一点是值得我们尊重与敬仰的。800年的岁月也似乎太过悠长了，2732年的时候，我们这些国家是怎样一番景象呢？

比利牛斯山与阿尔卑斯山的不同之处还表现在其他方面。我们在比利牛斯山上几乎看不到任何冰川的影子，而在很久以前，这座山上也曾经有厚厚的冰雪，相信那些冰雪要厚于瑞士山上的。不过，现在比利牛斯山上只有几平方英里的冰川遗迹。在比利牛斯山陡峭的岩壁上也看不到任何冰川，就算南部安达卢西亚山脉的内华达山有些积雪，那也只能在每年的10月到第二年的3月才看得到。

山系的走向对西班牙的河流起着最为直接的影响。在西班牙，中部荒凉的高原成为所有河流的发源地。史前时期，有一列巨型山脉历经数百年岁月侵蚀，最后沉入了大海，只留下了中部高原这个残余部分。从这里流出去的河流笔直地向大海奔去，它们有着湍急的水流和密集的瀑布，无法承担起商贸通道的职责。由于夏季太过干燥和漫长，河流的水量急剧下降，就像你看见的那样，曼萨纳雷斯河河床为首都马德里的孩子们提供了一片臆想中的沙滩，这片沙滩每年至少要存在五个月的时间。

在这里，我实在没有必要把全部河流的名称都说一遍，但是，葡萄牙首都里斯本的塔古斯河却是我不得不提起的，这条河流的航道跟西葡边境线一样长。在西班牙北部地区的埃布罗河也可以通航，这是一条横穿纳瓦拉和加泰罗尼亚的大河，小船可以顺利地通过，如果是大船的话，有大部分时间它需要航行在与这条河平行的一条运河之中。连接塞尔维亚和大西洋的是瓜达尔基维尔河（“摩尔人的大河”之意），不过，只有吃水深度在 15 英尺以内的船只才能从这里通行。从塞尔维亚到科尔多瓦，只有小型船只可以从瓜达尔基维尔河上通过。科尔多瓦曾作为摩尔人的首都而著称于世。据说原本至少有 900 座公共浴场坐落在这里。后来，基督徒们攻占了科尔多瓦，并将这里的人口从 20 万减至 5 万，而公共浴场则全部消失了。从这段河道走过以后，瓜达尔基维尔河变成了像美国的科罗拉河一样，到处布满了峡谷，这样的情形极不利于水上贸易的开展，而且还制约着陆地上的生意。

总之，上帝并不眷顾西班牙。西班牙的中部地区被一列低矮的山脉分成了两半，同时，在这个地方还有一座大高原矗立着。瓜达腊马山就是它的分水岭，旧卡斯蒂利占据着岭北地区，新卡斯蒂利占据着岭南地区。

卡斯蒂利代表着“城堡”，这真是一个听起来不错的名字。不过，就像西班牙的雪茄烟那样，它只是徒有外表而已。站在卡斯蒂利，目之所及都是凄凉荒芜、蔓草孤烟的景象。这样的景象在世界上的其他地方可能也同样存在。南北战争时期，谢尔曼将军攻破了佐治亚州以后，曾经有过这样一句名言：“想要飞出谢南多亚山谷的乌鸦必须带上口粮。”不知道是巧合还是故意，谢尔曼说的这句话与两千多年前罗马人的一句话如出一辙。罗马人的原话是这样的："一只夜莺想要飞越卡斯蒂利，必须带上水和干粮，不然就会饥渴而死。"从大西洋和地中海飘来的雨水和云雾全部被挡在了高原之外，那些山实在是太高了，由此，高原绝地就诞生了。

卡斯蒂利一年里有 9 个月的时间都是阴森暗淡的，其余 3 个月将遭受干燥寒风的侵袭。在这片广袤的荒原上，只有山羊能够活下去，当无情的大风呼啸而过时，连它们也会觉得周身不舒服。卡斯蒂利高原上只生长着一种植被，那就是茅草，它坚韧的质地最适合编制篮子。

卡斯蒂利台地的大部分地区被西班牙人叫作梅塞塔，也就是平顶山的意思。西班牙和葡萄牙的面积远远大于英格兰，但是，人口却只有英格兰的一半而已，都是因为这是个如同沙漠一般的地方。

我建议你先去读一下米格尔·德·塞万提斯·萨贝德拉的作品，那样你就能更深刻地了解卡斯蒂利地区的贫穷和破败了。在德·塞万提斯的作品中，有一个天真无邪的西班牙小贵族，叫作堂吉诃德·德·拉·曼查，对于这个主人公，你是否还记得呢？其实，曼查就是位于西班牙古都托莱多附近的一片内陆沙漠，这里常年笼罩在阴森恐怖的气氛之中。"托莱多"这个词在西班牙人的字典里是"不吉利"的意思，在阿拉伯语中，表示"荒凉凄惨"，尽管有一个高贵的头衔扣在堂吉诃德的头上，然而他也只是一位"荒野之王"。

大自然在西班牙这样的国家表现得顽固又吝啬，生活在这里的人只有两种选择，一是通过老实本分的艰苦奋斗，从大自然中获取生存所需的物资，不然的话，就效仿大多数西班牙人，用一头小毛驴将他们的全部家当运走。像这样的人间悲剧都是由恶劣的自然环境造成的。

800 年前，西班牙的统治者是摩尔人，外族侵略伊比利亚半岛的事情发生了不止一次。这个国家的土地里埋藏着无数宝贵的矿产。2000 年以前，铜、银和锌的地位就像现在的石油一样重要。各个国家的军队都被吸引到有铜、银和锌的地方去了。西班牙的厄运开始于闪米特人（迦太基人的一个分支，属于腓尼基侨民，他们对附属国采取了残酷压迫和剥削的措施）和罗马人（尽管与闪米特人既不同宗又不同源，但他们对待附属国的态度是不谋而合的）秘密策划夺取他国财富的时候。这两个团伙，像强盗一样把自己的雇佣军开进了西班牙的土地，任凭他们在那里厮杀，正如世界上的许多国家和地区那样，西班牙的不幸源自它丰富的资源。

这两伙强盗才离去不久，北欧的蛮族部落又踏了进来，他们要从这里经过，去攻打非洲，所以必须先把这个地方变成方便通行的大陆桥。

公元 7 世纪初，一个胸怀大志的阿拉伯骆驼骑手（即穆罕默德）率领着一批名不见经传的沙漠部落四处征战，他们踏上了那条征服世界的漫长道路。经过了一个世纪的时间，整个北非地区被他们尽收囊中，欧洲成了他们的下一个目标。公元 711 年，有一个叫塔里克的阿拉伯人驾驶着战舰向闻名遐迩的猴子岩（欧洲有野生猴子的地方仅此一个）驶去。在这个航行过程中，他的队伍没有受到任何干扰，结果他们顺利地抵达直布罗陀（在过去的 200 年中，这个地方一直处于英国人的掌控之中），并在那里登陆。

穆斯林们轻易地得到了“世界的尽头”——直布罗陀。传说，直布罗陀海峡是大力神赫尔克里斯的杰作，他用力扳开了欧洲和非洲的大山，由此出现了今天的这条海峡（赫尔克里斯之柱）。

看着阿拉伯人入侵，西班牙人难道会无动于衷吗？他们也做过奋力的抵抗，全力以赴，不过，受地理环境的限制，他们无法统一行动。这个国家在那些平行山脉和深谷河流的作用下，被分成了无数个独立的小方块。到现在为止，西班牙大约有 5000 个村庄仍然与世隔绝，与外界毫无联系。想要到外面的世界去，那条令人头疼的曲折小道是他们唯一的选择，并且这条小道只在特定的时间内才能够通行。

历史和地理并没有给我们留下太多的确定规律，可是，请务必记住这一条：西班牙这样的国家是造就宗教门阀的理想之地。事实上，门阀宗派还是有好处的，它团结了那些同宗同派的人，维护了共同的利益，人们能够相互忠诚。不过，对于经济合作与国际联盟来说，门阀宗派无异于最大的敌人，苏格兰和斯堪的纳维亚的情况已经对此做了最好的证明。生活在岛上的人们，在其他人眼里是保守自私和目光短浅的，他们对自己岛外的事情漠不关心，然而他们却能够与邻国友邦的人和睦地共乘一只船，一起过一个周末，或者一起去救一只沉船，打听一下关于外面世界的消息。可是,那座几乎不可逾越的高山完全阻隔了山谷里面的居民，他们与世隔绝，除了自己和邻居以外，一无所知，身无长物。

来自沙漠的摩尔人，无比忠诚于“宗派”观念，在征服西班牙的过程中，他们受那些强大的领袖号召和鼓舞，在他们的英勇领导之下，服从指挥，团结一致，并肩作战，所以他们成功了。在这些首领精心策划的共同民族目标的驱使下，他们抛开了自己的个人主义。相反,西班牙人却在为各自的小团体利益而钩心斗角，从内部生出来的仇恨远远大于对外敌入侵的仇恨，因此，他们被外敌驱逐出了自己的家园，这样的下场是意料之中的事情。

接下来，西班牙人的独立战争爆发了，这场战争一直持续了700多年。北方那些基督教小国在漫长的700年间，彼此钩心斗角、相互背叛，这样的国家能够保存下来，都是比利牛斯山的功劳。法国人居住在比利牛斯山的另一边，这些人是西班牙人不敢去招惹的，法国的查理曼大帝对那些小公国采取了含糊的态度后，渐渐地就对他们放任不管了。

摩尔人用了同样的一个 700 年，将西班牙南部地区变成了一座实实在在的花园。这些从沙漠地带迁居而来的人们十分珍惜来之不易的水资源，也热爱那些很难出现在他们故乡花园里的花草树木。他们修建了浩大的灌溉工程，并且将橘树、枣树、杏树、甘蔗和棉花引种到这片土地上来。瓜达尔基维尔河的水力资源被最大限度地利用起来，一片巨大的灌溉冲积平原或者说花园就在科尔多瓦到塞维利亚的山谷中出现了。在这里，农民们一年要进行四次耕作。此外，胡卡尔河也得到了进一步的开发利用，由于他们的努力，这条从巴比伦注入地中海的河流流域新增加了 1200 平方英里的肥沃土地。他们还致力于引进技术人员和建立大学，并且将农业方面的知识科学、系统地传授给人民。西班牙人现在仍然使用的一部分公路还是当年的穆斯林修建的呢！至于他们对天文和数学所做的贡献，我在前面已经讲过了。在当时，这些摩尔人成了唯一关心医药和健康的人。摩尔人总是非常细致和耐心地钻研这些问题，他们甚至将古希腊的作品翻译成阿拉伯文，然后向西方世界推广。还有一个民族也在他们的带动下，做出了自己的贡献，对于摩尔人来说，意义更为重大的地方正在于此。他们允许犹太人享受充分自由，不会迫使犹太人在保留地里居住，也不会用更加严厉的措施来对付他们，正因为如此，这个民族有条件充分发挥他们的商业才能和组织才能，国家也从中得到了极大的好处。

那些在恐怖的沙漠中苦苦煎熬的阿拉伯和柏柏尔部落得到了西班牙是人间天堂的消息，于是悲剧不可避免地发生了。穆斯林侵占了整个西班牙，基督徒们不再对他们构成威胁了。而且穆斯林采取的是独裁统治措施，一个国家被统治得好坏与统治者个人的才能素质有决定性的关系。在农民阶级身上加上全副武装，让他们夺取政权，这样建立起来的王朝将会在舒适奢侈的环境中慢慢走向颓败和衰落，还有一部分农民，也被全副武装起来，他们顶着沉重的生活负担，在自己家的牛屁股后面挥汗如雨。这样，在格拉纳达的阿尔汉布拉宫和塞维利亚的阿尔卡扎宫里寻欢作乐的人成了他们羡慕和嫉妒的对象。于是，内战和杀戮带着残酷、血腥的气息在这片土地上发生了。一个又一个家族从大地上消失，而一个又一个的新家族横空出世了。但是，在西班牙的北部，又出现了一些小公国，在一些强权人物的带领下，由小帮派汇成小领地，由小领地再发展成为小公国。像卡斯蒂利、莱昂、阿拉贡和纳瓦拉这些家族都是后来崛起的。最终，西班牙人放弃了古老的世仇，阿拉贡的费迪南德还娶了城堡之国卡斯蒂利的女儿伊莎贝尔为妻。

在这场异常艰辛的解放战争中，大小战役前后爆发了 3000 多次，不过，这场伟大的民族冲突最终因为教会的参与，而成了一场信仰之战。西班牙人一下子改头换面成为十字军骑士，他们以毁灭整个国家为自己最光荣的理想，并且为之浴血奋战。哥伦布发现通往美洲大陆的道路的时候，恰逢摩尔人攻克了最后一座堡垒，即格拉纳达。时隔六年，好望角迎来了达·伽马的船队，通往印度的路也被发现了。这个时候，西班牙人本该奋起夺回自己的家园，继续开发由摩尔人开发出来的自然潜力，可是，却凭空出现了一笔横财。在宗教热情的驱使之下，西班牙人成功地成了他们想象中的传教士，带上了神圣的桂冠，其实，他们只是一伙特殊的强盗（因为不是一般的残忍，也不是不一般的贪婪）而已，根本什么都不是。1519 年，墨西哥被西班牙人占领了；1532 年，秘鲁也臣服在它脚下。此后，他们便开始得意忘形。源源不断的黄金和财富磨灭了他们原本的宏图大志。塞维利亚和加的斯的金库里装满了巨型帆船运送而来的大量黄金。如果有人有能力去抢夺阿兹特克和印加的财富，那么他一定会跻身于富裕的“金领阶层”，这个时候，他又怎么可能用双手去劳动，而贬低自己的身价呢?

摩尔人被西班牙人彻底赶出了国门，他们兢兢业业、努力得来的一切都成了一场空。西班牙人的下一个目标该是犹太人。他们被西班牙人成批地丢进肮脏的小船里，任船只漫无目的地在大海上漂泊，他们的落脚点由船只来决定，当船任意地停靠在某个地方时，他们已经一无所有了。犹太人的心中燃烧着复仇的熊熊大火，同时，在苦难的磨砺下，他们的头脑变得更加敏锐和聪慧。他们对西班牙人充满了仇恨，决定采取以牙还牙、有仇必报的措施，积极参与到任何反对西班牙的事务中。在这件事情上，连上帝也倾向了他们,将一个国王送给了这些在“黄金梦”里受到伤害的人，这个国王就是那个一辈子居住在自己建造的伊斯科利尔宫里的人。伊斯科利尔宫紧挨着卡斯蒂利高原而建，而新都马德里就是这个国王在这个高原上的杰作。

后来，包括南面的穆斯林和北面的新教徒在内的异教徒对西班牙发动了声势浩大的入侵，为了抵御侵略，他们出动了三个洲的财富和所有的西班牙人。对于西班牙人来说，他们经受了700多年的宗教战争的洗礼，已经变成了一个宁可相信有而不相信无的民族，并且一切事情都听命于皇室。后来，由于财富的急剧膨胀，他们感到疲惫不堪，甚至还赔上了自己的生命。

伊比利亚半岛成就了今天的西班牙人。那么，经过几百年以后，西班牙人是不是能够根据自己的意愿去改造这个已经荒废破败了的半岛呢？我们应该摒弃它的过去，更加关注它的未来。

这是一个共同的理想，连同巴塞罗那在内的一些城市正在为此努力，他们也实在是非常努力！

可是，这确实是一项无比艰难的事业。

第十一章

法国

法国人居住在大陆上，英国人居住在细雨绵绵的偏僻荒凉的小岛上，可是，两者相比较，前者却更加落寞和孤独，也更加保守闭塞，这是我们经常能够听到的一种说法。简单地说，法国人一向都对国际事务漠不关心，他们已经成为一个以自我为中心的民族了，并且拥有极度自私的特性，目前发生的很多事端都是因他们而起。

要对这一切做一个清晰的认识，我们不得不回溯到事情的本源上去做一番探讨。对于任何一个民族来说，地理环境和心态特征都是至关重要的因素，深深地烙印在他们的民族之中。地理和心态的关系无比密切，心态是被地理塑造的，同时它也对地理进行着必要的改造。撇开其中任何一个，而单独去探讨另外一个，都是片面的做法。要了解民族的特性,我们就必须深入地探讨地理和心态的本质。

正因为如此，法国人一面受到世人不停的指责，一面又在世界大战期间受到毫无保留的大肆称赞。我不得不说，这个国家的美德和劣根性都与它所处的地理环境有着直接的关系。他们自以为是、妄自尊大的个性都依赖于他们在大西洋和地中海之间的优越位置，因为这样的地位优势给他们提供了自给自足的能力。假如坐在自己家的后院就能够欣赏美丽的风景，感受宜人的气候，那就完全没有必要到别的国家去寻求改变了。如果只需要坐上火车，花几个小时就能够从20世纪回到12世纪，从赏心悦目、满目青翠的古堡田园回到沙丘和苍松遍地的神秘地方，那么，我们大可不必长途跋涉到异国他乡去学习新的语言，适应不同的风俗习惯了。假如用菠菜做成的菜肴任何人都能够喜欢，就像自己家里的饮食起居和亲戚朋友不比任何国家的差，那么，就没有必要去忍受那些糟粕的食物和酸涩的酒水以及北方农民的呆板、生硬和低俗的面孔了，也没有必要因为护照和支票的事情而苦恼。

当然，可怜的瑞士人一生当中，能看见的除了山还是山，而可怜的荷兰人，只能看到很小一块平坦的青青草地和几头黑白相间的奶牛。如果不让他们去国外旅行的话，那他们一定会因为枯燥乏味和厌烦而死去。德国人早晚也会在一边听美妙的音乐、一边嚼着乏味的香肠三明治的奢侈用餐习惯中厌倦的。意大利人也无法做到一辈子都只吃空心面。俄国人也不喜欢排6个小时的长队去买半磅人造黄油，如果能偶尔舒服地享受午餐，他们将会非常高兴。

同这些人相比，法国人真是上帝的宠儿，他们俨然在人间天堂里生活。法国人总是会自问："为什么要背井离乡呢？"因为他们想要的一切都唾手可得。

你可能会觉得法国人是固执、偏激的，甚至是不正确的。对于这种看法，我希望我可以表示赞同。可是，在很多方面，法国的确是受到了上天的特殊眷顾，他们是上天特别宠爱的子民，他们享受着地理环境带来的恩泽。

首先，在法国可以感受到各式各样的气候，不管是温带气候，还是热带气候，或者是在二者之间的温和气候，法国都拥有。此外，欧洲的最高峰也在这个国家，在它平坦的大地上布满了四通八达的运河网络，各个工业中心被紧密地联结在了一起。选择到阿尔卑斯山西部萨瓦的小村庄去居住的法国人可以在山坡上开展滑雪运动，这样，一整个冬季都被打发掉了。假如他是个喜欢游泳而不喜欢滑雪的人，那么，他只需要买一张去往大西洋岸边的比亚里茨或者地中海之滨的戛纳的车票就可以了。如果他的兴趣在于人物，那么，巴黎的和平咖啡店就是他最好的去处，他只要点一杯咖啡，安静地等待就可以了。那些曾经出现在世界报纸头条中的男女老少迟早是要从这里经过的。在这些人群当中，有沦为流亡者的君王和即将坐上皇位宝座的流亡者，有小提琴家和钢琴家，也有前途光明的男演员和大红大紫的女演员，以及那些深深吸引着水银柱灯下的君主和普通百姓的舞蹈演员，他们的音容笑貌都可以亲近和感受，他们的出现也不会引起任何特殊关注，因为这样的事情太过平常了，在 1500 年的历史中，每天如此，就算是国王、皇帝或者教皇本人，他们的出现甚至比不上校园里一个新生的出现更为轰动。

在这方面，我们遇到了一个政治地理学的不解之谜。2000 年前，这块有共和国三色旗（这是一面日夜飘扬的旗帜，一旦法国人将一面三色旗扛了起来，就永远不会让它飘落下去，除非它在岁月与风雨的磨砺中，变得无法辨认）飘扬的绝大部分土地都在大西洋与地中海中间的西欧平原之上，可是，某一天世界上最集权的国家却在此诞生了，这是为什么呢？其中不掺杂任何地理方面的因素，这是毫无疑问的。

人类的命运掌控在气候与地理条件之中，这是借用了一个地理学上的观点。毋庸置疑，这两个因素是具备这个作用的，不过并不是永远都如此。有时，情况也会截然相反。有一段时间，摩尔人和西班牙人在同一片土地上生活，对于瓜达尔基维尔河谷的天空来说，1200 年的骄阳与 1600 年的阳光毫无差别，可是，这片花果乐园却因为 1200 年的太阳得到了无限的祝福，在 1600 年，这里废弃的水沟和漫漫杂草，以及干枯的荒原接收到的却是它诅咒的光芒。

生活在瑞士的有四个民族，尽管他们说着四种语言，却能够像一个大家庭一样温暖地生活着。在比利时，只有两个民族而已，可他们却彼此仇恨，甚至用亵渎对方军人的墓地来消遣周末的时光。冰岛人的立足之地只是一个很小的岛屿，可是，他们独立与自治的政治却能够维持一千年之久。同样都是居住在岛上的民族，“独立”却至今都与爱尔兰人无缘。这个世界上的事情几乎都是这样的。人类的本性是所有事物中最不稳定、最不可靠的因素，这丝毫不受机械、科学和各种标准化发展的影响，人性造就了无数不可思议、不能预期的变化，关于这一点，世界地图可以为我们提供活灵活现的例子，法国的客观事实也正好能够解释这个问题。

法国是一个完整的国家,这是从政治的角度得出的结论。不过，如果你看地图足够细致的话，你会发现法国是由两个部分组成的，这两个部门背靠着背，却又独立存在，面向地中海的罗讷河流域在它的东南方向，大西洋广阔的平原地区则处于它的西北方。

我们首先要看的是最古老的罗讷河流域。发源于瑞士的罗讷河其实是一条不起眼的小河流，它得以发挥重要作用的地方是离开日内瓦后一直投奔的法国纺织工业中心。最终，罗讷河与发源于北方的索恩河汇合于里昂。索恩河与默兹河这两条河的源头相隔并不遥远，索恩河曾经对南欧的兴衰起着重要的作用，默兹河也是一样，它与北欧的历史是密切相关的。现代化的汽船从来没有完全征服过罗讷河，因为它的源头流入利翁湾的时候，达到了6000 英尺的落差，急速的湍流对于通航是非常不利的。

尽管如此，由于古代的奴隶资源太过廉价，古腓尼基人和古希腊人还是能够顺利地通过它进入欧洲内部。如果是顺流而下，那么航船只需要几天的时间就可以了；倘若逆流而上，就需要那些古代“伏尔加纤夫”（他们的命运丝毫不比那些俄国同行更好）对船只进行牵引才行。古老的地中海文明流过罗讷河河谷，第一次将欧洲内陆的大门敲开了。不过，马赛（直到现在都是法国最重要的地中海港口）却没有直接建在罗讷河河口，而是建在位于河口东边几英里的地方（如今它被一条运河与罗讷河连接起来），作为这个地区最早出现的商业据点，居然选择这样的位置，真是令人匪夷所思。不过看来马赛所选的地址并没有错。马赛成为一个重要的商贸中心是在公元前 3 世纪，那时，来自马赛的钱币不断地向巴黎的周边地区和奥地利的蒂罗尔流去。而且马赛很快就以首府的地位居于这一地区和北部地区。

后来，不幸也降临到这座城市。为了解除阿尔卑斯山蛮族对他们造成的威胁，马赛市民求助于罗马人。罗马人应邀而来，却留下不走了——这是他们的一贯作风。此后，罗讷河河口地区成了罗马的一个行省，就是普罗旺斯省。马赛地区在历史上扮演了重要的角色，它默默地证明着这样一个事实：这块肥沃的三角洲的重要作用，最先是由罗马人意识到的，而不是腓尼基人和希腊人。

又一个令人百思不得其解的历史与地理谜团在此出现了：普罗旺斯同时拥有希腊文明和罗马文明，在它的前面是开阔的地中海，后面是宽广的北欧中部大平原，同时，还有肥沃的土地和理想的气候条件，几乎所有自然优势它都具备了，成为罗马的继承者似乎是注定中的事，而且应该是胜算在握的，可是，它却在竞争中彻底失败了。在恺撒与庞培的斗争中，普罗旺斯支持的是庞培这方，最终，这座城市毁在了恺撒的手中。不过这些只是发生在马赛历史上的一个小小插曲而已。没过多久，这个地方再次成为马赛人做生意的场所，同时出现的还有科学、艺术、文学和礼仪，因为罗马已无他们的立足之地，他们越过利古里亚海，抵达普罗旺斯，在他们的努力下，一个被蛮族层层包围的文明孤岛诞生了。

当台伯河上的那个城市（中世纪的罗马暴民并不比豺狼好多少，他们与美国强盗一样凶残）已经不能够容纳富可敌国、大权在握的教皇的时候，教廷就被迁到了阿维尼翁。人类第一次在这个地方修建了一座巨型的桥梁（在 12 世纪，这座桥是一个世界奇观，不过现在它的大部分已经被河水淹没了），使得阿维尼翁在历史的长卷上榜上有名。阿维尼翁还有一座坚如铁桶、经得起几百次围攻的城堡，这是属于教皇的，基督教的首领们在此后100多年的时间里，一直居住在普罗旺斯，教廷的骑士在十字军中拥有无比显赫的地位，他们当中的一个还成为君士坦丁堡的世袭统治者，那就是普罗旺斯的簪缨世家。

虽然造物主已经将神力赐予了这片可爱、肥沃、浪漫的河谷，普罗旺斯却并没有将它发挥出来，不知道这是为何。曾经有抒情诗人诞生在这片土地上，他们一度成为抒情文学体裁的奠基人（在小说、戏剧、诗歌中，他们开创的这种抒情文学体裁即使到了今天仍然有着重要的地位），可是温和的普罗旺斯方言却无缘成为整个法国的通用语言。法兰西创立于北方（与它的方言），同时造就的还有法兰西民族，全世界得以感受法兰西异彩纷呈的文化精华，都是北方的功劳，尽管这样，北方却没有南方那样良好的自然优势。16个世纪以前的人们根本没有想过会发生这样的变化，在那个时候的人们眼中，条顿大帝国的版图上一定会有这片南起比利牛斯山脉、北至波罗的海的大平原。也许是这样的，地理早就安排好了一切，只是人类对此毫无兴趣，因此出现了翻天覆地的变化。

在恺撒时代的罗马人看来，欧洲的这一部分已经是遥远的西部地区了。罗马人把居住在这里的、长着金色头发的神秘民族称为高卢。当时生活在这里的有两支高卢人，一支被称为“山南高卢”或者“山这边的高卢人”，他们是最早出现的一支，生活在阿尔卑斯山与亚平宁山之间的波河流域。当年恺撒大帝奋力一搏，从卢比孔河上英勇地跨了过去，于是，这部分高卢人就这样留在了那里。另外的一支其实与当时的欧洲并无多大的关系，他们被称作“山外高卢”或“山那边的高卢人”，这支高卢人却和今天的法国人之间有着某种关系，其中原因要追溯到公元前58年—前51年恺撒进行的那次闻名于世的远征。

罗马军队（大部分是步兵）能够轻易地越过北部的孚日山与南部侏罗山之间的山口，到达此地，是因为那个山口的地势并不险要。没过多久，在法兰西的大平原上出现了罗马城堡、罗马村庄、罗马市场、罗马教堂、罗马监狱、罗马剧场和罗马工厂，它们像星星一样占据了整个大平原地区。朱庇特神庙就建在了塞纳河上那个叫作鲁特西亚（巴黎的古称）的小岛上，这真是一个绝妙之地。今天的巴黎圣母院就是矗立在当年的神庙旧址上。

在这个岛上还有用木头搭建的房屋，凯特尔人就居住在这里，后来，罗马帝国又把统治西部的大本营设在了这里。因为从这个小岛可以直接通航到大不列颠（公元1—4世纪对罗马最有利的殖民地），并且它可以有力地遏制莱茵河与默兹河之间的动荡。

如在前面“地图”那个章节中我所讲述的那样，我们对于那个时代的罗马人翻山越岭、漂洋过海寻找道路的本领百思不得其解，其实也没有那么神秘。罗马人总是能够正确地选择港口、城堡、商埠的位置，并且从来不会出现失误，似乎他们对此具有特殊的天赋。一位游客在经历了巴黎盆地连绵阴雨6个月的洗礼后，会忍不住提出这样的问题：“古罗马人为什么偏偏选择这个地方来作为统治西方和北方殖民地的大本营呢？”关于这个问题的答案，只要你翻开法兰西北部的地图就可以看到了。

几百万年前，地震频繁地光顾这个地区，并把它搞得面目全非，那些山峰和山谷就像放在赌桌上的筹码一样，被翻来覆去地蹂躏。处于不同时期的四层厚厚的岩层不断地做着翻转运动，最后，就像中国茶具中的茶托那样一层叠着一层地堆在了一起，堆放在最下面的是从孚日山脉一直延伸到布列塔尼的那层，这个西部边缘被英吉利海峡深深埋藏的“茶托”无疑是最巨大的一层。这堆“茶托”的第二层从洛林一直抵达诺曼底海岸，而著名的香槟地区就是第三层，它紧紧地环绕在第四层周围，即曾经的法兰西岛，这是一个非常恰当的名称。在这个岛的四周分布着塞纳河、马恩河、泰韦河和瓦兹河，巴黎就坐落在岛的中央。这样的地理位置是绝对安全的，敌人被最大限度地挡在了外面。要攻占这座固若金汤的堡垒，敌人必须首先清除“茶托”陡峭的外围地区，而这个时候，守军早已经在最佳的防守位置上等候着了，就算不幸失守，下一层“茶托”也将成为他们后退的绝好防线，他们有连续四次退后的机会，才能最终到达塞纳河边的那个小岛上。而且他们还可以炸毁小岛四周那几座对外连接的桥，那么，小岛就真的坚不可摧了。

如果遇到了一支意志坚定、装备精良的敌军，那么巴黎还是有可能被攻陷的，不过，就如不久之前被世界大战所证明的那样，这是一件十分困难的事情。德国军队被阻挡在巴黎城外，这纵然有勇敢的法国军队的功劳，但几百年地质变化所设置的障碍也是功不可没的。在这场民族独立的战争中，法国人消耗了 10 个世纪的时间。不过，法国人只要竭尽全力守护好自己的西大门就可以高枕无忧了，而其他国家则不得不守护那些与自己不相关的四面八方的边境。正因为如此，法国与其他国家相比，能够快速地发展成为一个高度中央集权的现代化国家。

在那些低矮山脊的作用下，位于孚日山脉、塞文山脉与大西洋之间的整个法国西部被自然地分成了无数个独立存在的流域和半岛。处于最南面的塞纳河流域与瓦兹河流域由一条自然通道与比利时连成一个整体，这条通道的咽喉要道自古以来都是圣昆廷城，后来，圣昆廷城变成了一个铁路交通枢纽，1914 年，当德国人进攻巴黎的时候，这个地方成为他们攻占的一个目标。

从奥尔良隘口出来以后，塞纳河流域与卢瓦尔河流域就连为一体了。奥尔良地区在法国历史上曾经起过非常重要的作用。圣女贞德，这个法国的民族英雄的另一个称号就是“奥尔良贞女”，巴黎最大的火车站也以“奥尔良火车站”来命名，之所以会有这两个名字，是由于奥尔良城是南北交通的要塞之地。中世纪的奥尔良关隘由披甲骑士为之浴血奋战，而今天的奥尔良枢纽处于铁路公司的你我争夺之中。不断向前发展的世界总是前进得越远，重复过去的地方也就越多。

而今，卢瓦尔河流域与加龙河流域由普瓦提埃铁路线连接着。公元 732 年，就是在这个普瓦提埃附近，在查理·马特及时制止下，摩尔人将企图伸进欧洲大陆的脚缩了回来。公元 1356 年，同样是在普瓦提埃，法国军队被黑王子一网打尽，致使英国人的统治在法国延长了 100 年。

著名的加斯科涅地区是英雄达塔南队长和尊贵的国王亨利四世的诞生地，它位于广袤的龙河流域南部。加斯科涅地区越过龙河上的图卢兹到纳博内的河谷，普罗旺斯地区与罗讷河流域就与之连成了一片。当年的古罗马人曾经居住在高卢最古老的纳博内，这是一个位于地中海岸边的地方。

对某些人来说，奥尔良隘口是一棵永远的摇钱树，它在这方面的功能跟许多类似的古商道（历史上开始有文字记载的时候，这条路线就已使用几千年了）一样。它有着与人类历史同样漫长的敲诈勒索和强取豪夺的历史。如果你对此有所怀疑，可以到任何一个山口关隘去查证，当你找到 1000 年之前那条道路的最窄处，可以看到有七零八落的几十处古堡的废墟。如果你对古代史也略有研究，那么可以从那些不同的石壁上看出：这个地方在不同的时代都有强盗来建立城堡，以便强行向路过的人收取过路费，这些年代具体到公元前 50 年，公元 600 年，公元 800 年，公元 1100 年，公元 1250 年，公元 1350 年。

可能在某些时候你会惊奇地发现，那个地方并不是一片荒芜的废墟，而是有一座繁华的城市矗立着。作为一个山口堡垒，究竟要修筑得怎样坚固才能将凶残饥饿的敌人抵挡在外，一直保存到今天呢？关于这个问题，卡尔卡松市的那些堡垒、高塔、护城河崖和要塞会告诉你答案。

法国的地理概况就介绍到这里吧。下面，我针对生活在大西洋与地中海之间的人的特征来做一番简单的介绍吧。在这些人当中，无一例外都拥有一种协调与平衡的意识。我们可以说,法国人在“条理分明”这方面一直非常努力，当然，我希望你看到“条理分明”这个词的时候，不要将它与“枯燥、刻板与迂腐”联系在一起。

的确，整个欧洲的最高峰勃朗峰就位于法国，不过，这仅仅是一个巧合而已，就像佩恩蒂德沙漠丝毫不会勾起美国普通百姓的兴趣那样，法国人也不会将关注点放在勃朗峰上。那些历经千百年岁月却毫无变化的村庄（它们拥有非常强大的力量，在任何国家都是如此）、乡镇（这些人努力地遵循和维持着5000年前或500年前他们祖先的生活方式着），还有那个早在1000多年前就已经彻底失去高尚的生活和伟大思想的城市——巴黎，才是法国人熟悉的。所有被华托收入画中的良辰美景才是法国人所喜爱的,如默兹河、吉耶纳、诺曼底和皮卡第这些地区,峰峦叠嶂,错落别致；溪流幽径,美妙无比；两岸白杨，挺拔秀丽；水中泛舟，悠然漫步；深谷雾霭，朦胧飘逸。

世界大战期间，法国人被那些强加于人的荒谬故事描述成为多愁善感、不切实际的人，事实上却不是这样。相反，法国人是最具理性和最为殷实的现实主义者，他们永远都能够脚踏实地。他们非常清楚，人只有唯一一次生命，他们预期的寿命是70岁。所以，他们只会尽最大的可能让自己在现实世界里舒适地生活，而不会把时间浪费在好高骛远的梦想上。其实，这就是人生，我们都应该好好地享受人生。既然现代人都钟爱美食，何不让最贫困的人也学习烹饪技巧呢? 既然耶稣时代的基督徒把美酒当成最适合的饮品，那就去酿造最好的美酒吧! 既然万能的主觉得地球应该被各种各样迎合视觉、听觉和嗅觉的东西所充斥，那就好好享受这一切吧，不要辜负了上天的恩赐。既然个人的力量远远比不上集体的力量，那就紧密地团结在家庭这个社会细胞的周围吧，家庭会对每个人的喜怒哀乐负责，个人也应该尽全力维护家庭的幸福。这些就是法国人理想中的生活。

但是，在某些方面法国人的生活却并不那么“理想”。这不理想的一面孕育于我在前面所讲述的那些特征当中。很多时候，原本风花雪月的美丽生活被转变为恐怖的噩梦，都是由家庭造成的。家庭的大权往往掌握在无数的老爷爷、老奶奶手中，他们成为阻碍历史前进的绊脚石。为了子孙万代，节俭的美德逐渐被吝啬、搜刮、偷窃、诈骗和勒索所取代了，甚至已经到了每一件生活用品都斤斤计较的地步，助人为乐、慷慨解囊则蜕化成了一毛不拔。当存在于人类之间的慷慨友善荡然无存的时候，文明的存在也将失去夺目的光辉。

总体而言，无论如何的卑微贫贱，现实主义的人生哲学都被所有的法国人所接受，在这种哲学的驱使下，他们能够付出最少、收获最多。用例子来加以说明，法国人绝对不会追求虚无缥缈的东西，因为他们明白人天生就不可能相互平等。假如你对一个法国人说，每一个美国年轻人都会有在他就职的那家银行当总裁的机会，那么这个法国人一定会说：“那又如何？”他们绝不会为了这句话而浪费精力。对于法国人来说，用三个小时的时间来吃午饭也是值得的，尽管这三个小时完全可以用来赚钱，可他们不会因此而放弃舒适和快乐。当然了，对于赚钱这件事，整个法国以及法国人和他们的妻子儿女都在努力着，不过，他们只用自己喜欢的方式去赚钱、去生活，至于别人的想法，他们是不在乎的。法国人的智慧就在于此，这就是能够最大限度地为法国人提供幸福的智慧，尽管这种智慧与其他国家坚守的“成功”信条相比不能使法国人大富大贵。

说起大海的时候，如果我还告诉你海边的居民以打鱼为生，那就显得多此一举了。难道除了以打鱼为生，他们还能做别的事情吗？难道让他们去挤牛奶或挖煤矿吗？

不过，要是把这个话题融入当地的农业之中，一个有趣的现象就出现了：绝大多数国家的人口在过去100年中都被吸引到城市里，可是，在法国，居住在农村里的人口却占到了总人口的60%。全欧洲也只有这一个国家有能力抵御长期围困所引发的食物匮乏，他们能自给自足。古老的耕作方式已经被现代科技取而代之了，法国农民彻底摒弃了查理曼大帝时代和克洛维时代祖先的那一套耕作方式。

法国的农村能够留住农民，那是因为他们全都是自己的地主。尽管他的农场可能算不上一个真正的农场，但那个农场毕竟是属于他自己的。欧洲旧世界大国英格兰和东普鲁士，大量的田地属于那些不知姓名、也不知道身在何地的大地主，可是这一切都因为法国大革命而改变了，贵族和教士们的田地全部被分给了小农户。大地主们很难轻易接受这个现实，可是，他们不曾想过，他们的祖先就是以这样的方式得到土地的，这并没有什么区别。并且通过这场土地革命，法国从中受益匪浅，全国一大半的人口从此与国家命运紧紧地拴在了一起。不过，任何事物都有利弊两个方面，法国高涨的民族主义情绪也是由它引起的。

就算是迁居到巴黎的法国人也只愿意与本村的人保持来往，这是为什么呢？在巴黎的大街小巷，那些专门为某个地区的人所设置的小旅店随处可见，这是为什么呢？大概浓厚的地方主义就是最好的解释和说明吧。不愿意移居国外的法国人原本就已经非常满意自己的国家了，那他还有什么理由去别的国家呢？

现在我要说的是法国的农业。很多法国人以葡萄酒酿造业为纽带紧紧地和土地拴在了一起。整个加龙河流域为葡萄文化提供了周到的服务。葡萄酒的出口中心就位于加龙河河口旁边的波尔多地区，罗讷河流域有一个以出口葡萄而著称的港口，叫作赛特，它位于地中海的岸边。在波尔多正南方向的朗德平原，到处布满了淤泥，这片广袤的土地上有踩着高跷的牧羊人以及适合生活在户外的羊群。第戎则汇集了产自勃艮第地区的全部葡萄酒。另一个城市叫作兰斯，是香槟酒的集中分装之地，同时它也是法国古老的加冕城市。

当国民命脉已经不能由粮食生产和葡萄酒酿造业来维系的时候，一个新的支柱产业——工业就出现了。古代的法兰西帝王充其量就是一群傲慢的弱智者，对于如何剥削老百姓以及把大把大把的钱财花在凡尔赛宫那些美丽的贵妇人身上，他们倒是无比熟悉的。由于他们的缘故，法国宫廷成为时尚与体面生活的中心，全世界的人如潮水般涌来，他们优雅的礼仪和不同于吃饭的用餐习惯是人们学习效仿的内容。现在距离法国最后一个旧世界的主宰被割断头颅扔进巴黎的生石灰地已经有 150 年的时间了，可是，全世界人该穿什么，怎样穿，依然由巴黎决定。法国依然是为整个世界提供不可或缺的奢侈品（不过大多数人仍旧喜欢简单的必需品）的中心城市，或者说，因为法国的关系，数百万的女性成功地得到了工作。也正是里维埃拉那望不到边的花圃造就了那些 6 美元或者 10 美元一瓶的香水（瓶子很小，这是我们聪明地对那些我们美国不能生产的产品征税的结果）。

后来，法国还发现了煤和铁这样的矿产。庞大的煤灰堆和矿渣堆将皮卡第和阿图瓦变成了丑陋不堪、暗无天日的地方。不过，这些巨型垃圾堆的作用和威力在英国人企图阻止德国人攻占巴黎的蒙斯战役中得到了充分体现和彰显。当洛林变成钢铁中心的时候，法国的钢铁基地也定居到了中央高原之上。由于法国很多的钢铁都由阿尔萨斯提供，所以法国人在世界大战刚一结束就迫不及待地收回了它。过去的 50 年，阿尔萨斯处于德国人的管理之下，因此它转变成一个纺织业中心。经过近几年的发展，现在的法国人中，从事工业生产的已经有 1/4 了，他们现在可以自豪地告诉全世界，他们的工业城市有着和英、美国家的工业城市一样的外表了，不过都一样的单调、惹人厌，一样的恐怖狰狞，也一样的没有人情味。

第十二章

比利时

北海沿岸的佛兰德平原，东部的阿登山脉以及介于平原与山区之间的一片地势较低、煤铁丰富的高原组成了现代的比利时王国。默兹河向北流出，在比利时画出了一条美丽的弧线，朝着不远处的低洼之国的沼泽地带流去。

比利时是个煤、铁矿资源比较丰富的国家，主要蕴藏在列日、沙勒罗瓦和蒙斯三个城市。其储量丰富到即使是德国、法国和英国的全部矿都开采空了，它仍然可以在较长时间内向全球供应煤和铁这两种现代社会生活中必不可少的物品。

虽然比利时是个有幸拥有了德国人常说的“重工业”的国家，但是，由于这个国家的海峡沿岸十分浅，并且到处是沙床和浅滩，因此没有什么适合现代社会发展的良港。不过比利时人在尼乌波特、奥斯坦德和泽布吕赫挖出了人工港口。比利时最大的人工港口安特卫普与北海有 40 英里的距离，而斯海尔德河在入海之前的 30 英里是属于荷兰人的，从地理学的角度来看，这种现象看起来似乎极不合理。然而，在那个一个国家的命运仅仅依靠一些国家的代表在国际会议上用几页文件来决定的世界里，这些似乎又是一个必然的结果，而比利时恰恰就是一个由几次国际会议直接催生出来的国家。首先，我们来回顾一下历史，来看看那些大老爷们是如何舒舒服服地围坐在绿桌子面前颠倒乾坤的。

罗马帝国的领地高卢，居住着与英国、法国的最早居民同属一个民族的卢贝尔吉卡人和一些日耳曼小部落，对强大的罗马主子，这些弱小的民族只有俯首称臣的份儿。

古罗马人一路北上，踏过佛兰德平原，翻过阿登山脉，直到那片不可逾越的沼泽才停住了前进的脚步。后来的尼德兰王国就是由这片沼泽地孕育出来的。法兰克人将佛兰德变成自己的一个行省是在查理曼大帝当政时期。但是在公元 843 年，在倒霉的《凡尔赛条约》的作用下，它又被纳入洛泰尔中央王国之中。紧接着，它又遭到了被分割的命运，被划分为无数个半独立的公爵领地、自治郡以及主教管辖区。此后霸占它的是地产经纪商哈布斯堡家族，这是发生在中世纪的事情。不过，铁矿并不是吸引哈布斯堡家族的主要原因，稳定的农业收入和迅速累积贸易财富才是他们的主要目的。因此，那个时候，在世人眼中，这个国家的东部地区只是一块荒蛮之地而已。但是，对于佛兰德而言，这是一个发展自身潜力的机会，到 14 世纪和 15 世纪，它已经发展为北欧最为富庶的区域之一了。

这与佛兰德优越的地理位置是分不开的，正因为有了优越的位置，中世纪的中型船只才能顺利地向内陆地区挺进。还有另一个重要的原因，那就是在这片土地的早期统治者拥有睿智的头脑和卓越的才能，他们与那些封建领主不一样，对工业采取积极的鼓励措施，使它快速地发展起来，而不是只把心思都放在农业上，而且他们也并不像教会鄙视放贷者那样鄙视资本主义。

在这些英明政策的领导之下，根特、布鲁日、伊珀尔和康布雷一步步走向强大、发展和繁荣。其实只要别的国家的人民得到统治者的允许，抓住应有的机会，也完全可以做到和他们一样。最终，人为的因素导致了这些早期资本主义工业中心的衰败，确切地说应该是人为因素和地理因素综合导致的结果，只不过人为因素所占的比例更大一些。

在地理因素方面，主要的影响来自北海海潮的变化，在它的作用下，大量的泥沙出乎意料地在布鲁日港和根特港沉积下来，这些港口被淹没在陆地之中。一开始，工会（互助会）以一股强大的力量之源而存在着，后来却变成了鼠目寸光的专制组织，似乎它仅仅是为了延缓和阻止一切工业活动而存在。

当本地的旧王朝瓦解后，佛兰德被法国兼并了，也没有人站出来干预这些事情。在当时世界形势的影响及两国代表的努力下，佛兰德最终成了一个安静的村庄：白色的房屋，小小的却很可爱的农场，连废墟看上去也是那么美丽，这样的景色一定能够激发英国老妇人的情怀，激发她们画出质量拙劣的水彩画。不过，绿油油的野草从来就没有停止过生长，它们仍然能从那些老宅院中精心打磨的圆石中间冒出来。

无可否认，宗教改革在社会发展中的作用也很重要。佛兰德在经历了一段短暂却很剧烈的动荡时期之后，最终还是抛弃了马丁·路德教，仍然忠实于罗马教派。荷兰独立后，关闭了比利时的最后一个港口安特卫普。就这样，比利时与欧洲隔绝了，进入了一个漫长的休眠期，直至瓦特蒸汽机的出现。因为巨大的需求得不到满足时，这个有着丰富的自然资源的国家（比利时）才被世人想起。

在不超过20年的时间里，外国资本从默兹河谷迅速涌入，使得比利时在短短的时间内就成为欧洲的重要工业国之一。从此以后，瓦隆人地区或者法语区（布鲁塞尔以西）的经济迅速发展起来，虽然它的人口只占比利时全国人口的42%，却成了比利时最繁荣的地区。而弗兰芒人变成了半奴役的农民阶级，在文明家庭的客厅绝对不允许说弗兰芒话，如果想听到他们的语言，只能在厨房和马厩里。

在人们看来，解决争端的最好办法就是国际会议，就像一百多年前的凡尔赛会议那样能够让这里永远和平。但是，1815 年的维也纳会议恰恰相反，它把事情进一步复杂化了，会议决定将比利时和荷兰合并为一个国家，于是，在法国的北部，一个与法国相抗衡的强大势力产生了。不过，15 年后这个令人匪夷所思的政治婚姻就破产了，尽管联盟国家（他们做事总是慢半拍）对此事进行了干涉，但当比利时人站起来反对荷兰人时，法国人期待的时刻终于到来，他们选择了帮助比利时人。

于是，人们推荐维多利亚女王的叔叔利奥波德一世（科堡王室的王子，一位很认真的绅士，他对小侄女的影响很深）担任比利时的国王。那时，他刚刚拒绝希腊人类似的邀请，对于这样的选择，他毫无半点后悔的意思，因为比利时新王国获得了最终的胜利，虽然斯海尔德河河口最终属于荷兰人，但是安特卫普港口却又一次变成了西欧最重要的港口之一。

紧接着，比利时被欧洲大国正式宣布为“中立国”，但是，对于这种毫无意义的，就像“请勿践踏草坪”之类的纸上空谈，聪明的利奥波德二世（利奥波德一世之子）根本就不抱有任何幻想。他一直都为使比利时王国摆脱三流小国的地位而努力着，他希望不再依靠周围大国的施舍及恩惠，不再看人眼色、苟延残喘地生活。当时，有一位名叫亨利·斯坦利的绅士从非洲来到欧洲，比利时国王利奥波德二世非常盛情地邀请他到布鲁塞尔，他们之间进行了一次会谈，于是国际非洲协会诞生了。依靠这个协会，比利时成为当时世界上最强大的殖民大国之一。

由于地处欧洲北部最富饶地区的中心地带，比利时在地理位置上具有很大的优势，因此，比利时今天所面临的问题绝对不是经济上的问题，而是弗兰芒人与瓦隆人之间的民族问题。不管在基础教育方面，还是在科学和文化的发展方面，弗兰芒人（这个国家的第一大民族）已经以雷霆之势超过了说法语的瓦隆人（这个国家的第二大民族）。为了争夺政治上的权利，他们一直不停地做着斗争，因为在比利时王国独立的时候，他们就失去了应该有的管理国家的权利。他们一直强烈要求弗兰芒语和法语具有平等的地位。

按说弗兰芒人和瓦隆人本来是同宗同源的，他们有着超过2000多年的共同历史，但他们却像猫和狗一样，不能和平地相处。这个问题就到此为止吧，为什么会发展到这一步，我也有些迷惑不解。后面说到的瑞士人，他们讲德语、法语、意大利语和列托—罗马语（一种奇怪的罗马方言，能够完整地保留至今的是恩加丁山区）这四种语言，但是他们却能和平相处，没有丝毫的矛盾。我们相信，发生民族矛盾总是有根源的，但是，我不得不承认，这些已经超出了我的想象范围。

第十三章

卢森堡

在详细介绍瑞士之前，我要先花一点笔墨，讲述一下关于卢森堡（意思是小城堡）这个小公国的事。在世界大战刚刚开始的那几天，这个小公国曾经扮演着重要的角色，所以在今天的世界上，它并不是一个无名小卒。如今，有 20 万人生活在这个小公国。在卢森堡还是比利时的天主教行省时，他们的祖先已经在这块土地上居住了。中世纪时，这个地区的首府被看成一个“坚不可摧”的城堡，所以，它曾经发挥过极其重要的作用。

卢森堡之所以成为一个小公国，是由于长期不和的法国和普鲁士曾经为了争夺这块土地的统辖权一直僵持不下，后来，这块土地被 1815 年的维也纳会议判给了荷兰王室，这块土地便获得了独立的权利，成为一个小公国，由荷兰王室直接统治，也可以说荷兰被德国剥夺的土地以这种方式得到了补偿。

19 世纪，德国和法国有两次差点以这个小公国为借口发起战争。为避免同样的麻烦，这个城堡走上了与比利时一样的道路，它主动将自己的武装力量解除，正式宣布成为“中立国”。

世界大战期间，这个中立条约被德国人毁掉了，为的是他们在攻打法国的时候，能从东部大平原顺利地挺进，而不用冒险踏上法国西部陡峭冒险的“茶托”要塞了，德国人对土地的贪婪之心实在太厉害了。一直到 1918 年，卢森堡才挣脱了德国的魔爪。不过，就算是现在，它依然处在危险中，因为这个小公国的地下埋藏着数量非常庞大的铁矿。

第十四章

瑞士

22 个独立的小共和国（这些小共和国的代表为了共同探讨国家事务而经常在首都伯尔尼集会）共同组成了以海尔维第联邦自称的瑞士。我们经常能够在瑞士的钱币和邮票上看见一个形象邋遢的女人，这个女人就叫海尔维第。

世界大战期间的德国或多或少地吸引着这个国家的大部分人民（瑞士有 70% 的人说德语，20%的人说法语，说意大利语的占 6%，说列托—罗马语的占 2%），虽然它还保持着绝对的中立，但其实已经明显地倾向于德国。海尔维第女神也渐渐地被一个叫威廉·特尔的理想化的青年英雄取代了。因为这个诞生于英格兰维多利亚中期著名艺术家之手的女诗人形象，一眼看上去，像个英国人，这实在是太遗憾了。通过瑞士钱币和邮票上头像的更迭（这种情况在很多国家都出现过，不仅仅瑞士有），我们可以清楚地看到这个国家的双重本性。不过，对于其他国家来说，这些毫不重要。在我们这些外人看来，瑞士仅仅是一个有着如图画般风景的高山之国，我们在这一个章节中重点讲述的也正是这个。

从地中海一直延伸到亚得里亚海的阿尔卑斯山，有着与大不列颠岛近乎相同的面积，而长度却是它的两倍。其中瑞士（与丹麦面积一样大）占地面积有 16000 平方英里，在这片土地上种着多种农副产品，森林、葡萄园和小型牧场就覆盖了 12000 平方英里的土地。除此之外，对任何人都没有用处的湖泊和壮观的悬崖峭壁又分去了这块土地剩下的 4000 平方英里。因此，如果要计算每平方英里土地上所居住的人口数量的话，瑞士每平方英里只有 250 人居住，挪威是 22 人，瑞典是 35 人，而德国是 347 人，比利时是 655 人。

如果你认为瑞士是一个只有宾馆和游人的巨型山区疗养院而已，那么你就大错特错了。除了盛产乳制品以外，欧洲最繁华的商业区也在它的境内，即阿尔卑斯山与图劳山之间的北部高原，而且它不需要什么原料，这是一个有着得天独厚的地理优势的国家，它位于欧洲的心脏地带，这保证了它的制成品能很方便地、源源不断地向周边几十个国家输送。此外，它还拥有相当丰富的水力资源。

像阿尔卑斯山和比利牛斯山这样庞大而复杂的山系的形成过程，我在前面的章节中已经有所描述。还是那样，准备好半打干净的手帕，将它们平铺在桌面上，一块接一块地摞起来，然后用力从两边向中间挤压，请仔细观察在这种向心力的作用下所形成的褶曲、重叠的圆环和皱痕。你用来做实验的这张桌子就是地基或花岗岩地心（已经有上千万、上亿年的历史），年轻的地层在古老的地层之上，在几百万年的时间里，它们缓慢地皱曲，最终形成了奇异的山峰，至于我们今天所看到的形象，那还要再经历几百万年的风霜洗礼。

这一系列平行的山脉是由高达 10000 英尺或者 12000 英尺的巨型褶曲经过销蚀作用而形成的。这些山脉与另外一条巨大复杂的山系纠缠在瑞士的中心，所以，罗讷河从这里向地中海奔去，流入北海的莱茵河也从这里经过，安德马特村同时成了许多河流的发源地，位于北部地区的图恩、卢塞恩和苏黎世附近的大小湖泊，以及南部著名的意大利湖泊群的源泉都在这里。瑞士共和国就诞生在这些暗无天日的冰川、悬崖和深谷之间，诞生在高山积雪、山涧清泉和冰川幽碧的寒水之间。

因为有实际有效的政策支持和特殊的地理优势，瑞士又找回了独立和自主。在过去1000年的历史中，从来没有任何蛮横的邻居打扰过这些居住在难以逾越的深山峡谷中的人，他们只是一群尚未开蒙的瑞士农民而已。假如那些不可一世的帝国，高举着旗帜来抢劫他们，最多只能从这些山野农夫手中抢走几张牛皮，对他们来说这是没有任何意义的。相反，这些山野之人很擅长游击战，他们会站在山顶把巨大的鹅卵石往下推，如果盔甲不幸被这些石头砸中，那么入侵者的命运就会像一张牛皮纸那样，变得粉碎，可见这些山野之人还是非常危险的。

正因为如此，瑞士人就像生活在北美洲阿勒格尼山背后的印第安人那样，完全被世人遗忘了。

但是，意大利的商业贸易在十字军东征前后不断地激增，加之教皇的势力也在进一步扩张，要找一条从德国直达意大利的便捷通道已经成为北欧的当务之急了，他们需要避开关税沉重的圣伯纳山口（这是一条经日内瓦湖从里昂至罗讷河河谷的商道，有很长一段弯路要走）和布伦纳山口，这是两个由哈布斯堡家族控制的山口。

此时，一条从莱茵河流域直达提契诺河流域的道路横空出世了，它是由翁特瓦尔登、乌里和施维茨三个森林州（这是瑞士独立小共和国和地区的名称）的农民联合修建的，他们一起分担了这条道路的修建费用（事实上，他们也不富裕）。这条道路需要开凿在山石之中（在山中开凿道路，可是没有炸药），有些巨大坚硬的石头用手镐无法挖开的时候，他们就用木头制作一些窄窄的装置，绕过那些障碍，改从悬崖峭壁上吊下来。他们在莱茵河上修建的那几座原始的石桥，只有盛夏的时候步行可以通过，其余时候，这些桥就没有什么用处了。他们还修复了另外一部分道路，那是400年前查理大帝派人勘察时修建的，但没有修完。

就这样，在13世纪末期，一个赶着骡队的商人可以不用担心骡子会将腿跌断或者被山上的落石砸死而轻松地从巴塞罗那的圣哥达山口一直走到米兰去。

很快,这个地方就成了南北商道中最为热闹的一条线路。据说，在1331年，教会的僧侣就把旅馆开在了圣哥达山口，虽然这些旅馆直到1820年才面向商人开放。

然而，那些付出了千辛万苦的翁特瓦尔登、乌里和施维茨的好心人只是获取了一点微薄的回报。而这条国际性的商业道路却为卢塞尔和苏黎世市带来了巨大的促进作用，生活在那些农业小国里的农民由此得到了稳定的工作，并且获得了全新的独立感受。他们敢公然反抗哈布斯堡家族的举动与这种独立感有莫大的关系。有趣的是，在哈布斯堡家族的血统中也有瑞士农民的痕迹，不过，他们从来不把这个事实写进任何一本族谱之中。哈布斯堡家族存放族谱的地方是哈比希茨堡（意思是“鹰巢”），他们的这个老窝就坐落在阿勒河与莱茵河的交汇处。

遗憾的是，这一切总是显得如此单调和乏味。不过真正奠定了现代瑞士共和国基础的并不是那个虚幻的威廉·特尔的勇敢，而是那笔来自阿尔卑斯山繁忙的国际商道中实实在在的收入。这个建立在世界最行之有效的“公学”基础上的共和国，在政治领域成为非常有趣的试验品。这套政治体制在瑞士运行得非常完整、有效，假如你向一个瑞士人提出这样的问题：瑞士的总统是谁？这个人可能需要想一会儿才能够回答你，因为那个管理着瑞士的类似委员会的联邦议会有7个成员组成，他们每年要根据传统而非宪法从不同的地区推选出一个新的总统来（通常情况下由前一年的副总统担任）。比如，第一年担任总统的人是德语区的，第二年是从法语区推选的，第三年选的是意大利语区的，就这样周而复始地循环着。

瑞士总统与美国总统也是完全不一样的。在瑞士，总统只是联邦议会的临时主席而已，真正管理国家的是联邦委员会的7个成员。总统充当的是联邦会议的主持人并且负责外交事务。瑞士的总统，其地位是很低微的，他既没有所谓的“白宫”，也没有固定的官邸。如果需要招待贵宾，必须在外交部设宴。而有的宴会也毫无盛大隆重的场面可言，根本不像在欢迎法国或者美国总统的到来，更像一场在乡间小村里举行的节日聚会。

瑞士的行政管理系统非常庞杂,我就不在此一一罗列了。但是，在瑞士的很多地方都有一个忠诚智慧的人，他时时刻刻都在监管着，看人们有没有诚实理智地把事情办好。关于这一点，那些到瑞士进行访问的人肯定已经发现了。

接下来，让我们来了解一下瑞士的铁路建设情况。当然，这是一项会遇到很多艰难困苦的工作。连接欧洲和意大利的是那两条纵贯瑞士阿尔卑斯山的大干线；塞尼斯山隧道连接的是巴黎、第戎、里昂与都灵（萨瓦公国的古都）；横穿阿尔卑斯山区的布伦纳铁路线直接连通了德国南部和维也纳，这是一条没有任何隧道的铁路线；而既要爬坡又要穿越隧道的是辛普朗铁路与圣哥达铁路线，这两条铁路中修建较早的是圣哥达线——从1872年开始，历经10年建造才竣工通车，这条铁路有9.5英里长的隧道盘桓在海拔4000英尺之上的地面，光是隧道的开凿就用了8年的时间。与这条隧道相比，更值得我们提及的是从瓦森至格舍切的盘旋式隧道。这是一条从高山大川中间盘旋攀越的铁路，之所以会这样，是因为这里的山谷实在是太过狭窄了，就连单轨都无法进行铺设。以上所说的都是些特殊的隧道，除此之外，还有59条隧道（有几条有一英里之长）、48座普通桥和9座高架桥在这条主干线上。

下面要说的是穿越阿尔卑斯山地区的第二条重要干线，即从巴黎出发，途经第戎、洛桑、罗讷河流域和布里格，一直抵达米兰的辛普朗线。1906年，恰逢拿破仑所建的辛普朗公路通车100年后辛普朗线正式通车了。那条著名的辛普朗公路是当时世界上最浩大的公路工程，有着250座大型桥梁和350座小桥梁以及10条隧道。辛普朗线工程是比圣哥达铁路线要容易一些的工程建设。辛普朗线在钻进隧道之前一直缓慢地爬行在罗讷河的河谷之上，直至到达2000英尺的高度。这是一条长12.5英里的双轨铁路。同样铺设了双轨的勒奇山隧道（长9英里）连接了瑞士北部与辛普朗线及意大利的西部地区。

辛普朗线穿越了阿尔卑斯区最为险要的山脉，即彭尼内山。这是一座环境无比复杂的山脉，仅是一片狭小的方形台地就有最少21座山峰，并且这些山峰的海拔全部高达12000英尺，此外，在140座冰川上可以看到有滚滚激流喷流而出。铁路桥经常被这些激流所毁，而且常常就在某列国际列车即将达到的前几分钟。类似这些意外的水患时有发生，不过，由于高效的瑞士铁路工人的努力，至今没有发生过那种车毁人亡的特大事故。就像我在前面所讲的那样，这确实是一个古板、官僚但绝不听天由命的国家。在瑞士，诸如“难得糊涂”之类的人生哲学绝对没有立足之地，因为这是一个缺乏安全感的国家，这里的生活充满了艰难困苦。无论什么时候、什么地方，总是有人在监察、注视和守护着一切。

不过，在那种中学校长式的守时与高效的传统中是无法种植出艺术的花朵的，在文学艺术的领域，包括绘画、雕塑，或者音乐，瑞士人统统一无是处。然而，我们的这个世界里已经有很多艺术王国了，在这些艺术之国中，能够自豪地宣布自己在政治和经济方面一直保持着稳定增长的国家是少之又少的。至少，每一个家庭都能在瑞士的体制下感到称心如意，对此，我们还有什么好说的呢？

第十五章
德国

出于方便的考虑，我依据民族和文化的差异把欧洲各个国家进行了归类。关于罗马殖民地国家，我在前面的章节中已经有所介绍，当这些殖民国家取得独立的时候，我们依稀可以看到古罗马文明的影子。

巴尔干地区曾经处于古罗马的统治之下，这是众所周知的事情，那个时候，拉丁语至少被一个国家（罗马尼亚）作为官方语而保留了下来。可是，中世纪时，这里的古罗马痕迹已经荡然无存了，这都是蒙古人、斯拉夫人和土耳其人的侵略行径导致的结果，这样看来，如果继续在目前的讨论中加入巴尔干地区，那就是一个明显的错误了。那么,就此向地中海沿岸的国家告别吧。接下来，我们把讨论的重点放在另一类文明世界上，它的发展和起源与条顿民族有关，其地域中心是北海以及大西洋地区。

有一个巨型的半环形平原就安然坐落在这个地区（在法国那个章节已经讲过了），从俄罗斯的东部山地（第聂伯河、德维纳河、涅瓦河及伏尔加河的发源地）一直到比利牛斯山都是它的地盘。罗马人拥有这片大平原是从日耳曼部落那次神秘的西迁开始的。斯拉夫游牧民族似乎曾占有过这片平原的东部地区，这些斯拉夫人具有澳大利亚野兔屡打不绝的精神，即使才经历了赶尽杀绝的残酷，依然顽强地冒出来，并且以最快的速度发展壮大。东起维斯瓦河，北达波罗的海，西到莱茵河三角洲这片广袤的方形地盘就是这片大平原留给那些贸然闯入的饥饿的条顿人唯一的礼物，而罗马人选择在南面建起了坚固的堡垒，它以“禁区”为标题醒目地提醒着每一个试图踏入的人。

这个地区的西部是山地。首先是坐落在莱茵河西岸的阿登高原和孚日山脉；其次，自东而西顺次是黑森林、蒂罗尔山脉、厄尔士山脉、里森格勃格山；最后是绵延不绝的喀尔巴阡山脉，一直抵达黑海岸边。

在山势的压迫下，全部的河流一律选择奔向北方。同样，河流的排列顺序也是从西向东。处在最西端的莱茵河在所有河流中，最具诗情画意的特性，自古以来，不断有人为了它而征战，为了它流血流泪，在这一点上，任何一条山间小河都无法与它相提并论。可是，它只是一条再平凡不过的河流而已。从长度上来说，亚马逊河是它的5倍，密西西比河与密苏里河是它的6倍，就连那条在美国根本不值一提的俄亥俄河也比它长500英里。现代化城市不来梅就坐落在莱茵河的东面、威悉河的河口之上。易北河的位置还要再往东一点，正是这条河造就了我们今天的汉堡。紧挨着它的是奥得河，因为它的存在，什切青城得以繁荣昌盛起来，柏林以及周边工业区的产品依托这个港口城市将产品源源不断地输送到国外。最后，我要介绍的是维斯瓦河和但泽港。如今，这个港口已经成为一个自由港，处在国际联盟的监管之下，具体由这个联盟指派的特派员监管。

数百万年之前，这片土地被巨大的冰川所覆盖，冰川消失以后，成片的沙石荒地开始裸露出来，同时出现的还有北海和波罗的海边广袤的沼泽。从弗兰芒海一直抵达俄罗斯的那座曾经是普鲁士故都的柯尼斯堡附近出现了一条沙丘带，它横亘在北部沼泽地带。

沙丘带的到来阻挡了海潮对沼泽的侵害，这为植被的出现奠定了基础，于是，这里的土壤逐渐具备了适合植物生长的条件，地面开始出现森林。此后，人们从这片土地上得到了取之不尽、用之不竭的优质燃料，这是因为那些古老的森林已经变成矿产资源了。

在这片平原的西北边界有两个巨大的浅池子，不过人们却把它们称作“海”，这显然有点言过其词了，这就是我们熟知的北海和波罗的海了。大西洋的平均深度是2170英寻(1英寻等于6英尺)，太平洋的平均深度是2240英寻，而波罗的海的平均深度只有36英寻，北海仅仅60英寻，最深的地方也不过是400英寻而已。有这些数据为依据，我们完全可以说这两片海不过就是一个下沉的山谷，只要地面有稍微的隆起，这个地方就会马上变成干燥的陆地。

现在不妨看看德国的陆地地形图。当然，我们要看的并不是现代的地形图，让我们回到冰川从这个地方消失以后，人类闻讯而来，并在这里永久居住的那个年代吧，我们要看的也正是这个年代的地形图。

这个地方迎来的首批移民来自一些野蛮的部落。狩猎是他们主要的生存手段，有时候他们也种植一些农作物。然而，美却是这些野蛮人执着追求的目标。他们喜欢用美丽的金银来装饰自己的地盘，当他们居住的地方无法提供这些装饰品的时候，他们会不顾艰难险阻，长途跋涉到其他地方去寻找。

以前所有的商道几乎都是专为奢侈品设立的，可以说，早期民族冲突的诱因就是对奢侈品的争夺。读者看到这句话的时候，可能会觉得异常吃惊，不过，这确实是不可否认的事实。也正是那些踏入神秘的波罗的海沿岸的商人，才使古罗马人了解了北欧的地理情况，商人的目的是为了寻找一种类似石化的树脂的琥珀，其实这种东西只是古罗马贵妇们的头饰而已。另外，人们选择到太平洋和印度洋去探险，是冲着一种坚硬的石灰石凝块（用这个物品当首饰，可以吸引别人注意她们可爱柔美的耳朵曲线和纤巧的手指，这个物品有时能在牡蛎壳中找到）而去的，这途中，他们也能够有更多的地理发现。如果说有一种强大的动力能够促使虔诚的人把《福音书》送给异教徒，那么，这种力量与奢侈品的热切需求相比，就显得渺小无力了。

成群结队的船只开往巴西、马达加斯加以及摩鹿加群岛附近，这种船只的数量远远超过了捕捞鲱鱼、沙丁鱼或其他食用鱼类的船只，而他们只是为了获取龙涎香（抹香鲸体内的一种物质，为了获取这种物质，人类疯狂地捕杀可怜的抹香鲸）而已。这种东西可以制作香水，用它制成的香水像花朵一样芬芳，很有异国情调，而那些食用鱼与它相比，只是可以食用而已，怎么可比得上香水的魅力呢?

随着服装时尚的发展，17 世纪的女士都喜欢将看不出来的紧身衣（在 12 道正餐的影响下，体形不会好到哪里去）穿在外套的里面。女人们对紧身衣的需求加大了人们对北冰洋的认知程度。当一顶帽子插上一根白鹭羽毛成为巴黎的时尚的时候，生活在美国环礁湖中的白鹭成了捕猎者们追杀的对象，为了将白鹭毛（这些人并不考虑这种行为将使一切造物之中最可爱、最高贵的一种鸟类濒临灭绝）从白鹭的头上拔下来，他们朝着比过去为一日三餐而奔波的更远的区域跑去。

像这样的例子实在是太多了，已经没有办法一一细数。有少数富裕的人时常将他们的富裕夸大其词，铺张显摆地引起旁边那些不怎么富裕的人的注意，他们执着地追逐一切珍贵稀有的物品。就算在人类的早期，人们之所以迈开探险的脚步，也是因为奢侈品而不是必需品。对史前时期的德国地图进行细致研究后，我们依然可以清晰地看到那些古老的奢侈品贸易通道的痕迹，因为一直到中世纪乃至当今社会，绝大多数商道的作用还是一样的。

请想象一下3000年前的景象吧！那些南部的高山就位于距离海洋几百英里的地方，如哈茨山、厄尔士山和里森格勃格山，向北一直延伸到北海和波罗的海的大平原，原来的一片沼泽现在都变成了干燥的陆地，并且有一大片森林覆盖在上面。当冰川慢慢地向斯堪的纳维亚半岛和芬兰退去的时候，人类开始在这片土地上生产，并宣布是它的主人。在南部山区居住的一些部落慢慢发现只要把砍下来的树木卖给那些在莱茵河和多瑙河战略要地据守的罗马人，就能够得到一定的酬劳。可是，在另外的条顿民族中，不管是游牧部落还是村子里的农夫，他们甚至没有见过罗马人。有一支试图深入这个地区的中心进行探险的古罗马探险队，在一条黑暗、积水的山谷里被埋伏好的条顿人赶尽杀绝了。此后，再无人敢进这个地区。但是，这并不代表德国北部就与外界彻底隔绝了。

发源于伊比利亚半岛南部的那条商道，在史前时代占据着重要的位置，它沿着比利牛斯山通往巴黎的线路，穿越法国的普瓦提埃和图尔河谷，一直抵达俄罗斯大平原。这条商道从德国境内的阿登高原绕道而行，顺着中欧高地的沿岸一直向前，直到今天苏联境内的北欧低地。有许多河流在中途对这条东进的商道进行百般阻挠，不过，它总能找到水位较浅的河段，并从上越过。在德国的北部地区，那些史前时代或者古人类的聚集点经过不断的发展演变最终变成了早期的城镇，就如同罗马城是建立在台伯河的浅水区一样。我们今天人潮涌动的火车站或者商店很有可能就是早期人类集聚的那个地方。有一些城市正是在史前时期的旧址上发展而来的，比如柏林、汉诺威、马格德堡和布雷斯劳。位于斯拉夫大地中间的莱比锡从前只是一个小村庄而已，可是，在古代的欧洲，它却是一个商业中心城市。那些从萨克森山区挖掘来的银、铝、铜、铁等矿产都将在此汇集，然后，河流将它们带到下游地区，再卖给那些在欧洲商道上熙熙攘攘、来来往往的各个国家的商人。

当这条商道连通莱茵河的时候，水上运输船队与陆上长途运输队就展开了激烈的竞争。水路运输与陆地运输相比，具有更便宜和快捷的优势。莱茵河还没有被恺撒发现之前，许多专门运输货物的木筏就已经摆满整条大运河了。许多从斯特拉斯堡（在这个地方，莱茵河与弗克兰、巴伐利亚和符腾堡的内陆贸易区连为一体）来的货物就是通过它们运往科隆、低地国家以及不列颠各个岛屿。

相隔万里的柏林和耶路撒冷遵守着共同的地理规则，即在重要的商道交叉口建立起自己的都城。建立在两条商道交叉点的耶路撒冷，在犹太人尚未听说过它的遥远时代，就已经是重要的商业中心了，它的两条商道一条是从巴比伦到腓尼基的，另一条是从大马士革通往埃及的。那条从欧洲大陆横跨而过的东西商道和从西北到东南（从巴黎到彼得格勒，从汉堡到君士坦丁堡）的商道交叉口上矗立的是柏林，这个建立在河畔的城市显然成了第二个耶路撒冷。

整个中世纪，德国还是以无数的半自治小公国存在着，至少在300年前，这块欧洲大平原的西部地区没有任何迹象表明它将成为一个世界级的大国。十字军运动失败以后，出现了现在的德国。在西亚，再也没有任何可以被征服（最后，穆斯林终于证明了自己完全有能力与基督徒展开斗争）的土地存在的时候，欧洲那些没有继承权的人开始将寻找土地财富之手伸向其他地区。位于奥得河与维斯瓦河之上的斯拉夫大平原是他们首先想起的地方，这个地方是野蛮的普鲁士教徒的居住地。就这样，十字军运动以最快的速度从巴勒斯坦转移到了东普鲁士，原先的商业中心是加利利的阿卡，现在也迁移到了但泽以南30公里处的马尔堡。此后的200年，十字军与斯拉夫人一直处在激烈的战斗之中，从西方世界来的贵族和农夫抢占了可怜的斯拉夫人的农庄。1410年，波兰人在坦能堡大败十字军骑士；1914年，俄国军队被兴登堡全数歼灭，这同样是发生在坦能堡的事。可是，不管怎样，那些十字军骑士还是留在了这个地方，并且在宗教改革运动中成为一股不可忽视的力量。

当时的十字军是由一位大公领导的，这位大公不仅是新教徒，而且还是马丁·路德的追随者，是霍亨索伦家族的一员。后来，他听从马丁的建议，以世袭普鲁士公爵自称，把都城建在了但泽湾的柯尼斯堡。

至于勃兰登堡那片荒芜的沙地，从15世纪中期开始一直处于这支霍亨索伦家族的统治之下，这支霍亨索伦家族具有勤奋、睿智的特性。他们在100年（1701年）以后，享有了“选帝侯”的殊荣，可是，这并不能满足他们的胃口，他们认为自己已经强大到可以获得更高的荣誉了，于是在国王那个称号的驱使下，他们开始不安分起来。

对此，神圣的罗马帝王对他们持肯定的态度。作为好朋友的哈布斯堡家族也非常乐意帮他们的忙。1871年，德国第一任皇帝的头衔落在了普鲁士国王霍亨索伦七世的头上。霍亨索伦家族庞大的“股份制”集团终于在47年以后彻底崩溃了，普鲁士第九任国王兼现代德国第三任皇帝被迫让出皇位，并且遭到了流亡海外的命运。但不可否认的是，那个最为强大、最有效率的庞大帝国曾经昂然立于资本主义工业时代，而组成并发展这个国家的不过是那些十字军的残兵败将而已。

所有的一切都随风散去了，最后一位霍亨索伦家族成员的身份是荷兰的伐木工人。可是，我们不能抹杀这些前蒂罗尔山居民的卓越才能，至少他们有能力让那些才能非凡的人心甘情愿地为他们提供服务。在他们原先居住的地方，他们并没有得到上帝赐予的任何财富。在普鲁士的土地上，除了农田、森林、沙地和沼泽外，几乎毫无物品可以用来出口，可是，对于任何一个国家而言，只有出口物品才能获得贸易顺差。

他们的情况稍微有些好转是在德国人发明了甜菜制糖法之后。可是，有了制糖法以后，不管是普鲁士人还是勃兰登堡人，都一如既往地拮据和贫穷，那是因为蔗糖要比甜菜糖便宜很多，而且从西印度群岛可以进口大量的蔗糖。不过，所幸的是拿破仑皇帝推行了“反封锁”法。因为在特拉法尔加海战中，皇帝的海军损失惨重，“反封锁”法的推行意在抵制英国人。这样，普鲁士的甜菜糖需求量立即开始激增，欧洲人迫切需要更多的甜菜糖。另外，随着钾碱的价值被德国化学家发现，拥有大量钾碱的普鲁士终于找到一些可以出口的产品了。

当时的霍亨索伦家族正沐浴着幸运的阳光。拿破仑在战争中失败后，他们很轻易地占领了莱茵河地区。一开始，莱茵河地区并没有什么有价值的东西，然而，随着工业革命的爆发，煤和铁的巨大作用逐渐得到了彰显。恰在此时，丰富的煤、铁资源意外地在普鲁士被发现了。他们终于告别了500多年的贫困历史。过去，德国人在贫困中学会了严谨细致、勤劳持家；现在，他们又在贫困中学会了大量生产和廉价销售的方法。这个迅速膨胀的小条顿民族在陆地上再也找不到更多的发展空间了，于是他们选择了海洋。他们只利用了不足50年的时间，就在海洋运输业中成为收入最丰厚的国家之一。

今天的汉堡和不来梅已经不具备赶超伦敦和其他英国港口的实力了，它们的地位已经不如从前，可是，当世界文明的中心还在北海的时候，这两个城市确实起过非常重要的作用。1895年，大型船只能够通过基尔运河从波罗的海直达北海，这条人工开凿的运河正是在这一年投入运营的。在这条运河上还连接着莱茵河、威悉河、奥得河、维斯瓦河、美因河、多瑙河（没有完工），就这样，北海和黑海实现了直航的梦想，经过什切青运河，柏林也能直接与波罗的海连通了。

对于人类来说，只要肯动脑筋，大多数人都能过上光鲜亮丽的生活。世界大战前，德国的工人和农民虽然并不富有，但与其他国家相同阶层的人相比，却拥有很好的医疗和社会保障，吃的和住的也更好，尽管他们有严格的纪律束缚着。

可是因为世界大战的不幸结局，这一切也随之消散了。这是一个悲剧，不过，这本书要讨论的内容并不包括这个。属于战败国的德国由此失去了阿尔萨斯和洛林这两个繁荣的工业区，同时，也失去了所有的海外殖民地和商业船队，一并失去的还有石勒苏益格—荷尔斯泰因州的一部分土地，这是在 1864 年的战争中，德国人从丹麦人手中抢夺过来的土地。除此之外，还将已被德国彻底同化的几千平方英里的前波兰土地归还给了波兰。自此，这片顺着维斯瓦河从托伦抵达格丁尼亚和波罗的海的广袤的长带子土地再次被波兰王国所拥有，波兰王国直抵大海的道路再次被连通。德国只是得到了 18 世纪腓特烈大帝从奥地利抢来一部分西里西亚的土地。可是，无数珍贵的矿产尽归波兰了，德国能控制的只有纺织业了。

德国用了 50 年的时间所抢夺的一切，全都物归其主了。它的那些亚洲和非洲的殖民地也划归其他国家，虽然这些国家原本已经拥有很多的殖民地了，甚至已经没有足够人口可以送到那些殖民地，可是他们不介意分得更多。

用政治的视角来看待《凡尔赛和约》，它是完美的，可是要是从应用地理学的角度来审视的话，你就会发现，欧洲的前途已经完全处于黑暗之中了。对此表示怀疑的中间派可能想送给劳合·乔治和已经离世的克里孟梭人手一本基础地理手册，其实他们并没有犯错。

第十六章
奥地利

多瑙河因为一首著名的圆舞曲而得名，不过它却有负盛名，因为在它河道上流淌的是灰色的河水，并且携带着泥沙奔涌而去，和蓝色根本没有关系。矗立在河畔的那些古老的城镇正在缓慢地老去；老人们在往日荣耀的废墟里唉声叹气，漫无目的地打发着自己的余生；还有些朝气的年轻人都选择逃往国外，在一个全新的环境中开始新的人生，而住在国内的年轻人无法忍受窒息的日子，选择了结束自己的生命。这就是现在的奥地利共和国的状况。

整个奥地利有600万人口，单是居住在首都维也纳的就多达200万。过去，维也纳这座快乐都市同时也是重要的科学、医学和艺术中心，天真幼稚的人们可以在此过上幸福的生活，往后100年，古老而庄重的维也纳将踏上威尼斯走过的路，开始衰败的历程。这个统辖着5000万人口的帝国的京都将会沦为一个以旅游业维持生计的小城市。似乎它存在的价值仅仅是为了给从波希米亚和巴伐利亚运送到罗马尼亚和黑海的船只提供货运码头而已。

让我们回到古代多瑙河君主国家的那个时代吧！在那里，我们将找到奥地利的历史起源。单从这个国家的名字上就反映出了它的本质，并将它的野心全部展现出来。从地理学的角度上看，经过历史变换，如今这个曾繁荣一时的帝国已经变得异常复杂。在历史巨手的参与下，它已经面目全非了，自然环境是如何影响中央集权的形成呢？关于这个问题，我们来看一下昔日的奥匈帝国吧，它的荣辱兴衰就是对这个问题最好的解释。下面我们且不谈它的边界问题，先看一下地理概况吧。从位置上看，奥地利处于欧洲大陆的心脏地带，它到意大利的脚趾尖与到丹麦半岛的鼻尖的距离几乎是相等的。这块置身于崇山峻岭的大平原西面与蒂罗尔山和瑞士的阿尔卑斯山靠近，北面与波希米亚的厄尔土山、里森格勃格山和喀尔巴阡山相连。在南部的特兰西瓦尼亚山和巴尔干山之间穿行的多瑙河是从喀尔巴阡山脉的深山老林里流出来的。大平原的天然屏障狄那里克阿尔卑斯山替它阻挡了来自亚德里亚海的寒风。

奥地利的创建者对地理知识似乎一无所知，当然也不可能拥有像今天这样一张精准的地图。但是，对于这伙中世纪的征服者而言，占领大片的土地只是需要本能和“立竿见影”的原则就行了，如同美国西部的拓荒者那样。但这种征服和占有所产生的必然后果需要他们自己来承担，无论怎样睿智狡黠的人都将屈服在大自然的威力下。

公元1000年以前，有许多部落从多瑙河顺利而下，渡过黑海，一路向西，来到了匈牙利大平原。不过，他们从来没能把稳定的政治体制建立在这个地方，所以那个时候的大平原仍然是渺无人烟的。后来，查理曼大帝经过与斯拉夫民族长期的斗争，在这里竖立了一块东欧的“界碑”。这标志着这里诞生了一个小公国，而这个公国就是这块土地的统治者。巴奔堡家族和瑞士的哈布斯堡家族对奥地利公国进行了有效的管理和有力的保护，所以，虽然匈牙利人和奥地利人不断地对它发动侵扰（土耳其人最后一次围攻维也纳的时间比哈佛大学建校时间还晚很多），它却总能躲过劫难，傲然屹立着。甚至连神圣罗马帝国皇帝也曾经由这个小国的国王自荐出任过，然而，奥地利其实谈不上一个真正的帝国，它不是罗马，也没有神圣的光环，只是一个松散的联邦而已，由那些说着德语的民族所构成。1860 年，拿破仑的到来彻底终结了这个帝国的“神圣”，同时被这位无产者丢掉的还有神圣罗马帝国的徽章，只有到历史的垃圾堆里才能找到，因为拿破仑已经觊觎皇位很久了。

可是，这块土地并没有就此沉寂下来。家园都已经快丢失了，哈布斯堡家族居然还垂涎着德国那块大蛋糕，企图分得一块，看来，这个家族的人并不是太聪明，反而具备顽固的特性。1866 年，他们的美梦彻底破灭了，普鲁士人将他们赶回了老家，并且把那片大山划定为他们永久居住的地方，不准踏出半步。

而今，那块曾经被查理曼大帝竖立界碑的东部地区，已经沦为一个七流国家了。这个很久以前的集权帝国，如今已经分崩离析，这都是内战的功劳，它再也看不到任何希望和前途了。在它的国土上有瑞士阿尔卑斯山脉延续下来的山地，还有著名的蒂罗尔山脉的一小部分，这些占据了它国土面积的大部分。由于蒂罗尔山的其余地区原属于古罗马帝国，因此《凡尔赛和约》将这些地方判给了意大利。因斯布鲁克和萨尔茨堡这两个很有意思的城镇坐落在奥地利的山区，在因斯布鲁克到处弥漫着中世纪的气息，这里曾经是古人从布伦纳山口到意大利的必经之路，还有一条河流从这里流过。在欧洲，萨尔茨堡可以说是一个最为美丽的城市，它是音乐大师莫扎特的诞生地，并因此成为世界知名城市。直到今天，它依然保持着城市的活力，人们随处可以感受到优雅音乐和戏剧表演的魅力。

奥地利绵延不绝的山区和位于北部的波希米亚平原似乎什么有价值的东西也没有出产过，维也纳盆地也是无比的贫穷。今天的维也纳是由文多博纳的军营发展而来的，这座军营是当年罗马人在维也纳盆地上建立的。公元 180 年，在同日耳曼民族的最后战斗中，那位著名的、一生征战无数的罗马哲学家帝王马可·奥勒留死在了这里，因为他的缘故，这个小聚居点多少有了一些臭名。1000 年之后，维也纳的城市规模才初见成效。这都是因为十字军的东征。那简直是发生在中世纪的人口大迁移事件。当年的十字军选择了从维也纳启程，顺着多瑙河一路东进，一路打杀，一直到达了天赐的亚伯拉罕希望之乡，他们之所以选择这条路线是因为十字军做着到东方圣地去发财致富的美梦，同时，他们又想避开热那亚和威尼斯船主的敲诈勒索。

1217 年，维也纳成为哈布斯堡家族统治的地方，作为一个宽广领地的中央据点，它的地盘不断地扩展和延伸，最后覆盖了我在前面所说的所有山区。1485 年，这座城市又被匈牙利占领。1529 年和 1683 年，土耳其人又两次对它进行围攻。不过，维也纳却能在所有战争中保存下来，最终导致这座城市走向灭亡的是发生在 18 世纪的一个政策性错误。当时，它将公国的所有领土，不管重要与否全部交给日耳曼裔贵族管理。假如统治者的权力过分膨胀，那对所有人来说都是一件不幸的事。然而，那些原本温和的奥地利骑士也统统变得更加温和与仁慈起来，甚至脆弱得有些懦弱。

共同生活在昔日的奥匈帝国的有 47%的斯拉夫人，25% 的日耳曼人，余下的有匈牙利人（19%）、罗马尼亚人（7%），以及 60 万（1.5%）的意大利人和 10 万吉卜赛人。吉卜赛人的主要聚集地就在紧靠匈牙利的地区，他们似乎还因此得到了些许尊重。

当时，欧洲其他帝王开始慢慢地铭记历史教训，而那些统治奥地利的日耳曼人却并不把历史教训当成一回事。可是，要想国家长治久安，那些帝王和贵族就必须自觉地负担起领袖的责任来，假如他们弃“领导”职责于不顾，而是一心想着享受“服务”，那么，末日也离他们不远了。奥地利军队在抵抗拿破仑的战争中，屡屡溃败，这惹怒了维也纳人民，他们将那些高贵的公爵、男爵驱逐出去，从此那些人只能在自己的领地里过着与世隔绝、枯燥乏味的生活。

从这以后，维也纳地理位置的重要性开始显现。贵族们离开后，逐渐崛起的是商人和制造商。摒弃了古代防御工事的维也纳得到了迅速发展，并且成为东欧重要的商业、科学以及艺术中心。

可是，在世界大战中，维也纳受到了致命重创。顷刻之间，所有的繁华和荣耀都不复存在了。几年以前，它还顶着帝国统治中心的头衔，而今却与过去大相径庭。徒有虚名的奥地利，前途一片渺茫。当法国坚决反对与它合并的消息传来，它陷入了彻底的绝望中。

第十七章
丹麦

在现代国家的标准里，人的重要性往往体现在数量上，而非质量，如果依据这个标准，那么对于丹麦（人口约有 350 万，其中首都有 75 万）这个小国家，已经没有介绍的必要了。但是，丹麦却给我们做了这样一个典范：它将人类的聪明才智全数运用在了美好的生活（即中庸之道——古希腊人智慧的最高境界）之中，并且在平淡中创造出了绝妙的境地。就让我们把最崇高的敬意送给这个国家以及那些斯康迪纳维亚国家吧，它们值得拥有这些崇敬之情。

丹麦是一个只有 1.6 万平方英里国土的小国家，完全没有任何矿藏、山脉（海拔为 600 英尺，还没有帝国大厦的一半高）、陆军、海军，可是，它却成为有宏图大志、有强大的军国主义野心，并且土地广袤的 12 个国家（在必要的情况下，我会介绍这些国家）强有力的对手。这个国家的国民在自己的努力下，将文盲率降到了零，而人均收入排在了全欧第二位。并且，就像大家认知的那样，他们真正把贫富差距消除了，共同富裕的梦想在这个国家得以实现，这在世界上是绝无仅有的。

从地图上看，这是一个由很多小岛和一个半岛所组成的国家，在各个岛屿之间有宽广开阔的海峡，渡轮是火车越过海峡的运送工具。这个国家有着恶劣的气候条件，整个冬季，广袤的丹麦大地将笼罩在强劲的东风之下，而且一直是阴雨绵绵，所以丹麦人整个冬天都将待在屋子里。也正是在这样的环境之下，丹麦人养成了读书的好习惯，他们成为当之无愧的学识渊博的民族，拥有比别的国家更多的人均藏书量。关于这一点，荷兰人与他们非常相像。

丹麦人的牧场得到风雨的滋润，草原长势良好，牛群肥壮，全世界30%的黄油需求量都是由丹麦提供的。这个民主的（不是政治上，而是从社会与经济上看）国家对大地主的发展从来不持鼓励的态度，因为在世界上的许多国家，那些拥有大量土地的地主都是四处游荡、游手好闲的家伙。

如今的丹麦，生活着15万独立的农场主，他们有属于自己的小牧场，并且依靠自己来经营，这些小牧场从10英里到100英里大小不一，大于100英里的在全国只有2万个。当地的农业学校教会人们用现代化的科学方法来加工生产乳制品，这些产品每天都要被运送到国外。至于黄油加工产生的副产品——乳酪，则成了猪的食物，英国市场则靠它们来提供烟熏肉。

丹麦人喜欢进口粮食，因为粮食产生的利润远远不及黄油和咸猪肉，而且进口粮食方便又省钱，何乐而不为呢？他们传统的粮食出口港是但泽，两大粮仓之地是波兰和立陶宛。

如果要从哥本哈根去但泽，选择坐汽船的话只需要2天就能到达。饲养家禽用的是进口的粮食，这样，他们每年可以为英伦诸岛提供几百万的鸡蛋，可是不知道为什么，英伦诸岛从来没有出口过比甘蓝更可口的东西了。

为了确保所出口的农副产品的垄断地位，丹麦政府采取了严厉的措施控制全部的出口产品。丹麦的产品已经具备完美无缺的声誉了，因此，他们的品牌无异于纯正的通行证。就像所有的条顿人那样，丹麦人也是不要命的赌徒。他们曾经在金融和股票投机生意中千金散尽。就算是银行关门大吉，但只要还有孩子、牛群以及猪群，丹麦人就可以在工作中重新站起来。随着周边国家破产率的不断上升，原本简单的火腿和鸡蛋逐渐成为普通人眼中的奢侈品，这种担忧无时不在困扰着丹麦人。

在丹麦，陆上城市的地位都不太高。丹麦大部分农产品都由日德兰（丹麦半岛以前的称呼，英国最早的居民就是从这里去的）的埃斯比约港口出口到各国，这个坐落在西海岸的港口是日德兰地区最古老的一个基督教中心。在美洲被发现400年之前，勇敢的异教神成为这个地区人们疯狂膜拜的对象。

在日德兰半岛和菲英岛中间（据说，现在已经开始策划修建一座跨海大桥）横卧着小贝尔特海峡。号称波罗的海群岛的第一岛是菲英岛，这个岛屿的中心（有牛群、猪群和孩子）是安徒生的诞生地，即欧登塞市（纪念奥丁神的地方）。慷慨的、为人类做出卓越贡献的安徒生就是这里一个贫困潦倒、疾病缠身的铁匠之子。

就让我们在这里踏上大贝尔特海峡，向西兰岛这个从前丹麦王国的中心进发。歌本哈根是这个国家美丽的首都，它坐落在开阔的海滨之地，在它前面的是渺小的阿迈厄岛，从波罗的海冲向首都的惊涛骇浪被它一一挡住了，同时，它还充当了首都的菜篮子。而哥本哈根代表着的就是“商人的海港”。

9世纪以及10世纪的丹麦人还统治着今天的英格兰、挪威以及部分瑞典。在那个年代，皇宫矗立在罗斯基勒，这个内陆城市距离哥本哈根有15英里的距离，丹麦人正是在这个地方向外邦发号施令，而那时哥本哈根不过是一个小渔村而已。到如今，一直处于扩张状态的哥本哈根已经成为一个极其重要的城市了，全国1/5的人可以在这里找到各种娱乐，相反，罗斯基勒却成了一文不名的城市。

丹麦的王室现在居住在哥本哈根，那些穿着体面的卫兵会在国王外出游泳、钓鱼或者购买香烟的时候，把枪举起来以示敬意。除此之外，你不可能在这个国家看到任何可以体现军事实力的象征。以往的年月里，最痛苦和最艰难的战争已经洗礼了这个小国家，直到1804年，普鲁士还与它保持了相当长时间的抗争，后来，在它自己的意愿之下，国家的海陆军全部解散了。取代正规军的是一支小型的警察队伍，这也仅仅是为了保障它的中立位置，让这块小小的地盘在后来的欧洲大战中安然无恙，

丹麦就是这样的一个国家，独善其身，安静沉默。为了避免出现在敏感的报纸头条上，丹麦王室很少有人有三件大衣，不过，也没有任何人是没有大衣的，尽管很少有人拥有汽车，但是，不管是女人、男人还是孩子，所有人都会有一辆自行车。关于这一点，如果在午餐的时候，你从丹麦的任何一条马路穿过，就会有所体会了。

丹麦身处这个以野心和霸权为荣耀的世界之中，显得如此的庸碌无为。然而，在以崇高理想为荣耀的世界中，丹麦却具有重要的地位。丹麦这个国家的所作所为在所有当权者把终极目标定于最大限度地为人类谋取福祉的时候，能够充分证明它名留青史和万古长青。

第十八章

冰岛

世界第六大岛——格陵兰岛，是丹麦保留到现在的几块海外殖民地之一，这都是依靠它曾经鼎盛一时的帝国风采。在这块陆地中，好像还埋藏着珍贵的矿产资源（铁、锌和石墨），但遗憾的是，这些财富全都被冰川覆盖了（格陵兰岛上，只有3%的土地尚未被冰雪覆盖）。除非地轴能够出现偏转，使格陵兰岛上具备热带的气候，否则，一切都没有价值。通过岛上那几处丰厚的大煤矿蕴藏量，我们能够清楚地认识到，这片土地在几百万前是非常温暖的。

距离设得兰群岛北部200英里的地方，有另一块属于丹麦的海外殖民地，即法罗群岛。从字面上理解，法罗群岛的意思是"绵羊岛"，有20000人口生活在这里，托尔斯港是它的首府所在地。这个地方就是当年哈德逊横穿大西洋直抵曼哈顿那个行程的出发点。除了法罗群岛，冰岛也是丹麦的殖民地。这是一个很奇特的国家。无数的火山产生了许多奇怪的现象，不禁让人想到火神伏而甘的炉子里那些神奇的火焰。同样奇特的还有这个国家的政治发展模式。它的自治政府比美国独立提前800年就开始运转了，这个世界上最为古老的共和国倡导的这种体制一直运转到今天，其间从未间断过。

9世纪的时候，这个岛迎来了它的首批居民，他们是从挪威逃来的难民。在这个拥有 40000 平方英里总面积的岛上，有 5000 平方英里的土地永远地被冰川和雪原所覆盖，可以用来耕作的土地仅有 1/14，可是，即使这样，它的生活条件也优于挪威本土。9 世纪初期，自由的自耕农民在这个岛上开辟了 4000 多块耕地。这些自耕农继承了日耳曼民族早期的习惯，成立了一个松散的自治政府。这是一个由“阿耳庭”组成的自治政府,而组成“阿耳庭”（大议会）的是各个地方的“会议人”。阿耳庭会议在每年的夏天召开，会议地点是辛格韦德利火山大平原。这个平原位于现在的首都雷克雅未克 7 英里外的地方，而首都雷克雅未克只有 100 年的历史。

刚刚取得独立的 200 年间，冰岛人所做的努力是非常巨大的，他们在人类的历史上书写了最为动人的篇章。他们发现了格陵兰和美洲（比哥伦布早 500 年），由此，冰岛（冬天的时候，这里的白昼只有 4 个小时）一跃成为重要的文明中心，它的地位已经比挪威优越了。当过分膨胀的个人主义使政治和经济合作变成了海市蜃楼的时候，厄运一波接着一波地降临了，所有的日耳曼人都劫数难逃。13 世纪的时候，冰岛成了挪威的囊中之物，接下来，挪威又被丹麦占领了，这样，冰岛走上了与挪威一样的道路，成了丹麦的殖民地。可是，这个小小的冰岛却不能引起丹麦人的丝毫兴趣，法国和阿尔及利亚的海盗肆意地践踏这个岛，他们都放任不管，直到这个小岛变得贫困潦倒。人们完全遗忘了那些异教徒时代的文学和建筑艺术，从前贵族和自由民的木房子被泥炭小棚取而代之。

19 世纪中期，古代的繁荣又回来了，到处都飘荡着要求完全独立的呼声。而今，冰岛人又可以实施 11 个世纪以前那样的自治制度了，不过，在外交上，他们还要认可丹麦国王是他们的君主。人口不到 1 万的雷克雅未克，是岛上最大的城市，在这个城市中还有一所大学。人口不足 10 万的冰岛国有着非常优秀的文学作品。

在这个国家，你几乎看不到任何村庄，他们只有成片成片的独立农场，孩子们都能得到很好的教育，因为这个国家的教师是巡回授课的。

如同无数的小国家那样，冰岛再次证明了，人类只要依靠自己的聪明才智，与不利的外部条件做不屈不挠的斗争，这个世界就会以崭新的姿态来迎接你，这真是一个耐人寻味的海角国家啊！但是,冰岛并不是人间的天堂。尽管它得益于墨西哥湾暖流的福泽，拥有一个温暖的冬天，可是，太过短暂的夏季实在不利于谷物和水果的生长。此外，这个岛上终年都飘洒着雨雪。

海克拉火山是冰岛最出名的火山，根据史料记载，在冰岛全部的 29 座火山中，共计有 28 次火山喷发，喷涌而出的岩浆覆盖了上千平方英里的土地。经常光顾冰岛的还有地震,由于它的到来，几百座农场毁于一旦，并且，那些坚硬的岩石经常被它劈出足有几百英里长的巨大的裂缝。那些到岛上旅游的人会因为硫黄泉和滚烫的泥浆湖而感到压抑。在冰岛最具盛名的是那些温和的间歇泉，也叫作热水喷泉，它们总是妙趣横生。在它们当中，那种可以喷出 100 英尺之高的大喷泉的名气最大，可是，现在这些间歇泉的活动岩浆变得越来越弱了。

不仅是今天，世世代代的冰岛人都把冰岛当成自己的家。大约有 2 万人在过去的 60 年间移居到了美国，他们以马尼托巴为主要的集居地。不过，后来很多人再次回到了冰岛故乡，虽然人们会因为这个岛上阴雨连绵的气候感到不舒适，可是，不管怎样，他们的家乡就在冰岛。

第十九章

斯堪的纳维亚半岛

斯堪的纳维亚半岛是怎么来的，生活在中世纪快乐神话世界中的人对此无比清楚。传言，当上帝将他的杰作完成之后，魔鬼想了解他究竟做了些什么，于是前来偷看，当他看到生机勃勃、清新可爱的人间景象时，不由得怒气冲天，于是顺势拿起一块巨石，向人类的新家园扔了过去，这块掉落在北冰洋之上的石头，就是现在的斯堪的纳维亚半岛了。可是，这是一块过分荒芜和贫瘠的"巨石"，根本不适合人类生产、居住。这时，上帝突然想到自己在创造大陆的时候，有一些肥沃的泥土还没有用完，于是，他在挪威和雅典的山区洒下了这些泥土，不过，这实在太少了，不会有人愿意生活在这片荒芜的土地之上的。能够在这片领土上生活的只是那些洞穴巨人、土地神和狼人。

关于这个"创世记的故事"还有另外一种现代的说法，不同的是，现代的这个创世记故事有很强的科学性，它是通过对事实的观察得来的。在地理学家看来，当煤炭还未形成之时，在大西洋上横卧着一块宽广、古老的大陆，这块大陆就包含着斯堪的纳维亚半岛，它从欧洲一直伸展到了美洲。

我们知道，我们今天看到的大陆一直处于移动的状态，就像漂荡在水中的一片树叶。以前，全部的陆地都是一个整体，只是后来被海洋分割成了几大块。挪威和雅典所在的那块大陆的一侧出现了下沉，斯堪的纳维亚山系成了它东部边缘的残余，冰岛、法罗群岛、设得兰群岛和苏格兰是我们能够在水面上看到的残余，至于大陆的其他部分全部沉没在北冰洋的海底。桑海变幻、沧田沉沦，这样的情景有朝一日或许真的会出现，到那个时候，北冰洋可能隆起为坚实的陆地，而挪威和瑞典所在的地方则会出现一片汪洋大海，那将成为鲸类和鱼儿美妙的家园。

如果真发生这样的变化，挪威人倒并不会介意，只有如何谋生的方法会让他们产生困扰。在挪威，可以耕作的土地还占不到总面积 4000 平方英里的 4%，瑞典的可耕作土地比挪威要多些，占总面积的 10%，不过，依旧严重短缺。

但造物主以另外的方式对这两个国家进行了补偿。覆盖在瑞典土地上的森林面积达到了 50% 以上，而挪威则长满了松树和冷杉，它们占到整个国土面积的 25%。对于这些树木，他们采取了科学合理的方法，有计划地进行采伐和利用，因为他们很清楚，自己的国家要发展农业是很困难的。

这里的资源为何如此匮乏呢？那是因为从北角到林德斯奈斯的整个半岛都曾被冰川所覆盖。冰川将山脊上的土壤全部侵蚀干净，使这个半岛看上去就像被猎狗舔舐过的盘子。那些来之不易的山中土壤（要经历几百万年的漫长时期，土壤才能重新覆盖整片大地）已经被冰川所侵蚀，不仅如此，它们还被冰川带到欧洲大陆，在整个北欧大平原上，随处可见它们的沉积物。

那些亚洲尖兵早在 4000 年前就对欧洲发动过侵略了，他们肯定会更加了解斯堪的纳维亚半岛的情况。那时，这些来自东方的侵略者，穿越波罗的海，直接踏上这块土地，他们发现这里的主人是带有芬兰血统的游牧民族。这些远道而来的亚洲人不费吹灰之力就将他们驱赶到北拉普兰的荒凉之地。不过，这些后来的人是依靠什么在这里生存下去的呢?

他们以出海打鱼为主要的谋生手段。当古老的冰川向大海滑去的时候，在海岸的岩石层上产生了一些深沟，于是出现了一些大小不一的海湾和峡湾，这就是今天的挪威弯曲的海岸线长于平直的海岸线 6 倍的原因。挪威人以打鱼为生的传统一直延续到了今天。墨西哥湾暖流庇护着这里全部的港湾，哈默弗斯特虽然处在最北端，但它同样是一个终年不冻的港湾。北冰洋附近的那个罗佛顿群岛是鳕鱼的盛产地，北冰洋冰冷洁净的海水受到鳕鱼们的大力欢迎，它们每年都选择到这个地方来繁殖，由此带动了 10 万多渔民前来发财致富。此外，当他们驾驶着装满鱼的船只返航的时候，在岛上还有 10 万多人专门从事灌装的工作。

对渔业不感兴趣的居民，当海盗是另一种选择。在挪威的海岸线上，大大小小的岛屿随处可见，这些岛屿的面积与全国面积相比，已经有 7% 之多了。岛与岛之间填充着无数浅湾、沙丘、峡湾和海湾，这一地区的航线非常复杂，往往需要配备两名领航员实行六小时轮换制，汽船才能从斯塔万格安全抵达瓦尔德。

在中世纪，这是一段非常危险的海岸，没有航标，没有浮标，也没有灯塔（林登斯纳是挪威最早设立灯塔的地方，其实这才是不久前的事情），外人根本无法靠近。关于西海岸有一个可怕的故事，尽管故事本身可能有些夸张，但是，假如没有人引路的话，那座水上迷宫般的大漩涡是没有人能够走得出去的，即使最有经验的船长也是如此。凭着这一点，海盗们将家乡的这种自然优势充分利用起来，把基地建在了这片错综复杂的水域之上，开始横行霸道。海盗们一心想要打到英格兰、爱尔兰和荷兰，于是他们改进了船只，提高了作业水平。他们慢慢地开辟着前进的道路，进行着探索，同时，他们也慢慢地扩展着自己的势力范围。这种举动最终导致了法国、西班牙、意大利甚至君士坦丁堡的躁动。归来的商人经常报告说，他们看到北欧海盗的龙旗出现在他们国家附近的海域。

9 世纪早期，巴黎至少有 3 次遭受到海盗的洗劫。这些来自北欧的海盗还沿着莱茵河一直往上，直达科隆和美因茨。而在英格兰正在上演着一场争夺国家主权的斗争，就像现在的欧洲各国为了争夺某块油田而动辄起干戈那样，从挪威而来的不同部落全部陷入战争中不可自拔。

同时，这些海盗还发现了冰岛，将第一个俄罗斯国家建在了北欧，并开始了长达 7 个世纪的统治。此后，他们组建了一支拥有 200 条船的远征军，从波罗的海开始，战斗一直打到黑海，这给君士坦丁堡带来了极大的恐慌。于是东罗马帝国采取行动，将这些海盗收编成军队，给他们套上了皇帝特殊卫队的头衔。

西边，北欧海盗在地中海上横冲直撞，西西里、意大利和北非沿岸都曾经有他们建立的国家，可是后来，他们却在教皇的脚下俯首称臣，成为罗马教廷的走狗，专门帮助他们对付异教徒。

这些都是挪威辉煌的历史，那么现在它又如何呢?

海盗之国早已远去，当今的挪威虽然只是一个小国家，却赢得了众多的尊重。他们发展渔业和远洋运输业，把捕获的鱼大量地出口到其他国家。此外，关于那个让何种语言作为官方语言的问题一直困扰着他们。挪威政府有一个非常让人头疼的毛病，他们每隔两三年就要更改那些重要城市和火车站的名字，正因为如此，发生在他们国内的那场政治斗争受到了全世界的关注。

提起挪威的城市，其实就是膨胀过了头的村庄而已。在他们的城市里，甚至连所有的狗都是彼此熟知的。挪威古国曾经将首度建在特隆赫姆，这个天然的良港在波罗的海冰封以后，成为瑞典出口大部分木材的地方。今天的首都叫奥陆斯，其实它是挪威人在一个古老的集聚点的废墟之上建立起来的。现在，这个集聚点已经因为一场大火而不复存在了。丹麦国王克里斯蒂安四世建造了奥斯陆这个城市，在那个时代，它的名字叫作克里斯安娜，后来之所以会更改为“奥斯陆”，是因为挪威人下定决心要将所有带有丹麦色彩的地名改成有挪威色彩的名字。奥斯陆是挪威农业最发达的一个地区，它与奥斯陆峡湾是近邻。斯卡格拉克海峡在海湾的边上，丹麦和挪威因为这条海峡的存在而分隔两地，其实它是大西洋的一个岔口。

挪威的那些城市总是死气沉沉的，每天早晨9点的汽笛响过之后，它们才能恢复一些生气。像斯塔万格、阿尔桑德和克里斯蒂安桑都是如此。挪威的许多城市都位于北纬70°以上的地区，可是人类依旧能保持着舒适的生活的确相当罕见。接下来，我不得不简单地提几个港口城市。汉萨同盟是欧洲一个古老的商业会，它坐落在卑尔根，挪威海岸的全部商业活动都曾经掌控在这个城市的手中，而今一条铁路连接了它和奥斯陆。在特隆克姆同样有一条直接通往瑞典的波罗的海沿岸的铁路。产自瑞典拉普兰的铁矿由一个位于北极圈内的港口输送出去，这个港口就是纳尔维克。至于特罗姆瑟和哈默佛斯特市永远都飘散着一股浓烈的鱼腥味。

这片土地不仅神奇，而且坚韧、悭吝。这片土地曾使人民背井离乡，在浩瀚的大海之上流浪飘零，足迹遍至海角天涯，一切听乎天命。虽然这样，生长在这片土地上的儿女却将对故乡的忠诚与眷恋之情永远留在了自己的心里。如果有机会的话，你最好找一只船去北方看看，你会发现，船所经过的地方其实都差不多。地上只生长着少许衰草，仅仅够养活一头羊而已，破败不堪的三两座村庄，七零八落的五六间房舍，海边停靠着几艘破船。当人们见到每周只开来一次的汽船，就会激动得热泪盈眶，因为终于又见到它了。虽然如此，他们依然坚定地生活在这里，因为这里是他们的家，他们与自己的家血肉相连。亲情永远是人们彼此之间遥远的梦想。

可是，如果在博德和瓦尔德这两个远离尘嚣的地方，总会有一些奇妙的事情发生。

当北极大平原完全被大西洋的波涛吞没的时候，在斯堪的纳维亚山的另一边，只有瑞典依旧屹立不倒，这是一个与挪威截然相反的国家。人们经常提出这样的问题：为什么这两个国家不合并在一起呢？这样就可以节省下一大笔管理费了。其实，这个良好的创意是很符合实际的，当然，这仅仅是从理论的角度来说，如果考虑到这两个国家的地理概况，那么这个创意就毫无实际意义了。受墨西哥湾暖流呵护的挪威，拥有温和的气候条件，夏天降雨量多，冬天降雪量少（卑尔根的马儿如果看见没带雨伞和雨衣的人，会受到惊吓而跑开去的）。而在瑞典，冬季相当的漫长，并且降雪量很多，这个国家是典型的大陆性气候。挪威那些宽大和深邃的峡湾，一直向内陆地区延伸而去；瑞典却只有低缓平直的海岸线，所有的天然港口中，只有哥德堡值得一提，这个港口的重要性源于它面临着卡特加特海峡。挪威在矿产资源方面一无所有，而瑞典却拥有世界上最为丰富的铁矿资源。因为瑞典缺乏煤炭资源，所以将储量丰富的铁矿资源源源不断地出口到德国和法国。在过去的 20 年间，在对几条重要的瀑布进行开发利用之后，瑞典建设了几座水电站，完全依赖煤炭发电的情况逐渐得到改善。此外，瑞典拥有大量的森林资源，因为这笔宝贵的财富，火柴业变得十分发达，尤其是造纸业，更是美名远播。

瑞典人、丹麦人和挪威人都（或许可以这样说：除了英国人之外的所有日耳曼血统的民族）坚信人类拥有永无止境的潜力。瑞典的科学家总能将自己的聪明才智自由地发挥到淋漓尽致的地步，所以，很多重要的发明和改进由化学家在木材加工的废料里做了出来。他们变废为宝，电影胶片和人造丝就从木材废渣里面诞生了。半岛被斯堪的纳维亚山分成了两半，瑞典所处的那一半气候条件异常恶劣，天气寒冷，却没有任何遮挡。不过，在农业方面，它却大大优于挪威。瑞典人对鲜花的热爱源自于天气的寒冷。他们用鲜花和绿色的灌木装点自己漫长冬夜过后的春天，几乎每个家庭都是如此。

瑞典与挪威的不同之处实在太多了。当黑死病被彻底消灭的时候，昔日挪威的封建制度也随之灭亡了，同时，这场发生在中世纪的灾难也一同磨灭了北欧人的雄心和活力。而在瑞典，国家头号地主——王室，一直保存到了现在，他们从高度集中的土地里获得了巨大的利益。而今，社会党（如同大部分欧洲国家）成为这个国家的统治者，奥斯陆和哥本哈根这两个城市已经高度民主化了，但斯德哥尔摩却一直保持着贵族化城市的头衔，同样也保留了严格的宫廷礼仪，由此，鲜明的对比出现在两者之间。

瑞典的政治体制可能是受到了地理环境的直接影响。它的邻居挪威面朝着浩渺的大西洋，而它面对的不过是个内陆海，波罗的海与瑞典的国计民生和历史文化都息息相关。

东部的瑞典人和西部的挪威人毫无差别的年代是斯堪的纳维亚半岛处在荒蛮状态、了无人迹的时候，外面的人都称他们为斯堪的纳维亚人。有一句著名的祷告词是这样说的："仁慈的上帝，请把我从斯堪的纳维亚人的怒火中解救出来吧！"那些可怜人口中让他们感到不安的究竟是哪一部分斯堪的纳维亚人呢？他们大概从来没有仔细地考虑过这个问题。这种情况在 10 世纪时开始有所改观。当时，北方的斯维阿兰（其首府位于梅拉伦湖，这个湖畔也是瑞典首都斯德哥尔摩的所在地）是瑞典人的居住地，南方的哥得兰居住着哥特人，他们之间爆发了一场空前激烈的内战。这是两个血缘相近的民族，他们信奉同一个神（今天的乌普萨拉所处的位置就是当年供奉这个神的地方，而乌普萨拉是北欧最古老最重要的大学城），但尽管如此，内战却不可避免地进行了两百多年。因为这场内战，国王的权力得到了最大限度的削弱，贵族的势力得到最大限度的增强。基督教就是这个时候传入了斯堪的纳维亚半岛，贵族得到了教士和僧侣的支持（但在大多数国家，情况正好相反），就这样，瑞典王室走向了衰落。至此，丹麦王室开始了对瑞典 150 年之久的统治时期。

此时的瑞典已经被欧洲遗忘了，一直到 1520 年，这里发生了一件耸人听闻、罪不可恕的谋杀案，这件使整个人类都跟着蒙羞的案件在西方世界引起了强烈的震动。这一年，丹麦国王克里斯蒂安二世举行了一次盛大的鸿门宴，瑞典所有的贵族首脑都应邀在列。可是这些刚刚还是座上宾客的贵族在宴会散场后全部沦为阶下囚，他们有的被杀头，有的被溺死。发起这件谋杀事件是为了一劳永逸地化解存在于丹麦国王和他亲爱的臣民之间的矛盾。在这场灾祸中，瑞典贵族中唯一幸存的是古斯塔夫，因为几年前，克里斯蒂安二世杀害了他的父亲，鸿门宴举行的时候他正在德国躲避灾祸，当他听说发生了那次血腥的大屠杀的时候，就马上回到了祖国。古斯塔夫组织了一场自耕农革命，最后，他们将丹麦人赶出了瑞典，此后，古斯塔夫便自立为王，瑞典新的国王诞生了。

从此以后，在国际舞台上，这个贫穷落后的新瑞典开始了它辉煌绚丽的表演。它作为顽强的斗士，站在捍卫新教斗争的最前沿，成为抵御强大的斯拉夫人入侵的最后一道堡垒。经过几个世纪的沉默之后，俄罗斯人突然开始了南征北战的历程。对海洋的渴望激励着他们不断地进军海洋，直到今天，他们也没有停下前进的脚步。

俄罗斯的强大威力已经严重威胁到了瑞典，并且是唯一一个对它造成威胁的国家，这是显而易见的。因此，在整整两个世纪里，瑞典人将全部的精力投入对抗俄罗斯人这件事情上，他们努力地想把俄罗斯人阻挡在远离波罗的海的内陆地区。可是，最终却以失败告终。俄罗斯人还是打到了波罗的海沿岸，这种强悍的进攻历程只是被延缓了几十年的时间而已。在这场持久战中，瑞典将国家的全部财力消耗殆尽了，战争结束后瑞典沦为二流国家，它失去了大部分波罗的海的出海口，同时失去的还有对芬兰、英格门兰（今日列宁格勒所在地）、爱沙尼亚、利文兰和波美拉尼亚的统治权。它的领土面积锐减到 173000 平方英里（大小介于美国亚利桑那州和得克萨斯州之间），人口比纽约还要少（纽约有 6930446 人，瑞典是 6141671 人）。

瑞典有一半以上的土地被森林覆盖，它向欧洲大陆提供了木材使用总量的 50%。冬季是瑞典人采伐树木的季节，春天来临的时候，他们就把这些木头从雪地拖到附近的河里，全部丢到河谷地带。夏天到来，冰雪开始融化，这些内地的木头就被暴涨的河水带到了下游。在这个过程中，这条河流充当了木头的运输工具。

不仅如此，这条河流还成为锯木厂的动力。原木通过锯木厂加工为各式各样的成品，有 4 寸厚的板材，也有微小的火柴棍，形式多样，种类繁多。这个时候的波罗的海已经解冻，可以通航到东海岸各个地区了，因此，人们把木材加工品装进汽船，运送到世界各地。加工木材的成本非常低廉，仅仅需要提供伐木工人和锯木厂的工资而已，在时间允许的情况下，选择汽船这种运输方式，价格是最低廉的。

这些汽船具有双重运输的功能。它们归来的时候必定满载着货物，当然，运回来的并没有什么贵重的货物。因此，瑞典的贸易一直保持着合理的顺差。他们还把这种方式运用在铁矿进口贸易中。瑞典优质的铁矿甚至还吸引着那些铁矿资源丰富的国家前来购买。瑞典的领土宽度还不到 250 英里，相比较而言，从内陆到海洋还是很容易的。瑞典具有丰富的天赐铁矿，堆积在地表的神奇铁矿主要分布在瑞典北部拉普兰的基律纳和耶利瓦德附近。夏天，他们将铁矿石运到波的尼亚湾（在波罗的海的北部）的吕勒奥，冬天，吕勒奥港封冻的时候，在墨西哥湾暖流的呵护下常年不冻的纳尔维克港成为新的铁矿运送地。

整个欧洲最为重要的一座发电站坐落在瑞典的最高峰凯布纳峰（7000英尺高），铁矿距离这个地方很近。这座电站的位置在北极圈之内，不过，纬度的高低并没有对电力生产发生影响。它能够向铁路和矿山机械提供源源不断的廉价电力。

瑞典的南部地区承接了冰川从斯堪的纳维亚半岛北部带过来的部分土壤，因此，它成为整个半岛人口最为集中的地方，并且拥有最肥沃的土壤。同时，这个国家还有最廉价的运输方式，这得益于他们开凿在山间的运河以及由运河连接的运输网络。这使得工业中心北雪平从中获利不少，同样受益的还有像哥德堡和马尔默这样重要的港口。

在某些国家，大自然把人类变成了它的奴仆，让人类完全听命于它；而在另外的一些国家，大自然放弃了对人类的庇护，因为他们对大自然进行了肆意破坏，最终，大自然必将毁灭人类的一切。还有一些国家，人类能够与大自然和睦相处，他们相互理解和尊重，都会站在对方的角度来考虑问题。对于后者，要到北方才能找到，最好去访问一下斯堪的纳维亚三国。

第二十章

荷兰

荷兰的正式英文名“Netherlands”恰到好处地说明了它的地理特征：处于海平面以下2到6英尺的洼地。假如史前的那场大洪水再次出现，那么阿姆斯特丹和鹿特丹以及其他重要的城市都将被海水淹没。

不过，荷兰之所以能够繁荣鼎盛，其力量却是来自这种恶劣的自然条件。北海岸边的沼泽太过狭窄，完全不能满足荷兰人立国兴邦的需求，他们不得不为自己创造更多的生存空间。因此，一场艰苦卓绝的斗争在人与大自然之间展开了，这场斗智斗勇的恶战的胜利成果最终被荷兰人获取了。大自然的无情促使荷兰人加倍勤奋，而且能够居安思危，这些美德在这样的人类生产环境中体现了应有的价值。

古罗马人首次踏入这片荒凉、蛮夷之地是在公元前50年。这个地方还是沼泽遍地，北海的惊涛骇浪被一条从比利时到丹麦的沙丘阻挡了。有无数的河流从这座山丘穿过，包括莱茵河、默兹河及斯海尔德河，它们一路向前，直抵大海。即使低谷和高坝也无法对这些河流造成限制，它们任意地纵横交错在低洼的地上。河道会在每年的春天发生变化，泥土被带入大海，陆地变换成岛屿。13世纪发生的一场洪灾，让70个村庄在一夜之间全部消失，

10万荷兰人顷刻间就葬身海底。这并不是耸人听闻的事。

跟他们的邻居弗兰芒相比，早期的荷兰人确实过着水深火热的生活。后来，出现了奇迹，当波罗的海的水温或盐度发生了奇特变化的时候，一次难得的机遇降临到荷兰人头上。一天清晨，睡醒的荷兰人突然看见在北海集聚着从波罗的海来的鲱鱼——它们集体在北海定居了。那个时代，鱼类是人们不可或缺的食物，每个星期五，欧洲人都要吃鱼。随着鲱鱼的集体迁居，一大批荷兰港口开始走向繁荣,而一大批波罗的海城市却走向了衰落。此后，这些荷兰的港口城市将干鱼源源不绝地出口到南欧各国，就像今天的罐装鱼出口那样。鲱鱼贸易带动了粮食贸易，印度的香料交易又受到干鱼交易的影响,就像这样,荷兰很自然地成了贸易之国。

但是，所有的低地之国都被哈布斯堡大帝纳入自己的版图中，脾气暴躁的哈布斯堡军官要求那些精力充沛的渔夫和农民对他绝对服从，在命运的折腾之下，现实的一切似乎都被摈弃了。那些由独裁宫殿严格训练出来的军官，性格孤傲怪僻，他们在不切实际的海市蜃楼里生活着。相反，那些不受上帝眷顾的农民和渔夫，尽管他们命运不济，却有务实的头脑和坚硬的拳头，就是这样两种类型的人在一起，必定会矛盾不断、水火不容、不共戴天。于是，荷兰爆发了长达80年的独立战争，自由的曙光最终照耀在低地之国的人们头上。

那些实用主义者开始统治这个新兴的国家，他们对其他国家那些在宗教信仰问题中深受其害的人伸出了热情的双手，充当他们的保护伞，因为他们深刻地理解“得道多助，失道寡助”这句话的含义,尤其是在关乎自己切身利益的时候。因为荷兰的荫庇,许多人(他们并未在荷兰长住，除了那一小撮卑微的持不同政见者之外）获得了新生，他们对这个国家充满了无尽的感激之情。统治者全数剥夺了这些被迫离开祖国的人的流动财产和固定资产，不过，他们到新的祖国也并非一无所有，伴随他们一起来的还有其卓越的才干与能力。在这个新的国家，他们奉献着自己全部的才能，在荷兰的商贸文化中注入了蓬勃的生机和活力。独立战争刚刚结束，这个坐落在废弃湖底的低地之国就迅速崛起了，统治北欧的宝座被只有100万人口的荷兰攫取，并且将这份霸业维持了整整三代。

渐渐地，这些人开始了奢侈糜烂的生活，购置庄园和外国名画（本国的作品当然比不上外国作品值钱）花费了他们大把大把的钱财。他们努力想让人们忘记他们财富的来历，然而，没过多久，财富也不再光顾了。俗话说："好花不常开，好景不常在。"任何事情到了极限就开始往相反的方向发展，人气更是如此。当他们不再为已经拥有的财富而努力时，原先所拥有的都将付诸东流，不管是财富还是思想。

19世纪初期，荷兰迎来了它的末日。拿破仑宣布，低地之国成为法国的一块三角洲，这是由莱茵河、默兹河和斯海尔德河冲积而成的一个区域，因此它们将属于法兰西帝国，这从地理学的角度来看，似乎是理所当然的。当拿破仑草草地在文件上画下一个"N"的时候，低地之国的命运就决定了，地图上再也找不到荷兰了，而法国却增加了一个行省。

1815年，荷兰重新独立，很快它又恢复了往日的活力。这个国家拥有的殖民地是自己本土的62倍，因为这是个当之无愧的殖民大国，阿姆斯特丹和鹿特丹还能够顺利地保持着印度产品集散中心的地位。其实一直以来，荷兰都算不上是一个工业国。在它的本土，几乎没有任何有价值的资源，只是南部地区有一点点劣质的煤矿而已。殖民地从它本土获得的原材料还不及它进口额的6%。不过，爪哇、苏门答腊、摩鹿加、婆罗洲和西里伯斯的茶园、咖啡园、橡胶园以及奎宁的种植业迫切需要的是资金，这样，就极大地推动了阿姆斯特丹的股票交易，使它顺利地成为当时欧洲的股票交易中心。阿姆斯特丹集聚了世界各地的商人，甚至政府官员，他们为了筹措资金而来；阿姆斯特丹还成为整个欧洲与世界各地进行交易的场所，他们都是通过往来的商船进行交易。当时的荷兰，船舶总吨位在世界上排在了第五名。

当时，荷兰国内商船的总吨位排在世界第一位。这个国家拥有四通八达的水路和密稠的河网，因此铁路运输的最大劲敌就是成本低廉的运河小船。荷兰人毫无时间观念，无论男女老少还是牛马狗鸡，其生活节奏都是缓慢的，确切地说，荷兰 25% 的领土根本算不上真正的陆地，它只是海底的一小部分而已，是人们努力地从鱼儿和海豹那里强抢过来的，因此，荷兰绝大多数运河只能算是排水渠，主要依靠人工排干海水，然后每时每刻地守护着这些来之不易的土地。从 1450 年开始，荷兰的面积增加了 1000 多平方英里，这都是他们围湖造田、排干沼泽所努力的结果。至于围湖造田，其实就是先在选中的湖面上建一道堤坝，然后从外面挖出一条足够深足够宽的运河，这条运河要能够连通附近的河流，以便在以后的排水过程中,有利于借助复杂的水闸系统。做完这些，在大坝上竖起一些配上水泵的风车就够了，剩下的事情，风和那台小发电机会帮你完成。所以说，只要知道方法，这项工作并不困难。当湖水全部被抽干，流向运河以后，在这块围起来的地面上挖开一些平行的沟槽，在风车和抽水泵的继续努力下，地下水将进一步被抽干，这样，就出现了干燥的陆地。

有一些围湖造田形成的陆地面积之大能够在住得下两万多人。如果将艾瑟尔湖的湖水排尽（这个工程耗资巨大，而目前几乎所有的国家都濒临破产）至少能够住得下 10 万人。荷兰的堤围湖地占到整个领土面积的 25%，因此，“河流、运河与堤岸部”每年的开支在这个国家政府各部门中所占的比例是最大的。

在荷兰的东西部地区有一个奇妙的对比。很久以前，欧洲大平原与大海的接壤之地在东部那些海拔略高的地方，而西部低洼地带是由莱茵河、默兹河和斯海尔德河三大河流后来慢慢冲积而成的沼泽三角洲。而今，人们已经将东部“高地”遗忘了，欣欣向荣的景象却出现在西部洼地。东部高地的土质与新英格兰有些相似，因为过去的千百万年间，北欧的大小冰川、冰砾都在这片“高地”上沉积，不过，荷兰土壤的含沙量要更大一些。这表示着这个人满为患（荷兰的人口密度为 625 人 / 平方公里，法国为 191 人 / 平方公里，而俄国为 17 人 / 平方公里）的王国压力更大了，在荷兰无法进行农业生产（法国不能用于农业生产的土地不足 15%，而德国只是 9%）的土地占到 25%。

在荷兰，几乎所有重要的城市都集中在堤围湖地中心的那一小块三角地带，这是为什么呢？因为有非常明显的差距存在于东部与西部、繁荣地区与落后地区。比如，在一条著名的沙丘带上集聚了海牙、阿姆斯特丹、莱顿、阿勒姆、代尔夫特以及鹿特丹，它们紧密地连在一起，似乎要成为一个整体了。300 年前的荷兰正是从这道“堤防”开始，走上了繁荣富强的道路，荷兰商人从波斯人和亚美尼亚人手中得到郁金香的种子也正是在那个时候，此后，可爱的郁金香成为荷兰的“国花”。

纽约市的 8 个城区的大小就比得上一个雅典城了，荷兰也是一个小得可怜的国家，只需要坐一辆气喘吁吁的老爷车，再花上几个小时的时间，就可以从荷兰的这一头跑到那一头了。这块弹丸之地坐落在莱茵河、北海与艾瑟尔湖之间，跟阿提卡地区非常类似，不过，我们却不能小看它对世界科学和艺术所做出的卓越贡献，这种贡献如果根据人口数量与领土面积的比例来衡量，那它要大于任何国家。雅典诞生于顽石荒山之间，荷兰诞生于水泽泥沼之间。但它们同样都是因为优越的地理位置推动国际贸易而迅速崛起的国家。在悠长的年月里，由于它们的顽强进取而非坐以待毙造就了精力旺盛和极具探险精神的两个民族。于是，希腊的文明和荷兰的辉煌就此诞生了。

第二十一章

英国

如果是在几年前，这个章节的标题应该改为“大不列颠与爱尔兰”，可是，造物主的安排却被人类强行地改变了，他们将那个在地理上一体的国家分成了两部分。对于这个改变，所有中规中矩的作者都被迫顺从了，于是用不同的章节来对这两个国家进行分别介绍。如果采取任何别的措施，都可能导致矛盾变得更加复杂。我可不愿意看到爱尔兰海军开进哈德逊湾去要求一个道歉，仅仅是因为“爱尔兰自由联邦的尊严所遭受到的不能容忍的侮辱”。

恐龙当然不会画出一幅地图来，但当时的岩石却讲述了关于恐龙的故事。无处不在的岩石在地表冷却后形成了火成岩，花岗岩是因为岩浆受到重压而产生的，当岩浆沉积到江河湖海底部的时候，沉积岩也诞生了。此外，还能形成变质岩，这种岩石跟板岩和大理石很相似，不过，它的实际成分却是石灰石和黏土。

就像一场飓风突袭了一间堆满家具的房间那样，这个地球覆盖着杂乱不堪、乱七八糟的岩石。我们常常会奇怪于英国为何会有那么多一流的地质学家，因为众所周知这个国家的人对科学探索毫无兴趣，他们只对打野兔情有独钟。就像撒哈拉沙漠并没有出过什么游泳健将，因为这些人往往只出生于水乡。关于这些情况，也许我们有趣的地质实验室——岩石能够给出一个好的说明。另一方面，也正是因为英国有了那么多一流的地质学家，与世界上任何其他地方相比，我们能更多地了解英格兰的地质情况。

那么，英国的地质学家对自己国家的起源是如何描述的呢？

请你设想一下，有一个新的世界刚刚从海平面升起来，这个时候千万不要想你已经熟知的世界地图。这个刚刚诞生的世界还没有去除新生的阵痛。有一片广袤的大陆高耸于海平面之上，突如其来的大爆炸又将它撕成了碎片，跟纽约市的水泥路面会突然被地下管道的爆炸炸开花是一个样子。同时，大自然正使出它的鬼斧神工之力，对这个世界进行缓慢地塑造。夹杂着水汽的海风不停地从海上吹来，自西向东地从大地上掠过，干渴的陆地由此得以滋润，并长出了一片无垠的绿草和蕨类植物，五花八门的灌木和参天大树也渐渐地长了出来。海岸日日夜夜、岁岁年年地被海浪拍打着、冲撞着、磨蚀着、吞噬着、撕扯着，永不疲倦的样子。终于，海岸逐渐走向了衰败和崩溃，就像冰雪在烈日的照耀下开始消融那样。突然间，从大陆最高最陡峭的悬崖上传来轰隆一声巨响，如同死亡之墙的冰雪从顶部奔涌而下，无情地向宽广的斜坡冲去，顿时，深而窄的峡谷填满了冰块和碎石。

大地上阳光普照——大雨滂沱——冰雪崩裂——海潮侵蚀海岸——寒暑循环——斗转星移，人类诞生之时，这样一个星球就是人类的世界。在这片狭窄的土地与外面的世界之间隔着一道凶猛的洪水。这是一条纵贯南北的鸿沟，从北冰洋一直延伸到比斯开湾。在汹涌澎湃、变幻莫测的水域彼岸立着一座孤零零的高原，另一边海面上矗立着几块礁石，很显然这不适合人类居住，更像海鸥天然的栖身之所。

这就是英国形成的过程。现在让我们回到现代地图上吧。

从设得兰群岛到兰兹角的距离与美国哈德逊湾或南阿拉斯加到美加边境线一样长。把这个例子用在欧洲的话，则等同于从挪威的奥斯陆到波希米亚的布拉格的距离。换句话说，有4500万人口生活在北纬50°—60°之间的英国，这是世界上人口最稠密的国家之一，与它在同一个纬度的堪察加半岛只有常住居民7000人，他们靠打鱼为生。

英国的东部与北海为邻（原本它只是一个低谷，经年累月，积满了水，海洋就出现了），还面对着法国，英国和法国之间横着看上去像一条小水沟的英吉利海峡和北海。英格兰平原的最深处是伦敦，有高山的威尔士在另一边。除此之外，还有像灌满水的低谷一样的爱尔兰海、爱尔兰平原、爱尔兰山脉以及西边浅海上的几个孤岛。最后还有基尔岛（因为路途太艰险，直至去年才有人去居住）。此后，地势突然往下降，一直下降……由此，产生了真正的大洋，原来的亚欧大陆被取而代之了。

关于英国的内海、海湾和海峡，我要做一个详细的介绍，而不只是单纯地罗列一堆没有价值的名字，因为如果那样的话，读者会看了后面忘记前面的。我们现在面对是一个世界头号大国之一。虽然它只是一个弹丸小岛，我们却不能小视。因为这个世界上有无数人受到它长达400年之久的影响。造物主独具匠心地将这个小岛光明正大地放在了东半球大陆群的中间位置上，对于这个上天宠爱的国度，岛民们竭尽所能地对它进行了充分利用，所以说，英国的成功并不是机缘巧合的结果，也不能归功于人种的优越。我们不妨把澳大利亚和英国做一下对比，澳大利亚孤独地漂泊在汪洋大海之上，没有邻居，并且交通不畅，没有什么机会能够从外界获取新思想，只能听天由命！而英国则像一只蜘蛛，爬在了网的中央，无论到任何一个地方，距离都是相等的，并且在它周围还拥有如同护城河一样的大海，有了这层保护，外族就不可能轻易地对它发动攻击了。这样的地理条件在以地中海为中心的文明时代显然是没有任何价值的，一直到15世纪晚期，人们还把英国看成是一个偏远的小岛，就像现在的冰岛，遥远无比。你可以听一下这个对话："你去过冰岛吗？""没有，不过我的姨妈倒是去过一次，那真是个有趣的小岛，非常可爱，但是太远了，去一次要晕船5天。"怎么样？是不是留下了深刻的印象呢？

1000年以前，人们心目中的英国就是这个样子。要晕三至五天的船，而那个时候的罗马帆船是没法与今天从利思开往雷克雅未克的700吨汽船相比较的，其舒适度差得实在太多了。

这个文明世界之外的小岛，人们渐渐地对它有了些了解。居住在那个地方的野蛮人，把奇怪的花纹画在自己的脸上，他们居住的房子是掩埋在地下的圆形小屋，四周被低矮的土墙围着。最终驯化他们的是罗马人，这些温顺听话的野蛮人从来不为自己争取"权利"，通过他们的语言，罗马人确定他们与高卢的凯尔特人一脉相承。其实很难说清楚，这些人是不是真的对这片土地拥有"权利"，因为这些土地是他们从更早的居民那里抢夺过来的，至于那些更早的居民踪迹，恐怕要到岛屿东部的封闭地带才能找得到。

罗马人占领英国的时间长达4个世纪，这个时间可以赶得上白种人统治美洲的时间了。一直到有一天，他们迎来了世界末日。之前500年的时间里，罗马帝国致力于阻止可怕的条顿民族踏进自己在欧洲的势力范围。不过，条顿人却突破了他们的防线，潮水般涌入西南欧洲。此时，罗马人立刻调走了分散在欧洲各国的军队，英国的东部只有留下的几个军团与苏格兰蛮族相抵抗，并且守护着身后的不列颠大平原。此外，还有几个要塞依旧守护着威尔士的安全。任何一个帝国都不可能如此清醒地意识到自己大势已去，倾覆后的许多年，他们才如梦初醒——国已非国！

有一天，按时补给的船只没有抵达英国，这说明高卢人失败了。在这之后，罗马军队被迫留在了英国，永远地和自己家乡的山水分离了，一辈子也不可能再取得联系。没过多久，有消息称，在亨伯河与泰晤士河河口附近看到有外国船只出没，他们袭击并洗劫了达勒姆、约克、诺福克、萨福克和艾塞克斯等地的一些村庄。罗马人以前未曾想过在东海岸线设防,因为完全没有这个必要。可是曾经的那股促使条顿人跨过多瑙河，穿越巴尔干和阿尔卑斯山山口的神秘力量，如今再次牵引着撒克逊的海盗从丹麦、荷尔斯泰因向不列颠岛海岸涌来。

当时的罗马人一定还在漂亮的别墅区里居住着，现在人们一直苦苦地寻找着那些早已化为尘土的别墅遗迹，可是罗马人就这样默默地从这个世界上消失了，就如同美国弗吉尼亚州和缅因州最早的白种人那样，消失得了无痕迹。他们中的有些人死于自己的仆人之手，当地的好心人娶走了那些女人，这些离奇的结局竟是属于骄傲的罗马殖民统治者。命运之手并没有放过那些来不及登上最后一班归家之船的人，没有人能够逃脱掉。

接下来，在发生的暴乱中，凯尔特人遭到了“斧头帮”的残酷杀戮，这些人其实是凯尔特人的同胞，他们来自苏格兰和喀里多尼亚。凯尔特人之所以遭受这样的杀戮，是因为当罗马人充当世界警察的时候，他们曾经做过罗马人的爪牙。人们通常会在悲惨的境遇中犯下致命的错误，而万劫不复的灾难往往就是由一个错误的念头所导致的：“把那些骁勇善战的人雇用进军队里，为我们作战吧。”于是，许多撒克逊部落里英勇善战的人纷纷踏过艾德河与易北河之间那些沼泽和平原来到这个地方，由于德国北部的整个地盘都是属于撒克逊人的，因此，这个名字并不能道明他们的来历。

这里有一个不解之谜：为什么这些人要称自己为盎格鲁人呢？当盎格鲁－撒克逊人这个称呼出现的时候，他们已经来到英国几百年了。如今，这个称呼已经变成了一个战斗的口号：盎格鲁－撒克逊人的传统，盎格鲁－撒克逊人的血性。盎格鲁－撒克逊人已成为一个神话，那就让这个神话中的主人公认为他们比所有的人优越吧！为什么不这样呢？然而，历史学家却宣称，以色列失散的部落中的一支才是盎格鲁人，这个宣称未免让人感到有些遗憾，但是关于这些失散部落，我们经常可以在史书中看到，只不过他们的踪迹至今无人发现。而撒克逊人，他们只是从北欧来的游牧部落，如果是在30年前，在大西洋航班的下等舱里，我们有可能会看到他们。强壮的撒克逊人不管在工作上还是娱乐上，或是抢劫，永远保持着高昂的热情和旺盛的精力。今天这块土地已经成为撒克逊人永久世袭的领地，而在当年，他们却用了整整5个世纪的时间，才最终完成了对它的统一。原先，凯尔特人从尊贵的罗马主妇的厨房里学来的那几句拉丁语早已经被他们忘得一干二净了，因为这些可怜的人被强制使用撒克逊语。然而，好日子并没有维持多久，当大量的条顿移民涌入这里时，盎格鲁－撒克逊人又被撵了出去。

1066年，英国成了诺曼底的附属国。这个小岛国沦为海外列强的附属国，在它的历史上已经是第三次了。但是，这种情况很快就改变了。在诺曼底人看来，法国本土远远比不上英国这块殖民地，于是，他们撤离了大陆，决定在英伦三岛定居，而暂时放弃了法国这块安身之所。

可是到了最后，法国的全部领土以及英国的统治权，诺曼底人全都失去了，他们遭受到的不幸，对英国来说却是大幸。大西洋存在的价值逐渐被英国人所熟知，他们对大陆的向往已经不那么强烈了。虽然如此，导致英国走上开拓远洋道路的却是亨利八世的恋爱事件。亨利八世无可救药地爱上了安娜·博琳，而博琳却开出了允许走进她心灵的条件，那就是必须先走进一座金碧辉煌的教堂，这暗示着亨利八世先要和他的结发妻子离婚——即血腥玛丽之母。这个事件致使英国与罗马教廷反目，甚至触动了教皇在整个基督教世界的至尊权威。由于西班牙人站在教皇这边，英国想要避免成为西班牙的行省，就必须学会航海的本领，而且还要将西班牙海军击溃。在这种曲折离奇的情形下，英国人从国王的婚外情中找到了驾驭大海的契机，此后，新的贸易就拉开了序幕，至于其他的，就交给它优越的地理位置来处理吧。

外在的转变往往是由内部斗争开始的。一个阶级的灭亡是觊觎另一个阶级的利益造成的，对于这样的结果，我想任何一个有理性的人都不愿意看到吧。因此，诺曼底人离开后，国家的权力落到了那些封建大地主手中，为了阻止英过放弃农业，他们及时地站了出来，对于政府开拓发展商贸的行为表示坚决的反对，这似乎是合乎情理的事。封建主义与资本主义从来没有和睦过。自由人不应该涉足商业贸易领域，这种观点在中世纪骑士的头脑中根深蒂固，他们对商业贸易持鄙夷的态度。在他们看来，商人跟今天的美国酒贩子是一个样子的，你只能差遣他们，却不能让他们走进你的家门。所以，那个时候的商人无一例外都是外国人，尤其以德国人居多，此外，也有从北海和波罗的海来的著名的伊斯特利斯人。英国人首次认识到钱币所具有的绝对价值，就是通过这些人，今天的英镑就是以前的“伊斯特利斯镑”。英国人将经商有道的犹太人全部赶了出去，并且从此以后不允许他们再次进入英国，就连莎士比亚在塑造夏洛克的时候，也只能通过道听途说来收集相关素材。在英国内地，农业一直处于主导地位，在此以前的几百年都是这样的，只在一些港口城市开展一些渔业贸易。这是一片造物主所宠爱的土地，在这里发展畜牧业是再合适不过的，它的土壤中富含沙石，不利于谷物类生长，不过，对青草却极为有利，可以喂养牛羊。

西风每年光顾英国的时间超过 8 个月，并且它还带来了充沛的降水。如果你曾经在冬天去过伦敦，那你对那些阴雨绵绵的天气绝对会记忆犹新。现代的农业已经走过了靠天吃饭的历程，就像我在前面介绍北欧各国的时候所讲述的那样。乔叟和伊丽莎白女王的时代，在人们看来，所有的自然灾害都是上帝的意愿，所以，没有任何补救和挽回的方法。目前，人类还没有掌握人工降雨的方法，不过，通过化学工程师的指教，人们对于克服各种自然灾害的手段已经有所了解。而东部的地主们却从这个岛的地质结构中获益良多。从横断面上来看,英伦三岛的东部地区较为平坦，而西部却高高耸起，就像一个巨型的汤盆。在很久以前，英伦三岛是一块古老的陆地，风雨侵蚀了东部地区最古老的山脉，在西部，却有一些年轻的山脉正在崛起，这些年轻的山脉如果要被海潮和飓风磨平，至少需要 1000 万年的时间或者更久。威尔士（幸存下来的少数几个凯尔特语词汇之一）就是这些年轻山脉的所在地，从大西洋来的狂风暴雨被这道如同屏障一样的大山阻挡在了东部的低地之外,这样一来,东部大平原就拥有了舒适宜人的气候,非常适合农作物生长和畜牧业发展。

因为有了汽船，人们可以从阿根廷和芝加哥订购粮食；因为冷藏法的推广，我们可以把冰冻肉从世界的这一边运送到世界的那一边。农业已经不再是富裕的国家唯一的依靠了。不过，100 年前的世界依然掌握在那些供应粮食的地主手中。成千上万的人都会因为他们锁上粮仓而丧命。可是,在英国却没有因为饥饿而产生的顾虑。南部的英吉利海峡、西部的塞文河（这是一条流经威尔士与英国中部的河流，最后注入英吉利海峡）、北部的亨伯河与默西河、东边的北海共同组成一个巨大的怀抱，将不列颠大平原包围在里面，这里是英国最为重要的地区，国家大量的粮食都是出自这里。

可是，我在这里所讲的这个大平原与以往所说的平原大不相同。不列颠平原是起伏不平的，错落有致，与美国的堪萨斯大平原很不一样，因为后者平坦得就像一块烙饼。不列颠平原的中间流淌的是从绵羊盛产区坎特伍德山发源而来的泰晤士河（全长 215

英里，与哈德逊河差不多，哈德逊河全长 315 英里）。同时坐落在这个平原上的还有那座著名的城市巴斯。在罗马人统治时期，那些受不了英国饮食习惯的人，经常往这个地方跑，他们来到这里，跳进滚热的钙钠泉中洗澡，然后，为了“增强”体质，重新回到那种啃半生不熟的牛排和蔬菜的生活。

牛津大学的划船比赛得益于流经奇尔顿山和怀特霍斯丘陵之间的泰晤士河。从这之后，泰晤士河进入了河谷地带，来到东盎格鲁山与伯当山之间。本来泰晤士河是可以一直流淌到法国的，可是，连接大西洋与北海的多佛尔海峡却将它拦腰切断了。

泰晤士的河边，矗立着世界上最大的城市。犹如罗马和那些被历史长河湮没的城市一样，伦敦并不是偶然间问世的，它的出现也不是统治者随性的意愿，而是因为经济发展的需要。当时，南北交通都控制在那些无耻的摆渡人手中，所以人们决定在河上建一座大桥。这座桥建立在渡口的终点位置，河面并不太宽，这对于两千年前的建筑师来说，要在这里建设一座安全坚固的桥是游刃有余的，桥建好之后，商贾和老百姓就可以轻松地过河了，由此，伦敦诞生了。

当罗马人被英国人扫地出门的时候，英伦三岛已经面目全非了，只有伦敦依旧挺立在那里。从人口数量上来讲，有 800 万人口生活在现在的伦敦，比纽约多了整整 100 万。从面积上来讲，伦敦是巴黎的 4 倍，甚至与古代最大的城市古巴比伦相比，也是它的 5 倍之多。如今的伦敦一直在水平方向上扩张，城内鲜有高层建筑，因为伦敦人对像鸽子笼一样的高楼大厦很反感。与之不同的是美国的城市，它们总是选择竖向发展。

现在，伦敦的办公区就坐落在它的中心区，即“城区”。公元 1800 年的时候，有 13 万人口居住在这里，而今却只剩下 1.4 万人了。英国在海外有着巨大的投资资金，每天到中心区来办公的人多达 50 万之众，这些来自四面八方的人管理着几十亿资本金的流通与运作，此外，还有来自殖民地的无数货物也由他们支配。从伦敦塔一直到20英里外的伦敦桥下的货场全部堆满了货物。

人们在泰晤士河的两岸修筑了无数的仓库和货栈，用于解决货运问题，并且保证河流畅通无阻。如果你到这些货场去看一下，那么，对于国际贸易这个概念，你就很清楚了。同时，你会遗憾地发现，纽约是无法与之相提并论的，那简直就是一个小村庄，它距离国际贸易的主干道还有很长的路要走。不过，这种情况是会改变的。目前，国际贸易中心已经有了西进的趋势，但国际贸易中的领头羊仍然属于经验丰富的伦敦，才开始迈步前进的纽约是望尘莫及的。

现在，让我们去看一下1500年前的不列颠平原吧。在它的南部边缘有群山环抱，最西端的地方是康沃尔半岛，英吉利海峡横卧在它与法国的布列塔尼之间。在康沃尔这个地方矗立着一些奇特的石柱，与布列塔尼的石柱如出一辙，我们有理由相信，很久以前，这两个地方的人民是同宗同族的。除此之外，地中海水手所发现的首块英国土地就是康沃尔半岛。在铅、锌、铜这些矿产资源的引诱下，腓尼基人（请牢记，铜器时代和铁器时代就是这个民族最鼎盛的时代）组成的探险队开始了跋山涉水的旅程，路途中，他们还到过锡利群岛，遇到一些野蛮人，在这个岛上跟他们做过以物换物的交易。这些野蛮人来自云雾缭绕的大陆。

康沃尔半岛上有一个重要的军港，就是著名的普利茅斯城，在这里，只能偶尔看到几艘来自大西洋的汽船，除此之外，几乎看不到其他的船只。这个半岛的另一边有一片恶浪滔天的水域，即布里斯托尔湾。17世纪，这个海湾常常迷惑那些从美洲返航的船只，他们常常误认为是英吉利海峡而贸然驶入，却得到了船毁人亡的下场。因此，在那个时代，人们会用“错误的海湾”来标记这个地方。

威尔士的群山安静地躺在布里斯托尔的北方。人们在这片寂寥的大山中发现了煤、铁矿产，并且在它的邻居安格尔西岛上发现了铜矿，于是这里逐渐发展成为英国重要的工业基地。加的夫是现今世界上最大的煤炭工业中心之一，是由古罗马人修筑的一个军事重镇发展起来的。从塞文河穿越的铁路线紧密地连接了加的夫和伦敦城。塞文河铁路隧道工程在工程界赢得了美誉，与它一起获此殊荣的还有一座跨海大桥工程。威尔士大陆和安格尔西岛以及霍利黑德岛正是依靠这座跨海大桥来连接的。属于爱尔兰首都都柏林的金斯顿港口就在大海的对面，从霍利黑德岛出发，就可以直接到达了。

古代的英格兰是个四方形的地区，历经了悠长的岁月和久远的历史，岁月的沧桑感浸透了它的每一个城市和每一个村镇。这一章是描写英国地理的，所以，我不敢提起它们的名字，免得使这个章节变成了世界历史。直到今天，这块土地还承载着英国地主阶级的灵魂。法国是一个没有大地主的国家，而小地主的数量却是英国的10倍。至于丹麦，小地主就更多了。如今，这些乡绅的地位已经大不如从前，一路下滑了，向别人教授穿高尔夫球裤是这个遗老集团的主要工作，除此之外，他们消遣的方式就剩下狩猎了，已再无更有价值的工作。这一切都是詹姆士·瓦特所发明的蒸汽机造成的，正是这项实用的发明使得社会经济格局发生了惊天巨变，所以说，这并不是他们的错。詹姆士·瓦特曾经在格拉斯哥大学学习，这个工具制作人对数学的偏爱源自小时候的兴趣，在他把玩老祖母的小茶壶时，只有又笨重又缓慢的水泵才使用蒸汽。瓦特离世以后，财富的唯一来源已经不再是土地了，世界的主宰变成了蒸汽机，

从古到今，南方地区一直稳坐英国经济核心的位置。不过，从19世纪上半叶开始，英格兰的经济重心开始了向北移的历程。在兰开夏郡的曼彻斯特，水蒸气驱动着棉纺机飞快地旋转着；在约克郡的利兹和拉德福德，由于蒸汽机的推动作用，获得了世界毛纺织工业中心头等地位的殊荣；在所谓“黑乡”的伯明翰，数

百万吨钢板与钢梁因为蒸汽而迅速生产出来，正是这些钢材制造的货船将英伦三岛的产品运往世界各地。

这是一次从人力到蒸汽的巨大转变，是人类历史上最伟大的变革。当然，只有人才能操纵这些毫无思想的机器，告诉它开工的时间以及停止运转的时间。这是一项非常简单的工作，甚至连农民也能够依靠它来发财致富。于是，80% 的农村人口在城市的召唤下涌入了城市，城市以最快的速度膨胀着，一夜之间，出租公寓的房产商人变成了无比富裕的人。英国正是在这个时期聚敛了大量的财富，这笔财富能够支撑英国很多年。

可是，英国究竟还能支撑多久？关于这个现今很多人都在问的问题，我想还是交给时间来回答吧，或许是 10 年，或许是 20 年。人们应该好好地去研究一下英国的未来。在这个日不落帝国的崛起与衰败间，有许多事件与之密切相关。它有着与古罗马帝国相似的命运。罗马帝国曾经是地中海文明的中心，他们长年南征北战，东征西讨，只是为了保护自己的独立和完整。英格兰是大西洋文明的中心，它也踏上了与古罗马一样的道路。而今，世界级的大战已经暂时落下帷幕了。前几年，它还处在一个大帝国的核心位置，可是在很短的时间内就衰落下去，变成一个人满为患的小岛，与荷兰隔海相望。这看来似乎是一个悲剧，可是这正是我们生存的这个星球的规律。

苏格兰

古罗马统治者对苏格兰人的了解是逐渐形成的，这跟早期的美国认识那五个开化部落（即切罗基、奇卡索、乔克托、克里克和塞米诺尔）的过程是一样的。苏格兰人是一群惹不起的彪悍部落，他们居住在帝国防线与诺森伯兰郡最后一片茅舍的背面，那是北部地区的一片大山。以放养为生的苏格兰人居住的环境原始而简单，他们遵从母系家庭血统，而不是其他民族的父系血统。他们生活的大山中，连真正的道路也没有，有的只是连马儿也不不敢轻易踏入的羊肠小道。苏格兰人坚决反对任何形式的文明，所以，根本别想着对他们进行文明教化，那简直是天方夜谭，所以最好的方法就是不理睬他们。不过，这群凶恶蛮横的强盗还是可能突然冲出大山，去掠夺坎伯兰的牛群以及切维厄特丘陵上的羊群。要采取措施对这些地方加以保护，最有效的措施似乎就是从泰恩河开始构筑高墙，一直建到索尔湾去，并且配合刀剑穿刺或者上绞刑架等痛苦的死亡方式来阻挡他们的再次攻击。

这些方法甚为有效，在罗马人对英格兰统治的400年间，苏格兰人只有几次规模较大的进攻而已，此外，就没有再涉足文明世界了。这些人几乎没有什么物质需求，也从来不跟外面的世界往来，仅只是保持着与爱尔兰岛的凯尔特同胞们进行长期贸易而已。如今，古罗马的城墙早已经化为尘土了，而苏格兰依旧按照它自己的方式生活，将苏格兰的文明发扬光大。

穷苦以及贫瘠的土地，使苏格兰人保持了真正的独立。苏格兰的大部分领地属于山区，这些山在人类诞生之前可能与阿尔卑斯山齐高。但是由于因为风雨的腐蚀，这些高山逐渐变得矮小，地壳上升过程中爆发的急剧运动再次将它震得一团糟。那些沉积在山谷中的泥土是非常脆弱的，当大规模的冰川入侵的时候，它们就不复存在了，这就是为什么居住在山区的苏格兰人只有总人口的10%,却有90%的人挤在那片50英里不到的狭长低地地带——从西边的克莱德湾到东边的弗思湾。苏格兰最大的两座城市分别是爱丁堡和格拉斯哥，它们全都位于两座火山（以前的绝大多数重镇都建在死火山口上）喷发形成的山脉中间。古代苏格兰的首府就在爱丁堡，而格拉斯哥则是现代钢铁、煤炭、造船和制造业中心。连接这两个城市的是一条运河。还有一条运河是从洛恩湾直达马里湾，这条运河可使小型船只免去约翰奥格罗茨、奥克尼群岛和设得兰群岛间的冒险，直接抵达北海。

然而，格拉斯哥的繁荣却不能代表整个苏格兰地区的繁荣。在苏格兰，大多数农民还在为温饱而奋力挣扎着，辛勤的劳动也只能确保自己不被饿死，他们甚至无法体会活着的意义。苏格兰人实在太穷了，辛辛苦苦积攒下的那几个“先令”就是他们的全部财产，对此，他们无比珍视。在这样的环境中，他们懂得了天和地都是靠不住的，只有自己最可靠，要依靠自己的坚强勇敢，依靠自己的聪明才智，同恶劣的环境抗争，而根本不必在乎别人的闲言碎语。

苏格兰被纳入英格兰的版图，是因为一个历史机缘。伊丽莎白女王逝世的时候，曾经立下遗嘱，让她的苏格兰远亲——斯图亚特王朝的詹姆士继承英格兰的王位，于是，苏格兰人得到了自由进出英格兰王国的权利。如果苏格兰人不满足于自己的小岛，完全可以将自己远大的抱负自由播撒到英格兰宽阔的大地上。到偏远地区担任领导职务对于聪明节俭且克制力强的苏格兰人是绰绰有余的。

爱尔兰

在这里，我要讲述一个奇特的故事，这个故事与人类的命运有关，有着神秘的悲剧色彩。仅仅因为一个没有任何意义的理由，一个原本前途光明、潜力无限的民族心甘情愿地放弃了眼前的光明，毅然踏进无尽的黑暗之中。可是，邻国却对它无比仇视，并伺机羞辱它、奴役它。而堂堂正正的自身利益才是人类生存的首要原则，关于这一点，这些盲目且冲动的人似乎还不能理解。

至于这个悲剧故事的始作俑者，无人知道。是不是地质构造呢？似乎也不是。爱尔兰群岛同样是史前时期北冰洋大陆的残存部分。这个群岛本来可以更加繁荣兴旺，只是后来发生了地质变迁。可是，地质发生变迁后，这个群岛就下沉到海岸山脉以下了，使得这个岛屿看上去像个汤盘。此外，地质下沉还使原本流向大海的河流变成弯弯曲曲、百转千回的河道，连通航都没有可能了。

是气候造成的吗？同样不是！除了更加潮湿以及雾更多一些，爱尔兰与英格兰的气候是一样的。

那是不是地理位置呢？也不是！自人们发现了美洲大陆之后，在欧洲与新大陆有商贸往来的所有国家中，爱尔兰最靠近新大陆，地理条件也是最便捷的。

那么，这个民族悲剧的缔造者究竟是谁呢？很可能就是那让人无法捉摸的人性了吧。人类在爱尔兰又做了一件自毁前程的事，原本的优势被他们变成了劣势，勇敢与锐气被悄无声息的悲愤取而代之了，最后得到了默默承受凄凉命运的下场。

至于民族传统，它在这个悲剧故事中扮演的是一个怎样的角色呢？爱尔兰人非常钟爱他们的神话故事，这是众所周知的事。你几乎可以从每一个爱尔兰戏剧或者是民间传说中找到小精灵、小妖精、浪人和恶鬼这样的“人物”。说实话，对于爱尔兰那些妖魔鬼怪的亲戚，即使今天的生活如此单调乏味，我们也会感到厌烦。

你可能会质疑：这与“地理”何干？这些与山川、河流、城市分布的地理，与统计煤炭、棉花进口量的地理确实是毫无瓜葛的。不过，人类并不只是饱食终日而已，同时也会深谋远虑、浮想联翩。爱尔兰就是这样的一个国家，为思虑和联想而存在。当你立于大海中，远眺一个国家的时候，你可能会说：“看上去，这块陆地或高或矮；大地的颜色为棕色，或者黑色，或者绿色。那个地方有许多人生活着，他们或者在吃或者在喝，或者是漂亮的或者是丑陋的，或者是幸福的或者是悲哀的，有的人已经死掉，有的人正在出生，牧师给一些死去的人祝祷，而另一些人死后则得不到祝福。”

可是，这些跟爱尔兰又有什么关系呢？这是一个与众不同的国家，也可以说是与其他国家没有半点相同之处。寂寞的空气弥漫于爱尔兰的角角落落，孤独的氛围甚至触手可及。昨天还是真实的东西，今天就变成了谎言与疑虑，一件事几个小时前还是简简单单的，转眼就错综复杂了。变幻莫测的大海位于岛屿的西侧，可是，与这汪沉默的深渊相比，你脚下的这片土地却让人更加匪夷所思。

同任何一个民族相比，爱尔兰人遭受奴役的时间都要长一些，沉重的历史压在他们的背上，而他们一直在怨天尤人。本来应该反躬自省，可在他们的思想深处一定存在着某种认识上的错误，以致他们千百年来一直落落寡欢。在爱尔兰这块沃土上，他们的这种错误认识扎根很深。为了这片土地，爱尔兰人从未想到要好好地生活，而是时刻准备去流血去牺牲。诺曼底的征服者（诺曼底公爵威廉为了夺取英国王位，1066 年带兵横渡英吉利海峡，入侵英国。是年 12 月坐上了英国国王的宝座，史称威廉一世，在位时间为 1066—1087 年。——译者注）当年刚刚在英格兰站稳脚跟，就把贪婪的目光投向了爱尔兰海对岸，而所谓的爱尔兰海和北海一样，本来也是一个山谷，后来才下沉为海洋，根本算不上真正的大海。爱尔兰岛本来是一个富饶的小岛，可岛内的局面也大大助长了侵略者的野心。部族首领向来不和，把全岛统一为一个爱尔兰王国的努力从来都是竹篮打水一场空。对征服者威廉的同代人来说，爱尔兰如同“一块颤抖着的草皮”。爱尔兰牧师们都睁大了眼睛，狂热地要将基督的福音传遍世界，而自己的故园却连一条公路、一座桥梁乃至任何交通设施都没有，更不用说一切使日常生活方便、和谐的重要设施了。由于岛屿的中央比四周低矮了许多，出现了一个大沼泽，而沼泽有个坏毛病，就是从不将自己淹没在深水中，因此，沼泽永远是沼泽。充满诗意的灵魂怎么肯动手去洗刷碗筷盘碟呢？对这个沼泽，也从来没人想要治理一下。

当时，英法的统治者尽管都叱咤风云，却也能和主宰世界的领袖们保持一种很体面的关系。对于亲爱的教子约翰，教皇英诺森三世（意大利人，1160—1216，在出任罗马教皇期间 [1198—1216] 发动了两次十字军东征。——译者注）曾给予了声援，宣布《自由大宪章》（1251 年，英国封建领主联合骑士和平民迫使英王约翰签署的一个文件，共 63 条，主要保障的是大贵族的利益，也保证了骑士和平民的一些权利。后来，它成了资产阶级革命时代的法律依据之一，还成了确立君主立宪制的宪法文件之一。——译者注）无效，对那些胆敢逼迫国王签署这样一份文件的贵族发出诅咒，诅咒他们万劫不复，永堕地狱。在爱尔兰内战中，一位爱尔兰酋长（我忘记了当时到底有多少交战方）被打得狼狈不堪，于是，他请求英格兰的亨利二世到爱尔兰来，帮他打败自己的强敌。这时，从罗马又伸出了一只看不见的手，一直伸到了英格兰。英国籍罗马教皇阿德利安四世十分热心，签署了一张羊皮书，委任英格兰国王陛下出任爱尔兰的世袭君主。于是，一支由不足 1000 人的杂牌军和 200 名骑士组成的军队就开进了爱尔兰。

爱尔兰人原来一直过着快乐的原始生活，这时，却不得不放弃其他国家早已绝迹的部族制度，被英格兰人强行套上了封建制度的枷锁。从此以后，这个小岛就再也没有一日安宁。直至几年前，围绕主权问题的争端才算告一段落。但是，说不准哪天它又会像火山一样突然喷发出来，再度在世界各地报纸的头版头条上露面。爱尔兰的土地，正如爱尔兰精神一样，存在全是为了谋杀和伏击。在这里，崇高的理想无可奈何地与卑鄙的变节纠葛到了一块儿，似乎不杀光所有的爱尔兰人，冲突就永远不会终止，问题就永远得不到解决。这绝非危言耸听，更不是无稽之谈。英格兰的统治者曾多次试图对爱尔兰人斩草除根，赶尽杀绝，然后再搜尽这些不幸者的全部家财，以进奉给国王及其宠信。例如，1650 年，凭着他们奇妙的直觉和超凡的空想，爱尔兰人又一次在荒唐的时间做出荒唐的决定——支持一文不值的查尔斯国王（英王查理一世，被克伦威尔赶下台。——

译者注），发动人民起义。这次起义遭到了克伦威尔（17 世纪英国资产阶级革命的代表人物。1599—1658，1649 年宣布成立英国共和国，1653 年自任“护国公”。——译者注）毫不留情的屠戮。在几百年后的爱尔兰人脑海之中，仍然深深地刻印着克伦威尔当年在爱尔兰犯下的滔天罪行。这是一次企图一劳永逸的尝试，一次把爱尔兰问题最终解决掉的尝试，爱尔兰的人口因这次大屠戮而锐减至 80 万，饿死者更是不可胜数（爱尔兰人的出生率一向不高），那些讨到了钱、借到了钱或者干脆去偷到了钱的人，只要攒够了一张船票，就急急忙忙逃离家乡，流亡国外。走不了的人，满腔仇恨，守着逝者的坟墓，以土豆为食，寄望有朝一日报仇雪耻。他们一直等到世界大战,才最终得到了解脱。从地理方位上看,爱尔兰属于北欧；从思想状态上看，不久之前，爱尔兰还处在古地中海时代。爱尔兰已取得了自治权，能和加拿大、澳大利亚、南非平起平坐了，可是直至今日，它还与整个世界相差一段距离。他们并未为全岛的统一而努力奋斗，正好相反，他们分成了两派，彼此仇视。南部天主教徒占爱尔兰总人口的 75%，他们组建了“自由之国”，定都都柏林。外来的新教徒后裔主要居住在北部阿尔斯特六郡，他们选择了继续居留在英国，并不断地派出自己的代表进入伦敦的英国议会。

目前爱尔兰的现状就是这样。一年之后或十年之后会是怎样呢？没有人能够预测得到。但是，一千多年来爱尔兰人终于第一次掌握了自己的命运。现在，爱尔兰能自由发展他们的港口了，科克、利默里克和戈尔韦被他们建设成了真正的海港。他们还实行了农业合作制，这个合作制在丹麦已被证明是非常成功的。爱尔兰的奶制品完全能与其他国家的产品媲美。

爱尔兰终于可以作为一个独立、自由之身，屹立在世界民族之林。但是，爱尔兰人真的能把过去忘记，为了明天而理智地去奋斗吗？

第二十二章

俄国

在美国政府官员的眼中，根本就不存在俄国这个国家，他们认为俄国官员就是一群不法分子，无情地将俄国的外交官拒之于美国的大门之外，而且还告诫美国市民，不允许他们去访问俄国，如果有人敢私自去俄国访问的话，对于他们的自身安全美国政府是不会负任何责任的。但是，俄国却有着地球 1/7 的陆地面积，相当于两个欧洲那么大，美国只是它的 1/3。它的人口数量也很多，相当于欧洲最大的四个国家的人口之和。

不过，美国政府似乎对这些没什么兴趣，他们将外交官派到埃塞俄比亚首都亚的斯亚贝巴和利比里亚首都蒙罗维亚，而对于俄国首都莫斯科却不闻不问。任何事情的发生必然有根可寻。从表面现象看，这似乎是受到政治的影响，但是，本质上却是受到了地理因素的影响。俄国有着复杂的地理背景，就是他们自己也不清楚自己是属于欧洲还是亚洲，关于这个问题他们总是犹豫不定，无法定夺。因为这种模棱两可的态度，导致了文化的冲突，而这些文化冲突恰恰体现了俄国的现状。

在用简单的地图来说明问题之前，我们先来解答俄国是属于欧洲还是亚洲这个问题。先做一个假设，如果你是一个居住在白令海峡地区的部落中的一员——楚科奇人，对自己的生活环境非常不满意（没人会说你什么，因为在西伯利亚冰天雪地的地方生活的确是件很困难的事情）。再假如你像霍勒斯·格里利说的那样——“到西部去”，并且，山区生活并不是你想要的，你更向往儿时故乡的那种大平原。于是，你为了那种生活一路西行，在西行的两年时间里，你基本上没遇到什么困难，唯一能阻碍你前行的就只是十几条宽阔的大河，最终，你来到了界山脚下，即乌拉尔山脚下（在地图上被标注为界山），那里是欧洲和亚洲两个大洲之间的一道天然屏障。

严格意义上讲，乌拉尔山并不足以成为一道屏障，因为第一批俄罗斯探险家(其实他们只是一群逍遥法外的玩命之徒,打着“探险家”的旗号，去发现对他们有价值的东西)就抬着船翻过乌拉尔山，进入了宽阔的西伯利亚大平原。你可以试试抬着船去翻越落基山脉或者阿尔卑斯山！即便是你翻越了乌拉尔山脉，你仍然还要继续跋山涉水 6 个多月，才能来到波罗的海（是大西洋的一部分）。通过陆路从太平洋到大西洋，你从头到尾走的是一块平坦的陆地，是一个大平原，不过，它只是面积最大的平原的一小部分，而这个面积最大的平原与德国平原连成一片，直达北海，它不仅覆盖了亚洲总面积的 1/3，还覆盖了整个欧洲面积的一半。因为受到它的影响，俄国不得不直接面对北冰洋，这也是俄国最致命的缺憾。

这样的缺憾成为昔日俄罗斯大帝国的祸根，同时也是烙在苏联心里的一块永远的伤疤。在几百年的历史长河中，俄国人为了能够靠近“温暖的海洋”，浪费了大量的人力、物力，造成大量的流血牺牲，结果却徒劳无功。新的政权取代了罗曼诺夫王朝，就如同一栋高楼一样，有 80 层那么高，每层有 100 个房间，出入口很少，除了有两个小窗及三楼后面的一个防火通道外，再也找不出任何出入口了。也许，跟弱小的英国及法国比起来，你会认为美国足够大了。但是，在这个苏联政权占据的地方，它的面积是法国的 40 倍，是英国的 160 倍。在它所有的河流中，鄂毕河排在第一位，它的长度跟亚马逊河相差无几。排在第二位的是勒拿河，它跟密苏里河一样长。它最大的内陆海是西部的里海，其总面积跟休伦湖、苏必利尔湖、密歇根湖及伊利湖的面积之和差不多，其次是中部的咸海，它的面积是比休伦湖大 4000 平方英里，而东部的贝加尔湖有两个安大略湖那么大。其南部的山峰竖立在欧洲与亚洲的边界上，阿拉斯加的麦金利山高度超过 20300 英尺，高加索的厄尔布鲁士山高度超过 18200 英尺，与美国的最高峰形成对峙之势。

在地球上，最寒冷的地方是西伯利亚的东北角，俄国在北极圈内的领土面积仍然跟法国、英国、德国及西班牙四个国家的面积之和差不多。俄国人长年累月地在空寂的荒原和寒冷的土地上生存，生存环境对他们的影响是不能抹灭的，这也导致了他们习惯于走极端的思想，不管我们从任何一个角度看，都是同一个结果。在其他国家人的眼里，俄国人的行为举止及他们的为人处世原则是永远无法让人理解的。例如，几百年乃至上千年以来，他们一直是上帝的忠实信徒，一直不停地祷告，而在后来的某个时候，他们却毫无征兆地把上帝从学校里扫地出门。另外，几百年来，他们一直听从某个人的命令，在他们的心中，这个人是不可侵犯的，地位是至高无上的，就像神灵一样。不过，即便是这样的人物，他们仍然会在某一天毫无征兆的情况下把他打倒，而去接受另一个嘴上说着能给他们带来幸福生活的新政权。

“俄国”这个词显然从未在罗马人的脑海中出现过。在古希腊人去黑海淘金时（“金羊毛”这个故事，大家应该都有所耳闻吧），他们曾闯入一些野蛮部落的领地，他们把这些部落的人称之为“喝马奶的人”。根据现有的希腊古瓶画来辨别，古希腊人在当时遇到的这些野蛮之人，其实就是哥萨克人的祖先。

当俄国人第一次登上历史的大舞台，出现在人们的视线中时，他们还居住在一个像四方形的土地之上，这块土地的四个边界分别是喀尔巴阡山和德涅斯特河、维斯瓦河、普里佩特沼泽及第聂伯河。在这块土地上，不同的地区居住着不同民族的人。立陶宛人、列特人（是拉脱维亚的一个民族）以及普鲁士人（都是俄罗斯人的近亲）居住在北部波罗的海沿岸的大平原上。如果追踪现在德国的统治者——普鲁士人的根源，会发现他们就是斯拉夫人的后裔。东部居住着的是芬兰人，现如今，他们的居住地被北冰洋、白海和波罗的海围着。凯尔特人、日耳曼人（或者我们可以认为是这两个民族的混血儿）居住在这块土地的南部。

不久后，在中欧平原上，日耳曼部落的人发现，北方邻人是个很温顺的民族，不管他们遭遇什么样的命运，他们总是一副无所谓的样子，耸耸肩，低声说："算了吧，生活就是这样子的。"这样的民族正好成为他们的仆从及苦役，只要他们需要，去袭击那些北方邻人的驻地就可以得到了。在古希腊人听来，这些北方邻人的名字好像叫斯拉夫尼。

为了得到更多的奴隶，那些奴隶贩子经常袭击喀尔巴阡山地区，在他们的口中，我们经常可以听到他们谈论又抓到多少奴隶或者斯拉夫人。再后来，"奴隶"一词就诞生了，且成为一种特殊的商品名称，专门指那些很不幸成为别人私有财产的人。随着时间的推移，这些早期奴隶或者斯拉夫人渐渐强大起来，当今世界上最强大的中央集权国家就是他们一手创造的。也许他们在跟历史开一个玩笑，只是这个玩笑开得比较大，就连我们都不幸成为这个玩笑嘲讽的对象。我们今天沦落到这种局面，都是我们的祖先造成的——他们的目光太短浅。为什么会这样说呢？接下来我会做详细的说明。

刚开始的时候，斯拉夫人老老实实、本本分分地待在属于他们的那一小块土地上生活。后来，因为他们无休止地繁殖后代，孩子越来越多，人口急剧地膨胀，而土地却没有什么变化，这个时候，他们需要大量的土地来养活自己。因此，他们先是想向西部扩展，可是强大的日耳曼帝国挡住了他们的去路。于是，他们转向地中海这个花花世界，这次阻止他们前进的却是罗马和拜占庭。走来走去，只有东方没有什么强敌。所以，这些斯拉夫人朝着东方蜂拥而去，开辟了很多土地。他们还渡过了德涅斯特河和第聂伯河，一直到伏尔加河才停住了脚步，因为这条大河给他们提供了取之不尽、用之不竭的鱼肉，成为他们养育后代的“恩人”。于是，俄国农民就把这条大河命名为“母亲河”。

伏尔加河是整个欧洲最大的河流，它的发源地在俄罗斯北部中央高原的群山之间。第一批俄罗斯人在这里修建了大量城堡及要塞，这也是为什么俄罗斯早期城市大多建于此地的原因。伏尔加河在群山之间曲折蜿蜒，绕来绕去，绕了一个大弯之后才掉过头来，向东边的大海流去，最终融入大海中。

受山势的影响，伏尔加河两个岸边的地势区别很大，东岸到处是悬崖峭壁，而西岸却相对平坦。如果我们按直线距离来算的话，从离伏尔加河的发源地最近的特维尔到终点里海这段距离只有 1000 多英里。但是，如果我们按路程来算的话，由于经过反复盘旋曲折，伏尔加河河道的长度是直线距离的 2.3 倍，流域面积达 56.3 万平方英里，约等于德国、法国以及英国三个国家的面积之和。跟密苏里河比起来，伏尔加河还要多出 4000 平方英里。这里有个有趣的现象，伏尔加河如同俄国人一样，也有着它古怪的一面。作为航运河，伏尔加河可以说是举世闻名的（在世界大战之前，这条河上有多达 4000 多艘船只航行），但是，伏尔加河流过了萨拉托夫后，河面就跟海平面一样高低了，之后的几百英里河面全部低于海平面之下。不过，这些也是可以解释的，因为伏尔加河的归宿是里海，而里海却位于多盐的沙漠地带的中央，从现在来看，里海的海拔比地中海要低 85 英尺，但随着时间的推移，也许再过 100 万年，里海的海拔会和死海（目前，死海位于海平面以下 1290 英尺，这也是世界海拔最低的地方）差不多。

随便说一句，伏尔加河还被认为是我们饭桌上所吃的鱼子酱之母。说“被认为”是因为伏尔加河只能算是鱼子酱的继母，伏尔加河本身并不能直接出产鱼子酱，这道闻名遐迩的俄罗斯佳肴是用河里的金枪鱼卵做成的。

在没有铁路之前，河流和海洋是人类贸易来往或者征战掠夺的主要通道。在俄国人没有找到新的疆土之前，他们别无选择，只能依靠自己的河流。因为在他们的西面，条顿部落把他们通往大海的道路给一刀切断了；在南面，另一个对手拜占庭人又封住了他们的道路。从公元 600 年到今天，在俄国的历史记载中，伏尔加河和第聂伯河这两条大河自始至终都贯穿于他们的历史书中。尤其是第聂伯河，它可是一条从波罗的海至黑海的重要商道的一部分。这条商道跟德国平原上的那条商道一样古老。从地图上看，在北方，先进入我们视线的是芬兰湾，涅瓦河将它和跟安大略湖面积差不多的拉多加湖连在一起。在涅瓦河畔有一座很著名的城市——列宁格勒。从拉多加湖向南流去的小河叫沃尔霍夫河，它把拉多加湖与伊尔门湖连在了一起。在伊尔门湖的南边是洛瓦季河，它距离蓝色的多瑙河很近，而且两条河流之间的地势也平坦，不管是开展水运还是陆运，都很方便。这样一来，旅游的人就可以从北方出发，顺着河流一路悠闲地南下，再改道黑海的入海口第聂伯河（距克里木半岛仅有很短的几英里路程），就能直接到达黑海了。

商业贸易既没有国界之分，也没有种族的区别。利润一直是驱动人类把斯堪的纳维亚的货物从千里之外运到拜占庭帝国进行商业贸易的动力，人们选择在这里立足生存，也正是因为有利可图。从基督纪元开始的五六百年时间里，由于地质下陷，在加利西亚和波多利亚（喀尔巴阡山外围）之间出现了一个低谷，这条便捷的商道直接通到了俄罗斯大平原。

但是，这里很快就发生了改变，因为大量的斯拉夫移民涌入了这个地区。那时候，商人不再选择四处进行商业贸易，而是转变角色，成为雄踞一方的霸主，并建立了属于自己的王国。虽然在商业贸易方面，俄国人算得上是聪明绝顶之人，但是对于治国安邦之道，他们却并不擅长，他们同样缺乏像条顿人那样细致缜密的逻辑思维能力。他们喜欢猜疑，而且顾虑很多，根本无法集中精力。沉思是他们最喜欢的思考方式，而且热衷于辩论，但却不善于将权力集中到自己手中，处理事情也不果断。不过，当一方的霸主也不是什么太困难的事情，刚开始，这些俄国人的野心并没有多大，只要有一块能够安身立命的地方就可以了，就这样，半君主制的宫廷诞生了，而那些侍从或者臣民也需要安身的地方，因此，第一批俄罗斯城市诞生了。

生机勃勃的新兴城市通常都格外引人注目。所以这样的地方一出现，君士坦丁堡的教士们就会迫不及待地划着小船，沿着第聂伯河北上，就像几百年前的斯堪的纳维亚人划船南下一样。我们得佩服这些教士的说服能力，在很短的时间内他们就跟当地的诸侯打成一片，于是修道院也理所当然地成了王室的一部分。紧接着，罗曼诺夫王朝在历史的大舞台上正式亮相了。这个时候，有两个名扬天下的城市，一个是南部的基辅；另一个是个富有的商业城市大诺夫哥罗德，这座城市建在伏尔加河和奥卡河的交汇点上，与下诺夫哥罗德没有任何关系，这里的繁荣景象在西欧的各个国家都知道。

与此同时，俄国农民仍然像几千年前的农民那样，继续繁殖后代。当他们发现现有土地已无法满足他们的生活时，他们就再次开辟疆土。他们从欧洲最富裕的地方乌克兰河谷出发，先是向着俄罗斯大平原进军。到达平原后，他们又选择顺着河流向东方前进。这些俄国农民时间观念很淡薄，所以用时多少基本上不会给他们造成什么影响，他们从容地沿着奥卡河谷前进，最后停在伏尔加河，建立了诺夫哥罗德新城，永远地管辖着周边的平原地区。

但是，在历史的长河中，“永远”跟永恒是两个并不等同的概念。在13世纪早期，俄国人的雄心壮志就被一场灾难给浇灭了。不计其数的矮个子黄种人沿着乌拉尔山与里海之间的宽谷从东向西飞奔而来，源源不断的骑兵让人以为是所有的亚洲人都要跑到欧洲的中心来定居，西方的那些挪威—斯拉夫小诸侯国看到这样的情景，惊恐万分。仅用了短短的三年时间，被西方称为鞑靼人(其实鞑靼是被蒙古消灭的，而西方一直把蒙古泛称为鞑靼)的蒙古人就统治了俄罗斯所有的平原、河流、内海及山区。也许是天意，这些蒙古人的战马马蹄染上了瘟疫，才使德国、法国及其他西欧国家逃过一劫。

当蒙古人培养出新的战马之后，他们再次发动了西征。不过，这个时候，德国和波希米亚早有防备，他们把城堡建得坚不可摧。这些蒙古人只得望“城”兴叹，他们绕过德国，在匈牙利发泄了一番，最后返回到俄罗斯的东南地区，然后就在那里安顿下来，开始享受他们的战利品。在这以后的200年里，信仰基督的男女老少只要看到那些令他们闻风丧胆的成吉思汗的后代，就必须跪下参拜，亲吻他们脚下的泥土，如果有谁胆敢违抗，那只有死路一条。

对于这些侵略者的残暴行为，欧洲人也知道得一清二楚。只是他们虽然都供奉上帝，供奉的方式却不同。斯拉夫人是按照希腊人的方式，而西欧各国是按照罗马的礼仪。所以，那些西欧人只是袖手旁观，心里还一直咒骂着："这就是你们这些卑贱的俄罗斯人的报应，虽然被人奴役是悲惨的，可谁叫你们不归属正教统呢？就让这些异教徒的怒火尽情燃烧吧！皮鞭尽情地挥舞吧！"最终，欧洲人因为他们的冷酷无情也付出了沉重的代价。

这些俄罗斯人忍受着磨难，用他们宽厚的肩膀扛起了侵略者强加给他们的一切重负。蒙古人对他们长达 250 年的统治，使他们养成了逆来顺受的习性。就让他们继续背负这副永远也无法摆脱的沉重枷锁吧！

在俄罗斯平原的东部，一个古老的前沿哨所孕育出了一个公国——莫斯科公国，而这个公国的霸主为建立自由的国家立下了不可磨灭的功绩。1480 年，俄罗斯历史上最著名的伊凡大帝——约翰三世开始拒绝向金帐汗国（成吉思汗长子术赤的封地。西到多瑙河，东到额尔齐斯河，南到高加索，北到保尔地区）的主子上供，从此以后，俄罗斯人公开反抗侵略的战争开始了。经过 50 年的战争，入侵者终于被赶跑了。然后，虽然残暴的统治者被赶走了，但是他们的制度却存留了下来，这个国家的新的统治者是个很讲求实际的人。30 前，君士坦丁堡被土耳其人攻破，东罗马帝国最后一位皇帝被刺杀在圣索菲亚大教堂的台阶上。教皇趁机想将希腊教廷拉拢到自己的天主教廷中，极力撮合伊凡和一个叫佐伊·帕里奥洛加斯的罗马天主教徒女人（伊凡的远房亲戚）的婚事。虽然婚期如他所愿，佐伊也将名字改成索菲亚，但是，这只是罗马教皇的一厢情愿罢了，伊凡不但没有如他所愿，反而变得更加无拘无束。伊凡不是傻子，他也有着自己的小算盘，有这样一个可以代替拜占庭王朝的机会，他是不会轻易放过的。他选择用双头鹰（君士坦丁堡用来代表东西罗马的盾形纹章，在当时的罗马帝国是很有名的）来做自己的纹章，他运用各种手段，将至高无上的皇权掌握在自己的手中，将那些臣子和贵族贬为他的侍从和奴仆。他高傲地把自己称作这个世界上唯一一个“恺撒大帝”式的强权人物，在莫斯科这个小小的宫廷里，他仍然沿用着前拜占庭王朝的礼节。在家族光环的影响之下，他们的子孙后代都对外宣布自己是整个俄罗斯的统治者。直到 1598 年，鲁雷克王朝的最后一位天皇贵胄去世，才代表着斯堪的纳维亚人在俄罗斯的统治时代结束。

之后，俄罗斯内战爆发，经过 15 年的战争，罗曼诺夫家族（是一个居住在莫斯科小宫廷里的贵族家庭）的一员把自己封为沙皇，伴随着罗曼诺夫们日益膨胀的野心，俄罗斯的版图也越来越大。虽然这个新的统治者也是劣迹斑斑，但是，他们的优秀事迹也有不少，因此，我们暂时还是忘记他们犯下的错误吧。

为了造福他们的子孙后代，为后代打通一条直达大海的通道，他们愿意付出任何代价，这也是他们心中共同的信念。付出终究会有回报。终于，他们从南部冲出了一条可以直达黑海、亚速海和塞瓦斯托波尔的血路。但是，到达地中海这条道路受到了土耳其人的遏制，仍然没有打通。不过他们却也获益不少，因为受到战争的影响，直接导致的结果就是 10 个哥萨克部族加盟俄罗斯人。哥萨克部族的祖先其实是在过去的 500 多年中，为了逃避蒙古人及波兰人的奴役，而跑到荒野之中避难的人，归根结底，他们的祖先其实就是哈萨克人、海盗、流浪汉或者逃避的奴隶。之后，俄罗斯人又发动了跟瑞典人的战争，在 1618—1648 年的“三十年战争”（三十年战争是在欧洲范围内的一场国际性战争，战争的一方是德意志新教诸侯，加上丹麦、瑞典及法国，另一方是德意志皇帝、天主教诸侯及西班牙，这场战争的最终胜利者是前者）中，瑞典人占领了波罗的海附近的所有土地。后来，俄罗斯人通过长达 50 年的战争，才把瑞典人打败。于是，彼得大帝的新都圣彼得堡出现了，这座城堡建于涅瓦河的沼泽之中，是彼得大帝调遣成千上万的臣民才建立起来的。

可是，“辽阔的大海”依然是一个遥不可及的梦，因为芬兰湾每年要冰封 4 个月。俄罗斯人只能又顺着冰原中心的奥涅加河与德维纳河北上，在北冰洋沼泽荒原的尽头——白海之滨建立了另一座城市阿尔汉格尔斯克。可是，对于整个欧洲来说，卡宁半岛犹如哈德逊湾的冰雪海岸一样遥远，以至于荷兰和英格兰的商船也避开了摩尔曼海岸。这样一来，俄罗斯人又功亏一篑了。他们唯一的出路只有向东了。

1581 年，一批来自欧洲各国的逃奴、流浪汉和战俘越过了乌拉尔山，他们在逃亡的途中，和遇到的一个蒙古首领展开了一场激烈争斗，最终大捷。战后他们瓜分了战败者的所有财产。但他们自己也明白，他们根本逃不脱莫斯科强大的势力范围，与其坐着等死，还不如为了拿到一份犒赏，把这片疆土献给大帝，反而能落得一个爱国者的称号而名垂青史。在一个半世纪以后这种独特的殖民方式宣告结束，虽然他们一直臭名远扬，但是在这一个半世纪的漫长时间里，他们却把荒无人烟的地方变成了北有平原、南有密林的肥沃土地。他们很快就把鄂毕河抛在身后，来到叶尼塞河岸边。从 1628 年至 1648 年的短短 20 年间，他们先后到达了勒拿河、鄂霍次克海岸边、贝加尔湖,最后他们抵达了阿穆尔河（即中俄边界河流黑龙江）。同年，哥萨克人德日涅夫沿着西伯利亚北部的科雷马河而下，来到北冰洋并沿着北冰洋的海岸线，到了亚洲与美洲分界处的海峡。当他回去讲起这个海峡时，人们并没有注意。直到 8 年后，俄罗斯雇用的丹麦航海家维丘斯・白令再一次发现了这个海峡，并以他的名字来命名，即白令海峡。

从 1581 年到 1648 年，俄国人只用了短短了 67 年就占领了整个西伯利亚。而我们美国的祖先却用了整整 200 年时间才从阿勒格尼山走到太平洋岸边。所以,俄国人并不是我们想象的那么迟钝。

占领西伯利亚并没有使他们得到满足，在随后的日子里，他们的双足踏进了北美洲。在乔治·华盛顿统治的末期，俄罗斯在北美洲有十分繁荣的殖民地，当时他们以大使加百里列的名字来命名今天的锡特卡，这是一个重要的关卡。俄美两国移交阿拉斯加的正式仪式就是1867年在锡特卡市举行的。

早期俄国开拓者的胆识、精力及大无畏的冒险精神远远超过我们美国的祖先。但是，亚洲人的帝王观念仍然主宰着莫斯科和彼得堡的当权者。在俄罗斯辽阔的国土上，有着丰富的资源等待着人们来加以开发和利用。但是俄罗斯人却忽视了西伯利亚大平原上丰富的牧场、森林和矿藏，把它变成了一所庞大的监狱。在叶尔马克（逃亡者、探险家，哥萨克人，1581年后开始征服西伯利亚）翻越乌拉尔山的50年之后，也就是在17世纪中期的时候，在西伯利亚出现了第一批犯人（他们是一些不遵守希腊教会的教士），他们被送到了冰天雪地的阿穆尔河畔，任由他们冻死或者饿死。从此以后，被流放到这里的犯人越来越多，一直未曾断过。不管你是男是女，又或者是小孩，只要你敢用个人的意志去触犯俄国沙皇推行的残暴政策——亚洲式的大统一，你就会被流放到西伯利亚那些荒无人烟的草原上。1863年，流放达到了顶峰。这是指在波兰人最后一次大规模起义失利后，多达5万人的波兰爱国者迫于形势，只有无奈地从维斯瓦河迁移到托木斯克和伊尔库茨克地区。而这次起义的失败，导致了多少人被流放到西伯利亚荒原呢？至今也没有什么具体的统计数据。

直到1800—1900年期间，因为受到世界各国政府的外交压力，俄国的流放政策才有所放宽。但是，每年仍有超过2万人被流放到西伯利亚的寒冷地区。这个数字里并不包括一些普通的罪犯、小偷、窃贼以及杀人犯。这些行为极端丑陋的人是不可能跟那些具有崇高精神境界的人平起平坐的。这些丑恶的人也不值得我们去关心同情，对他们的怜惜才是最大的错误。

一些服刑期满被放出来的幸运儿，能够得到流放村附近的一小块耕地，就这样，他们就转变成了自给自足的农夫。从表面上看，这样的做法的确更人性化一些，能够让白种人分布在全国各地。对于那些欧洲的大股东来说，这也是俄国沙皇向他们证明的一个很好的机会——西伯利亚的情况并不像新闻报道中所说的那样糟糕。理智地看待这个问题，西伯利亚的疯狂也是有好处的，至少它将那些流放者教化成对社会有贡献的劳动者。但是，从实际效果来看，这样的做法太过理想化，只存在于理论中，大部分“自由移民”都消失在西伯利亚。无人知道他们都去了什么地方，或许，他们去了土著部落，还当上了穆斯林或者无神论者，从此与基督教文化再见；又或者是在他们逃跑的路上遇到了狼群，成了狼的大餐。我们从俄罗斯警察的统计表中看到，至少有 3 万—4 万的犯人逍遥法外，不知所踪。也许，我们只能解释为他们情愿待在深山老林里，与大自然为伍，而不情愿再回到俄国沙皇统治下的监狱里面。

随着资本主义制度和工业大生产的出现，俄国旧的农奴体制和易货制度很快就被取代了。这是众所周知的。1863 年 1 月 1 日这天，对黑人来说是个永远值得纪念的日子，林肯签署了《解放黑奴宣言》，同时废除了南部的奴隶制度。而俄国的农奴解放来得比这还要早几年。为了让这些解放了的农奴能够生存下来，俄国政府给每个农奴划分了土地，虽然有了土地，但是根本不能让农奴维持基本的生活。而这些分给农奴的土地还是从大地主那里强行划分出来的，这样一来，不管是大地主还是农奴，都对这样的做法有很大意见。恰恰在这个时候，蕴藏在俄罗斯大平原下的那些丰富的矿产资源被发现了，大量的国外资本迅速涌了进来。为了开采矿产资源，人们开始修建铁路，开辟更便捷的水上通道。

当欧洲的工程师风尘仆仆地穿过半原始的村庄，出现在他们面前的却是一座跟巴黎大剧院差不多的豪华剧院，这个时候，他们不禁目瞪口呆，嘟囔着“怎么会是这样呢”？

这时，过去俄罗斯王朝的缔造者的那种驱使他们百战百胜的锐气已经消失殆尽了。当年彼得大帝坐的宝座上，现如今坐着的是一个整天只会围着教士们打转、混在女人堆中、身体虚弱的人——尼古拉二世（在位50年，也是罗曼诺夫王朝最后一位沙皇），为了参加一场大多数人都不赞成的战争，这个人用他自己的王位做抵押，而且还接受了伦敦、巴黎那些放贷者开出的苛刻条件，其实他就等于在自己的死亡书上签了字。

一个从西伯利亚流放地回来的矮个子男人，推翻了这个旧的世界，开始了重建新家园的工作。他不仅把那些欧洲流传至今的陈旧体制废除了，还把亚洲的旧体制也废止了，凡是一切旧的、阻碍社会发展的体制都被他一一废除了。新的家园是建立在他那富有远见的目光的基础上的。

不管怎样，这片俄罗斯大平原终于焕发了生机，这值得全世界人满怀期待。布尔什维克主义也许只是一个充满神奇色彩的凭空想象，但是，在俄国却是一个真实的存在。

第二十三章

波兰

说起波兰，有两件大不幸的事情，第一件是地理位置占错了，第二件是民族选错了。对于两个人来说，兄弟之间会手足情深；但如果是同宗同源的两个国家，将是非常不幸的事，波兰就偏偏与它的邻居俄罗斯人同属于斯拉夫民族。

关于波兰人的起源，我们已经无法进行考证了。爱尔兰人是坚定的爱国主义者，他们把全部的精力放在时刻准备为祖国献身这件事情上，而不是努力地工作，好好地生活，这一点波兰人与其非常相像（这两个民族有太多的相似之处）。根据波兰的历史学家证实，波兰人的祖先的英雄事迹可以从诺亚时代说起，传说，波兰人的祖先就是诺亚方舟上的偷渡者。不过，波兰人的名字首次出现在真实的历史文献中，是查理曼大帝以及他的勇士离世 200 年以后的事了。人们开始认识波兰人是在黑斯廷战役结束后的 50 年，在这之前，人们一直以为波兰人生活在某个偏远的角落。

现在我们所知道的是，多瑙河河口是波兰人最先生活的地方，因为东方人不断地对他们进行侵略，所以，他们被迫背井离乡，向西逃去，一直逃到了喀尔巴阡山脚下，他们从那片被俄罗斯人遗弃的地方穿过，最终到达了欧洲奥得河与维斯瓦河之间的那块大平原，从此，他们就在这片寻找到的位于沼泽与森林之间的“乐土”上安身立命。

然而，这种选择却是非常糟糕的。生活在这片土地上的农民就如同坐在中央火车站出口正中的人一样，想要得到安宁和平静的生活，那简直就是一个莫大的奢望。其实，这片土地正是欧洲的前大门，也是任何人都可以通过的走廊。这是从西面进攻欧洲，夺取北海的出发地，也是从东面掠夺俄国的必经之路。东西之间唯一的通道就是波兰。腹背受敌的波兰逼不得已只好将所有的农民都训练成为职业战士，每个庄园都改造成坚固无比的堡垒。在军事化的生活中，波兰付出了沉重的代价，对于一个终年准备打仗的国家而言，商业贸易简直就是天方夜谭。

维斯瓦河岸上矗立着波兰几座重要的大城市，这个地方也是国家的中心。喀尔巴阡山与加利西亚平原连接的地方正好是南方的克拉科夫的所在地；波兰平原的中央是华沙；但泽位于维斯瓦河的河口地区，外国的商人维持了这一地区的贸易往来。波兰的内陆地区鲜有人烟，到处是一片荒凉、衰败的景象，与河畔的这几个繁荣昌盛的城市之间形成了显著的对比。整个平原只有第聂伯河而已，此外便没有其他河流了，可是，这条第聂伯河却是在俄罗斯境内。

国内的日用品生意被那些从莱茵河进来避难的犹太人掌控着，他们选择从莱茵河进入这片荒凉的土地，是因为那个时候的莱茵河边有许多著名的犹太人居住点，可是，这些居住点却遭到了满怀神圣热情的十字军骑士的屠杀和劫掠。波兰人也许能够从建立俄国的那些吃苦耐劳的斯堪的纳维亚人身上看到一些希望，只不过他们从来没有走出过这片土地。他们因为什么而来到了波兰？这个地方连发达的商道也没有，人们走进这里，痛苦的心灵并不能得到安慰，因为这里并没有像君士坦丁堡那样的城市。

波兰人就这样在水深火热中生活着，有些进退两难的境地。

因为波兰人斯拉夫民族的身份，德国人对他们充满了敌意，从来没有将他们看作自己的罗马天主教兄弟。又因为波兰人不是希腊天主教徒，俄国人也看不起他们，从来不把他们当成斯拉夫民族的同宗兄弟。对于既是天主教徒又是斯拉夫人的波兰人，土耳其也是非常憎恨他们。

在中世纪，立陶宛皇室为波兰人做出过许多卓有建树的贡献。假如这个皇室还有一丁点儿气息存在，那么，波兰就很有可能出现巨大的变化。然而，那些在亚盖沃家族统治下的大地主、大贵族却把专制和暴政带进了自己荒废、广袤的庄园里，并且四处征讨，大发战争横财。波兰这块土地被大贵族和大地主们变成了选举制的君主制国家是在 1572 年最后一个亚盖沃国王与世长辞的时候。从 1572 年一直到 1791 年，这种体制延续了 200 多年的时间。不过这种体制后来变得让人啼笑皆非、不伦不类了，直到它被推翻。

出价最高的人顺利地得到了波兰的王位，没有任何人对此提出质疑。这块土地先后属于过法国人、匈牙利人和瑞典人，不过，对他们而言，他们来这块土地的目的仅仅是为了榨取更多的不义之财，除此之外，他们对一切都毫无兴趣。当这些外国主人忘记了给他们的波兰走狗些许宠爱的时候，感觉委屈的波兰贵族们便向自己的邻居求助，就像 1000 年以前的波兰人那样，他们请来了自己的邻居，并且请求邻居帮助他们拿回“自己应得的权力”。这件好事情一经传开，乐坏了普鲁士人、俄国人和奥地利人，这些邻居还没有来得及采取措施，独立的波兰就已经消失不见了。

1795 年，最后三次瓜分开始了，18 万平方英里的土地以及 600 万人口划归了俄国；5.7 万平方英里的土地以及 250 万人口归普鲁士所有；4.5 万平方英里的土地以及 370 万人口被奥地利尽收囊中。直到 125 年以后，这个可怕的噩梦才被终结。俄国强大的势力震慑了协约国，于是，他们向另一个极端走去，造成了矫枉过正。新的波兰共和国的疆域被他们扩大到了空前的规模，不仅如此，他们还给新波兰划入了一些原本不属于它的领土。他们划出了一个所谓的“波兰走廊”，原先的波兹省直通波罗的海，意在给波兰找一个出海口，这个狭长的地带拦腰截断了普鲁士，将普鲁士分成了互不相连的两个部分。

对于这条不幸的走廊的未来，就算没有渊博的地理知识和历史知识的人也是可以预见到的。它将成为德国和法国之间永远的借口，他们永远不会停止相互仇恨和互不信任，无论任何一个国家变得强大起来，那另一个国家必将得到倾覆的下场。不幸的波兰将再次沦为俄国和欧洲各国相互争夺的猎物。

首战告捷的波兰，给人以取得辉煌胜利的错觉。可是，用仇恨在国与国之间构筑起来的堡垒是绝对不能够解决现代经济社会中的问题的。

第二十四章

捷克斯洛伐克

捷克斯洛伐克所处的地理位置在所有斯拉夫国家中是最优越的，这是从经济学以及城市居民的文化水平来衡量的结果。捷克斯洛伐克拥有的自治权是他们在世界大战期间放弃奥匈帝国的回报。当然，这是波希米亚、摩拉维亚和斯洛伐克的三分天下，所以说这个国家其实是由人为拼凑出来的。至于他们是否可以长期共存，就不得而知了。

首先，捷克斯洛伐克是个内陆国家；其次，捷克人和斯洛伐克人之间没有任何亲密的感情存在。前者有900万人口，全部是虔诚的天主教徒，后者有400万人，全部信奉新教。曾是讲德语的奥匈帝国一个组成部分的捷克跟其他国家的关系较为密切；而斯洛伐克人却被匈牙利统治者进行了多年的残酷奴役，一直都没有摆脱卑贱之民的社会地位。

处在波希米亚和斯洛伐克之间的摩拉维亚人坐拥捷克斯洛伐克境内最肥沃的土地，不过，他们没有任何政治地位可言，因此，他们在捷克人与斯洛伐克人永无休止的世仇斗争中，毫无插嘴的机会。当年的匈牙利人是如何对待斯洛伐克人的，捷克人也就如何对待他们，只是最近，匈牙利人开始对少数民族的权利有所尊重了。

那些想要了解种族问题严重程度的人几乎无一例外会礼貌地

拿中欧国家举例子。中欧看不到出路的形势，真的太让人绝望了。事实上，在中欧，斯洛伐克的情况还不是最坏的。不过，它的三个民族之间却是水火不容，相互敌对和仇视。在中世纪的时候，波希米亚地区迎来了300万的日耳曼人，这些条顿人的后裔是为了帮助开发蕴含在厄尔士山和波希米亚森林中丰富的矿藏而来的，他们的到来，使情况愈加复杂和恶化了。

1526年，中欧那些属于波希米亚的地产全部被哈布斯堡家族掠夺了。此后，波希米亚地区变成了奥地利的殖民地之一，这种关系一直维系了388年之久。值得庆幸的是，虽为殖民地，它的处境并不算太糟糕。日耳曼人的中小学、大学以及日耳曼人严谨周到和一丝不苟的作风造就了优秀的捷克人，并且使他们知道怎么目标明确、意志坚定地去工作，可以说他们是斯拉夫人中唯一知道该怎么做的民族。可是，对于受压迫的民族来说，复仇已经成为天性。主人对他的厚爱以及几件圣诞礼物并不能让他们捐弃前嫌，他们不可能会喜欢他们的主子。一朝自由到手，必将压迫者打翻在地。因此，捷克语成了官方语，德语则重蹈匈牙利语在斯洛伐克的覆辙，沦为被迫使人接受的民间语言。捷克民族传统中的语言文化教育被新的捷克人全盘接受了。从爱国主义的角度来看，这显然是正确的。可是，以往的每一个波希米亚孩子都接受德语教育，最少有1000万人可以听懂他讲的话，到了今天，新一代的孩子却因为有几百万人说捷克语而受到了极大的限制。如果他某一天到了国外，则会茫然无措。那种在商业和文学历史上毫无价值的语言，还能期望谁去学习它呢？假如，捷克政府的领导具有比其他中欧国家领导人更高的水平，他一定会鼓励并恢复双语制度的。可是，这个计划将受到极大的阻力，因为那些语言学家绝不允许用国际语言来作为煽动政治的工具，将所有的党派都联合到一起，这是他们不愿意看到的。

哈布斯堡家族统治下的波希米亚是一个富庶的农业地区，同时也是高度发达的工业省份。波希米亚的煤矿和铁矿都非常丰富，而且其复杂的玻璃制作工艺还使得这个地区闻名于世。家庭手工业也是捷克农民的拿手活计（他们每天在田间耕作的时间是 12 个小时，回家后还要做点东西），所以，波希米亚人的纺织品、地毯和裤子誉满天下。以前，因为哈布斯堡家族推行了极少几个优惠政策，波希米亚产品运送到奥匈帝国的每个角落都是免税的，现在，帝国已经分崩离析，每一个小国都企图用重税壁垒来搞垮邻国的商贸。过去，拉一车啤酒从比尔森到阜姆去，一路畅通无阻，既没有海关也没有任何税费支出；而今，路途中却设有六道关卡，要缴纳六次税费，还要换六次车，要在路途上耽搁几个星期才能到达阜姆，而这个时候啤酒早就变成酸的了。

小国家走上独立自主的道路，这在理想主义者中是不可多得的好事。但是，不理想的是，这些小国家在生存的压迫下，同大自然展艰难抗争，做着最原始的挣扎。生活在 1932 年的人，居然还按照 1432 年的思想来做事，对此，我们已经无能为力了。

在此，我还要稍微补充一下，以便能帮到准备去捷克斯洛伐克的旅行者。布拉格的名字已经改为 Praha，过去的 Prague 被摒弃了；原先从布拉格身边经过的莫尔道河已经改名为沃尔塔瓦，不过，易北河仍旧是它最后的归宿。喝啤酒的好地方，名字也不是从前的那个了（不过，仍然可以在那里喝啤酒）。如果你不爱喝啤酒，而是喜欢饱餐一顿，那么卡尔斯巴德绝对是个不错的选择，不过那里现在名字改叫卡罗维发利了，现在的玛利亚温泉就是以前的马里安温泉。如果你想从布鲁诺到普雷斯堡去，最好乘坐从布尔诺发往布拉迪斯拉的火车。如果你询问列车员，而且恰好赶上了他是一个布达佩斯统治斯洛伐克那个时代留下来的匈牙利人，他一定会死死地盯着你看，除非你跟他解释清楚你问的其实是波若尼。这样看来,这个半球上那些荷兰、瑞典和法国的殖民地可能都不会比捷克斯洛伐克维持更长的时间。

第二十五章

南斯拉夫

南斯拉夫这个国家的正式名称是塞尔维亚、克罗地亚和斯洛文尼亚王国。这个王国的三大部族（如果用“部落”这个词的话，感觉像在说非洲土著人，有点不合适，这样可能会伤害他们的自尊）中最重要的成员就是塞尔维亚人了，东部的萨瓦河就是他们的居住地，这个国家的首都贝尔格莱德位于萨瓦河与多瑙河的交汇处；在多瑙河的支流德拉瓦河与亚得里亚海之间居住的是克罗地亚人；斯洛文尼亚人的地盘是伊斯特拉半岛和克罗地亚之间的那个小三角地带。现代的塞尔维亚由几个小部族组成，其中一个就是黑山。这个小山国有着如画般的景色，那场与土耳其人持续了400年之久的战争让它举世闻名，当我们跳起“快乐的寡妇”这曲华尔兹的时候，关于这个小山国的甜蜜回忆可能就会回来了。昔日奥匈帝国的那些著名遗产——波斯尼亚和黑塞哥维那，全部归入了塞尔维亚名下。那是奥地利人从土耳其人手中抢夺回来的土地，它原本就属于塞尔维亚人，因此，塞尔维亚人与土耳其人之间的仇恨可谓不共戴天，1914年发生的奥地利大公遇刺案也是由这种仇恨导致的，而且还进一步引发了世界大战（当然，这并不是世界大战爆发的主要原因）。

无论如何，曾经受到穆斯林奴役500年之久的塞尔维亚（我对过去的称呼已经习惯了——事实上我说的是南斯拉夫王国）只能算是一个巴尔干国家。世界大战结束后，亚得里亚的海岸线归南斯拉夫所有了，不过，狄那里克阿尔卑斯山却无趣地横躺在它的出海口上。这个地方唯一的良港只有拉古扎（现名杜布罗夫尼克）而已，就算修建了穿山铁路（需要巨额资金）也无济于事。在中世纪时期，拉古扎港口是殖民地最大的商品集散地之一，然而，它却是地中海世界唯一一个拒绝接纳美洲和印度新航线的港口。新航线被发现后，从扎古拉出发的商船却不肯驶入新航线，依旧坚持走卡利卡特和古巴的那条航线。到了最后，他们做了一个无比愚蠢的决定——加入无敌舰队，而这是一个命中注定要失败的舰队，于是，他们理所当然地成了牺牲品。

遗憾的是，现代的轮船仍然无法从杜布罗夫尼克得到任何方便。这里还有阜姆和的里雅斯特两个港口，它们都是南斯拉夫的天然良港，可是，其中一个却归了意大利，他们只拥有另一个，这都是巴黎和会那些老家伙干出来的好事。这是一个能够与威尼斯相媲美的港口城市，对于南斯拉夫人来说，他们可能并不真正需要这个港口，可是威尼斯却对昔日“地中海女王”的桂冠觊觎已久。这样一来，南斯拉夫对那个杂草横生的里雅斯特和阜姆码头放任不管了，他们要把自己的农产品输送到国外，走的仍是原先的那三条老路。就像把纽约的商品运到伦敦选择从艾尔湖和圣劳伦斯河经过一样，他们农产品的一条调配线路是顺着多瑙河运抵黑海的，这实在是南辕北辙的事情。第二条是代价高昂的运输线，它顺着多瑙河，一直到维也纳，翻山越岭之后最终到达不来梅、汉堡或鹿特丹。最后一条能够将这些产品运到阜姆的也许就是火车了，不过，对于意大利人来说，南斯拉夫人显然是他们的对手，在对付对手这件事情上，他们是不会手软的。

过去，南斯拉夫之所以远离大海，变成一个内陆国，都是因为奥匈帝国从中捣鬼，可是，世界大战以后，尽管它已经摆脱了奥匈帝国，自己的生存状况并没有因此有所改善。让人感到难过的是，引起这场战争的导火线居然是猪。奥地利人和匈牙利人对猪课以重税，而猪是南斯拉夫唯一的大宗出口产品，这等于斩断了南斯拉夫唯一获利的生计。至于奥地利大公的遇刺事件，只是起到了调动整个欧洲武装力量的作用。巴尔干半岛各个民族之间的矛盾产生的真正根源其实是对猪的重税。

说起猪，我要告诉大家的是，正是因为有了栎树林，南斯拉夫的猪才能够得到迅速繁殖。亚得里亚海、多瑙河和马其顿山区之间的那个三角形地区遍布着栎树林，当然，那个地方也是猪满为患。我们现在看到的这片森林其实可以更加广袤的，只是罗马人和威尼斯人为了造船，砍伐了很多山上的树，他们根本没有考虑这样做的后果。

对于1200万的南斯拉夫人来说，除了猪，他们还依靠什么资源来填饱肚子、穿暖衣服呢？他们还有煤和铁，当然，世界各地都不缺这两种资源。就像前面所说的那样，像南斯拉夫这样一个并没有什么优良港口的国家，要把煤运送到德国的港口，就要依靠火车，这笔费用是非常高昂的。

战争结束后，沃伊沃迪卡平原归南斯拉夫所有了，这一大片匈牙利平原非常适合农业的发展。这片平原上的人们依靠德拉瓦河和萨瓦河谷地出产的玉米、谷物过着自给自足的生活，摩拉瓦河与瓦尔达尔河连为了一体，于是，一条理想的商道诞生了，北欧与爱琴海上的塞萨洛尼基港被这条商道连接起来。沃伊沃迪卡平原还与欧洲的主干线相连，这样一来，尼什（君士坦丁大帝就出生在这个地方，而在那次倒霉的攻占“圣地”途中，德皇“红胡子”腓特烈一世曾经在这里稍微停留，并且得到了塞尔维亚王子斯蒂芬的热情接待）与君士坦丁堡及小亚细亚连接了起来。

可是，总的看来，南斯拉夫并不具备发展成为一个发达的工业国家的可能性。跟保加利亚一样，它宁愿选择做一个小康水平的斯拉夫农业国家。如果把身高6尺的斯科普里和米特罗维察多农民与敦伦佬似的曼彻斯特和谢菲尔德的工人一比较，会产生很大的怀疑，对于这样的命运安排，有没有挽救的方法呢？贝尔格莱德如同奥斯陆或者波恩那样，它很乐意永远做一个温顺可爱的小城镇，不过，总有一天它的规模会发展到伯明翰或芝加哥那样。现在，人们的心思往往不可捉摸。因为好莱坞文化的蛊惑，而颠覆了老祖宗遗留下来的传统价值观念，塞尔维亚人也不可能是第一个。

第二十六章

保加利亚

这一章要介绍的是最后一个斯拉夫国家（2000年前，斯拉夫人大举进攻欧洲，留下了这些小国家）——保加利亚。本来，保加利亚可以拥有比今天更宽广的土地以及更多的人口，可是在世界大战期间，它错误地选择站到了失败者的队伍中。可见，这样的错误难免会出现，就算是最为循规蹈矩的国家也不能避免。我们只能希望下一次，它能幸运一些。对于巴尔干半岛来说，如果“下一回”是指战争的话，那么，很可能就发生在6年或12年以后。我们这样的说法，对桀骜不驯、好斗好战的巴尔干人多少有些藐视的意味。可是，当一个普通的塞尔维亚或保加利亚的孩子在迈开人生的第一步时，他所继承的是祖先的何种传统呢？是仇杀、残暴、奴役，还是抢劫、斗殴、强奸、纵火？

我们对保加利亚的最早居民一无所知。尽管他们的头盖骨被人类发现了，可是头盖骨是不会说话的。他们是否与充满神秘色彩的阿尔巴尼亚人、希腊历史上的伊利里亚人以及灾难不断的奥德修斯的同胞之间有血缘关系呢（传说，奥德修斯属于一个神秘的民族，这个民族拥有独特的语言，自人类有历史记载开始，他们就世世代代居住在亚得里亚海沿岸的狄那里克阿尔卑斯山，而今，他们建立了属于自己的国家，地方部族的头领成为他们的统治者。

一拿到维也纳裁缝为他制作的新衣，他就迫不及待地在他的新首都地拉那登基为王了，而地拉那98%的人都是文盲）？此外，吉卜赛人的祖国是不是保加利亚呢？人们把吉卜赛人叫作“Wlachs”，他们浪迹天涯，欧洲的每个地方都有他们的足迹。在英国和比利时都可以找到用他们的名字来命名的地区，如威尔士和瓦隆等地。我们还是承认自己没有办法解答这个疑问，就把它交给哲学家来解决吧。

我们走进编年史时代的时候，看到的却是无休止的侵略、征讨和死亡！就像我在前面所说的那样，在保加利亚、乌拉尔山和里海之间横亘着两条重要的交通线。一条向北，从喀尔巴阡山踏进北欧平原茂盛的森林之中；另一条沿着多瑙河挺进，从卢伦纳山口穿行而过，将食不果腹的野蛮人带到了意大利内陆。罗马人对此非常清楚，他们把巴尔干当作意大利的首道防线，这样做是为了抵御卑贱的野蛮人。当然，罗马人也习惯性地称他们为“外国渣滓”，尽管如此，这些野蛮人还是摧毁了他们的所有。在兵力不足的情况下，意大利人被迫放弃了巴尔干，退守到意大利半岛。大移民已经暂时停止了，可是，保加利亚的先民们却没有任何踪迹可寻。他们被斯拉夫人彻底同化了，因此，我们无法在现在的“保加利亚人”说的方言中找到任何一个古保加利亚词语。

然而，这些征服者因为新来，往往根基不稳，地位不稳。拜占庭人（尽管拜占庭人是古罗马帝国在东部的幸存者，但他们身在罗马却心在希腊）是他们在南方要提防的人，匈牙利人和阿尔巴尼亚人的突袭给他们的北方和西方造成了极大的威胁。除此之外，还有那支由圣徒组成的魔鬼之师——十字军骑士，这些人来自欧洲各国，他们是没有继承权的世家子弟，从他们穿越过境的那一天开始，就无时无刻不盯着所有的斯拉夫国家，企图对他们实施最残酷的掠劫。后来，土耳其人发动了猛烈的攻击，锐不可当地攻了过来，此时，保加利亚人彻底绝望了，情急之下，他们求助于欧洲，请求他们团结一致，前来守护基督徒的土地，使它免遭魔鬼的践踏。这些魔鬼还玷污了希腊人神圣的殿堂，他们的铁蹄踏上了位于博斯普鲁斯的圣索菲亚大教堂的台阶。当博斯普鲁斯难民的血腥遭遇传来后，整个保加利亚一下子死一般沉默了，接下来，便是极度的恐慌。无数的村庄在大火中付之一炬，冲天的火焰将天空印染得一片血色，马里查河上传来土耳其军队西进的脚步声，整个河谷地区血迹斑斑。至此，土耳其人开始了对保加利亚长达400年之久的残暴统治。微弱的希望之光一直到上个世纪初期才逐渐显露。有一个放猪的人，发动了一场革命，并且最终坐上了塞尔维亚的国王宝座。接下来，最后的战役在希腊与土耳其之间爆发了。在这场殊死较量中，欧洲有一位诗人（即英国浪漫主义诗人拜伦，代表作《唐璜》。1823年4月，任伦敦希腊委员会代理人，援助抗击土耳其、争取独立的希腊人。——译者注）付出了生命的代价。那个时候，他在瘟疫横行的迈索隆吉翁小村子里，被死神永远地带走了。最后，保加利亚人开始了长达100年的苦战，最后终于获得了自由。我们的巴尔干朋友在这场为了信仰而殉难的悲剧中，一直都是主角，就让我们心怀悲悯吧！

保加利亚拥有两片适合各种农作物生长的土地，一片位于巴尔干山脉和多瑙河之间，即北方平原；另一片位于罗多彼山脉与巴尔干山脉之间，即菲里普波利斯平原。保加利亚是整个欧洲最重要的国家之一。两座大山忠诚地守护着菲里普波利斯平原，它沐浴在地中海温和的气候之下，布尔加斯港负责将它的农产品运送到国外各地，至于北方产的玉米和谷物则由瓦尔纳港口出口到国外。

可以说，保加利亚就是一个农业国，并没有多少大城市。索菲亚是它的首都，位于交通便利的商业要道中心，土耳其统治者曾经将他们的大本营建在这里。在斯特鲁马河畔那个坚固的王宫里，土耳其统治者将他们的命令发往除了波斯尼亚和希腊以外的所有巴尔干半岛，整个 400 年的历史中，都是如此。

欧洲已经开始意识到，他们的教会同胞正处于穆斯林铁蹄的蹂躏之下，他们为人鱼肉，却依旧不放弃抗争。格莱斯顿首相多次召开会议商讨有关保加利亚暴行的问题，不过，首先站出来采取行动的却是俄国。俄国的大军曾经两次翻越巴尔干山脉，向南挺进，著名的希普卡关战役和普列文要塞战役已经永载史册了，人们开始觉醒：只要压迫和奴役还没有消失，人类必将去追求自由的世界，那么，战争是无法避免的。

1877—1878 年，俄土战争上演了，这是斯拉夫远征军最后的战役，最终，保加利亚人民终于甩掉了土耳其人的枷锁。原本就很聪明老实的保加利亚人，学会了条顿人的思维方式，他们能够做到条理分明、逻辑严谨，这一切得益于这个独立的小公国曾经被一个日耳曼人掌控，这也是今天的保加利亚学校在整个巴尔干半岛中出类拔萃的原因了。战争结束后，所有的大地主也随之消失了，保加利亚的农民就像丹麦和法国的农民那样，终于拥有了属于自己的土地。所有人都在学习和工作上下功夫，文盲正逐步消失。虽然这只是个由农民和木材运输船构成的小公国，可它却跟塞尔维亚一样，蓄积了无穷尽的、坚韧的能量。与欧洲那些工业国相比，它可能还有一段距离，可是，当所有国家都随风飘逝了，它却岿然不动地立在那里。

第二十七章

罗马尼亚

介绍完巴尔干半岛的斯拉夫国家，现在还剩一个巴尔干国家，它经常会出现在报纸的头条当中，而且带有悲剧色彩，让人难以忘记。可是，罗马尼亚的农民又有什么错呢？他们只是在自己家的田地里面劳作、耕耘，过着生老病死、与世无争的生活，全世界的农民几乎都是这样的。这个国家所有的不幸都源自于盎格鲁－日耳曼王室，这个臭气熏天、粗俗不堪的家族，简直让人羞于启齿。30年前，盎格鲁－日耳曼王室接任霍亨索伦王朝德高望重的查尔斯王子之位，成为新王朝的统治者，可是，这个王朝是由德国首相俾斯麦和英国首相狄斯累利共同建立起来的，这真是承蒙上天的照顾啊！

1878年，俾斯麦和狄斯累利两位首相大人在柏林完成了为上帝纳税的任务之后，决定让瓦拉几亚成为一个独立的小公国。位于喀尔巴阡山、老山和黑海之间的那个大平原受到了上天最大的眷顾，假如那个时候，这个小公国愿意把王室的所在地迁到巴黎，那么，罗马尼亚呈现在人们面前的一定是另外的一种景象。很可能，它已经成为一个大粮仓了，就像它的邻居乌克兰那样，富甲一方；另外，在老山与瓦拉几亚平原交汇的普洛耶什蒂市附近，人们还会有重大的发现，那么，罗马尼亚也极有可能成为欧洲最大的油库。

可不幸的是，大地主们牢牢把持着瓦拉几亚和比萨拉比亚平原，这些地区都位于多瑙河与普特河之间，大地主们没有居住在当地的习惯，那些通过辛勤劳动而为他们累积财富的人从来不可能得到他们这片土地收入的任何一毛钱，大地主们却很乐意把大把大把的金钱消费在首都布加勒斯特或巴黎。

这个国家的石油资源全部是由外来投资者开采的，他们同时还经营着特兰西瓦尼亚和西本伯根的铁矿资源。这片绵延的山区原本是被匈牙利人控制的，世界大战期间，它被当作一种回报，从战败国的手中重新划给了协约国罗马尼亚。值得一提的是，老山本来就是罗马尼亚达契亚省的领土，匈牙利人在12世纪时将它抢夺去了，而且老山的罗马尼亚人在匈牙利人那里受到的待遇与罗马尼亚旧王国对待老山的匈牙利人是一样的。关于这些周而复始的怨恨，就让我们将它丢到天边去吧。发生在民族之间的这些复杂无比的问题，真让人窒息，看不到任何希望，并且似乎是毫无止境的，否则就要等到这个星球上所有民族主义的思想都消息不见的那一天。

根据最新的资料统计，有600万人生活在前罗马尼亚王国，这些人中有550万人是罗马尼亚人，吉卜赛人、犹太人、保加利亚人、匈牙利人、亚美尼亚人以及希腊人共同组成了那剩下的50万。而今的大罗马尼亚新王国，共有1700万人口，其中，有73%的罗马尼亚人，有4.8%的乌克兰人，有4.3%的日耳曼人，有3.3%的俄罗斯人，多瑙河三角洲南部的比萨拉比亚和杜布罗夫是他们的居住地。这些毫无血缘关系的民族，彼此充满了仇视，却因为一张合约而勉为其难地拴在了一起，因此，这个地方存在着爆发激烈内战的可能性，除非那些外国投资者进行干预（他们有这样做的理由——保护他们在这块土地上的投资利益）。

俾斯麦曾说，整个巴尔干也敌不过一个波米兰尼亚（德国一个地区名。——译者注）的掷弹兵。关于这句话的真实性，已经被大量的事实证明了，这个脾气糟糕透顶的前德意志帝国的缔造者说得的确是对的。

第二十八章

匈牙利

匈牙利人，又叫作马扎尔人（这是他们自己喜欢的自称），是唯一一支在欧洲大陆上建立自己国家的蒙古人，这些蒙古人的后裔为自己的民族感到无比自豪，相比之下，他们的远亲芬兰人，却只能一直做别人的附属品。或许，匈牙利人所展示的好斗性在他们当前的悲剧中是完全没有必要的，然而不可否认的是，作为一道天然屏障的匈牙利在抵抗土耳其人入侵上，确实为欧洲做出了巨大的贡献。作为一个缓冲国，匈牙利具有重要的战略地位，教皇也清楚地看到了这一点，因此，他将马扎尔人首领史蒂芬提拔为匈牙利帝国的国王。

土耳其人企图横行于欧洲，匈牙利却将他们全部拒之门外。匈牙利是欧洲的第一道防线，如果敌人将它摧毁了，那么，波兰这第二道防线就会马上顶上。约翰·匈雅提领导着匈牙利，为了捍卫宗教的正统，充当着真正的卫道士，其实他是一个出身不算高贵的符拉迪克贵族。然而，广袤的蒂萨河和多瑙河两岸的大平原，曾经深深吸引了鞑靼的骑兵，使他们忘乎所以，开始在这个平原上过上安居乐业的生活，可是，今天的内乱却因他们而起。

在开阔宽广的自然环境里，常常会孕育出强权人物，接着，他们要对自己的邻居采取奴役的统治，在这样不靠山、不临海的地理条件下，贫苦的农民实在是无处可逃的。匈牙利成为大地主之国正是这样的环境所造就的。那些远离中央政府的大地主对自己土地上的农民实施残忍的虐待，过不了多久，重压之下的这些人就不会在乎自己是土耳其人还是马扎尔人了。

1526年，苏丹苏莱曼一世向西挺进的时候，为了抵抗穆斯林的侵略，匈牙利的末代国王仅仅招募了2.5万人去抗敌。这2.5万匈牙利人在莫哈奇大平原上几乎共赴黄泉，阵亡的有2.4万人之多，至于国王自己以及那些王公大臣也无一逃脱，全部死在战场上，小亚细亚的奴隶贩子买走了那些被押往君士坦丁堡的十几万人口。土耳其人霸占了匈牙利的大部分土地，连剩余的部分也全都归了奥地利的哈布斯堡家族。于是，哈布斯堡家族与穆斯林之间展开了一场艰苦的持久战，这都是这块不幸的土地所引起的，一直到了18世纪，哈布斯堡家族终于占有了匈牙利全部的土地，至此，双方多年的战争才告一段落。

可是，战火并没有完全熄灭。新一轮战争的序幕又被拉开了，这次是为了反抗日耳曼人的奴役，为了独立，这场为了争取独立与自由的战争持续了整整200年。匈牙利人充分发扬他们的骁勇善战，最终获取了独立，可是，这种独立是有条件的，并且只是形式上的而已。匈牙利人得到了一定的统治权力，他们的国王是由奥地利皇帝兼任的，而对匈牙利的统治都是根据教皇的指示来实行。

但是，对马扎尔人来说，这好不容易得到的权力应该只属于他们自己，所以，当外国奴役的枷锁刚刚从匈牙利头上取下的时候，马扎尔人就迫不及待地对那些非马扎尔人民族强制推行民族压迫政策。在这项民族压迫的政策之下，匈牙利人将他们目光短浅和缺乏理性的弱点充分暴露了出来。在弗塞勒管理会议对匈牙利托管期间，匈牙利人开始反思，最后他们终于清楚地意识到，这个古老的国家在教皇的统治之下，人口已经由2100万锐减到了800万，那些受之无愧的邻国已经得到了他们赠送的 75% 的国土面积了。

往日的匈牙利荣光已经因为这一切而蒙上了一层阴影，甚至已经与孤城奥地利“同病相怜”了。匈牙利的那些对烟味极不习惯的大地主，对于工厂里面那些不可避免的大烟囱简直无法忍受。事实上，这个国家还算不上是一个工业国。因此，传统农业国的特色依然保留在匈牙利的大平原上，他们拥有的农业用地所占的比例比任何一个国家都高。这个世代精耕细作的国家，按理说应该非常富有，可事实并非如此。这里穷困潦倒，民不聊生，单单从 1896 年至 1910 年，就有 100 万之多的人口以移民的方式离开了匈牙利。

纠缠不清的种族问题，让这个垂暮之国变得狼狈不堪，这是为什么呢？对此，只有马扎尔人最清楚，因此，他们同样加入逃离的队伍中，一路颠簸，跋山涉水，离开了家园。大量的人涌入美洲，参与美国的建设。还有一些数据表明，发生在匈牙利的这些糟糕的情况，也曾经出现在那些被少数封建地主掌权的国家，不过，匈牙利是最为严重的。

16 世纪的土耳其战争爆发之前，在匈牙利的平原上有将近 500 万的人口，在当时，可谓是一个人员鼎盛的地方。后来，这个地方被土耳其人霸占了，在他们统治这个地方还不到两个世纪的时间里，这里的人口锐减到了 300 万。当土耳其人被匈牙利人从普斯陶（马扎尔人对这个平原的称呼）驱逐出去的时候，这已经是一个荒凉衰败的平原了，并且人烟稀少，于是，这块无主之地吸引了中欧各国的许多居民前来抢夺。然而，在马扎尔人看来，这块土地应该属于他们这些高贵的骑士所有，这是天经地义的事，因此，他们绝不会把自己的任何权利分给新移民。可是，在匈牙利，已经有一半人是新移民了，对这些被剥夺了权利的阶级而言，对这个新的祖国是无法产生真正的热爱之情的。

正因如此，世界大战时期，匈牙利人对民族内部矛盾以及民族凝聚力的缺失有了深刻的体会。而双重皇权体制的突然崩溃也正是这一切所导致的，它就像遭遇了地震袭击的百年老屋，轰然崩塌了。难道这样的结局也只是一个意外吗？

第二十九章

芬兰

在欧洲,还有一个国家没有提到。早年土耳其在欧洲征战的收获中,如今就只剩下君士坦丁堡和一小块色雷斯平原的土地了，所以还是把它留给明天吧。而芬兰作为欧洲的一个组成部分，却是不争的事实。

芬兰人曾经分散居住在俄罗斯的很多地方。在人数上，斯拉夫人是占绝对优势的，所以芬兰人被他们不停地往北方驱赶，一直被赶到了一块狭窄、干燥的土地上，这个地带位于俄罗斯与斯堪的纳维亚之间。此后，这块土地成了芬兰人永久的栖身之所。他们并没有受到那些居住在森林里的拉普兰人的刁难，而拉普兰人之所以会迁居到斯堪的纳维亚半岛的拉普兰地区，都是为了远离欧洲文明。拉普兰人很满足于自己离群索居、独善其身的现状。

与其他国家相比，芬兰具有与众不同之处。在芬兰的国土上，冰川覆盖的时间已经有千百万年之久了，其土地在冰川的侵蚀下，土壤被销蚀殆尽，而今，只有 10% 的芬兰土地适合耕种农作物。冰河夹杂着冰川、冰碛进行缓慢的移动，把那些巨大的石头和泥土带进了深谷，并沉淀在那里。后来，冰川期结束，地球回暖，冰雪消融，山谷也因此被积水填满了，至此，大小不一的高山湖泊就诞生在了芬兰的国土上，它们散布四处，星罗棋布。对于这个低地之国来说，“高山湖泊”这个词并不意味着它是第二个瑞典，它的海拔很少有高于500英尺的。境内分布有4万多个湖泊。如果连湖泊之间的沼泽也算的话，这个国家已经拥有超过国土面积30%的湿地了。在这些湿地的周围，有森林环绕。值得一提的是，芬兰有一笔极为珍贵的自然财富，那就是62%的土地都被森林覆盖，这使它成为世界上绝大部分地区用以制造书籍和杂志的纸浆供应地，其中一部分，在芬兰就直接被制成了纸张。可是，芬兰却是煤炭匮乏的国家。不过，它可以依靠那些湍急的河流来发电，可问题是，这里的气候条件几乎与瑞典一样，每年有5个月的时间河流都会被封冻，在此期间，水电站是无法运作的。所以，木材运送到国外的方式只能通过船只。芬兰的首都是赫尔辛基（一直到世界大战之前，它的名字还是赫尔辛福斯），这是国家的政治中心和出口木材的重要港口。

说起芬兰，你还应该清楚教育对一个民族的重要作用，这也是本章即将结束之前我所希望读者知晓的。在斯堪的纳维亚与俄罗斯之间的花岗岩地带，居住的全是蒙古族的后代。后来，瑞典人夺取了这个花岗岩地带的西部，也就是说芬兰语的那个部分。这个花岗岩的东部地区，是卡累利阿人居住的地方，这些人后来成了俄罗斯的附庸。尽管瑞典人500多年的潜移默化，那些从东部来的芬兰人已经变成了文明开化的欧洲民族了，甚至在很多方面，那些拥有有利地理位置的国家还比不上它。在俄国人的统治下，同宗同源的卡累利阿人与芬兰人一起度过了悠长的500年，虽然他们期望在不久的将来可以开发科拉半岛和摩尔曼斯克海岸那些丰富的资源，并加以利用，但是他们依旧停留在昔日俄国沙皇征服他们的那个地方，停滞不前。而芬兰这边首次与斯拉夫文化亲密接触是在1809年，那时芬兰作为瑞典的一个省份，被割让给了俄国。在芬兰，文盲的比例仅为1%，但是，居然有97%的卡累利阿人大字不识，由此可见俄国沙皇统治教化的严重程度。

这是两个同根而生的民族，他们拥有相同的拼写c — a — t和t — a — i — l的能力。

第三十章
亚洲的发现

希腊地理学家对“亚洲”这个词起源的争论开始于2000年前。在有些人看来,小亚细亚水手用Ereb,即“黑暗”来称呼日落的西方;他们对日出的东方的称谓是Aeu,即“辉煌”。看上去,这个说法并不高明于其他说法。不过,时至今天,如果还停留在这场争论中,已经是毫无价值的事情了。

欧洲大陆开始认识到世界的中心并不是自己所踩的这块土地,在广袤无疆的大地之上,他们生存的故土只不过是小小的一个半岛而已,关于这种认识,他们是从何时开始有的呢?又是以什么方式来认识的呢?这应该是人类集中注意力来解决的问题。有远远超过欧洲大陆的人口居住在那片广袤的陆地上,并且他们的文明程度也整体高于欧洲。当特洛伊的英雄用原始的武器彼此厮杀的时候,那些史前时期的“兵器”早已经摆在了中国的博物馆里面了,睿智的中国人把它们看成是一种古董。

很多人都认为第一个踏进亚洲的欧洲人是马可·波罗,可这种说法却是不正确的。有人早于马可·波罗到达过亚洲,只是,我们不太了解关于那些人的具体情况。地理学通常是这样发展的:人们是通过战争而不是和平了解到亚洲的地理情况的。希腊人对大洋彼岸的小亚细亚比较熟悉是因为他们之间有着密切的贸易往来；同样，欧洲人加深了对亚洲的认识是由于爆发了特洛伊战争；古波斯王国的三次西征是欧洲人拓展地理知识的重要功臣。希腊对于波斯的价值比西印度群岛对于移兵荒野、进攻迪凯纳堡的布雷多克将军的价值还要重大一些吗？对此，我有些怀疑。亚历山大大帝在两个世纪后对亚洲所做的“回访”已经不再是单纯的军事行动了，欧洲人第一次客观地认识了那块绵延的大陆，它正位于地中海与印度洋之间。

骄傲自大的罗马人对“外面的”世界无法产生真正的兴趣，他们为了使自己罗马老家的奢侈糜烂的生活得以继续，而不得不竭尽全力将那些能够被奴役的国家全部奴役起来，以从他们身上榨取税收。在这些罗马主子看来，被奴役的芸芸众生是毫无意义的，如果他们能够规规矩矩地干活，缴纳税赋，就能够得到罗马主子的允许，可以自由地打闹、吵架、生老病死。对于那些国家所发生的事，罗马人从来不会花费心思去研究。他们会用暴力和军队去解决在那些国家出现的统治问题，重新获取和平，用杀戮和残酷保持秩序，直到一切都平静下来，他们就回去继续过幸福的生活。

有一位典型的罗马统治者，叫作本丢·彼拉多，在他统治下的殖民地总能“井然有序”，他不会恃强凌弱，也不是软弱无能的人，他实施的是放任不管的政策，罗马家乡人对这种手段给予高度的评价。偶尔，像马可·奥勒留这类奇怪的人当上了国家的统治者，在自己好奇心的驱使下，他会派遣外交使团去神秘的远东地区拜访。返回罗马的使团讲起那些奇怪的所见所闻的时候，通常会引起短暂的轰动。但那些老生常谈，会很快使罗马人陷入厌烦之中，他们会继续选择到圆形剧场去观看那些令人激动的演出。

欧洲人对小亚细亚、巴勒斯坦和埃及的些许了解是通过十字军东征得来的。不过，他们依然会固执地认为人类世界的重点依然在死海的东岸。欧洲人最终意识到亚洲的存在，要归功于一位穷酸的作家，而不是什么严谨的科学探险。这位总想着一夜成名的雇佣文字匠就是马可·波罗，他将自己从来没有见过的国家写进了一本书中。他的父亲和叔叔都是威尼斯的商人，他们能够与成吉思汗的孙子忽必烈有所瓜葛完全是因为贸易往来的需要。这位异常睿智的忽必烈大汗刚好觉得他的子民应该学习西方的一些务实精神，那样肯定会有所收获。这个时候，有两个威尼斯商人经常会到阿尔泰山脚下——阿姆河与锡尔河之间的土耳其斯坦的布哈拉，得知这个消息的忽必烈，慷慨地对这两个人发出邀请。于是，这两个人如约来到了元大都，并且受到忽必烈的礼遇。几年过去了，在家人的深深期盼之下，这两个人向忽必烈提出了回家探亲的请求。忽必烈答应了请求，但命令他们尽早归来，到时候务必将他们口中常提的那个聪明伶俐的男孩，也就是其中一个人的儿子，另外一个人的侄子带过来。

三年半的艰苦跋涉之后，1275 年，波罗一家又回到了元大都。年轻的马可果真不是徒有虚名。他得到了元大都朝廷的万般恩宠，并出任一省大员，晋爵享禄。在这里居住了 24 年后，马可因思念故乡，归心似箭，取道印度（坐船）、波斯和叙利亚，最终回到了威尼斯老家。

他经常向邻居讲起忽必烈大汗的富有、高堂庙宇中的金质佛像，还有朝廷官员的妻子们的那些丝绸衣服，在邻居们看来，这些都是奇谈怪论，又怎么会相信呢？马可还因此得了一个“马可百万”的绰号。因为在当时，即使是君士坦丁堡帝国的皇后也只是拥有两只丝绸袜子而已，这是众所周知的事情。

假如不是时机得当，假如那一场争端没有出现在威尼斯和热那亚之间，假如“马可百万”并没有指挥威尼斯的那一条战舰，也没有被获得胜利的热那亚人捕获，那么，他那些传奇的经历可能会和他一样被湮没在平凡之中，默默流逝。在监狱里待了一年，马可·波罗认识了他的狱友鲁思梯谦。鲁思梯谦是个比萨人，曾是作家，意大利热销的通俗读物亚瑟王故事和法国低级小说中一个中世纪的尼克·卡特的故事就是他改写的。只有他充分认识到了马可·波罗见闻的巨大价值。于是，他在监狱里面记录了马可·波罗的全部奇闻怪事。由此，一部巨著在这个世界上诞生了。时至今日，人们对这本书的兴趣仍然与14世纪出版的时候一样高涨。

在这本书里，黄金和其他不计其数的财富被屡次提起，这可能就是导致它长销不衰的一个重要原因吧。罗马人和希腊人也曾经含糊地提到过东方君王的豪富，不一样的是，马可·波罗是亲身体验，经过耳濡目染的。此后，寻找直通印度的捷径被提到了欧洲人的日程上，不过，这着实是一项艰巨的任务。

1498年，葡萄牙人最终到达了好望角。历经10年，印度的土地也被他们涉足了。又过了40年，他们登陆日本海岸。几乎同时，菲律宾群岛出现在自西向东航行的麦哲伦的视线里。这时，欧洲人向南亚进军的热情被刺激得异常高涨。

以上为我要讲述的大纲。对于西伯利亚的发现，我在前文已经有了一些描述。接下来，一一介绍的是最先踏进其他亚洲国家的那些人物。

第三十一章
亚洲与世界

世界因欧洲人而得到了文明，因亚洲人而得到了宗教。当今世界由三大宗教共同主宰，它们是犹太教、基督教和伊斯兰教，亚洲大陆是它们共同的诞生地。当年的宗教法庭在火刑柱上对犹太人实施暴行的时候，不管是施暴者还是受害者，支配他们灵魂的神明都是在亚洲大陆起源的。同时，促使十字军骑士屠杀伊斯兰教徒，或者促使伊斯兰教徒杀害十字军骑士这样的相互残杀行为的教条也是来自亚洲。当一名天主教传教士和一个孔子的门徒展开一场激烈的辩论时，支撑他们坚持到底的思想观念也是亚洲提供的。

亚洲不仅仅是人类宗教的发源地，人们还从这里得到了基础性的文明框架。事实上，西方人过分夸张的进步仅仅是东方人类早期进步开端的延续而已，当我们大肆夸耀、自吹自擂西方的科技文明和社会进步的时候，千万不要忘记这一点。当然，我们也会出现这样的质疑：假如脱离了东方人所贡献的基础原理，西方人还能够做出什么成就来呢?

希腊人的智慧并不是因为突然出现的灵感而造就的。数学、天文学和建筑学以及医学也不可能像突然从宙斯的脑袋里蹦出来的全副武装的雅典娜那样，为了铲除人类的愚昧无知而时刻做着战斗的准备。累积以及获取这些知识是一个漫长、痛苦和奇妙的过程。是亚洲的幼发拉底河流域以及底格里斯河流域孕育了这些文明，而非欧洲的希腊。

科学和艺术携起手来，从巴比伦一直到了非洲。到达非洲后，那些肤色深沉的古埃及人迅速控制了它们。当欧洲的科学被我们正式提及的时候，古希腊的文明已经发展到了一个较高的水平了，并且掌握了几何图形的微妙与方程式的精巧。不得不说的是，所谓真正的欧洲科学的始祖早在2000多年以前就在亚洲大陆上生根发芽以及发扬光大了。

亚洲大陆对这个世界做出的贡献并非只有这些。亚洲人驯化了所有的家禽家畜，包括狗、猫、羊和猪，以及所有能服务于人类的爬行动物，包括驯服的牛、忠诚的马。这些家禽家畜在蒸汽时代还没有到来以前，为人类做出了无尽的贡献，想想这些，我们会感到西方人着实亏欠着东方人。亚洲大陆还贡献了欧洲人食谱中所有的水果和蔬菜，就连在欧洲家庭中不可或缺的鲜花，大部分也来自亚洲。此外，希腊人或十字军骑士还从亚洲为欧洲人带回了全部的家禽。

亚洲这位东方圣人并非总能够保持慈悲之心和乐善好施，它也不会总是源源不断地向西方那些可怜的野蛮人输送恒河和黄河流域的财富。它同时也是一个监管人，让人望而生畏。5世纪，亚洲的匈奴人践踏了整个中欧。700年之后，循着匈奴人的足迹，鞑靼人也踏进了欧洲的土地，这些原本在中亚沙漠中生活的部族，却把俄国变成了亚洲的附庸，欧洲的其他国家都受到了它长期的威胁。同属于亚洲民族的土耳其人用了5个世纪的时间在东欧涂炭生灵，使得民不聊生。时至今日，整个东欧还是一片惨不忍睹的景象。再过100年，我们也许有机会看到一个统一的亚洲又一次开始西征，为了告慰那些在伯索德·施瓦茨发明火药枪之后牺牲的亚洲同胞们的在天之灵，为他们报仇雪恨，让欧洲人付出同样的代价。

第三十二章

亚洲中部高原

亚洲由五个部分组成，总面积达 1700 万平方英里。

第一部分是北部平原，我在“俄国”那个章节中已经提到过了，接下来是中部高原、西南高原、南部半岛，最后就是东部半岛。靠近北冰洋的北部大平原已经说过，那么，我就从中部高原开始亚洲的行程吧。

一系列低矮的山脉引出了亚洲中部高原，这些横躺在亚洲中间的山脉全部自东向西或从东南往西北平行延伸，几乎没有南北向纵贯的。就像贝加尔湖东部的雅布洛诺夫山脉，西部的杭爱山脉、阿尔泰山脉和天山山脉那样，这些山脉都是因为猛烈的火山喷发而形成的，这种地质灾难使地表发生了断裂、皱褶、弯曲或者变形。在这些山脉的东部，是成吉思汗的故乡蒙古高原，也就是戈壁沙漠，这些山脉的西侧却是一片广袤的大平原。

东帕米尔高原位于戈壁沙漠的西面，这是一个地势较低的地方。就在这个地方，曾经还有消失在罗布泊沙漠中的帕米尔河谷以及帕米尔河。瑞典旅行家斯文·赫定使得罗布泊最终在西方世界闻名遐迩。帕米尔河在地图上看起来俨然一条小河，可实际上它可是比莱茵河还要长 1.5 倍的大河。亚洲大陆上的一切几乎都是庞大无比的，请不要忘了这一点。

在阿尔泰山和天山之间有一条通道，它位于帕米尔高原的北部。在地图上，人们用准噶尔盆地为这条通向吉尔吉斯大草原的通道做标注。当年那些沙漠民族，如匈奴人、鞑靼人和突厥人到欧洲去烧杀劫掠都经过这条路，这是他们西征的唯一通道。

地形从塔里木盆地向南，确切地说是在它的西南方向开始变得复杂起来。帕米尔这片巨型高原陡然横亘在塔里木盆地与阿姆河（最终注入咸海）河谷之间。关于帕米尔山这个地方，希腊人很早就听说过了，这是到达欧洲的必经之路，中间还要经过小亚细亚和美索不达米亚。这些大山就像厚重的壁垒，阻挡着人们前进的步伐，只有通过几个山口才能越过它们。不过，即使是这些可以逾越的山口，平均海拔也高达15000英尺到16000英尺。地球上所有的皱褶与之相比，都将显得逊色。

帕米尔高原还仅仅是个开端，一座座巍峨的高山在它身后延绵开去，向四面八方扩展。在北面，有将西藏（作者将西藏放在本章而不是放在“中国”那一章来讲述，是错误的。不过为了保持房龙作品的原貌，未做调整。——译者注）和塔里木盆地隔断的昆仑山脉，还有在前面已经提到过的天山山脉。此外，还有喀喇昆仑山和喜马拉雅山，前者不太长，但是却陡峭无比。后者将印度和西藏分开了，它打破了一切有关“海拔最高”的纪录，拥有两座超过29000英尺（或者说5.5英里）的山峰——珠穆朗玛峰和干城章嘉峰。

西藏高原的面积是俄罗斯的40%，平均海拔高达15000英尺，这里有常住人口居住。而平均海拔在11000英尺到13000英尺之间的南美玻利维亚高原却渺无人烟。这意味着，随着环境的改变，人类对大气压的承受力也会改变。如果让里奥格兰德的人到墨西哥可爱的首都去小住几天的话，他们一定会觉得很不舒服。在这之前，可能有人会告诫他们，不能太快地走路，否则，才穿过半个街区，他们就会觉得心跳加速，必须休息一下，才能恢复正常，可是，墨西哥城的海拔只有7400英尺。西藏人与他们相比，每天要背负着西藏政府强加的沉重负担走完有100个街区那么长的路程。他们还必须翻山越岭地爬过许多陡峭的山口，而那些山口连骡马都会畏惧，不敢迈步。不过，这些山口却是西藏人与外面世界联系的唯一通道。

西藏甚至比同处亚热带的西西里岛还要偏南60英里，而且西藏却还有半年不化的积雪，气温也经常处于零下30° 以下。在南部荒凉的盐湖常常遭受到风暴的袭击，当它从这里掠过的时候，积雪和沙石漫天飞舞，给西藏人的生活覆盖了一层暗淡的阴影。

不过，喜马拉雅山在那些壮志雄心的登山者心中，却是绝妙无比的胜地。这片大山终年积雪不化，在亚洲这个“巨人洲”的中央岿然屹立，阿尔卑斯山在它面前也自愧不如。与之相比，阿尔卑斯山不过就是孩子们在沙滩上堆积起来的一个小沙丘而已。喜马拉雅山的面积是它的13倍，并且比它宽一倍，冰川的长度是瑞士那些著名冰川的4倍，有很多山口的海拔是阿尔卑斯山山口高度的两倍。在这片山中，平均海拔高于2.2万英尺的高峰有40座之多。

喜马拉雅山是一座年轻的山脉（比阿尔卑斯山的形成时间还晚），就像西班牙和新西兰的那些大山一样，我们要用百万年来做它的年龄单位，而不是用千万年。要把这座大山磨为平地，那需要更多的风雨和更久的日照。其实，这片大山本身就已经被数十条山涧、小溪、河流冲刷出了很多不规则的深沟了。在印度河、恒河与布拉马普特拉河这三条大河的作用之下，它正走向崩溃。

与其他大山相比较，喜马拉雅山真可谓是别有洞天，它全长1500英里，是中国和中国的邻居印度的分界线，同时，它还用宽广的胸怀包容着几个独立的小王国，让它们藏匿其中。著名的廓尔喀人（即尼泊尔人，西方国家对他们的通称。——译者注）的故乡尼泊尔就是其中之一。有600万人口生活在这个小国家，它的国土面积是瑞士王国的四倍。此外，克什米尔地区（欧洲的老奶奶从这里得了披肩，英国的锡克军团是从这个地方招募去的）也包含其中，这个地区有300万人口，面积是8.5万平方英里，现在，它是英国的管辖区。

现在，你可以看看地图，印度河和布拉马普特拉河的独特之处就会展现在你眼前。它们从喜马拉雅山流出来的路线与发源于阿尔卑斯山的莱茵河所选择的路线大不相同，发源于落基山的密苏里河的路线也跟它不一样。这两条河流并不是从喜马拉雅山中发源的，它们的发源地在它的背后。印度河的源头在喜马拉雅山与喀喇昆仑山的中间，布拉马普特拉河在与恒河汇合之前，先是自西向东跨越了西藏高原，之后才突然掉转头来。从喜马拉雅山与印度半岛中心的德干高原之间出发的恒河一路向南，与布拉马普特拉河汇合后，直接奔向了大海。

地质学家们认为，时至今日，喜马拉雅山还在不停地升高，这跟南美的安第斯山一样。地质学家的论断应该是没有错的，因为地球的外表就像人的皮肤一样，也在做着伸缩运动。就像我们知道的那样，位于瑞士的阿尔卑斯山正自西向东地缓慢移动着。大自然实验室里唯一的规律告诉我们，运动、变化和发展是必须的。顺则昌，逆则亡，这就是造物主的法则。

第三十三章

亚洲西部高原

在帕米尔高原的西侧，有一片绵延不绝的高山，巍峨的高山一直向西延伸到黑海和爱琴海。

读者现在看到这些山脉的名称，会有很熟悉的感觉，因为它们在人类历史上有极其重要的作用。现在，我们就先来谈谈最重要的那一部分吧。我们西方人的人种应该是在印度河与东地中海之间的那些高原和河谷之中被孕育出来的，同时，这个地方也是人类文明的起点，如果不是这样的话，那一定是人类学家的判断有误。人之所以能够和动物区分开来，是因为在人类有一套基本的道德规范存在，而这个规则也恰恰是在这个地方建立起来的，还有，人类所掌握的科学基础也是在这个地方形成的。

按照自西向东的方位，伊朗高原会首先映入我们的眼帘。这片高原被群山环绕，有 3000 英尺以上的海拔高度，是一片地道的盐碱沙漠。这个地方很少会出现降雨，尽管在它的北部是里海和卡拉库沙漠，而且南边靠近波斯湾和阿拉伯海，整个高原却没有一条像样的河流。只有在俾路支地区有几条微不足道的小河流流入印度河，这个地区从 1887 年开始就是属于英国的土地了。当年亚历山大大帝的军队在这个地方遭到了灭顶之灾——他们从印度返回时，途经这片沙漠，因为缺水而死。因此，这个地方让人闻风丧胆。在俾路支地区与印度之间隔着吉尔特尔山脉。

几年前，新的阿富汗统治者在欧洲出尽风头，他们招摇过市，嚣张跋扈，引起了不小的轰动。兴都库什山是从帕米尔高原向南延伸的一座大山，阿富汗地区最重要的河流，即赫尔曼德河就是从这里流出，不过这条河最终被位于伊朗与阿富汗边境的锡斯坦盐湖吞没了。俾路支地区的气候是根本无法与阿富汗相比较的，并且，在任何一个方面，都没有阿富汗这个国家重要。阿富汗的中部地区是古代从印度到北亚以及欧洲的必经之地。这条古商道从西北边疆的首府白沙瓦先到达阿富汗的首都喀布尔，接着从著名的开伯尔山口穿越过去，再跨过阿富汗高原，一直抵达西部地区的赫拉特。

50 年前，俄国和英国之间爆发了一场激烈的战争，为的就是争夺对阿富汗的统治权。但是，阿富汗人也都是强悍勇猛的战士，他们对那些来来往往的可能并没有恶意的人小心谨慎地提防着。发生在 1838—1842 年的一次阿富汗战争在人民心里留下了磨灭不掉的深刻印象，那些企图在阿富汗安插一个不受人民欢迎的统治者的英国军队，全部死在了阿富汗，这是几个从阿富汗跑回来的英国人带回来的消息。从此以后，再踏入开伯尔山口的英国人总是提心吊胆、如履薄冰。1873 年，希瓦被俄国人占领了，他们的大军继续开往塔什干和撒马尔罕，迫使英国人也往前开进了，因为他们害怕某天清早醒来时，来自苏莱曼山那边俄国军队演习的枪声会传进他们的耳朵。最后，沙皇的代表来到了伦敦，而女王的代表也去了彼得堡，他们代表沙皇和女王彼此做了保证，声称自己在阿富汗的行为并没有任何私欲，而是一个善举，应该得到尊重和赞扬。英国要在阿富汗建造铁路，帮助这些蒙昧的人走向海洋，去接触西方的文明，这是一个伟大的计划，为了早日将它变成现实，工程师们正在努力着。

但遗憾的是，世界大战的爆发粉碎了这个伟大的构想。俄国人的势力扩张到了赫拉特。而今，如果你在这里起身的话，可以选择火车，然后经过土库曼社会主义加盟共和国的马雷到达里海旁边的克拉斯诺沃茨克港之后，再乘坐轮船就能够到巴库和西欧了。还有一条路线，从马雷出发，穿过乌兹别克共和国的布哈拉和浩罕，最终抵达巴尔克。现在的巴克尔已经成为巴克特利亚古国中间的一片巨大的废墟了，可是，谁又会想过，3000 年前的巴尔克竟然是同当今的巴黎一样重要的城市，而现在它只是个三流的小村镇而已。巴尔克是拜火教（又称为波斯教）的创始地，这个道德体系完善的宗教运动掌握了整个波斯的控制权，不仅如此，它的势力还扩展到了地中海地区。在罗马，改头换面的拜火教居然受到了人们热烈的欢迎。因此，在相当长的时期内，基督教一直将拜火教视为心腹大患。

英国人修建了从俾路支的海德拉巴修到奎达，又从奎达直通阿富汗坎大哈的铁路。但是英国人在第一次阿富汗战争中以失败告终，对此，他们一直心怀怨恨，于是，1880 年，他们开始了对阿富汗的大肆报复。

在伊朗高原，波斯（即今伊朗。——译者注）是一个值得关注的地方。有一句话是这么说的，“日中则昃，月盈则食”。波斯曾经繁华一时，如今却日落西山了。昔日的波斯是一个魅力十足的国家，是绘画和文学以及生活艺术最高层次的代名词。它的第一个辉煌时代在 6 世纪。当时，这是一个东起印度，西至马其顿，横跨欧亚大陆的帝国，而波斯则处于帝国的中心。不过，它最终毁在了亚历山大大帝的手中。时隔 500 年，因为萨桑王朝，薛西斯与冈比西斯时代的疆域又得到了光复，拜火教再次得到振兴，并且恢复了原来的面目。他们对所有的拜火教经文进行了整理，于是著名的《亚吠陀》经解合刊问世了。终于，伊斯法罕的玫瑰含苞绽放于这片沙漠之中。

公元7世纪，在与伊斯兰教的交锋中，拜火教败下阵来，波斯臣服于阿拉伯人。假如人们了解一个国家所借助的手段是文学的话，那奥玛开阳——尼沙普尔一个帐篷制作匠的儿子——的作品无疑能够向你展现曾经怒放在库尔德斯坦和呼罗珊省之间那片沙漠上的繁茂的高雅艺术之花。有一位数学家对爱情和陈年佳酿进行了热情的赞美，把自己全部的人生构建在四行诗和代数学上。能够让如此睿智的人物在教育的殿堂里授业解惑，是文明成熟和完善的国家才能够做到的。

今天的人对波斯产生兴趣，完全是受私欲的驱使。一个过于羸弱、不具备保护能力的国家居然发现了石油资源，这实在不是一件好事。从理论上讲，世世代代居住在这片土地上的人有拥有这片土地之下矿产资源的权利,其实任何一个地方都是如此。然而，事实却并非如此。在油井附近居住的成千上万的男女只能从中得到一份收获微薄的活计，而石头开采权却掌握在苏丹的几个密友手中，这些人远在德黑兰，却因此而大富大贵。那些外国的投资者则得到了全部的利润，在这些人看来，“波斯”仅仅是一种地毯的名字。

波斯似乎就是一个纲纪废弛、经纶失方的国家，贫困永远伴随着它，这实在是很不幸。它没能从地理位置中得到任何好处，反而饱受伤害。这本来只是一片沙漠而已，可是它却是永恒的战场，永远是敌对双方争夺的对象，因为它的存在，东西方得以连接，两大洲得以连通。这不仅对于波斯，甚至对于整个西亚地区来说，都是极大的不幸。

绵延不绝的帕米尔高原一直延伸到了地中海，亚美尼亚和小亚细亚就是这个高原的尾部。在伊朗高原西面的是古老的亚美尼亚高原。这个国家有着连绵不断的火山岩地表，民不聊生的情况也已经是长年累月的事情了，这个国家就像在夹缝中求生存一样。亚美尼亚高耸入云的库尔德山是人们从欧洲去往印度的必经之路。有一些声名狼藉的杀人不眨眼的人肯定就混在了那些长途跋涉的人群之中。海拔达 1.7 万英尺的阿拉加茨山是亚美尼亚最高的山峰，它比埃里温平原整整高出了 1 万英尺。这里是传说中洪水退去后，诺亚方舟上岸的地方。14 世纪的比利时物理学家约翰·德·曼德维尔曾对这一地区进行了详细考察，他在山顶上发现了方舟的遗骸，因此，这件事肯定是真实的。这些属于地中海人种的亚美尼亚人与我们是近亲关系。至于他们是在什么时候来到这个地方的，我们就不太清楚了。但是，如果根据最新的死亡速度，过不了多久，亚美尼亚人就要灭绝消失了。因为，仅是 1895 年到 1896 年这一年的时间，高原的主宰者土耳其人就杀掉了几百万的亚美尼亚人。可是跟库尔德人相比，恐怖的土耳其杀手根本不算什么，他们还不及库尔德人野蛮残暴的一半。

在欧洲人之前，亚美尼亚人就开始信奉基督教了，他们是虔诚的基督信徒，在他们的教堂中，神职世袭制等一些古老的体制得到了很好的保留。这种古老的制度被西方正统天主教徒视为大逆不道。所以，欧洲人能够冷眼旁观库尔德的穆斯林对亚美尼亚实施的大肆残杀和劫掠行为，而完全无动于衷。

亚美尼亚在世界大战期间曾经无辜地遭过一次灾祸，那个时候，英国军队被困在了美索不达米亚，协约国从亚美尼亚发起了对土耳其的包抄，斩断了他们的后路，也为英军解了围。

亚美尼亚的凡湖、乌尔米耶湖都可以称得上世界上最大的高山湖泊，不过，世人却对它们知之甚少，然而此时，它们的名字却出现在时事新闻中。自十字军之后，这种殊荣连古拜占庭王朝的亚洲前沿重镇埃尔祖鲁姆也未曾得到过。

在战争接近尾声的时候，亚美尼亚却让整个世界为之震惊。他们走进了苏联的阵营，连同对所有蹂躏过他们的民族的诅咒，于是，阿塞拜疆与亚美尼亚加盟共和国出现在高加索山脚下的黑海与里海之间。

现在，就让我们告别土耳其及其世代牺牲品，继续向西，去看看小亚细亚高原吧！

昔日的小亚细亚是奥斯曼帝国的一个小小行省，而今的小亚细亚是土耳其人世界霸主之梦的残余。马尔马拉海、博斯普鲁斯海峡和达达尼尔海峡与这片高原的西部相邻，与欧洲隔海面对，黑海靠近它的北部，南边一直抵达地中海，托罗斯山横卧在整个南部地区。著名的巴格达铁路线横贯在低矮的小亚细亚高原之上，它连接了伊斯坦布尔与底格里斯河上的巴格达。巴格达铁路线在以往的30年间，发挥着重要的作用。在这条铁路线上，有西亚重要的港口士麦那和叙利亚的大马士革以及阿拉伯世界的圣城麦地那。英国与德国从来没有放弃争夺这条重要的铁路线。

英国与德国之间刚就此事达成一致意见，法国人又跳了出来，他们坚持要分得一分铁路收益。所以，小亚细亚北部的铁路控制权被法国人掌控了。由于亚美尼亚和波斯的一个出口港，即位于北部的特拉不宗，通往西方的交通线还需要继续建设，因此，外国工程师准备在这片古老的国土上再建造一条铁路，他们为此已经开始勘测地形了。小亚细亚是雅典殖民地的希腊哲学家首次认识到人类本性与世界起源的地方；庄严的教会也是在这个地方为世界贡献出坚定信仰的，在这个信仰的支撑下，欧洲人生活了1000年，小亚细亚的塔尔苏斯还是圣徒保罗的出生地和布道的地方。同样，这里还是欧洲人与土耳其人争夺地中海统治权的一个战场；也正是在这里一个破败的小村子里，有一位阿拉伯的骆驼骑手产生了一个梦想，这个梦想使他成为安拉唯一的使者与先知。

根据原先的计划，新建的铁路避开了沿海地区，绕过了阿达纳、亚历山大勒达、安蒂奥克、里波利、贝鲁特、蒂雷、西顿以及巴勒斯坦岩石海岸上唯一的港口雅法，这个港口也是山区进出口货物的主要港口，所有的这些港口都披着古代和中世纪的神秘面纱。

这条铁路如法国人所愿，在战争爆发时发挥了重要的作用。土耳其人经过“细致的考虑”，最终决定加入到轴心国的阵营中来，因为这条铁路的建设材料是德国最上乘的，还有另外一个原因是，在伊斯坦布尔停靠着两艘虎视眈眈的德国大军舰。从战略意义上看，在此后的四年中，这条铁路建得恰是时候。因为海域和西线才是决定这次战争胜负的关键，当西线已经遭到瓦解，以至于全线崩溃，东线却依旧稳如泰山。土耳其军队在 1918 年的优秀表现丝毫不亚于他们的祖先塞尔柱人，这让全世界都为之惊奇。1288 年，当整个亚洲都臣服在塞尔柱土耳其人脚下的时候，博斯普鲁斯海峡对岸君士坦丁堡那牢不可破的城墙后面又感受到了它贪婪的目光。

作为亚洲桥梁的一个组成部分，亚美尼亚和波斯的伊朗高原那样的厄运却从未降临过小亚细亚，它一直都是相当富饶的。这里面有个主要的原因：对于这条古商道而言，小亚细亚实在是太过重要了，同时它也是印度和中国通往罗马商道的终点。

当我们这个世界刚刚出现峥嵘景象的时候，在希腊的殖民地，也就是西亚的大地上已经有着异常活跃的文学活动和商业活动了，这些活动却没有发生在希腊本土。在小亚细亚生活着一个举世无双的睿智民族，他们是亚洲古老血统与欧洲新兴民族充分融合的产物。今天生活在地中海东部的那个民族，即使在买卖公平、忠诚老实等方面还是声名狼藉，但仍旧能看出那古老血统的影响。已经好几百年的时间了，他们始终没有被其他民族同化掉。

塞尔柱王朝终于迎来了彻底崩溃的一天。这是一支没有半点人性的武装，它将永远被四面楚歌所包围。昔日伟大帝国的繁华已经散去，而今空留这个小小岛屿。往日不可一世的苏丹，此刻却化为一堆孤坟。苏丹的祖先在亚得里安堡居住了近百年的时间，1453年，他们终于把都城迁到了君士坦丁堡。那个时候，他们将整个巴尔干半岛、整个匈牙利以及俄国的大部分地区都置于自己的统治之下。到如今，土耳其人残留在欧洲大地上的领地就只有这两座古都了。

巨大的帝国最终落得倾覆的下场，还有如今的土耳其的衰败，这些都是拜400多年的黑暗统治所赐。世界上最重要、最古老的商业垄断城市君士坦丁堡充当俄国南部谷物集散地已经有几千年的时间了，同时它也是那个号称“金角”“富角”的海港，这个受到大自然恩宠的港口有足够养活全世界人的鱼，可是，现在它只是一个三流的省会城市了。战后的君士坦丁堡俨然一个民族大杂烩，希腊人、亚美尼亚人、斯拉夫人和十字军残余，还有东地中海各式各样的人种在这个破烂衰败的城市里四处流窜，昔日的土耳其民族雄风已经不复存在，也不可能得以复兴了，他们也毫无能力带领这个国家走向繁荣的现代化。这种情况下，在君士坦丁堡以东200英里的安纳托利亚山中的安卡拉城就被定为国家的新首都，这是新的国家领袖为了重新振兴国家而做出的一个明智决策。

安卡拉城有着非常悠久的历史。公元前400年，它是高卢部落的居住地。后来的法兰西大平原的主人就是这些高卢人。与坐落在重要商道上的其他城市一样，安卡拉也历经了几度枯荣。这个城市曾经遭受了十字军的铁蹄，也曾经经历了鞑靼人的践踏，甚至在1832年的时候，埃及军队还对它的整个边境地区进行了蹂躏。但是，凯末尔·帕桑还是坚定地要把它建设成为国家新的首都，以此来光复帝国往日的辉煌。他经历艰辛，排除万难，跟亚美尼亚人做了一笔交易，以居住在土耳其的希腊人换回了居住在那些国家的土耳其人。在他的努力下，军队得以重建，并且土耳其人的信誉也重新得以恢复。因为这个人，全世界都开始关注土耳其，可是，已经遭受了15个世纪的战争蹂躏和政荒民弊，华尔街的金融家还能被安纳托利亚大山所吸引吗？这个问题很难回答，毕竟，华尔街金融家只寻找那些有价值的投资对象。

不过，小亚细亚作为亚欧两大洲重要的商业贸易交往区，这一点是永远都不会改变的。昔日士麦那的地位又得以恢复了。当这个港口城市的统治权落在了古代女战士——亚马逊人的手中，它就迎来了长盛不衰的局面。出生在亚马逊人的国家的男孩，会被立即处死,因为这是一个女人的国度。这是这个国家奇特的风俗，他们每年会允许外界的男子踏进这个国家一次，当然，其目的就是延续女战士的香火。

以弗所的当地人供奉着处女守护神狄安娜，这是亚马逊女战士的神灵。当年，圣徒发现了这一切。而今，地球上再也没有以弗所这个地方了。不过，这个古城的周边地区有发展成为世界上最大的无花果种植区的可能性。

以弗所再往西，从帕嘉马废墟（它是古代文学艺术中心之一，后人所掌握的大量的羊皮书资料就是它贡献的）上越过，绕过特洛伊平原的铁路线与马尔马拉海岸边的班德尔马连接起来，只需要一天的时间就可以乘船从班德尔马到达于斯屈达尔了，取道于斯屈达尔的东方特快列车（伦敦—加莱—巴黎—维也纳—贝尔格莱德—索菲亚—君士坦丁堡）途经阿勒颇—大马士革—拿撒勒—卢德（在这里可换乘汽车去耶路撒冷和迦法）—加沙—伊斯梅利亚—坎大哈，越过苏伊士运河，顺尼罗河逆流而上，最远可至苏丹，最终到达安卡拉和麦地那。

本来西欧可以利用这条大动脉将五湖四海的乘客和四面八方的货物运送到印度、中国和日本，在这个过程中，他们能够获取巨大的利益，可是，世界大战的爆发粉碎了这一切。当四年战争的巨大破坏还没有得到恢复的时候，飞机还是人们首选的交通工具。

居住在小亚细亚东部的库尔德人与亚美尼亚人向来水火不容。他们具有浓重的血统观念，各个部族都是各自为政，他们极度重视个人荣誉与民族传统，不支持工业化大生产和商贸活动，这些与苏格兰人和大部分山里人如出一辙。库尔德民族实在是太过古老了，他们与西欧人是一个种族，这是根据古巴比伦的楔形文字文献和色诺芬作品中的记载所得出的结论，但是，库尔德最终投奔了伊斯兰教。因此，他们不可能信任自己的基督教邻邦。世界大战结束后，临时炮制出来的穆斯林国家对周边那些基督教邻邦同样不屑一顾。当然了，他们这样做也是自有道理的。现在的人都了解，西方大国往往将“官方谎言”当成一种战略，对此，人们有理由耿耿于怀。

当和平的曙光出现在大地上的时候，人们丝毫没有因此而欢呼雀跃。旧仇未报，再添新恨。以前属于土耳其的那部分领土遭到了几个欧洲大国的评头论足，他们之所以这样做，是倚仗着“托管人”的身份。事实上，“托管”就是“殖民地”，只是从字面上要好看一些。与当年的土耳其人相比，这些托管人对待当地人的行为并没有多一些“仁慈”。

法国人曾经在叙利亚下了大资本，所以，战后，叙利亚马上就被法国控制了，300万极不情愿的人被置于法国的“托管”下，为此，法国还成立了“法国高级委员会”，并且带来了大批军队和巨额的资金。很快,几个前叙利亚的民族将彼此的怨恨抛到了一边，基督徒和犹太人之间不再相互鄙视和虐待了，世代为敌的库尔德人与黎巴嫩马龙教派天主教徒也握手言和了，因为他们现在的共同敌人是法国。法国人在叙利亚架起了无数的绞刑架用以维护自己的统治，并且重新构建了社会秩序，在这样的折腾之下，叙利亚很快步了阿尔及利亚的后尘。可是，叙利亚人并不会因此而在现实面前妥协，因为他们的民族首领已经被绞死了，他们需要一些时间来重新获得勇气和力量，以便继续战斗。

伊拉克王国在两河流域出现了，这个王国就建立在古巴比伦王国废墟和尼尼微的遗迹之上。然而，作为英国的附属国，新任的统治者费舍国王却不能真正享有汉谟拉比或亚述纳西拔的自由权力。这个新国王甚至在做出比挖排水沟稍重要的决定时，还要先得到伦敦的批准。

此外，巴勒斯坦（腓力斯人的土地）也位于两河流域。对于这样一个奇特的国度，我几乎不敢多加论述了，我怕这样做的话，这本书的剩余篇幅都将被这个小国家的专题讨论所占用。巴勒斯坦这个小国家甚至比欧洲最微不足道的石勒苏益格—荷尔施泰因小公国还要小一些，可是，它在人类历史上的作用却比任何一个大国都重要。

一片荒芜的东美索不达米亚平原原本是犹太人祖先的故土，后来，他们放弃了自己的村庄，从阿拉伯的北部沙漠穿过，再越过西奈山与地中海之间的平原地区，到达了埃及。他们在这个地方居住了几百年的时间，接着，他们流浪的脚步一直到了朱迪亚山和地中海之间那一小片狭长的沃土才停了下来。在多次与当地土著居民的交锋中，他们终于获得了一些城市和村庄，并由此建立了属于自己的独立的犹太国家。

他们生活在这块土地上,一定感到很不幸。这里曾经是约翰·巴普蒂斯特选择的永久居住地。腓力斯人和来自克里特岛的非闪米特人霸占了西部的所有海岸，这使得犹太人基本与大海无缘；有一条自西往北的大裂谷横亘在东侧，将他们隔离在亚洲其他地区之外。这条大裂谷最深的地方在海平面以下 1300 英尺，它起自北部的黎巴嫩和前黎巴嫩之间，顺着约旦河、太巴列湖（又叫加利利海，低于海平面 520 英尺）以及死海一路向南，接着从伊多姆古国的遗址穿过，最终停在了红海北部的亚喀巴湾。

世界上最荒凉、最酷热的地区就位于这条大裂谷的南部。在这里，沥青、硫黄、磷矿石和其他令人生畏的混合物随处可见。利用现代的科学手段能够从这些物质当中提取出相当有价值的东西（大战之前，德国人在这里开办过一家极具实力的死海沥青公司），但是，古代人却十分惧怕这个地方。在他们的意识里有一种根深蒂固的想法：罪恶的渊薮之所以被摧毁，并不是一次普通地震的结果，而是罪恶之神的报复。

当首批来自东方的移民从平行于大裂谷的朱迪亚山穿过的时候，意外地发现了那个地方的另类风光以及与南部不一样的气候条件。那个时候，他们肯定会欢呼雀跃，拍手庆祝，因为他们发现了一块“流淌着牛奶与蜂蜜的地方”。如今的巴勒斯坦已经找不到任何鲜花了，更别说牛奶和蜂蜜这种东西。这种结果并不能归咎于气候原因，事实上，现在的气候与耶稣传道四方的时候并无太大差异。当年，椰枣和美酒佳肴布满了从北部的达恩到南部的贝尔谢巴，旅行者的需求随时都能得到满足，行走在路上的耶稣教徒从来就不会为吃喝发愁。在土耳其人和十字军骑士的铁蹄下，整个巴勒斯坦彻底改变了面貌，那些人简直是恶魔。十字军摧毁了巴勒斯坦很多灌溉工程，就连残余的那些也惨遭土耳其人的毒手，而那些工程都是犹太国时期和后来的罗马统治时代遗留下来的。没有了灌溉工程，土地也失去了丰富的水源，就都干涸了。生活在这里的人们不是坐着等死就是远走他乡，这里几乎变成了无人区。耶路撒冷的下场，是变成一个贝都式的村庄，基督徒与穆斯林在这里的争斗从来没有消停过。当年，亚伯拉罕在凶悍的妻子萨拉的逼迫下，无奈地赶走了庶子以实玛利和他的生母夏甲，阿拉伯人坚定地视自己为那个可怜的以实玛利的子孙。

萨拉的阴谋并没有实现，以实玛利和他的生母并没有死于沙漠中的饥渴。他反而跟一个埃及女人结了婚,成了阿拉伯人的鼻祖。而今,安葬着以实玛利和他生母的地方被戴上了麦加最神圣的光环,这个地方在天房之外,每一位穆斯林在一生当中一定至少有一次来到这个地方朝觐,不管路途多遥远、多艰险也阻挡不了他们。

耶路撒冷被阿拉伯人占领之后,他们立刻将一座清真寺建在了那块黑色的怪石上。据说,好几千年以前,这里原本就有一座著名的寺庙,它是由亚伯拉罕的另一个直系后裔所罗门建造的。可是,阿拉伯人和正统犹太人之间的血海深仇却源自于这块黑色的石头以及在周围建立的那道著名的"哭墙",人们为了争夺它而一直相互斗争。而今,这两个民族被强行扯在了一起,并且共同组建了巴勒斯坦托管国。所以,你还指望着这个国家有未来吗?当这个国家有英国人进驻的时候,有80%的人是穆斯林(叙利亚人和阿拉伯人),只有20%的犹太人和基督徒。当时世界上最强大的穆斯林帝国的统治者就是英国,英国人肯定不愿意得罪这些忠实的臣民,会把50万穆斯林交给10万犹太人和其他人来处置。不过,别有用心的犹太人却有很多的理由去处置那些为所欲为的穆斯林。

这种做法导致了另一个妥协方案继《凡尔赛和约》之后被炮制了出来,并且,所有的人永远都不会满意于这些所谓的"和约""调解"。现在,英国负责托管巴勒斯坦,发生在这两个民族之间的争端也由英国人来调解,对此,他们从在英国知名度最高的犹太人中挑选出了总督。

巴勒斯坦已经完全沦为一个地地道道的殖民地了,阿瑟·贝尔福所提倡的"完全的政治独立"与他们没有半点关系。犹太人未来的家园就是巴勒斯坦这片土地——这是福贝先生在巴勒斯坦运动刚刚爆发的时候断言的,这种说法在现在看来仅仅是毫无实际意义的甜言蜜语而已。

如果犹太人对自己在这个古老家园要做的事情有个清楚的了

解，事情就不会被弄得那么复杂了。东欧那些正统的犹太人，尤其是俄国的犹太人，他们迫切地希望巴勒斯坦这片土地能够维持原来的样子，最好成为一座巨大的神学院，也可以在这里建立一个小型的希伯来博物馆。有一句著名的格言是这样说的："让死去的人去埋葬死去的人吧！"年轻的那代人正是这样想的。在他们看来，如果一直沉湎于过去的辉煌和荣耀中，未来的辉煌与荣耀就会受到很大的影响。他们想做的只是将巴勒斯坦这个国家建设成一个现代化的国家，就像丹麦或者瑞士那样。巴勒斯坦应该忘记以前那些流离失所、寄人篱下的痛苦回忆，应该放弃与邻居阿拉伯人争夺的那几块古老的石头，或许这正是是当年丽柏嘉汲水用的井石，可是，那又怎么样呢？现在，它阻挡着这个国家的子孙后代前进的脚步。这个国家应该做的是将国民精力投放在现代化建设上，诸如修路、修渠等。

这个国家的地形是自东向西的坡形，这里的大部分土地每天都能接收到来自大海的风，这些风同时还带来了滋润土地的甘露。如果巴勒斯坦荒芜的农田得以开垦，那么人们将会从大片的无花果种植中得到丰厚的利润。这样的话，死海地区唯一一个重要的城市杰里科就有再次发展成椰枣贸易中心的可能。

这个国家对慈善家毫无诱惑力而言，因为煤矿和石油都与它无缘。如果耶和华和占最大比例的穆斯林愿意的话，对于他们自身的那些问题，完全可以安心地去解决。

第三十四章

阿拉伯半岛

阿拉伯是亚洲的一个组成部分，这是普通地图或地理手册上的信息。可是，如果让一个对地球历史不甚了解的火星人来地球做客的话，得出的结论很可能就不一样了，他们可能会把著名的内夫得沙漠当成撒哈拉沙漠的延续，而在这两片沙漠之间只不过有一条不值一提的印度洋浅湾而已。

无数暗礁遍布的红海，长度是宽度的 6 倍，平均深度也达到了 300 英尺，可是，亚丁湾与印度洋相连接之处的深度却只在 2 英寻至 16 英尺之间。因此，我们有理由相信，这片布满火山岛的红海在波斯湾还没有形成的时候，只是一个内陆湖，就像英吉利海峡出现以后，北海才配得上海的称号一样。

阿拉伯人对自己是归属于亚洲还是欧洲这件事毫无兴趣，他们把自己的国家叫作“阿拉伯岛”。阿拉伯的人口与面积很不成比例，它有着 6 倍于德国的国土面积，人口却只有 600 万，远远赶不上英国的大伦敦区。不过，阿拉伯人的祖先却体格强健，精神顽强，他们曾经给整个世界的人留下了挥之不去的深刻印象。古阿拉伯人曾经不依赖于造物主的任何恩赐，而成功地获得了统治世界的霸权。

首先，阿拉伯半岛的气候恶劣，不适于人类居住。跟撒哈拉沙漠如出一辙，这里没有任何一条河流，并且是地球上最酷热的地区之一。仅仅最南端和最东端的地区潮湿多雨，不过，对于欧洲人而言，那个地方潮湿过头了，依然是不适应的。这个半岛的中部和西部山区的海拔有6000英尺，气温变化非常之大，太阳一旦西沉，没过半小时，气温会立刻从华氏80℃降至华氏20℃，不管是人还是动物都没有办法适应如此大的温差。

在没有地下水的情况下，整个阿拉伯半岛的内陆地区都将渺无人烟。而在沿海地区，稍微有些富裕的也仅仅是亚丁湾英国聚居地以北的地区。

在商业地位上，阿拉伯半岛甚至不能和曼哈顿的一片洼地相比较。不过，在对世界文化的影响程度上，曼哈顿却远远不是它的对手。

颇有趣味的是，阿拉伯半岛从来就没有像法国或瑞典那样以一个完整的国家的姿态出现在世人面前。世界大战以后，一大串打着独立旗号的国家从波斯湾至亚喀巴湾如雨后春笋般冒了出来，这都得益于大战时期，协约国为了得到帮助而向周围的人随便许下的承诺。甚至有一个独立的国家产生于约旦河两岸地区。这是一个横卧在巴勒斯坦和叙利亚沙漠之间的国家，它的统治者埃米尔唯耶路撒冷马首是瞻。这些独立之国包括波斯湾沿岸的哈萨、阿曼，南部的哈德拉毛，红海岸边的也门和阿西尔以及汉志。在这些国家中，比较重要的是汉志，因为这个国家已经拥有了属于自己的铁路（巴格达铁路线的终点在麦地那，今后会一直延伸到麦加），更重要的是，在它的领土范围内有伊斯兰世界的两大圣地，其一是穆罕默德的诞生地麦加，其二是穆罕默德的安息地麦地那。

麦地那和麦加是两个沙漠绿洲城市，7世纪的时候，它们还无人知晓，是穆罕默德让它们名扬天下的。约在公元567年或者569年，穆罕默德降生了，他父亲先他出生几个月就去世了，还未脱离襁褓，母亲也弃他而去。在贫苦的爷爷的抚养之下，他逐渐长大成人。还是个孩子的时候,穆罕默德就做着替别人赶骆驼的工作,他跟着商队,踏遍了整个阿拉伯半岛,甚至还横渡红海,去过非洲的一些地方,或许还到过阿比西尼亚。那个时候,阿比西尼亚正在谋划着将阿拉伯半岛变成自己的殖民地(那个时候,有一个千载难逢的时机摆在眼前,一向相互敌对的沙漠部落正打得热火朝天,绝对没有团结一致、共同对外的可能性)。

后来,穆罕默德与一个寡妇结婚了,这是一个家底殷实的女人。因此,他告别四处奔波的生活,在家乡开了一家专门售卖谷物和骆驼饲料的小店。穆罕默德是个癫痫症患者,许多奇怪的幻觉经常在他处于半昏迷的状态中呈现出来,就像许多得了这种痛苦的疾病的人一样,可是,他自己却对此表示否认,并且对邻居们说,他得到了上帝的召唤,去见了上帝,这真是掩耳盗铃啊!穆罕默德在谈到要重建亚伯拉罕和以实玛利的古老信仰时,总是含糊其辞,这都是因为他并不具有创新思想,没有办法创造出与众不同的宗教体系来。他曾经试图照搬基督教的信条,只是在上面加以修改,让那些阿拉伯同胞们去适应。可是,阿拉伯人并不是那种会卑躬屈膝的人,也不是那种被人打完左脸后,还把右脸伸给别人打的人。在麦加的邻居们眼中,这个小贩只是他们茶余饭后的消遣而已。后来,当他正正经经地以上帝先知自居的时候,他的同乡就扬言要杀死他,在这种威胁的压力之下,穆罕默德被迫逃到了麦地那。他严谨的布道生涯就这样以麦地那为起点展开了。

在这里,我不再详细讲述穆罕默德的宗教教义了,如果你对此有兴趣的话,最好去读一下《古兰经》。不过,阅读这本书确实是一件苦差事,你很快就会发现的。一直在阿拉伯沙漠里面你争我夺的闪米特人能够突然间团结起来,共同致力于一件大事业中,这无疑是拜穆罕默德所赐。还不到100年的时间,他们就霸占了小亚细亚的全部领土,还有叙利亚、巴勒斯坦以及非洲北部沿海地区和西班牙。到了 18 世纪晚期，欧洲因为穆斯林的存在而倍感威胁。

只有具有非凡的体魄和卓越的智慧的民族，才能够在这么短的时间内取得如此成就。那些与穆斯林交过手的人（也包括那位对女人毫无品位却对优秀的军人慧眼独具的拿破仑）都说，阿拉伯人是非常恐怖的对手，异常凶猛的军人。阿拉伯民族卓越的智慧以及对科学浓厚的兴趣在中世纪的阿拉伯大学得到了充分证明。可是。到了最后，他们还是不可避免地衰败了。至于其中的原因，我无从得知。如果说在这里夸夸其谈地理因素对民族性格的影响是很容易的事，那么，也就理所当然地将沙漠民族是永远的沙漠征服者以及世界霸主的这个结论加以证明了。可是，事情却并不是这样的。许多民族一直沉默隐忍，许多山地民族同样能够干出惊天动地的事业，也有很多山地民族一直庸碌无为，白白浪费了时光，从来没有摆脱过醉鬼的臭名。我已经没有办法从这些成功与失败的民族中总结出一条基本规律了。

但是，历史经常会重演。穆斯林能够从那一套复杂烦琐的礼仪与盲目的崇拜中解脱出来，是因为发生了 18 世纪中期的那场宗教改革运动，此后，他们遵从瓦哈比提倡的生活方式，过着简朴的生活。很可能在这次改头换面之后，阿拉伯人会再次开始征战之旅。如果欧洲人在内战中将自己的精力消耗殆尽了，那么 1200 年前的历史就会重演，穆斯林将成为欧洲最危险的敌人。似乎阿拉伯半岛就是专门出产硬汉的。这些人总是面色沉重，不苟言笑，也不会参与任何娱乐活动。面对任何物质享乐和财富，他们都不会心动，因为他们的生活需求一向很简单，他们不会觉得自己缺少了什么东西。

潜在的威胁往往就存在于这样的民族之中，尤其是在他们理所当然地觉得自己受到伤害的时候。白人至上的观点并非如我们所愿，可以在阿拉伯、亚洲、非洲、美洲和澳大利亚这些地方毫不动摇。

第三十五章
印度

公元前300年，亚历山大大帝发现了印度。不过，他却从来没有深入印度的腹地，只是从锡克族的家乡旁遮普平原横穿而去，并且还跨越了印度河。而印度人真正的家园其实就是那个腹地。从那个时候一直到现在，位于喜马拉雅山与德干高原之间的那片恒河流域一直就是印度人的居住地。这个国家的神秘面纱是在公元1500年以后才被欧洲人揭开的，那个时候，著名的葡萄牙航海家达·迦马的船队到达了马拉巴尔海岸附近，并且在果阿登陆。

伴随着欧洲至印度这个香料、大象和黄金寺庙之国的海上通道的打开，人们收获了源源不断的地理学新知识。市场对地图的需求已经越来越大，阿姆斯特丹的地图生产商不得不加班加点拼命干活儿。自此之后，这个富裕的半岛的每个角落都被欧洲人翻遍了。接下来，我简单地介绍一下印度这个国家的地貌情况吧。

印度西北的吉尔特尔山和苏莱曼山从阿拉伯海一直延伸到了兴都库什山，正是因为有了这一系列的山脉，印度与外界隔离了。在北部像一个半圆形一样绵延到喜马拉雅山的兴都库什山将印度包围在里面，使它与外界彻底隔绝开来。

别忘了，地图上的印度与地图上的欧洲相比，它的比例是被缩小了的。如果把俄国从欧洲的版图上去除，那么印度的面积可以与剩下的那部分欧洲相匹敌。假如喜马拉雅山是坐落在欧洲的山脉，那从法国的加莱一直到黑海那么长的距离才能装得下它，而且它有 40 多座山峰的海拔高度高于欧洲的最高峰，山中冰川的长度也 5 倍于阿尔卑斯山的冰川。

作为地球上最为炎热的地区之一的印度，全球年平均降雨量（年均降水达 1270 厘米）的最高纪录也被它的某些地方保持着。在这个国家生活着 3.5 亿的人口，有 150 种不同的方言存在着。在印度，靠天吃饭的人已经达到了 90%，假如某年出现严重降水不足的情况，就会导致饥荒，很可能会有 200 万（这是 1890—1900 年的平均数）人口因此丧命。而今，蔓延的瘟疫已经被英国人成功地遏制住了，种族之间的冲突也暂时停止了，并且还建设了许多水利设施用以灌溉，印度人逐渐了解和掌握了一些卫生方面的常识（这些是要印度人出资的）。在这样的条件下，这个国家的人口开始急剧膨胀起来。假如人口出生率一直居高不下，那么，很有可能会重蹈以前那种贫困、饥饿、瘟疫的覆辙，儿童的死亡率会上升，每天从早到晚，运往贝拿勒的尸体会络绎不绝。

在印度，主要的河流与山脉有着平行的走向。在西部，有一条便利的交通要道，它是由穿过旁遮普省全境的印度河上游冲向北部的山区形成的，亚洲那些贪得无厌的征服者由此便可以轻松地进入印度的腹地去。号称印度圣河的恒河一直保持着向东的流向，它与发源于喜马拉雅山群峰之间的布拉马普特河合为一体之后，最终流入孟加拉湾。布拉马普特拉河上游在与恒河汇合之前也是一路向东而流，只是后来被卡西丘陵阻挡了，才被迫扭转方向，向西流去，与恒河汇合。

恒河与布拉马普特拉河流域这块狭小的土地上集聚着几千万的人口，这个印度人口最密集的地方可能只有中国的少数几个地方可以与之相提并论，如此多的人为了原本就少得可怜的生存资本而相互算计着。在这两条大河交汇之处的泥泞的三角洲西岸，矗立着印度最重要的工业中心加尔各答。

物产丰富的恒河流域在人口严重过剩的压力之下，变得不堪重负，否则，这应该会发展成为一块民富财足的沃土。首先，印度是大米的盛产地。在水稻高产量的引诱下，印度人、日本人、爪哇人都喜欢大量种植水稻，而他们这么做并不是因为喜欢吃大米。对这些土地的丈量恐怕要用英尺甚至是英寸了，在同一块土地上，每平方英里的大米产量要远远高于其他作物的产量。可是，种植水稻却是一件苦累不堪的事，或许说它脏有些不妥，不过，这却是事实，没有比这个词更能恰当地表达水稻种植了。在水泥和粪水中来来往往地蹚着几千万、几亿的人，同时蹚过的还有他们的年华。这些水稻的秧苗要先在泥土之中进行培植，等待秧苗有 9 英寸之高的时候，用手将它们拔出来，并在水田里进行移栽，然后一直等待收获季节的来临。水稻被收割之后，还要把恶臭的泥浆排到恒河中去，这是一种很复杂的排水系统。集聚在贝拿勒撒的那些虔诚的信徒就用这样的恒河水来饮用和洗澡。在这些信徒们看来，融入了水田泥浆的恒河水是无比神圣的，人们的罪恶的灵魂能够在这种圣水之中得到最彻底的洗涤。贝拿勒撒就像印度的罗马一样，同时它也是世界上最为古老的城市。

恒河流域还有一种特产，那就是黄麻。欧洲市场首次出现黄麻是在 100 年以前，这种植物纤维一经问世就迅速替代了棉花和亚麻。事实上黄麻就是一种植物内茎的皮，要有大量的水分，它才能够得到很好的生长，这一点跟水稻是一样的。收割来的黄麻被人们放在水中浸泡，然后割掉外皮，从中抽出纤维，最后由加尔各答的工厂将其加工成黄麻口袋、绳子，也可以用来编制粗糙的衣服，印度人经常穿这种料子的衣服。

植物靛蓝也是恒河流域的特产。它能够给人们提供一种蓝色的染料。现在,蕴藏在蓝色染料里面的煤焦油也被人们提取出来了,这种物质从蓝色染料里面提取比从其他植物里面提取要经济、实惠得多。

最后还有一种作物——鸦片。这种东西原本是用来治疗风湿疼痛的良药。在以水稻种植为主的印度，人们绝大多数日子都是在齐膝的泥水里度过的，所以患风湿病的概率非常高。

原本被一片古老的森林所覆盖的恒河流域平原，现在却被一片茶树园取而代之了。这种叶子小小的树木适合生长在山坡上，并且需要湿热的气候条件。因为茶树这样根茎柔软的植物只有生活在山坡上才不会被流水所伤害。

形状像个三角形的德干高原位于恒河平原的南部。这个高原主要盛产三种产品。棉花是降雨稀少、饥荒频繁的中部地区的主要出产品，当然，这里也种植小麦。北部和西部的特产则是印度柚木。当铁制蒸汽船还没有问世的时候，这种木头被广泛地运用于造船业，因为它质地坚硬，不容易变形和弯曲，也不会对铁造成腐蚀。即使到了现在，在其他行业中也还在广泛使用这种木材。大米和小米的盛产地是高原的沿海地区，因为马拉巴尔海岸就是这个地方的西边，而东边是科罗曼德尔海岸，因此有大量的降水，适合谷物的生长，沿海地区大量的人口就依靠它来养活。

印度唯一一个发现了煤、铁和金矿的地方就是德干高原，不过，这些资源并没有得到很好地开发，因为这个地方的河流太过湍急，并且有很多险滩，根本没有办法航行。在印度，几乎没有人愿意乘坐火车，所以铁路建设也是没有必要的。这里甚至连有交换价值的东西也没有，人们也不会产生要从自己祖祖辈辈居住的村庄里走出去的想法。

印度半岛还包括科摩林角东面的锡兰岛，大陆与锡兰岛之间是暗礁密布的保克海峡。在那里，挖泥船不停地工作，就是为了确保航行的安全。在锡兰岛与大陆之间还有一座由暗礁与险滩共同构架的桥，叫作“亚当桥”，传说这种奇特的桥是当年违背天意、激怒天神的亚当走过的桥，当亚当和夏娃被赶出伊甸园之后，正是通过这座桥逃到人世间的。印度人一直把锡兰岛当成过去的伊甸园，不过在现今的印度内陆人看来，锡兰岛确实是一座人间天堂。这个岛上拥有宜人的气候和肥沃的土壤，并且风调雨顺，物产丰富，远离印度的恶魔。印度内陆的居民早已经背弃了佛教，他们认为并不是每个普通人都能够达到神圣的佛教精神境界，可是，锡兰岛的人们依旧虔诚地信奉着佛教，并且在佛教的影响之下，逐渐淡化了森严的种群制度，这种制度直到今天还在印度宗教中占有重要的地位。

地理与宗教之间的密切关系一般都超出了我们的想象。千百年来，在人们的思想观念中，宗教一直处于绝对主导地位，它的影响力渗透到这个泱泱大国的每个地方、每个领域。它指示着人们吃什么、说什么、做什么、喝什么。同时，人们不能想什么、不能做什么、不能吃什么、不能喝什么也受到它的禁止。

宗教干预人们正常生活的情况也会发生在其他的一些国家。中国人会将去世的祖先埋藏在向南的山坡上，以此来表达对先人的崇敬之情，而把冰冷多风的北面山坡作为维持全家生计的土地。这就等于将子孙们置于饥饿和被迫卖身为奴的悲惨境地，当然，对祖先倒是极尽孝道了。那些莫名其妙的清规戒律、宗教禁忌以及家族法规多多少少地束缚着每一个民族（包括我们），民族的进步也会由此受到不良影响。

就让我们回到史前时代吧，那样就能够了解宗教对印度的影响了，至少也要回到爱琴海第一次迎来希腊人 3000 年以前的那个时代。那个时候，达罗毗荼人居住在印度半岛上，他们是一个有着深色皮肤的种族，很可能他们就是德干高原上的第一批居民。

亚洲中部地区原本是雅利安人的居住地，后来，他们纷纷从这里离开了，奔向了更适合居住的地方。他们分化成了两支，一支向西迁徙，在欧洲安定下来，后来又远渡重洋，去了北美大陆；另一支向南迁徙，穿越兴都库什山脉和喜马拉雅山之间的山口，在印度河、恒河和布拉马普特拉河流域安身，后来又继续往南，一直到了德干高原，接着沿着西高止山与阿拉伯海之间的海岸线一直走，他们最后定居的地方是印度半岛的最南端和锡兰岛。

这些新移民有着比土著人更优良的武器装备，他们对土著人的态度跟所有强大民族对付弱小民族是一样的。达罗毗荼人受尽了雅利安人的嘲笑，在雅利安人看来达罗毗荼人简直就是一群黑鬼，并且还抢走了达罗毗荼人的稻田，掠劫了他们的女人，因为雅利安人的女人很少（穿过开伯尔山口是一段非常艰苦的旅程，他们从中亚一路南下的时候，没有带太多的女人）。只要达罗毗荼人稍微有些反抗的意思，就会立刻招致残杀，就连幸免于难的那些残余也被雅利安人驱赶到岛上最为荒凉的地方，任他们在那里自生自灭。

然而，在人口数量上，雅利安人却远远比不上土著的达罗毗荼人，因此，较低文明水平的民族对较高文明水平的民族产生了更大的影响作用。要控制这种发展趋势，只有一个办法，那就是把这些黑鬼框定在原先的集聚地，严格地对他们加以控制，缩小他们的活动范围。

跟现在西方人一样，那个时候的雅利安人将印度分成了几个等级森严、界限分明的阶级。“等级观念”在整个世界范围内迅速流传，就连美国这样拥有很高文明水平的国家也在所难免。犹太人遭受的等级观念的迫害正是欧洲社会默许的结果。等级观念使得美国南方各州的黑人被迫乘坐种族隔离的汽船，这也得到了国家正式法律的支持。在被视为开明城市的纽约永远也找不到一家能够允许与深色朋友（黑人、印度人或者爪哇人）共进晚餐的饭店。等级观念还得到了美国铁路的支持，他们只为白人提供卧铺车或者坐式卧铺车。我不太清楚哈莱姆黑人的“等级观念”，但是，我看到了波兰籍犹太人的儿子娶德国籍犹太人的女人为妻，而德国籍的犹太家庭将这个视为最大的耻辱，这个时候，我明白了人性中最为普遍的一个思想，即“出类拔萃，出人头地”。

在我们的国家，“等级观念”还没有将社会与经济生活彻底奴役。虽然，从一个阶层晋级到另一个阶层的大门被谨慎地锁了起来，不过，我们都清楚，总有一天，会被包含进去，只要我们用力去推，或者手中有一把小小的钥匙，不然就用力从外面将窗子砸碎。然而，在印度这个国家，每个等级的大门都被统治者雅利安人封死了。每个阶级都被束缚在自己的狭小圈子里面，似乎永远没有出路。当然，这种等级制度并不是在偶然间形成的。人们建立它的初衷不是为了自娱自乐，也不是为了讨别人欢心，印度出现等级制度是因为恐惧。早期的雅利安人，包括僧侣、军人、农民、手工匠人，他们绝望地看到那些遭受他们压迫和掠劫的达罗毗荼人在人口数量上远远超越了他们，所以，他们被迫采取了措施，只是为了自我解救，让那些达罗毗荼人“待在他们应该待的地方”。雅利安人不仅这样做了，而且还超越了这些。森严的“种姓制度”就是他们的产物，他们在这种制度的外面套上了宗教的外衣，这是其他民族从来不敢奢望的，在这个制度的规定之下，只有三个上层阶级才有资格享受婆罗门教，那些地位卑下的土著人就这样被拒在了神圣精神世界的门外。在那些上层阶级中有一整套神秘而烦琐的宗教仪式和风俗，这都是出于保护自己、免遭下层阶级的玷污以及维持本阶级的正统地位的。到了后来，只有当地人才能够搞定那些意义全无且使人不知所措的禁忌。

如果想了解这种制度在日常生活中的作用，不妨做如下设想：

在我们过去 3000 年的西方社会中，如果规定一个人选择的职业范围只能局限于他的父亲、祖父或者曾祖父的职业范围之内，那么我们就千万不要指望这个人会有多好的创造精神了。

各种征兆都已经充分说明了印度社会和精神复苏的黎明即将到来。但是，到最近，这场变革却遭到了这个国家等级社会最高统治者婆罗门世袭僧侣的刻意阻挠。他们之所以成为毋庸置疑的统治者，是那个名字含糊不清的正统宗教所赋予的。他们崇拜梵天，这是个像希腊的宙斯和朱庇特一样的人物，是万物之始、众生之父、万物之终。不过，梵天终究只是一个抽象的概念，对于凡人来说，他太过模糊、太过虚构了，一点也不具体。

印度同样有几个大城市，却始终无法摘掉农业大国的帽子。直到现在，农村人口依然占到 70%，剩下的那些人则生活在大家熟知的那几个大城市里。坐落在恒河与布拉马普特河河口的是加尔各答，这个城市在早期只是一个小渔村而已，直到 18 世纪，它成为克莱武反法运动的中心，后来逐步发展为印度最重要的港口。加尔各答的地位因为苏伊士运河的开通而开始下降，因为如果要将一批货物运送到印度或者旁遮普省，使用直达孟买或卡拉奇的汽船就可以了。东印度公司的杰作——孟买，是一个建在小岛上的城市。一开始，它只是充当着东印度公司的海军基地并负责出口德干高原的棉花。而现在，孟买却将全亚洲的人吸引过来，他们纷纷定居于这个城市，其中还包括最后一批拜火教教徒，这都是因为它处在一个绝妙的位置。现在，孟买最富有、最聪慧的就是那些波斯人，这些火的崇拜者从来不会用火来焚化死者的尸体，他们将火视为神圣而不可亵渎的东西。孟买也因此而变成了一个神奇怪异的地方。在孟买的波斯人用天葬来处理死者，他们认为死者应该被秃鹫啄食干净，这样就完美了。

科罗曼德尔海岸最主要的港口城市马德拉斯坐落在德干高原

的东部地区。继续往南就到了那个充满法国情调的城市。这个地方会勾起人们对当年英法两国争夺印度半岛的统治权而激战的回忆，人们在这个地方还会想起迪普莱克斯与克莱武开战的那段岁月，那次决战还发生了悲惨的加尔各答黑洞事件。

恒河流域诞生了印度最重要的城市。首先当推西部的德里，它曾经是莫卧儿王朝的故都。这个地方有足够的能耐可以控制住从中亚进出恒河流域的要塞，有一句话说，只要控制了德里，就能够统治整个印度,这就是莫卧儿王朝定都这里的原因。继续往南，就到了亚格拉。这是昔日莫卧儿王朝四位国王的居住地，他们当中有一位国王（即莫卧儿王朝的沙杰汉）还为深爱的女人修筑了一座泰姬陵。顺河而下，接着来到的是安拉阿巴德，如同它的城名一样，这是一座穆斯林圣城。勒克瑙和坎普尔位于安拉阿巴德的旁边，这两座城市之所以闻名于世，源于 1857 年爆发的那场大暴乱。

顺着河流一路南下就到达了贝拿勒撒，对所有印度人来说，这个地方无异于罗马和麦加。印度人在这里沐浴着恒河圣水，他们希望能够在这个地方告别人世，并且被安葬在恒河两岸的山上，他们的骨灰可以被洒进神圣的河水里。

我想，我应该在这里停下笔了。无论你是历史学家、化学家、地理学会工程师，抑或一个平常的游客，在任何时候提起印度，都会觉得自己被一个深奥的道德和精神问题的漩涡所困扰着。作为一个陌生人，我们一旦踏入了印度这片神秘莫测的土地，必须倍加小心和谨慎。

第三十六章 亚洲东南半岛

亚洲东南部半岛的总面积有巴尔干半岛的4倍之多，包括4个古老的国家。这些古老王国中有些是独立的，有些是半独立的，也有些是真正的别的国家的附属国。这个半岛的最西部是缅甸。这个国家在1885年以前是完全独立的，后来，英国人放逐了它的最后一位国王，当然这是征得缅甸人民以及全世界的同意的，此后，这个国家成了英国的殖民地。对于这件事，恐怕全世界就只有缅甸国王有异议吧。但是,对于这个缅甸的末代国王的放逐行为，是不需要任何借口的，除非他疯了，就像电影《东方君主》里的那个国王一样。更何况，他并不是真正的缅甸人，只是北方的舶来品而已。整个半岛已经受够了他这样的人的压迫。对此，这个国家的山脉具有不可推卸的责任。一座绵延于缅甸北部边境的高山，呈现自东向西的走势，成为一个天然的屏障，将印度阻隔在缅甸的国门之外。然而，缅甸境内有五座大山均呈现南北纵贯的走势，那些生活在中亚大平原上的民族由此得到一条便利的通道，从这里到孟加拉湾、暹罗湾以及中国南海等富庶的沿海地区已经变成一件非常容易的事情了。他们将不计其数的残垣断壁、荒芜的田地、城市的废墟以及子孙后代留在了他们所到的每一个地方，这其中就包括缅甸的末代国王。

这位缅甸的末代国王让古代亚洲的悲剧再次上演，他杀光了自己所有的亲戚，只是为了庆祝自己当上国王，所以，对于他最后所遭受到的不幸下场，你大可不必感到悲伤。以前，为了防患于未然，土耳其帝国的苏丹也干过这样的事情，假如今天，你也当上了南美洲某个共和国的总统，那你肯定也会购买意外死亡保险的。可是，让人不能接受的是发生在上个世纪80年代的那件将几百个兄弟、子侄全部杀掉，血流成河的事件。自然，这个末代的暴君被英国总督驱逐了，并取而代之。此后，这个有3%的印度教徒、90%的佛教教徒的小国家迎来了飞速发展的时代。伊洛瓦底江给缅甸带来了前所未有的景观，这条从仰光通航到曼德勒的大江迅速发展为商业贸易运输的大动脉，无数运载着大米、石油的船只穿梭往来。

暹罗（泰国的旧称。——译者注）位于缅甸的正东方向。缅甸和暹罗两国的边境线上矗立着多纳山脉和他念他翁山脉。暹罗的西侧是英国人的占领地，东侧则是法国的占领地，这两个国家相互排斥，相互提防，正是在这样的环境之下，暹罗得以保全下来，能够继续享有国家独立权。暹罗能够得以幸存还有另外一个原因，那就是他们在位将近40年的老国王。这位国王叫朱拉隆功，他是一个中国人的后裔，正是那个中国人在18世纪末期的时候，将暹罗从缅甸独立了出去。朱拉隆功国王在位期间，东边的邻居和西边的邻居被他巧妙地利用起来，相互对抗，并且他很擅长在适合的时机内稍微做出退让。此外，他挑选了一个既不是英国人也不是法国人，而是一个威胁力小的小国家的人来担任顾问。这位睿智的国王在暹罗建起了大学，文盲率也由先前的90%降到了20%，还修建了铁路，湄南河也得以疏通，通航里程超过了400英里。他还建了一套完美的通信和电话系统，军队也得到了良好的训练。在他的统治之下，暹罗不仅变成了忠诚的同盟，就算是发展成为一股潜在的威胁力量也是很有可能的。

位于湄南河上的曼谷已经有100万的人口了，可是，他们当中绝大多数依然以湄南河河边的小船为家，这往往给人一种东方威尼斯的感觉。对于外国人的迁入，暹罗从来不加以限制，所以，在它的首都曼谷，有许多跑过来定居的勤劳的中国人。如今，在暹罗的人口中，中国人已经占了1/9，暹罗能够迅速发展成重要的大米出口国，他们有很大的功劳。在暹罗内地，覆盖着大片的森林，这些资源有很大的经济价值，柚木就是这个国家最重要的一种出口品。世界上石油储量最为丰富的马六甲半岛的一部分也属于暹罗，这是何其幸运的事啊！

不过，总体而言，对于国家工业化，暹罗政府却持抵制的态度。所有热带地区的居民想要活下去，把主要的兴趣投入农业及其他简单的手工业上是必须要做的事情。亚洲仅是希望自己的村庄和田园能够得到保存，工厂和贫民窟的天下就让给欧洲人吧！反正欧洲人喜欢工厂，不喜欢村庄，不过，这却符合东方人的口味。

除此之外，暹罗的农产品与很多发达国家的有点不一样。中国人在这个国家饲养了100万头猪，除了这些，还有600万头驯化的水牛和6822头大象。在暹罗，大象不仅是人们在农田里耕作的好帮手，还能出租去当起重机和重型卡车使用。

法国人占领那部分半岛叫法属印度支那半岛，它由五个部分组成。从南向北，柬埔寨是第一个，这是一个富产棉花和胡椒的地方，坐落于湄公河平原三角洲上。这个在名义上独立的国家，实际上却受到法国人的监管。在柬埔寨，有一处引人入胜的历史遗迹，那就是位于柬埔寨腹地的吴哥窟，洞里萨湖北边茂密的森林将它掩映其中。它的创建者是神秘的高棉族，对这个我们知之甚少。公元9世纪，高棉族将都城建在柬埔寨北部的吴哥，这是项浩大的工程，每一面城墙都至少有2英里长，30英尺高。受到印度僧侣的影响，这些人信仰起了婆罗门教，10世纪的时候，他们又改为信奉佛教，并把佛教奉为国教。从随处可见的寺庙和殿堂结构中，我们可以看出，高棉人的精神世界随着信奉婆罗门教转为信奉佛教而发生了改变。这些建筑建造于公元12世纪至15世纪之间，如今，吴哥已经毁于一旦，但是，它所留下的废墟建筑还是带给人们惊奇的感受。吴哥古迹如果与闻名世界的美洲玛雅文化相比较的话，后者就变成了头脑简单的初学者的作品了。

还有一种说法，湄公河三角洲还没有形成以前，吴哥就已经问世了，是被建在海面上的。假如这种说法成立，那就表示大海往后退了300英里。这真是一个世界奇迹啊！历史上有过这样的记载：纳拉文的海岸往后退了5英里，比萨的海岸线往后退了7英里。或许，关于吴哥的来历是一个永久的谜团。但是，像吴哥这样一个城市确实曾在柬埔寨的历史上出现过，在那个时代，它的地位超越了现在的纽约，而今天，它已经不复存在了，只能在明信片上看到它的风景，在巴黎殖民地展览会上，参观者如果想要得到它，只要花一个便士就可以了。更让人难以置信的是，当吴哥已经成为世界文明的中心，巴黎却还是一个小小的渔村而已，那里只有简陋的房子和令人作呕的鱼腥味。

现在，湄公河三角洲已经被囊括进法属印度支那殖民地里面了。因为法国在墨西哥的扩展遭到了严重的打击，1867年，法国占领了湄公河三角洲，这多少给帝国挽回了些颜面。天然良港西贡就坐落在湄公河三角洲上。这里将近400万的印度支那人被几千个法国官员管理着，对于那些官员来说，这简直就是一份苦差事，他们迫切希望这一切赶紧结束，能够早些回到故乡，度过平静安详的晚年。

安南（越南的旧称。——译者注）位于印度支那的东边。从1886年开始，这个国家就处于法国的“保护”之下了，不过，它依然拥有独立王国的地位。这个国家盛产木材，但因为山太多，又没有道路，因此，还保持着尚未开发的原始状态。

北部地区的地位很重要，不仅重要的河流红河从这里流过，这个地方还是水泥和煤的盛产地。事实上，安南是中国的一部分，跟中国一样，是棉花、丝绸和糖的出产地及出口地。自 1902 年以来，首都河内就成为法国统治整个印度支那的政府所在地。此外，还有一块狭长的地带，叫作老挝，也属于法属印度支那。法国人于 1893 年将它攻占。这个半岛的南端被分成了两个部分，“马来联邦”就是其中之一，它由四个半独立的小公国组成，共同处于英国的统治之下。英国皇家殖民地就是这个半岛的另外一个部分，也就是海拔有时高达 8000 英尺、锡矿资源丰富的山区，官方称之为的“海峡殖民地”。在英国人看来，最重要的是控制马来半岛。这个岛上拥有适合各种热带作物生长的气候，而且不需求任何额外投资。马六甲海峡岸边有一座能够大量出口橡胶、咖啡、胡椒、木薯淀粉、槟榔膏等产品的城市，叫作槟城。

人口超过 50 万的新加坡坐落在一个小岛之上。从南到北以及自西向东的所有海上通道几乎都被这个国家垄断了，由此可以看出这个国家重要的战略地位。新加坡也被称为“狮城”，它有着和芝加哥相近的建城历史。来自荷兰的著名殖民地官员斯坦福德·莱佛士是这个城市最早的建设者，对于狮城重要的战略地位，他早就有所预见了。那个时候，拿破仑统治着荷兰，而狮城是荷兰的殖民地。而今的新加坡已经是一个 50 多万人口集聚的大城市了，可是，直到 1819 年，这里还是荒草丛生呢。同时，它还是一座坚固的堡垒。有一条铁路穿城而过，直达暹罗的曼谷，直到现在，这条铁路还没有完成到缅甸仰光的修筑部分。新加坡重要而特殊的作用将在东西方之间不可避免的冲突中体现出来。在这个前景的引诱之下，无数的酒吧出现在新加坡大地上，它们富丽华贵的美名响彻整个东方世界。此外，每年举办跑马会几乎要花掉像柏林那样的巨额资金。

第三十七章

中国

中国称得上是泱泱大国，有八千多英里的边境线，这个长度几乎等同于地球的直径，其面积则超过了整个欧洲大陆的领土面积。

整个地球上 20% 的人口都生活在中国。中国人开始使用火器，并且懂得书写的时候，欧洲人的祖先还在脸上涂抹花花绿绿的颜色，用石斧砍杀野猪呢！像中国这样一个大国，只用很短的篇幅是完全不可能讲清楚的，因此，我在这里只是限定一个框架，勾勒一个大致的轮廓而已。如果你对更加详尽的内容有兴趣的话，那可能需要很长的时间去慢慢了解了。关于这个国家的文字材料，恐怕需要三个图书馆来装。

中国是一个半岛国家，这一点跟印度相似，不过，中国这个半岛是半圆形的。与印度不同的是，没有那么多的高山立在中国的周围，也没有被高山阻挡了与外界的联系。自西伸展开来的中国山脉，像极了张开的手指，这样一来，中亚凶悍的冲锋军几乎没有任何阻挡就一路冲进了那个直抵黄海之滨的富饶的大平原了。

从地理条件来讲，这个地方缺乏一座天然的屏障，为了克服这个缺憾，公元前 3 世纪（此时的罗马人和迦太基人正在激烈地争夺地中海的控制权），这个国家有位皇帝在此修筑了一道巨大的城墙，即万里长城。这道城墙全长 1500 英里，有 20 英尺宽，30

英尺高，它的最东边在东部的辽东地区，最西边一直到嘉峪关，即甘肃西面戈壁沙漠的边缘。

这道人为的屏障崩溃于17世纪满洲人进攻中原的时候，但在这之前，它一直出色地履行着自己的职责。不管怎样，这座人造壁垒已经傲然挺立了2000年，我们绝不能轻看它。10年前我们才修筑的一些堡垒，到了今天就已经没有办法使用了，必须花一大笔钱对它进行修复。

中国安然地躺在这个巨型圆圈之中，被南部的长江和北部的黄河分成了三个部分。北京所在的华北地区，夏季酷热，冬季严寒，在这样的气候之下，人们习惯吃小米，而非大米。中部地区气候温暖适宜，因为祁连山脉成功地阻挡了来自北方的寒风，当然，这个地方的人口最为稠密，人们以大米为主食，至于黍米，完全没有听说过。华南地区是所有热带植物生长的乐园，这里夏季湿热，冬季也不寒冷。

华北地区由东部平原和西部山区两部分组成。西部山区土壤丰腴，土质疏松，雨水一旦沾到地面上，就会立刻被土壤吸收，这里是闻名世界的黄土高原，在溪流与大河的冲刷腐蚀之下，整个地区沟壑纵横，就像西班牙那样，不利于交通运输的开展。

黄河裹挟了大量的泥沙，冲刷出了直隶湾（即今渤海湾。——译者注）边上的华北平原。黄河是一条几乎无法让船只航行的河流，这里几乎没有什么重要的港口，在它北边的那条运河，实在太小，它只能充当北京的排水系统，将北京城的污水排泄出去，所以，丝毫没有通航的功能。当今的中国时局几乎每个小时都在发生变化，对于北京，我只能说它是900年前的天朝皇都，或者说，从征服者威廉踏入英国的国土时开始，北京就一直作为中国的首都而存在着。不过，在这部作品出版的时候，北京是否还依然是中国的首都，或者只是一个普通的城市了呢，又或者成为某个日本将军暂时的或永久的驻地，关于这些，我都没有办法具体了解了。

北京拥有非常悠久的历史，它见证了不计其数的兴衰成败。公元986年，它臣服在鞑靼人的脚下，名称被改为南京，也就是“南方的都城”。汉族人民在12世纪的时候，又收复了北京，不过，那个时候的北京并没有被当作首都，而是一个二流城市的省会，被称为“燕京府”。半个世纪之后，它再次被另一支鞑靼人征服了，易名为“中都”，代表“中部的都城”。又过了100年，成吉思汗率军攻占了北京，不过，他并没有在此居住，因为他个人还是对蒙古沙漠中的帐篷情有独钟。与之大相径庭的是他的继承者——著名的忽必烈大汗，北京这片废墟在他的统治下，得到了全面修葺，他将北京改称为燕京，还有另一个名称，即“大都”。不过，那个时候北京的蒙古名“甘巴怒克”的名气更大，是“大汗之都”的意思。

后来，中原又回到了汉族人手中，他们拥立了自己的皇帝，将鞑靼人驱逐出中原，建立了明朝。燕京再次变回为北京，意为“北方的朝廷”。此后，中国的统治中心一直都在北京，可是，它却很少与外界沟通联系。这种局面一直到了1860年才有所改变。那年，从欧洲大陆上来了一位仪表堂堂的大使，他踏进北京城，觐见了清朝的帝王，当然，他是以官方的身份被允许进入的。而他的父亲额尔金曾经将古希腊的大理石雕刻献给了大英博物馆。

鼎盛时期的北京城必定如铜墙铁壁一般，它本来就是一座固若金汤的要塞，城墙有60英尺厚，50英尺高，而且城墙上面还建有方塔和通道。北京城有着迷宫一样的建筑构造，内城一个套在一个里面，这样的有很多个，里面分为皇宫、满洲人城、汉人城等，19世纪中期的时候，外国城也出现了。

北京城寺庙林立，不过，中国人却与印度人大不相同，他们并没有那么虔诚。在中国人和印度人身上有着截然相反的民族性格，因此，这两个国家仅仅是在人口过度增长这一点上相同而已。由于印度人对神佛心怀崇敬，他们会耗尽百姓的血汗钱来建造最恢宏、华丽、漂亮的佛寺，婆罗门僧侣还有这样的口号：“宁耗百万筑寺庙，不花分文在黎民。”至于中国人，只是外表像个虔诚的佛教徒而已，事实上，他们里里外外全都接受睿智的孔子的那一套思想。孔子是生活在公元前 6 世纪后半期的哲学大师，那条“不要在关于来世的那些模糊的虚无的辩论之中虚度岁月”的普遍真理就是他提出来的。这条信念被中国人全盘接受了,只有那些“看得见,摸得着”的事情，中国人才会去做。因此，中国的统治者将绝大多数赋税用于公共设施的建设上，例如修筑水渠、开挖运河、建造长城、疏浚河道等等，关于寺庙殿宇，他们能做的就是不至于招致神灵的怪罪。

古代的中国民族拥有卓越的艺术才华。中国人付出的远远小于恒河流域的民族，却能够得到超越他们很多的回报。中国的任何地方都不可能向游客展示如同印度那样庞大的寺庙建筑群。距离北京 60 英里的明朝皇陵，守护帝王的只是那几只巨大的动物雕像，此外，还有寥寥几尊大佛供奉在为数不多的几座寺庙里面。至于其他的中国神像，大都大小适宜、比例适中。可是，印度的艺术品与中国的却很不相同，它们看上去很不和谐，人们看了会觉得极不舒服，就算是博物馆里的也是这样，这可能就是为什么中国的艺术品更受西方人欢迎的原因了吧！

千万不要小瞧了当今中国在商业贸易方面的地位和作用。这个国家拥有第一位的世界煤炭储量，世界第二位的铁矿储量，如果有一天英国、德国、美国的煤炭用完了，那么中国的山西依然可以给他们带去温暖。

山东半岛是直隶湾与黄海的分界线，山东省处在直隶的东南方向。山地覆盖了山东半岛大部分，只在直隶湾附近留下了黄河平原。曾经奔向黄海的黄河在 1852 年突然改道，一路北上，直抵直隶湾。那次黄河改道导致洪灾泛滥，人们在那一次总算是彻底见识了什么是真正的洪灾。现在，我们来做一个假设，以弄清楚黄河改道的原因，有一天，莱茵河突发奇想，改变流向，投入了波罗的海的怀抱，塞纳河也决定抛弃比开斯湾，转投北海了，这样说就很清楚明了了。

从17世纪开始至今，黄河已经改道10次了，至于当前的黄河会不改变想法，我们就不得而知了。在世界的其他地方，在大河上构筑堤坝就能轻易地阻挡住河水，而对于黄河、长江这样的大河流，堤坝显然就是心有余而力不足了。1852年，洪水冲垮了一座50英尺高的堤坝，轻松得就像撕开一张纸。

中国人被称为“黄种人”，这种说法你或许已经听过了，还可能阅读过关于“黄祸”的文字资料。我们经常会把中国人的肤色与黄色，还有诸如中国这些概念联系在一起来说。可是，中国的统治者称自己为皇帝，那是从很早就开始的了，“皇帝”与“黄帝”有着相同的发音，却并不是指皮肤颜色为黄色的人民的“皇帝”，其实指的是“黄土地之帝”,意思是在这块黄色土地之上居住的“皇帝”。整个华北地区，包括河水、道路、房屋、土地、海水甚至于男女老少的衣服都是黄颜色的，它们被夹杂着大量泥沙的黄河水染黄了。这个民族的名称正是从这片黄土地而得来，其实，这里的人们，真正的肤色跟西方人差不多。

13世纪，中国的一位皇帝下令，修筑了一条连接黄河与长江的大运河。有了这条大运河，这个国家的子民就免去了在大海上做长途旅行的危险，他们能够平安地从北部抵达中部和南部地区。这条全长1000多英里的大运河，从开始运营那天起，一直出色地履行着自己的职责，将南来北往的船只运送到该去的地方。它最终毁于1852年的黄河改道事件，因为黄河故道被摧毁，运河也随之废弃了。不过，我们能够从这条世界上最长的运河中看出，在这片黄土地之上的统治者大多是英明的君主。

现在让我们回到山东半岛吧。在这个半岛上坚硬的花岗岩之上出现了几个非常重要的港口城市，其中包括著名的威海卫港。英国人对这个港口的控制权直到不久之前才终止。在直隶湾对岸的旅顺港曾经处于俄国人的控制之下，他们将这个港口作为军港，并且是西伯利亚铁路开始的地方，与此同时，中国的威海卫被英国人租借了，英国人在所谓的“租借合同”上明确规定，中国要想要回威海卫，必须以俄国撤出辽东半岛为条件。但是，1905年，俄国在与日本的交战中败下阵来，旅顺港归了日本人，不过，英国人却没有如约放弃威海卫港。很快，德国也不甘落后，立即占领了南部的胶州湾和青岛港。我们可以把这些看成是世界大战发生在远东地区的连锁反应，英国人和德国人为了争夺那些原本就不属于他们自己的东西而打得不可开交，作为第三者的日本，理所应当地坐收了渔翁之利。

为了使中国人重新对他们产生好感，大战结束后，他们归还了威海卫和胶州湾。可是，如果日本人这次将满洲征服，从前的那场游戏必定还会重演。

华中、华东地区都是富庶的平原，与华北平原连为一体。中部是山区，在这些大山之间有一条穿梭蜿蜒的长江，它最后汇入东海。在长江的上游地区,有一个面积几乎等同于整个法国的省份，即四川省，这片肥沃的红土地所供养的人口超过了全法国的总人数。在这里横亘着几条南北走势的山脉,四川因此而与外界隔绝了，这个省份所保留的民族传统多于中国的其他地区，能够踏进这个地区的白种人少之又少。

从四川奔流而出的长江一路向东，直接流进湖北省。这里有一个著名的港口城市——汉口，1911年，在这里发生了一场将清朝最后一位皇帝赶下台的革命。那场革命之后，这个世界上最为古老的王国转变成了一个共和国。从汉口出来后的长江河段是中国中部地区最主要的商业运输大动脉，中国第一大港口以及外贸中心——上海能够通过排水量在1000吨以内的轮船，这些船从海上出发可以直接到达汉口。在1840—1842年的鸦片战争结束后，上海港才被迫向外国人开放。

那个被马可·波罗称为“金山”的杭州处在长江三角洲的南侧，因为盛产茶叶而闻名于世。长江三角洲的最西端是南京城，一直以来，它都是中国最为重要的城市之一，很多王朝曾定都于此，因为长江中下游地区极为富庶，这里拥有平坦的地势、肥沃的土地和丰富的物产。在我写这本书的时候（1932年1月2日），南京已经是中国新政府的所在地了。同时，它还被选为中国中央政府的官邸，当然，这其中的原因是多方面的，有地理位置方面的——是广州和北京的中转站、有历史因素方面的，还有这个地方的相对安全性，因为外国舰队在海上的大炮没有办法对它造成威胁。

华南地区是山地集聚的地方，到处都是丘陵，虽然是茶叶、丝绸和棉花的出产地，却依然没有摆脱贫穷。昔日的华南地区被大片的森林所覆盖，而今却只剩下光秃秃的石头，森林已经全部遭到砍伐，地表出现严重的水土流失现象。所以，这个地区爆发了大规模的移民潮，那些还没有对中国人有所限制的国家涌入了大批的中国人。

华南地区最重要的城市就是广州。中国的产品要出口到欧洲各国，都是经过上海港来完成的，而如果要把欧洲的产品运到中国，那就是广州港的事情了。香港和澳门这两个外国占领区位于珠江的入海口（从广州到海岸还有几英里的距离）处，在右边的是澳门，这是葡萄牙在中国占领的最后一块殖民地，此前这个国家的多个地方曾经被葡萄牙占领过。位于左边的香港是在鸦片战争中被英国人占领的。

海南岛和台湾岛位于华南沿海地区，海南岛还被中国人所掌控着，至于台湾岛，它现在是日本人的领地，原本这是荷兰人的殖民地，在 1894—1895 年的中日战争之后才被日本人抢走。

在中国，农民占到了 90%，他们把希望寄托在老天身上，如果年成不好，就会遭受饥荒。不过，中国已经有 48 个港口城市对外国商人开放了，他们出口外国的产品以茶叶、棉花和丝绸为主。鸦片这种毒药，人一旦沾染，就会上瘾，为了禁止人们吸食鸦片，中国的统治者做了很多努力，因此这个国家从来不出口鸦片，慢慢地，那些种植罂粟的田地就被棉田取代了。

中国人比任何一个民族都更难接受铁路这个东西，因为他们对祖宗特别崇敬，他们不愿意看到在铁路线上疾驰而过的火车惊扰了长眠于地下的老祖先，他们认为那是不得了的事情。1875 年，在上海到吴淞口之间修建的那条铁路，就因为人们强烈的反对而被迫停工了。直到现在，这个国家修建铁路的时候也会避开祖先的坟墓。现在，中国已经有 1 万英里之长的铁路建成通行了，当今世界最大的铁路桥就是横跨黄河的那座大桥了，它位于泰山附近。

英国人一直迫切地希望别的国家能够把以前那些歧视、虐待中国的政策予以取消，这其中的原因是不是可以用下面这个事实来解释呢？那就是中国有 60% 的对外贸易还掌控在英国和它的殖民地手中。他们清醒地认识到与中国这个大顾客保持友好关系是上好的决策，因为在这个国家集聚了全球 20% 的人口利益。假如英国的产品受到聪明的中国人的抵制，那么，英国每年的亏损将不止几百万美元。

中国人的早期祖先诞生于远古的混沌世界时，黄河两岸的黄土地就已经是他们的家园了。能够拥有一块丰腴的土地，是从事农业生产的人最为称心如意的事，更何况他们生活在这片黄土地之上，连住房问题也不用考虑了，只要从山的侧面一直往里面挖，一个可以为他们遮风避雨的窑洞就出现了。

从那些熟悉这片黄土地的游客口中我们得知，原本这个地区的人口是非常稠密的，可是，一到晚上，就全然看不出有人类居住的痕迹了。当清晨来临，东方的第一缕阳光开始照耀大地的时候，人们就会像兔子晒太阳一样从窑洞里钻出来。于是，他们为了一日三餐的奔波辛劳就此开始了。这些人会在天色暗下来的时候，钻进自己的窑洞，消失在地面之上。

当西部高地已经完全在自己的控制之下，中国人就开始逐渐地移向东方，向东部扩展。黄河夹杂着黄泥一路流淌，直到下游的平原地区才沉积下来，这些泥沙足有几百万吨之多，它把那个地方的土地变得肥沃无比，那些不断膨胀的人口因此而得以生存下来。中国人随着黄河的变迁而迁移，中国人在公元前2000年（1500年后罗马才出现）就迁移到了长江流域，随之转移的还有帝国中心，从黄河流域移到了东部大平原。

中国最伟大的三个精神领袖诞生于公元前5世纪或前4世纪，他们分别是孔子、老子以及孟子。我们现在已经无法对这三位导师出现前的中国宗教进行考证了。当然，大自然本身就是一种造物力量，始终受到人们的崇拜，那些完全依赖上天生存的人对大自然的膜拜程度尤为突出，他们断然不敢有丝毫的不敬之处。孔子、老子和孟子并不是宗教的创始人，他们与耶稣、释迦牟尼以及穆罕默德有着本质的区别。

他们认为人并不是一生下来就具备大智大勇的，人只是凡夫俗子而已，所以，他们将"人非圣贤，孰能无过"当作道德教育的基石，不过，他们还认同一个人只要谦虚谨慎，勤奋好学，认真聆听长辈的教诲，就会取得成就。这三位导师所倡导的理念在西方基督徒看来，是世俗化、功利化、物质化的。他们不会提倡人们去服从或者逆来顺受，他们很清楚，凡夫俗子是不可能有那样高尚的情操的，也无法企及那种高尚的精神境界。假如对那样的行为规范进行大肆宣传，真的会有利于社会发展吗？连他们自己都很怀疑。所以，他们发出了这样的言论：善恶终有报，是好人就应该做到达则兼济天下，穷则独善其身，守忠义，尊诚信，敬先人。

中国的这三位哲学大师所宣扬的道德思想内容都不太多，并且各自有其不足之处。当然，我并不是将孔子、老子和孟子的哲学跟西方相比较，从而对它的好坏做一个定论，不过，确实有一些明显的好处和优点存在于他们的思想之中。这个国家有说着几十种方言的4亿人口，他们的生活环境形形色色，各不相同，可是，对荣辱成败、穷通得失却有着一致的豁达乐观、实用实际的人生态度和处世哲学，之所以会产生这样的共性，都是因为有了孔子、老子和孟子的存在。在这样的人生哲学支撑下，生活在底层的那些悲惨的中国人能够冲破重重苦难，终其一生。如果让一个美国人或者一个欧洲人来面对同样的苦难，他们一定会彻底崩溃，或者自我了断。

孔子、老子和孟子所提倡的哲学思想是朴素的，每个人都能很好地理解和领会。如果你对此感到怀疑，那就到中国4000年的同化奇迹中去寻找证据吧。公元12世纪的时候，远远大于中国的蒙古帝国将这个帝国吞并了，蒙古帝国有着东自太平洋，西达波罗的海的广袤国土面积。不过，这些蒙古人最终被同化了，变成了汉人，他们得到与蒙古帝国忽必烈一样的结局。继蒙古王国以后，中国历史上最后一个汉室王朝——明朝登场了。后来，由鞑靼人组成的满洲推翻了明朝的统治，建立了大清帝国。那个时候的汉人被迫留起了长辫子，也剃光了前额的头发，尽管如此，满洲人还是被汉化了，他们看起来似乎比汉族更像汉族，同样落得与蒙古人一样的下场。

中国的太平日子始于满洲人统治中原以后。在这一时期，中华文明进程终于有了一个短暂的喘息机会，因为清朝统治者只要把守好海港，西方人就不能轻易进犯，中国大可无后顾之忧。不过，像中国这样的国家，如果文明停止了前进的脚步，就会变得异常呆板，毫无活力，并且加倍的保守和封闭，这个方面比任何一个国家都更严重。（政治专治是一种比十月革命前的俄国政治体制还严厉的体制，它冻结了文化，科学也迈不开前进的脚步，任何人的发明都将换回耻笑和讥讽，就连原本无可比拟的中国艺术也走上了古拜占庭镶嵌画的老路，变得形式化。中国人对外面的世界一无所知，他们被彻底隔离了。）一个国家如果闭关锁国，故步自封，那会产生自高自大的观念，他们自以为强大无比，自以为自己的军队战无不胜，攻无不克，自以为自己的艺术无与伦比，自以为自己的风俗习惯冠绝中外，如果将中国放入外国的价值体系中去评价，那真是荒谬绝伦的事情。然而，那些对外国一味排斥的国家，也只能得到误国误民的后果。

从 16 世纪初期开始，就有极少几个“洋鬼子”被中国政府批准可以进入太平洋沿岸的那些从事外贸交易的港口城市。这里所说的“洋鬼子”以葡萄牙人、英国人和荷兰人为主，他们在中国的地位恰好等同于弗吉尼亚州第一批殖民者的子孙在同一条船上的黑人医生，是非常低的。受英国派遣的阿默斯特勋爵（1817 年，他到圣赫勒拿岛拜访过拿破仑）于 1816 年来到了中国，向中国的皇帝发出保护英国商人的请求，他们要求在广州的待遇得到改善。有人告诉阿默斯特勋爵，如果他要到朝廷觐见皇帝，就必须先在龙椅前行跪拜礼。用文雅的说法，这个“跪拜”其实就是“跪在皇帝面前，将自己的前额碰地三次”。以前，有一位荷兰船长在皇帝面前下跪磕头，并因此得到了大量茶叶和香料，过着一辈子衣食无忧的生活。可是，阿默斯特毕竟不是船长，他是英国国王的代表，所以他拒绝行礼。正因为这样，阿默斯特连北京的城门都没有踏进去。

就在这个时候，詹姆士·瓦特在对这个星球的开发利用上取得了成就，整个欧洲都在使用他发明的蒸汽机。欧洲人迫切地想走出欧洲，去征服广阔的新世界，就这样，中国被他们摆在了征服的首要位置。白种人总是非常骄傲，他们认为要发动一场战争，却用突发事件做借口，是很不光彩的，尤其是1807年后，第一个从欧洲到广州的传教士马礼逊博士曾经对中国人大肆宣传基督教的好处，还奉劝他们信仰基督教。在鸦片狂潮面前，甚至连那些思想老旧、最狭隘的满族官员都用孔子之道来对其进行阻挠，可是，英国东印度公司却依旧不停地将鸦片从罂粟的种子里提取出来，他们把几百吨鸦片卖给了黄河流域和长江流域的中国人民。1840年爆发的鸦片战争是鸦片和受害者之间的感情导致的结果，因为中国政府在抵制鸦片进入的态度上异常坚决,而英国人却坚定地要把鸦片输入中国。在这场战争中，中国人大惊失色，他们发现，自己打不过这些被他们鄙视的外国人，几百年的闭关锁国之后，中国已经被世界抛弃很久了。

最终，这种担忧转变成了现实。经历了鸦片战争的中国人慢慢地受控于外国人了。偶然看到的事实，让那些不问世事的人意识到了自己国家出现的问题，虽然这些只是一门心思地扑在田地里从事收割的人。中国人认为发生在这片土地上的所有灾难都是由那个依附于外国的清政府造成的，于是，中国人民的起义爆发了。第一次起义运动大约爆发于80年前，中国人希望自己的自由可以通过革命换来。

“太平天国”运动在华南大地轰轰烈烈爆发的时候，清政府正忙着和英、法两国交锋。“太平天国”运动的参与者把自己的长辫子剪了，他们拒绝剃头。不过，有一些人是因为贫困潦倒而不得已才起义的，在他们看来，清政府依然是十分强大的敌人。他们选出了自己的汉人皇帝，想取代满洲人，遗憾的是，这个人最后在南京自己的宫殿里放了一把火，把自己烧死了，一起被烧死的还有他的妻子们。几十万人在这场革命中丧命。将这场革命镇压下去的清朝军队中有两个是外国的将领，即美国工程师华尔和英国人戈登，后者是个虔诚的基督徒，是一个深沉而神秘的人。后来，戈登回到祖国，专心致力于慈善事业和宗教事业，悠闲地打发着退伍生涯，等待着那个悲惨结局的到来，在后面“非洲”的那个章节里，我还会讲述关于这个人的故事。

1875年，德国与清政府之间的矛盾终于爆发了，德国的一个中队受命开往中国的土地，他们的借口是帮助中国肃清沿海一带的海盗。1884—1885年，再次爆发了中法战争，中国在这场战争中丢掉了安南和北部湾。1894年，中国人与已经被西化的日本人之间的战争也爆发了，在这场战役中，中国又丢掉了台湾岛。

欧洲各国瓜分中国军事要地的时期来临了。旅顺港被俄国占领了，威海卫以“租借”的名义归了英国，湄公河左岸的金兰湾则被法国霸占了，美国则模糊地提出了一个“门户开放”的政策，在外交策略上，美国人往往带着极为复杂的感情（换言之，就是多愁善感），这一次就是最好的体现。被抢到手的中国土地，已经被那些欧洲人装饰成了坚固的壁垒，他们会在美国人张望过去的时候，迫不及待地关上大门。

中国人是一个具有吃苦耐劳天性的民族，此时，他们已经清醒地意识到，压迫他们的不仅是中国政府，还有外国人。在这样的残酷事实面前，那个外族的统治者满清政府又一次成为他们发泄冤屈和苦难的对象。1901年，爆发了义和团运动。德国大使（因为这个德国大使是第一个攻击中国人的外国人）也死在了他们的刀下，后来，那些在北京的外国使团都遭到了他们的围攻。这个时候，八国联军开进了北京，这支由俄、日、英、法、奥、德、意、美八个国家组成的队伍，解救了那些被围困的使团大使以及他们的家属，使他们从绝望中走了过来。此时，史无前例的破坏和掠劫行为在这座富裕的城市里面爆发了。为了复仇，八国联军还破坏和侵犯了一切神圣不可侵犯的东西，就连紫禁城也在劫难逃。那个曾经对他的2万名士兵发出“像匈奴人一样干吧”的指示的德国皇帝在十几年后就报应缠身了，而今，他只是一个在荷兰砍木头的孤独者。

中国的百姓们再也无法容忍清政府的低三下四、奴才嘴脸、巨额的战争赔款以及得寸进尺的欧洲诸国。1911 年，他们再次发动了革命。这次战斗以人民的胜利而告终，清政府被推翻了，共和国建立了。

这一次，中国人已经总结出深刻的教训。他们看清了西方人的真正兴趣所在，他们要的不是孔子的哲学和文章，而是冲着中国的煤炭、铁矿和石油等珍贵矿产资源来的。如果中国人不能保护好自己的财富和宝藏，那就只能把它们扔进太平洋去。他们觉得自己应该向日本人学习，用最短的时间将自己“西方化”。于是，他们从世界各地请来了老师，因为日本与中国毗邻，利于交流，所以这些老师当中以日本人居多。

与此同时，马克思主义在俄国成了管理一切的原则，那个占地球 1/6 面积的国家正在展开一个转变为工业大国的伟大历程。因为这个国家与中国一直都是邻居，所以一些新的思想被悄悄传到了中国苦力的耳中，这是一些常年在痛苦和折磨中生活的人。在以前的岁月中，不管统治者是谁，英国人、法国人或者日本人，中国人似乎已经被上天注定要做牛做马。

世界大战结束后，中国成了一个思想、情感、计划相互冲突和矛盾的大杂烩，陷入了前所未有的混乱之中。中国人在世界大战中完全是不得已才加入协约国阵营中的。因此，它理所当然地在战后又回到了从前，不仅一无所获，反而失去更多。

我无法预测未来 10—15 年的中国会是什么样子，因为我不是预言家。不过，中国确实是个贫困的国家，并且起步也很晚。即使到了那个时候，很可能也不会有太大的改观，它要追上世界前进的步伐并不是那么容易的事情。但是，假如有一天我们被中国超越了，我们就只能向上帝祷告了。

第三十八章
朝鲜与蒙古

我们应该简简单单地学习一下实用经济学。

日本人被一个小小的岛屿束缚了，就像意大利人那样，他们的人口开始过度增长，以至于他们对土地的渴望愈加强烈。在这个世界上有一条永远无法改变的自然法则，它不可能被任何美丽的词汇所改变，也不会被所有的条约改变，就连所有善良男女的蜜语甜言也不能撼动它，它就是——我强壮无比，可是我饥渴难耐，我和另外一个人一起坐在一个小木筏上，任意漂泊在大海上，那个人的口袋里有满满的三明治。他羸弱得不行，无法与我相比，此时，我只有两个选择，要么坐以待毙，要么奋起一试，将他口袋里的火腿三明治抢夺过来。我是一个体面的人，我敬畏神灵的双亲多年来一直对我悉心教导，我虽然有这种欲望，但是我已经在努力地克制了，时间一天、两天、三天过去，我终于无法忍受了：“快拿一块三明治给我，否则我就将你扔进大海——快点！”

过去，我好歹也接受过一些教育。于是，对待这个拥有三明治的人，我多少还是会有一丝仁慈之心，我允许他留一份给他自己。但是，如果他不死的话，我饥饿的痛苦还要继续。你可以把日本人放在这个人的位置上，那么你对日本所面对的问题就会有一个清楚的认识了。

日本人生活的土地，面积非常小，甚至还小于加利福尼亚（加利福尼亚州的面积是155652平方英里，日本的面积是148756平方英里），可以用来搞农业生产的仅有1600万平方英亩，不足美国农业用地的2%。要是想找一块距离我们最近的土地来进行比较，那比较合适的就是经过改造的纽约的土地了。让世界上最优秀的农业专家到日本去走一圈，他就会马上明白这个贫穷的岛国所面对的实际问题了。因为靠近大海,所以日本人以打鱼维持生计。现在他们已经发展到可以在稻田里面养鱼的水平了，不过，这个国家的人口年增长数也高达65万，他们还需要很长一段时间才能真正解决温饱问题。

日本人迫切需要找到更多的土地。于是，中国海对岸的那片管理不善、被漠视的土地自然成了他们首先想到的地方。美国固然适合他们的胃口，不过，那个地方太过遥远了，并且也太过强大了。还有澳大利亚也是过于遥远,何况那是一块毫无用处的土地，因为90%的土地都荒芜一片。与那些地方相比较，满洲就在眼皮底下，而且恰巧有朝鲜半岛这座桥梁，连接朝鲜与日本的只是一条宽仅102英尺的狭窄的朝鲜海峡而已，并且日本的对马岛还处于海峡的正中间。1905年，就在对马岛附近，俄国海军舰队被日本舰队一举歼灭，一个潜在的远东对手就这样毁于一旦。

朝鲜半岛与位于意大利南部的西西里岛处在同一个纬度，不过，这里要冷得多，因为这里没有天然屏障做保护。在古代，人们用高丽来称呼朝鲜半岛，朝鲜这个名字所代表的是“静谧的向阳之地”。公元前12世纪，朝鲜处于中国人的统治之下，他们是中国移民的后裔。那个时候，他们轻易地赶走了朝鲜半岛上那些居住在中部石洞里的原始部落。新的王国被这些中国人建立在了朝鲜半岛上，可是，他们的母国——中国从来没有给予他们真正独立自主的权力，此外，日本海盗还经常侵袭他们。

日本第一次想要吞并、侵占朝鲜是在1592年的时候。日本人此前已经做好了充分准备，他们是不会贸然动手打没有准备的仗的。他们早已经从葡萄牙人手中买回来数百支大口径火枪了。倚仗自己精良的武器装备，30万大军渡过朝鲜海峡。这个时候，朝鲜人向中国求助，中国带来了人数更多的军队，因此，战争以日本的失败而告终。

朝鲜的首都汉城在这次战争中被彻底摧毁了，日本人还制造了很多令人发指的残暴行为，这就是为什么朝鲜人对日本人恨之入骨的原因。日本是强大的，朝鲜却是弱小的，所以，19世纪的最后一个25年，俄国完全控制了朝鲜的政治和经济，这时，又一个发动侵略战争的借口被日本人找到了。

战争爆发的原因一般都是平淡无奇的，至于真正的根源却在幕后深深地埋藏着。日本之所以会对朝鲜发动侵略，还有在1592年进行的那次远征，这些都是有着直接和深刻的原因的，那就是日本急速膨胀的人口以及在这些人口重压之下产生的对粮食的需求。

从日本击溃俄国，将俄国军队从中朝边境彻底赶走的那一天开始，朝鲜就置于日本的“保护”之下了，成为它的保护国。1905年日俄战争结束后，作为赔偿，日本得到了库页岛。1910年，朝鲜半岛也被日本吞并了，它在日本的地位与“台湾”、库页岛是一样的。台湾岛被日本从中国抢走是在1895年。如今，有50万的日本移民和2000万的朝鲜人共同生活在朝鲜半岛上，而且这个半岛上还有源源不断的日本人要涌进来。

面积广袤的蒙古国有11个英伦岛那么大，在足足140万平方英里的土地上才生活着不到200万人口，它的南部地区是一片戈壁沙漠，渺无人烟，其余部分则被漫无边际的大草原所覆盖，可说是牛羊的天堂。蒙古昔日的辉煌是建立在蒙古人高超的骑术之上的，这个马背上的民族曾经从太平洋一直攻打到了大西洋，这些对于现在的蒙古人来说，已经是不可企及的事情了。

日本人如此种种的野蛮行径引起很多人的义愤，他们给日本冠之以“日本人的狼子野心”，对他们进行斥责，不过，我更愿意说“日本人生存的需要”。日本人的北亚行动似乎是自然而然的事情，都是国内过剩的人口导致的，他们只是为了寻求一条出路。至于地广人稀的北亚，人们早已经习惯了那些残酷的统治，他们以前的生活比现在也好不到哪里去。

在菲律宾、荷属东印度、澳大利亚、新西兰和美国西海岸这些国家和地区面前，北亚俨然充当着一个安全阀的角色，假如它不复存在，那么，那些别的国家将会直接暴露在日本人的铁蹄之下。在波利尼西亚群岛，我们将一艘战舰安排在每一个岛屿之前，就是为了预防某个夜晚，日本人的巡洋舰会将它们“拖走”。

站在全局的高度来看，似乎当下的这种局面是最为有利的。我说了这些没有情意且又自私自利的话，如果惹得有人伤心落泪，那么，请借一下印第安人的肩膀，尽情地哭泣吧！

第三十九章

日本

日本尚未发起对邻邦的侵略以及称霸世界之前，是一个由500多个岛屿组成的半圆形岛国。这些岛屿的面积加起来与英格兰、苏格兰和曼哈顿的面积大致相等。在518个岛屿上居住着6000万人。最新的数据显示，总共有9000多万人居住在日本，2000万朝鲜人和波利尼西亚岛上的居民也包含其内。从世界大战至今，日本人就占据着这些波利尼西亚岛屿。

对于日本，只需记住本州、北海道、四国和九州这几个岛屿就足够了。日本中部最主要的岛屿是本州，位于北部的是第二大岛北海道，它紧随本州之后。四国和九州位于本州的南部，这两个岛屿是紧紧连在一起的。在本州中部丰腴的土地上有一个200多万人居住的城市——东京，它就是日本的首都。东京的港口是横滨。

在本州南部还有一个更大一些的城市，叫大阪，这个城市同时也是日本重要的纺织工业中心。大阪北部的京都是日本的故都。偶尔，我们在报纸上还能看到其他一些城市的名字，比如神户，它是大阪的港口；比如长崎（它坐落在南部的九州岛上），在这个地方，欧洲的各种船只都能够方便地进出。

你或许还会在历史书上经常看到江户这个名字，这是幕府时代东京府的称呼。1866年，由于幕府失势，天皇才将京都迁移到了江户，并把它的名字改为东京。从此，东京迎来了快速发展的时代，并且一举成为当今世界上最大的城市之一。

但是，有一种随时毁灭它们的威胁存在于这些城市周围。这是因为日本列岛位于亚洲山脉边缘地带（日本海、东海和黄海形成的时间尚浅，与使英国成为一个岛屿的北海如出一辙），恰好是萨哈林岛至荷属东印度群岛的爪哇岛的一个组成部分，而这一地带却是一个火山带，并且还是活的火山带。1885—1903年间，共有27485次地震光顾了日本，平均每年要地震1447次，每天地震4次，这是地震仪观察到的数据。不过，绝大多数地震都是轻微的，只是使茶杯相互碰撞，椅子撞到墙壁而已，不会有更严重的后果。对于这个岛国的危险境地，如果你了解在过去的1000年里，京都古都共发生过1318次地震，那么你就很清楚了。在这1318次地震中，毁灭性的就有34次，而“强烈地震”则多达194次。发生在1923年9月的那次地震几乎将东京毁灭殆尽，丧生者有15万之多，好几个小岛都被水淹没了，只能看到露出水面的几英尺高的顶部。提起这次距今并不太遥远的地震，人们还是记忆犹新。

地震和火山干扰经常被人们扯在一起来说。虽然火山爆发会引起一些地震的发生，不过，造成地震的真正原因是在人类生存的那片地表之下，岩石层突然发生崩塌而造成的。如果这些岩石层只有两三英尺的移位，那在地表上表现出来的只是倒了几棵树或者几株灌木丛而已。如果这是发生在人口密集的地方，那就会造成无法想象的灾难。正如里斯本于1775年发生的那次地震，有6万人在地震中失去了生命，又或者与中国广东1920年发生的那次地震一样，有20多万人被夺去了生命。在人类“有史以来”的那个时代，也就是在过去的4000年里，有1300万人在地震中丧生，这是一位权威地震专家保守估计的数字，无论怎么看，这都是个绝对庞大的数字。

当然，每个地方都有发生地震的可能。一年之前，强烈的地震袭击了北海的海底世界，连莱茵河和斯海尔特河河口岛屿上的泥滩都受到了影响，泥滩上的那些掘蛤人还一度陷入了恐慌之中，不过，北海的海面却是平静如昔。导致日本频频出现地震的原因还有一个。日本列岛所处的那个山脊顶部的东部持续向下伸展，一直伸展到目前被测的最深的那条海沟里。马里亚纳海沟是当今世界最深的海沟，它比那个著名的塔斯卡罗拉海沟还深6000英尺，塔斯卡罗拉海沟的深度是2.8万英尺。日本东部沿岸地区的海岸有将近6英里的垂直落差，这里囊括了日本一半以上的地震灾难，可见这一切并不是偶然的。

尽管这个威胁永远都跟随着日本人，但他们却并没有因此而睡不着觉，就跟其他生活在地震带上的人一样。他们照样享受着一日三餐，从不耽误，他们一样在田地里耕耘劳作，他们也和孩子们嬉戏，还会因为查理·卓别林的表演而笑得前俯后仰。他们的房子是用薄木板建成的，这是经过多年的教训和实践总结的经验。这种房子或许会在冬天的时候透风，不过，当地震来临的时候，却大大降低了倒塌的房屋对居住者造成的威胁程度。当然，像东京摩天大楼这样的仿西方杰作，就很可能在大地震中造成无法计量的严重损失。总体而言，在这些无法避免的地理缺陷面前，日本比任何一个国家都能更好地去面对和克服，在对生活的安排上也是一样的，他们比任何一个国家都做得更协调和具有冒险性。我在这里所说的这一切只是复述了游客讲给我听的那些，并不是指美丽的明信片里那些在樱花树下品茶的艺妓，更不是蝴蝶夫人那些漂亮的木偶。游客看到的是以往的日本，那个时候的日本还在古老的传统习俗和生活方式（非常高雅的生活方式）里游弋，他们也从未想过要将这个国家变成芝加哥和威尔克斯—巴里的郊野。日本从旧到新的转变真令人难以置信，并且这种转变极大地影响了美国的安全和幸福，这一转变还将飞速地持续下去。因此，不管我们是不是喜欢日本人，都有必要对他们有所了解，只要太平洋不干枯，日本是我们邻居的事实就不会改变。

在中国的历史面前，日本的历史是短暂的。中国的大记事可以从公元前 2637 年（大约是基奥普斯建造金字塔的时代）开始计算，而对于日本，公元 400 年才开始有编年史。现在我们口中的日本和大和民族就是出现在那个时代的。事实上，日本人和英国人一样，是一个混合民族，所以，严格说起来，根本就没有“大和民族”。最早居住在日本列岛上的居民是阿伊努人，这些人遭受到了外族的三次连续入侵，被逐渐驱赶到偏僻的北部岛屿去了，那些侵略他们的人分别来自中国南部和马来半岛、中国中部、满洲和朝鲜。这样看来，是中华文明的延续造就了早期的日本文化，日本人学到的一切都来自中国。

日本允许佛教传入，同样也是效仿中国，从此以后，这两个国家的关系更胜从前。当一种旧教义被新教义取而代之的时候，在一定程度上，新教义将不可避免地被旧教义影响。对于这个潜在的规律，所有的传教士都必须懂得，无论他传播的是佛教、基督教还是伊斯兰教。

中国的佛教高僧第一次进入日本是在公元 6 世纪。他发现了属于日本人自己的本土宗教体系，即“神道教”，这种宗教非常切合日本人的需要，它的名字来源于“神道”一词，与美国人理解的“神道之路”是一个意思。不过，它要比普遍流行在亚洲的那些鬼神崇拜高雅很多。在它看来，这个世界的力量是无法被摧毁的，它主张人们要对自己在这个世界上的行为负责，因为无论这种作用是多么微小，它都将永恒存在。现在日本所信奉的宗教正是佛教和神道教的混合物。首先，个人对社会的责任和义务是神道教极力倡导的。有一种观点在日本人心中根深蒂固，那就是每个人对祖国负有的责任都是非常明确的，这是一种非常真挚的观念。神道教也教导人们对祖先要有尊敬之情，不过却不像中国那样严重到不可收拾的地步。在中国，那些用来种植庄稼、养活活人的土地却被死人的坟墓霸占了很多很多，中国已经变成了一个巨大的坟墓了，活着的人被死掉的人统治。

然而，在中国文化与日本文化之间从来都没有太大的分歧，直到16世纪末期，在日本国内，各大诸侯拥兵自重，独霸一方，丝毫不把天皇放在眼里，甚至比不上罗马骑士对他们自己皇帝的那种尊重程度。那些发生在各派势力之间无休止的争吵和战斗过后，终于出现了一个铁腕人物，他成功地控制了政府。

在遥远的欧洲，有一位古法兰克国王被自己的总管推进了寺庙，总管攫取了国家的统治权，这是发生在800年前的事情了。像这类事情，人们似乎并没有太大的反对声，因为那些总管比他们的主子要英明得多，更适合统治国家。近乎400年的内战，让日本人受尽了煎熬，他们盼望的只是能够得到安宁，至于谁来统治国家，他们一点儿也不关心。所以，人们对那个德川家族的头号人物最终成为帝国的统治者并不反对，这个人正是日本帝国的总管，并且有着极大的影响力，人们也没有对正统的君主进行捍卫。天皇被那位大总管说成是整个日本的精神天父，他的真实面目人们永远也没有机会看到，因为他就像西藏喇嘛那样神秘，是完美而又遥远的人物。这样的统治局面一直持续了两个世纪之久。在东京的幕府将军（就是对大家所熟知的那些统治者的称呼，相当于美国人的“总司令或最高总司令”）才是帝国真正的统治者，至于天皇，只能身居京都的内宫，躲在华丽的屏风后面，寂寞地打发着无聊的日子而已。日本严格的封建制度正是建立在幕府时代，日本花了很多时间在这套制度的细节上。它对造就日本人民的性格起到了深远的影响，甚至到了今天，尽管日本的工业化已经有80年的历史了，但他们从根本上还是封建主义者。他们站在与欧美截然相反的角度来考虑问题。1600年以后，日本社会被统治者用三个等级集团来划分，“大名”是最高阶层，这个阶层的成员都是封建贵族，也就是大地主；武士是第二个阶层，这些斗士拥有继承权，跟中世纪的骑士差不多；剩下的就是第三个阶层了，也就是平民。

这显然是一个不理想的制度，不过，历史却使我们不得不信服这样一个事实，平民大众从来没有对政府的任何言论产生过浓厚的兴趣。老百姓关心的无非是这些问题：这是一个有能力的政府吗？我要的和平与安宁他们能给我吗？我辛劳的成果是不是会属于我呢？会不会有人将它偷走？这个制度已经运行了两百多年了，而且它的状态一直很好。在日本，真正的政治领袖是幕府将军，天皇只是人们崇拜的精神领袖。这个国家的大名和武士们一直恪守这样的信念：“身居高位，理应不负众望”。如果他们的行为与宣誓的誓言相背离，那庄严的切腹仪式中的剖腹自杀就是他们的下场。

那个时候的日本已经出现了过度拥挤的局面，人们只能勉强度日。他们总是太过节俭和朴素，一般不会奢望太多的兴趣和爱好。从荷属东印度北赤道地区发源而来的黑潮（即日本暖流）让日本的气候变得温暖适宜，这股暖流在流经了菲律宾和日本以后，又渡过太平洋，把福泽带给了美国西海岸，所以说，有时候大自然真是一个忠实的朋友。不过，比起加利福尼亚，日本的气候却没有那么温暖湿润了，这是受到另一条从日本东海岸附近经过的冷水带的影响。可是，尽管如此，这个国家的气候却要比中国大陆好得多。

葡萄牙航海家门登斯·平托曾经因为在大海中迷失航向而登

陆日本群岛，在这之后发生的一切似乎都是水到渠成的。这位航海家的到来改变了日本原先的历史历程。随着这些葡萄牙人对遥远国家的拜访，商业贸易开始发展起来，同时，他们还带来了宗教。

葡萄牙人在印度的果阿和中国的澳门设立了基督教总部。葡萄牙传教士最初在日本得到了很好的礼遇，他们得到了幕府所提供的所有便利和机会，被批准在日本传播基督教，并且被允许揭示基督教比长期处于至尊地位的日本宗教的优越性。这些传教士四处传教，有很多人都被他们拉拢了。此后，进入日本的还有一些从属于西班牙的菲律宾群岛的传教团，他们也一样受到了欢迎。可是，还有一些并不神圣的人也跟随传教士一同来到了日本，他们全都身穿盔甲，手持铁棍，那种铁棍奇形怪状，从中射出的铅弹能够将三个日本普通士兵同时穿透。看清这一点的时候，幕府政府开始对国内这些传教士的存在感到惶恐了。

美国人直到最近50年才对日本面对当时的那些痛苦事情的观点和看法有所了解。与美国从其他方面收集资料的情况不同的是，正是因为发生了那些事情，日本人才落得了冷酷无情的名声。那个时候，幕府将军突然下令禁止传教士在日本活动，其实完全是出于恐惧，并非因为厌恶西方人。国家因为宗教争论而变得四分五裂，这是他们最为担忧的，同时，他们也害怕自己的财富被那些身兼船长和商人的人抢走。这些船长给日本送去了代表和平与祝福的使者，然后，又满载着分文未付的日本货物离开。

九州是日本受到耶稣影响最大的一个地方，这个地方距离葡萄牙在中国的殖民地最近。神父们在最开始的时候，谦卑恭敬地向九州宣传着耶稣基督的种种，后来他们占了上风，于是，日本人的偶像被他们毁了，庙宇被他们拆掉了，在他们的枪口逼迫下，成千上万的农民和贵族不得不接受了十字架。

那个时候了解到这一切的铁腕人物丰臣秀吉开始意识到，无法避免的后果已经出现了。于是，他发出了这样的声明："那些在日本宣扬德行的基督教传教士的德行其实是一个工具，这个工具掩饰了他们对我们日本帝国的险恶用心。"1587年7月25日，所有的传教士都被日本驱逐了出去，这也刚好是第一位日本使节拜访教皇以及西班牙和葡萄牙国王后的第五年。在日本政府监督之下的商人可以正常从事商业活动。葡萄牙传教士离开日本的空位立刻被来自菲律宾的西班牙方济各会和多明我会的修士修女们填补上了。他们把自己装扮成前来日本觐见丰臣秀吉的特使，不过，这个花招和诡计马上就被戳穿了。然而，对他们的惩罚仅仅是警告不得传教而已。即使这么一条禁令，他们也没有遵守，他们的教堂在江户的大地上拔地而起，四面八方的人前来接受洗礼。紧接着，他们又在大阪建起了教堂。然后，长崎的一座耶稣会堂也被他们霸占了。此后，他们公开对抗耶稣教会，把自己的这个竞争对手说成是用传播福音的方法取媚日本人。简单地说，日本人的判断全都错了，那些专门用来藏匿职业传教士的仓库也被发现了。丰臣秀吉下令，将他们全部赶出日本，不过，这些人去也匆匆，来也匆匆。日本人在那些不受欢迎的西班牙人身上表现出了极大的耐心和宽容。警告已经发出了很多年，却只是徒劳，日本人终于明白：唯一的良策就是采取非常手段。

日本在以往400年的内战中，受尽了苦难，而今，在经验面前，他们绝不可能再次踏上那条老路了，他们自发地团结一致，共同对外，与一切侵略者抗争到底。他们发出警告，将用死刑来收拾那些漠视禁令的基督教传教士。

日本在其后的半个世纪里，心甘情愿地与外界隔绝开来，这种自我封闭只能说是几乎，而不能说是彻底。因为有一扇小窗户还开着，日本大批的黄金就是从这里流到西方的，西方凤毛麟角的先进科技也是从这扇小窗子里偷偷溜进日本这个奇特的国家的。

荷属东印度公司曾经是葡萄牙在日本国土上的商业竞争对手，不同的是，荷兰人丝毫也不关心日本人的灵魂，他们只是一门心思地做生意而已，英国也一样。不过，关于英国和荷兰谁来霸占日本市场这个问题，在相当长的一段时间内还很难决策，最终失去日本市场的是英国人，因为他们经营不善。

葡萄牙派过来的那一连串外交使团的最后一个成员也被日本人处死了（实际上，这是证据确凿的官方谋杀），以前，荷兰所享受的那些待遇也被日本收回了。尽管这样，如果荷兰人在日本的年利润能够达到80%，他们是无论如何也不会从日本市场撤离的。他们不得不居住在位于长崎港口的出岛上，那个石头岛只有300码长，宽也仅80码，小得甚至无法遛狗，而且还不准他们带妻子，也不许走进陆地半步。

荷兰人只要稍微违反日本当局制定的几百条法规中的任何一条，立马就会遭受报复，只有这一次，荷兰人一定是修炼了天使一样的忍耐心（不一定是民族性格）。某天，东印度公司建立了一座新的仓库，那个时候有在建筑物上刻写日期的习俗，于是，按照习惯将字母“A.D.”，即“公元”刻在了货仓的正面。而恰恰这个符号与基督徒的上帝有着莫大的关系。那个时候，日本人采取了我们美国人对待来自莫斯科的布尔什维克鼓动家一样的态度，后果是可以想象的。在幕府将军的命令下，那些惹人厌的字母被去掉了，而且连整个货仓也被摧毁，夷为平地。日本人要让荷兰人牢记葡萄牙人被驱逐的结局，于是放出这样的话语：

“只要阳光还洒向大地，那些基督徒就绝对不会被允许大摇大摆地走进日本半岛。我们会让所有人明白——无论是谁，就算是菲利普国王，甚至是基督徒的上帝，一旦违背了这条法令，我们就割下他的头颅来抵罪。”

似乎这个教训已经被荷属东印度公司的官员用心记住了，他们在出岛居住了217年之久。在这么长的时间里，日本大量的白银、黄金源源不断地流了出去，因为荷兰人是实实在在的现金交易者，无论日本人从国外订购任何东西，他们都要求货到就马上付款。

欧洲人也正是通过这个渠道，从那些太平洋隐居者的口中得知了一些日本人的信息。通过这些信息，人们得出了统一的结论：日本的条件还不够好。很快，日本就变成了“没有一个国家能够自我完全自给自足”这个观点的反面例子。而且日本年轻那一代已经越来越难管教了。隐约中，他们得知了一些西欧卓越的科学知识，出岛这个小窗口立刻成为他们与科学和医学接触的平台。他们在那些奇形怪状的荷兰文字上花费了巨大的精力，最终琢磨出了那些文字的意思，从而了解到整个世界正在以令人吃惊的速度向前发展着，只有日本一直停滞不前。

作为对日本闭关自守的愚蠢行为的警告，荷兰国王在1847年送给日本皇宫满满一箱子的科学书籍，还有一张世界地图。从旧金山开往中国广东的货船，如果不幸在日本海失事，而恰巧又没有领事或外交的保护，那船员们的处境就不言而喻了。一艘美国军舰的舰长在1849年向日本发出了警告，让他们立刻将18名美国水手交还，如若不然，就将炸毁长崎。然而，日本官僚却仍然坚持孤立政策，荷兰国王也再一次警告日本人切莫继续冒险，不然，他们面临的将只有灾难。整个世界在很久以前就知道事情全部写在了那些从海牙发来的信函里。日本总有一天会为西方敞开大门，如果他们拒绝和平开放的要求，那么，他们将会采取暴力行动强迫开放。

正慢慢地加强对西太平洋控制的俄国，一直都在朝阿拉斯加海岸步步推进，而唯一可以采取行动的国家只有美国，并且它不会被怀疑具有领土野心。1853年，美国第一次对日本进行了拜访，四艘军舰和560名海员在海军准将佩里的统领下开进了浦贺湾。

对此，日本上下一片恐慌，天皇甚至公开向上帝乞怜。佩里走后（他在日本只停留了10天，向日本天皇递交了一封美国总统的信），日本人开始准备一切，在荷兰人的帮助下，迅速武装好一艘军舰，把军事人员分配到各个要塞，葡萄牙人以前使用的火枪也被拿了出来，他们时刻准备迎接来自大洋彼岸的访客再次光临日本。这个时候，日本就不惜一切代价继续与世隔绝和推行对外开放政策这两个意见分成了两个派别。继续隔绝受到了绝大部分人的支持，也有另外一部分人强烈要求开放。幕府将军是支持对外开放的，因此，它基本上处于失势的状态，还得了与外国人苟合的骂名。然而，天皇却是从佩里海军准将那次著名的造访中获益匪浅的人。

曾经是封建政府无法撼动的头领的幕府将军，其繁荣的全盛时代已经成为过去，正逐渐走向衰落。大名和武士的境况大致相同，刀、剑依然佩带在他们身上，他们依然将对内的镇压当成自己的光荣职责，对他们而言，完全不是生活在1853年，而是生活在1653年。全面改革的时期已经到来。

当时的天皇，即国家名义上的首脑，恰恰是一位知识渊博、出类拔萃的年轻人，当然，这纯属巧合。在他的劝说下，幕府将军主动辞职，天皇重掌了国家大权。他接受劝诫，认为这种闭关锁国的状态如果持续下去的话，国家无异于慢性自杀。他对外国人的到来表示热烈欢迎，态度之坚决如同当年驱逐他们时一样。这就是日本历史上有名的明治时代，正是这个明治天皇创造的文明时代将日本从16世纪的封建农业小国变成了现代的工业化国家。

这在感情上是一次规模宏大且彻底的改变，可能有人会问：是否应该对此感到高兴呢？这简直是多余的废话。工厂、强大的海军和陆军、煤炭以及钢铁铸造能不能造福于人类，我无从知道。可能有人认为会，也有人认为不会。这主要得考虑人们是如何看待这个问题的。俄国人在十年前，对他们的信徒无比热爱，并且极力维护他们的精神。现在，他们满足的灵魂只能在发动机的排气管里去寻找，而厨房的壁炉里，他们的圣徒正在燃烧呢。

就我个人而言，这样的事情显然不可避免。从它自身来看，它们没有绝对正确，也没有绝对错误，而是必须的，是我们必须要经过的一个过程，在这个过程中，我们将自己从饥饿和经济变幻无穷的恐惧中解救出来。机器是这场变革的父亲也是母亲,同时，它也摧毁了很多美好的事物，这是无可否认的事实。当然，到处充满了汽油和煤气厂的日本显然不比北斋和歌磨笔下的日本更有趣味。可是北斋和歌磨早已经远去了，现在，煤气才是东京家庭主妇们做饭的首选，她们是不会用炭火来煮饭的，这就是答案。

那座古老的富士山，常年白雪皑皑，从 1707 年开始，这座历史悠久的火山已经沉默至今了。从前它俯瞰的那个地方而今已是遍地的香烟广告牌了，而以前，孩子们会在那里的神庙敬献鲜花。现在那些漫不经心的游客将罐头盒子乱丢乱扔，寺庙里的神鹿的腿也被砸坏了。

不过，这一切，终究要结束——富士山最清楚。

第四十章

菲律宾

向东伸进太平洋的亚洲大陆，其前缘部分露出了海平面，这样，一个半圆弧形状的岛屿群就出现了，从堪察加半岛一直到爪哇岛，这其中就包括菲律宾群岛。当海水将这个半弧形群岛与大陆之间的那个低洼之地淹没的时候，日本海、东海以及南海就诞生了。

大概有7000多个岛屿共同组成了菲律宾群岛，在这些岛屿中，有462个岛屿的面积超过一平方英里。剩下的那些不是大的悬崖就是小的沼泽，它们实在太微不足道了，所以，有姓名的只占到25%。苏格兰和英格兰的面积加起来恰好是菲律宾群岛的面积，大约有1100万人生活在这里，他们大多数都是中国人和日本人，白人大概有10万。目前，在菲律宾发现了25座火山，其中只有两三座是活火山，其他的都是死火山，不过，它们肯定在历史上有过很活跃的时期。

对此，我们应该感到庆幸。菲律宾的地理位置从地理学上看是很危险的。现在，人们在它的东面发现了一条世界上最深的海沟。至于这个海沟的深度究竟是多少这个问题，我们来做个假设：假如喜马拉雅山将在这个海沟里面安息，那么，那座被称为世界最高峰的珠穆朗玛峰的峰顶将依然低于海平面5000英尺。请想象一下，如果全世界的东西都坠落在这条海沟里面，那么，你将看不到任何遗迹。

在菲律宾群岛中有一个最为重要的岛屿，即吕宋岛。这个像蝌蚪一样的岛屿，中部高耸，最高点达到了7000英尺。这个岛屿的东部是菲律宾最重要的城市马尼拉，是西班牙人于1571年建立的，它是建在一个古老的伊斯兰教村落的废墟之上的，城市的名字马尼拉出自这个岛上的烟草特产——马尼拉。它的城墙是西班牙人在1590年建成的。这面城墙有着比它的建造者的统治更为长久的生命力，关于这一点，历史已经向我们充分证明了。

马尼拉所得到的是西班牙人糟糕的管理，尽管如此，这个城市还是快速地发展了，并且成为远东地区最重要的商业中心。马尼拉港口布满了从中国、日本、印度，甚至于遥远的阿拉伯世界开来的商船。他们与西班牙人在此相互交换着各自所需的货物，西班牙的那些欧洲货是从中美洲墨西哥殖民地转运过来的。西班牙人害怕从好望角穿越印度洋会遭到英国人与荷兰人的袭击，所以，他们走了另外一条路线，那就是先从马尼拉直抵特万特佩克湾，在那个地方将货船装满，然后从美洲地峡穿过，通过陆路转运，再次装满货物，经过古巴和波多黎各，最后回到西班牙。

在吕宋岛的南面有十几个比较大的岛屿，这些岛屿中名气较大的是萨马岛、班乃岛（著名的伊洛伊洛就位于这个岛上，它也是菲律宾的第二大城市）、内格罗斯岛和宿务岛。棉兰老岛在它的南方，这是一个略小于吕宋岛的岛屿。居住在岛上的土著摩洛人是虔诚的伊斯兰教徒，这些人曾经声名远播，那是因为在争取独立的战斗中，他们坚决地对抗着西班牙人和美国人。这个岛上最大的城市是正好面对着苏禄海的三宝颜市。通常情况下，太平洋是不能引起菲律宾人的兴趣的，他们只关注西方世界，原因很简单，他们所信奉的宗教正是从西方传来的，西方教会了他们最初的文明概念，他们与西方世界保持着密切的贸易往来。而东方人是在一个偶然的机会下才发现菲律宾的。

麦哲伦登陆菲律宾的事件发生在1521年。那个时候，他的雇主西班牙国王和教皇因为一场纷争而惹上了麻烦。麦哲伦之所以会选择这条不平常的航线，是出于平息这场纷争的目的。1494年，教皇为了给伊比利亚半岛上他心爱的孩子们之间的争执做个了断，从北向南画了一条线，将世界一分为二了，这条线在亚速尔群岛和佛得角群岛以西（大概是位于西经50°）的那个位置。在这条线的西侧是属于西班牙的势力范围，东侧则是属于葡萄牙人的，这就是著名的《托尔德西拉斯条约》。该条约规定，任何人胆敢穿过这条线来到属于西班牙的势力范围，那么执行惩处措施就是西班牙的权力了，由此，英国人和美国人早期远征美洲大陆的探险已经变成了一种极其危险的活动——越过雷池的任何人一律按照普通海盗来处置，立即实施绞刑。

然而，正是亚历山大六世，切萨雷·博尔贾和卢克雷齐娅·博尔贾之父促成了麦哲伦这次探险航行的成功，这位臭名远扬的亚历山大六世自身就是个西班牙人。这样一来，葡萄牙人觉得自己的利益受到了损害，于是，他们叫嚣着《托尔德西拉斯条约》是一个不公平的条约。在100多年的时间里，他们一直为什么东西应该属于谁这类问题争吵不休、战争不断。

身为葡萄牙人的麦哲伦受雇于西班牙国王。麦哲伦的海上旅程是为了证实富裕的摩鹿加群岛是位于教皇恩赐的葡萄牙的势力范围还是西班牙的势力范围，他向着东方前行，挺进印度洋，最终证明了葡萄牙人是正确的。于是，葡萄牙人理所应当地掌控了摩鹿加。可是好景不长，很快，这个岛就被荷兰人攻占了。菲律宾就是在那次航行中被西班牙人发现的，他们顺理成章地控制了菲律宾群岛，将它纳入自己的势力之下，并且派遣他们在墨西哥的机构来对这个群岛加以管理。

从此以后，随着中美洲人口的下降，前途一片光明的菲律宾迎来了大批来自新卡斯提尔的修士。这些修士在菲律宾做了很多有益的工作，关于这些是无可否认的，如果他们不是那么出色地做事，我们美国在菲律宾的工作将会变得非常轻松。1898 年，我们收获了中世纪的西班牙在菲律宾的所有遗留，这个时候，我们将首次被迫与真正的天主教徒打交道。

根据政府立场，美国或许不能算是一个基督教国家，可是，指导美国的基础人生哲学却是属于基督教范畴的，它并不是天主教所提供的。我们美国人曾经厚待过菲律宾人，或许我们会因此而感到自豪不已。美国人给了他们很多质量上乘的公路，近千所小学，三所大学，大批医院连同医生、护士、育婴箱，还有肉类和鱼类的防疫，以及卫生保健方面的知识，同时，美国人还将不计其数的进步科学所带来的好处奉献给了他们，关于这些东西，菲律宾在美国之前的那个统治者西班牙那里甚至都没有听说过。不过，在菲律宾人眼里，这些慷慨而美好的举措与馈赠是毫无意义的。他们并不否认尘世间的进步和舒适的好处，但是，这一切都不能比灵魂得到救赎后升入天堂更为美妙，与这个相比较，卫生防疫、医院和优质公路以及学校，根本不算什么，因为菲律宾人从小就受到这种教育的熏陶。

第四十一章

荷属东印度群岛

关于日本列岛、台湾岛以及菲律宾群岛，在前面都已经讲过，它们本来是古老的亚洲大陆的边缘高山，经过几百万年太平洋的骇浪惊涛冲刷，最终离开了大陆，成为一个个岛屿。

作为亚洲大陆的延伸部分，马来群岛（它有很多不同的叫法，如马来西亚群岛、印度群岛、荷属东印度群岛等）这个巨型半岛的残余，顺着缅甸、暹罗和印度支那南部一路向东，一直延伸到了澳大利亚，其面积大小可以和中国相匹敌，在地质史开始的时候，这个半岛很可能是与亚洲大陆（当然要比现在大得多）连为一体的。后来，有一条跟昆士兰与新几内亚之间的托雷斯海峡差不多宽的水带将这个半岛和澳大利亚隔离了。

一块巨型大陆能够化成一群奇形怪状的岛屿以及几千几万个大小不一的礁石，那都是因为地质巨变所造成的，那些从婆罗洲一路伸展开去的礁石成了航海极大的障碍。导致这次地质大变动的原因其实一点也不复杂。在爪哇岛上你依然可以看到飘扬的蓝色绶带，那是火山活动的纪念品，火山活动总是频繁光顾这个地区。有 120 座火山矗立在爪哇岛上，总体而言，在以往的 300 年间，它们表现得还好。那些在略往西的苏门答腊岛上的火山也算是老实的了。

大部分爪哇岛人信仰古印度的婆罗门教。节日到来的时候，祭司们会用活人来祭祀神灵，他们将活人扔进火山口沸腾的岩浆中，以承欢那些在地下的神灵。这种做法似乎起到了一定的效果，数百年以来，不管这些火山如何的暴躁，喷出滚滚浓烟，怒吼不断，有时候还会咆哮不已，但是，一直到现在都没有毁灭性的灾难发生在爪哇岛上。

但是，在爪哇岛人们的头上还悬挂着一把沉默的利剑，那就是随时可能爆发的喀拉喀托火山遗址。1883 年 8 月 26 日早上，坐落在苏门答腊岛与爪哇之间的巽他海峡上的喀拉喀托岛火山喷发了，在这次火山爆发中，山顶被削平了，整个岛屿毁于一旦，如同喀拉喀托火山在史前时期爆发的那次一样。这个岛屿的北部在两天后完全消失了。以前它还是一座有 1500 英尺之高的山峰，现在却被一个深深的大洞取而代之了，并且被印度洋淹没，在 1000 多英尺深的大洋底部沉睡。喀拉喀托火山喷发的时候，在 3000 英里以外的地方都能够听见惊天动地的轰鸣声，喷出的火山灰一直抵达 17 英里之高的天空，然后四处蔓延开来，非洲、欧洲、亚洲、美洲都看得见它们的身影，最远的地方甚至到了斯堪的纳维亚半岛的北角，这些火山灰把天空装点成了奇怪的颜色，看上去像极了附近地区有火灾发生，这种现象一直持续了六个星期。

喀拉喀托火山的喷发并没有对岛内造成太大的灾难，因为并没有人居住在这个岛上。不过，它在海上引发的后果却是灾难性的，五十多英尺高的巨浪冲击着爪哇海岸，港口和村庄在片刻之间就灰飞烟灭了，巨大的轮船也在顷刻间粉身碎骨，就像引火木一样，3.6 万人因此而葬身海底。连锡兰和毛里求斯都受到了这巨浪的影响，在合恩角附近都能够清楚地看到它的身影，这个地方可是距离火山爆发的地方有 8000 英里之远啊。这还不算什么，甚至在距离巽他海峡 1.1 万英里的英吉利海峡都能够模糊地感受到这惊涛骇浪的威力。

喀拉喀托火山残骸在去年又一次出现了活跃的迹象，不过关于这股来自地狱的火焰具体喷发的时间，没有人能够给出一个准确的预测。虽然生活在这样一个火山活跃的环境当中，爪哇人却能够坦然面对，就像生活在类似环境中的其他民族一样，他们毫不介意。我想，就连那些在意大利人集聚区打棒球的美国小孩对来往汽车的关注程度都要远远高于爪哇人对他们周围火山的关注程度吧。

或许是因为对伊斯兰教虔诚的信仰，才造就了爪哇人听之任之的生存态度吧，又或者是受到了安于现状的生活态度的影响。火山之于爪哇人就像外国人的统治、洪水、火灾一样，并不是什么大不了的事。这是他们祖祖辈辈耕耘的土地，现在，他们也在这里劳作着，将来，他们的子子孙孙同样会在这里耕耘收获。他们是绝对不会放弃这种温饱生活的。

这样听上去，爪哇似乎被我写成了一个世外桃源。尽管这不是事实的全部，可是，我们却不能否认造物主对爪哇的情有独钟，因此，我在此多浪费了一点笔墨还是值得的。

在爪哇的土地上覆盖着20%的火山土，如果用合理的方法来耕种，可以达到一年三熟。爪哇拥有宜人的气候，可能有些炎热，却不是酷热的，所有的热带植物都能够在这里生长，山区的气候甚至比华盛顿的夏天还要凉爽。爪哇和其他马来群岛的岛屿都在赤道的附近，这里的白昼和黑夜是对等的，但是这些地方的年平均气温都保持在华氏79°，几乎不会超出华氏66°—96°这个范围，因为大海就散布在它们的四周，空气中的湿度很大。这些地方，季节变化有着相对固定的时间，雨季从11月开始，到第二年的3月份结束，每天下雨的时间也是固定的。雨季完了以后，紧接着就是旱季，这个季节，基本见不到一滴雨。在旱季与雨季之间还有一个短暂的“斜季”。

仅有622英里长、121英里宽的爪哇岛却能够养活多于4200万的庞大人口，这得益于这个岛得天独厚的自然条件。至于苏门答腊岛和婆罗洲，它们的土地面积远远超过爪哇岛，却只能养活爪哇岛1/10的人口。土地丰腴、物产丰富的爪哇岛在最开始的时候就是白人觊觎的对象。最先踏入这个岛的白人是葡萄牙人，紧接着是英国人和荷兰人。在与地道的爪哇人打交道的前300年里，几乎所有的欧洲人在管理殖民地方面都出过错，荷兰人也不例外，不过，最后，他们却能从中总结出一些经验来。这些当地人终究会走上独立的道路，关于这一点，荷兰人非常清楚，所以，他们尽可能地避免与当地人之间的矛盾，并且毫不排斥让当地人参与管理国家事务。在全岛3万人的军队中白人只占到20%。荷兰的这块殖民地足足比它本土大了50倍，如果爪哇人真的想赶走他们，那荷兰的统治者是绝对站不稳脚跟的。对此，荷兰人明白得很，他们建立学校、修筑铁路、盖起医院，用这些来取代惩罚性的远征，同时，“强制劳役”和“政府农场”也被理所应当地取消了。对于荷兰人来说，如果真要被迫放弃在这个地方至高无上的权力，他们也希望能够让自己在这里经济结构中的重要地位得以维系。当地的爪哇老人一直坚守着这样的信念：“只要识时务，就不会惹祸上身。”对于年轻人来说，口号毫不起作用，他们只相信事实，他们坚信这是个不断变化、发展和创新的世界。而今，老一辈人已经慢慢地向年轻一代低头了。

在荷兰所有的殖民地岛屿中，任何一个的文明程度都赶不上爪哇岛。摩鹿加群岛的西侧是形状奇异的西里伯斯岛，整个岛屿看上去就像一只细细长长的蜘蛛脚，荷兰人正在对这个岛屿进行改造，企图将它变成第二个爪哇岛。现今爪哇海域内最重要的一个城市是望加锡，它坐落在西里伯斯岛的西南部。这个城市与爪哇北部沿海的主要港口城市苏腊卡尔塔和三宝垄有着正常的商业贸易活动，同时也跟丹戎不碌（首都雅加达的港口）保持着频繁的联系。望加锡是油料的盛产地，维多利亚时期的大爷们用来修理锁头的油料就来自这里，老奶奶们也喜欢用这些油料来编织没有尽头的罩布。

摩鹿加群岛的富有已经成为过去，不过，它依旧在太平洋上享有盛名，这要归功于岛上那些优秀的水手。摩鹿加群岛的原始居民是安汶人，400 年前，他们以令人毛骨悚然的贪婪的食人族而臭名远扬。然而，现在他们已经变成了具有模范作用的基督徒。他们甚至还向荷属东印度提供了最英勇善战的队伍，这实在是不可思议。

亚洲半岛伸入太平洋形成了众多的岛屿，婆罗洲是最大的一个。这个岛上有一种奇特的风俗，那就是用人头来祭祀神灵，这可能就是造成这个岛上人烟稀少的重要原因。这种流传很久的残暴不仁的行为曾经遭到了荷兰人严厉的制止，可是，就算到了今天，这里的年轻人都必须弄到一个人头，至少一个，才能够结婚。在这种漫长的相互残杀中（就像一个高尔夫球高手展示他的奖杯那样，婆罗洲人展示他们令人毛骨悚然的战利品时，也是一脸骄傲和漫不经心），岛上的人口日益减少。不过，后来，人们开发了这个岛上的河流、石油、煤炭以及钻石，道路也正在修建当中，野蛮的土著人得以教化，他们开始干起农业生产。如果这种发展势头能够持续下去的话，那么这个岛就能养活是现在 20 倍之多的人口了。

婆罗洲的北部地区在英国的统治之下。有一位著名的英国人的后裔统治着西北角一个叫作沙捞越的地方，这个地区是独立的。那位英国人的后裔就是雷查·布鲁克斯，也即詹姆斯·布鲁克斯爵士。当年，他来到婆罗洲，将发生在岛上的一次叛乱平定了，之后就留了下来，并且建立了一个独立的王国。

荷属东印度还有另外一个非常重要的岛屿，即位于东部的苏门答腊岛。这是一个和马来半岛平行的岛屿，火山活动频频出现在这里，同时，这里物产也很丰富。但遗憾的是，苏门答腊岛的经济发展受到了严重的阻碍，这是由于有一座高山正好将这个岛屿一分为二，后来，修建了公路，这种局面得到了缓解。苏门答腊岛最为重要的对外贸易产业是飞机和汽车。

邦加岛和勿里洞岛是马来半岛的延续，它们被苏门答腊岛和婆罗洲夹在其间。这两个岛盛产锡矿。爪哇岛的东面是闻名世界的巴厘岛，在这里，史前人类生活的遗迹得到了最完好的保存，继续往东就到了佛罗勒斯岛和帝汶岛，它们处在澳大利亚的北面，还有最东边的新几内亚岛，其实它应该属于澳洲大陆。这个岛拥有大半个中欧一样大的面积，几乎是从巴黎到敖德萨那么远的距离，不过，几乎没有任何人踏足过这个地方。荷兰只拥有这个岛屿的西半部。

新几内亚岛上的人口非常少，这里也没有可以通往内地的河流。而这个岛之所以人口稀少，跟粗陋的食人习俗、落后的土著人以及丧生于疾病和猎杀这些原因有非常大的关系。时至今日，那些小部落的残余在内地还随处可见。从中可以看出，人类在很久之前就已经到新几内亚岛上定居了。

正是在这个地方，人类率先与猿人时代告别了。在这里有很多证据可以证明，爪哇岛上发现了最早的直立猿人，也就是最早的猿人化石，那些巨大无比的类人猩猩也是在婆罗洲和苏门答腊岛上发现的。至少也能够证明这是一个非常古老的岛屿。

现在，一部分人类家族成员已经进化到了能够建造热带动物园的程度了，另外一部分成员却依旧居住在动物园一样的环境中。这个世界就是这样让人百思不得其解。

第四十二章

澳大利亚

对于造物主在开天辟地的时候表现出来的粗心大意和漫不经心，我们现在是时候对此谈论一番了。已经故去的著名的德国科学家、生理光学专家赫尔曼·路德维希·德·亥姆霍兹说过这样的话："如果一个仪器制造者将一个如人眼构造般拙劣的新发明拿到他的面前来，他将宣布这是一个毫无能力胜任本职工作的弱智。"

亥姆霍兹还没有对生理学和电学以外的领域进行深入研究，这真是一件让我愉悦的事情，不然的话，他评论世界地理分布的那番话将不得不被我拿来使用了，而我向来对重复别人的话讨厌至极。

下面，我举一个格陵兰岛的例子，这个岛屿拥有827000平方英里的土地，可是却被几千英尺的冰雪掩埋了，如果能够将这些土地移到大海的中央，那或许会养活几百万的人口。可是现在，它只是数千只北极熊和极少数饱受饥饿的爱斯基摩人的立足之地。然而，情况最为糟糕的应该是澳大利亚，这个名义上的"洲"实际拥有的一切是本不该出现在一个秩序井然的大陆上的。

其一，澳大利亚的地位条件很糟糕。100多年来，对于它的存在，不断遭到葡萄牙人和西班牙人的质疑，为了解开这个谜团，这些人付出了很大的努力。但是，荷属东印度公司的旗帜最终飘扬在这块大陆的上空已经是1642年的时候了，这要归功于塔斯曼这个人，同时，他还围着这块大陆航行了一圈，当他将这块土地归入尼德兰联邦的名下时，人们才真正知道了这块300万平方英里（与美利坚合众国拥有一样的面积）的广袤土地。

如果站在现实的角度，这完全是一次毫无意义的发现。这块荒芜之地并不能引起荷兰人的兴趣，在这样的状态之下，他们的所有权也渐渐丧失了，不过荷兰人毫不介意。1769年（即塔斯曼航行的125年之后），库克船长的船队已经被派往太平洋去观察金星的运行轨迹了，可是这片漂泊在浩瀚大洋中间的澳大利亚依旧让阿姆斯特丹和伦敦的测绘员不知所措，将它放置于何处呢？他们浑然不知。

其二，除了不具备优越的地位条件以外，澳大利亚的气候也异常恶劣。只有东部沿海和东南沿海的气候还算可以，阿德莱德、墨尔本、悉尼和布里斯班这四座城市正是坐落在这一地区，至于北部沿海和西部沿海，前者太过潮湿，后者则太过干燥，换言之，是最不适宜人类居住的地方，同时也是距离亚、非、欧三个大洲重要商道航线最为遥远的地方。

其三，整个内陆地区完全被沙漠覆盖，这里滴雨不下，地下水补给也严重缺乏，水利灌溉举步维艰。

其四，这个大陆的内部如同一个空碗一样，被四周的高地围起来。由于水不可能流向高处，这里甚至没有一条真正的河流。澳大利亚最大的河流就是全长1160英里的达令河，它与太平洋的珊瑚海较为邻近，昆士兰的崇山峻岭是它的发源地。这条河流最终的归宿是西边的因康特湾，它并没有向东流入太平洋。在一年当中的很多时候（不要忘记，北半球是夏天的时候，南半球是冬天，反之亦然），它只是一串小水沟而已，不会对人们起到什么作用。

其五，与人类的其他家族成员相比，可怜的澳大利亚人就像生活在另外一个星球上的人。澳大利亚这片土地上的土著人是不可能被训练成能够胜任白人农庄里的杂活的。造物主对他们放任不管，他们的发展水平甚至都没有超越那些原始的动物群，最好的例子就是他们一直没有学会建造房屋的方法，虽然会使用回飞镖这种东西，却不知道矛、盾和斧头这些工具的用途，世界上的其他民族也使用过回飞镖，不同的是，其他人却能够通过这种拙劣的武器，将剑、弓、矛发明出来，只有澳大利亚人仍然停留在祖先刚刚学会用后腿直立的那个阶段。澳大利亚跟石器时代早期的“狩猎者”差不多,这种归类方法已经是出自我们善意的考虑了。尽管如此，我们这样做，对那些典型的石器时代的人似乎还是有些唐突,因为他们与澳大利亚土著人相比,无一不是强势的艺术家。

最后，当我们的地球没有布满被子植物和灌木（它们在人类舒适和幸福的生活中发挥了巨大的作用）的时候，澳大利亚这块可怜的大陆就不得不自寻出路了。澳大利亚拥有非常特殊的植物群,这得益于它干燥的气候。这些植物群对于那些一心只想得到（对他们来说，只要不浪费辛劳的付出，得到任何东西都可以）的白人来殖民者说，简直无异于黑暗的未来，不过，我们的专业植物学家将对此产生浓厚的兴趣，这是毫无疑问的。在这里，绵羊只有以袋鼠草和滨藜为食，不过，就连那些硬鄂的骆驼也无法忍受遍野的带刺三齿稃。还有，就算大量种植桉树，他们也无法富裕起来，虽然这些桉树可以和加利福尼亚的红杉匹敌，能够长到400英尺的高度。

1868年，澳大利亚迎来了许多脚步匆忙的农民，它已经告别了流放地的历史。可是，在这块期望中的乐土上，他们遇到的只是那些拒绝教化的活化石。这些史前时期的生物之所以能够繁衍至今，都是因为澳大利亚处于与世隔绝的地位，而在世界上的其他地方，它们早已经灭绝了。生活在亚洲、非洲和欧洲的那些更大、更聪明的哺乳动物从来没有出现在澳大利亚这块大陆上，即使这样，澳大利亚的四足动物也并没有因此而提高智力或者绝迹。在它们之间从来不会有任何竞争，这也导致了它们一直处于刚刚出现时的那种水平。

对于袋鼠这种动物，我们已经非常熟悉了。它是有袋目动物的家族成员，在它的腰部挂着一个育儿袋，袋鼠妈妈会将没有发育成熟的幼仔放进这个袋子里，一直到它们长大。这种有袋目动物在第三纪的时候遍布全球。而现在，这种有袋目的动物在美国只有一种，叫作袋貂，澳大利亚还有很多种。

单孔目动物这种史前遗物也生活在这里，这种最为低级的动物，全身只有一个排泄口。鸭嘴兽是单孔目动物中名气最大的。它全长 20 英尺，全身布满了棕色的短毛，长着一张类似鸭喙的嘴巴（幼仔还长着牙齿），在它的蹼足上有很长的指甲，雄兽的后脚跟上长着角状的突出物，这是有毒的，这简直就是一座活的博物馆啊！在这里，造物主几百万年发展过程中创造和遗弃的统统体现无疑。

澳大利亚自身就是一座珍稀动物的博物馆，令人惊叹不已：有一种羽毛跟头发一样的鸟，有一种不会飞只能走路的鸟，有一种鸟的笑声如豺一样，有如同雉鸡一样的布谷鸟，有像小鸡一样大的鸽子，有一种长有蹼足的老鼠，有一种用尾巴爬树的老鼠，有一种用两条腿走路的蜥蜴，还有一种在鱼龙时代就有鳃和肺的鱼——事实上是鱼和两栖动物的合体，还有一种可能是跟随早期移民来到澳大利亚的没有主人的野狗后代，它长得像豺也像狼。这个地方五花八门，奇形怪状的动物实在是太多了，简直是举不胜举啊！

除此之外，还有形形色色的比老虎和蛇还恐怖的昆虫分布在这里。对于跳跃动物来说，澳大利亚就是一片美丽的乐土。与飞翔和奔跑相比较，哺乳动物、鸟类抑或昆虫，都更钟情于跳跃，跳蚁就是其中之一。此外，还有一种蚂蚁，它们居住在自己建造的摩天大楼里面。一种可以吞噬除了铸铁以外任何东西的蚂蚁也在这里。这种蚂蚁将一种特殊的酸性物质喷在一般的锡和铅制的盒子之上，等到金属氧化后，它们就能轻易地打开一个洞，爬到里面对盒子里的东西肆意破坏。

在这块大陆上，有一种苍蝇，将卵产在牛羊的皮毛里面，有一种蚊子使大陆的南部变成了无人区，有一种蝗虫能够顷刻间使人们辛勤的劳动毁于一旦，有一种扁虱寄生在畜牧群的身上，靠吸食牲畜的血液为生，有一种看上去美丽温顺的大冠鹦鹉，会在集体出动的时候造成可怕的损失。它们在世界各地的作风一向如此。

然而，在澳大利亚所有的自然灾害中，破坏力最强的却是从欧洲进口来的兔子先生，并不是当地土生土长的。这些兔子在生息地并不会造成什么危害，可是，一旦踏入澳大利亚这块土地，它们就立刻泛滥成灾，因为在这块沙质土地上，各种植物得以自由生长。澳大利亚的第一批兔子是1862年从英国引进的，殖民统治者为了打发无聊乏味的偏僻生活，于是想出来用打野兔的方式来娱乐，所以，最开始的时候，兔子只是充当人们狩猎的消遣物而已。可是，在这场角逐中，有几只兔子逃走了，它们活了下来，以大家都熟知的方式生存着。那些成天与天文数字打交道的天文学家在兔子的数量统计上曾经做过很努力的尝试，最终，他们统计出，目前在澳大利亚上生活着40亿只兔子。而40只兔子的食量等同于一只羊的食量，按照这个比例来计算的话，这些兔子能够吃掉1亿只羊的食物分量，这个后果，你还是自己想象吧！就这样，土地大片大片地荒芜了，破坏程度最为严重的是西澳大利亚。后来，为了阻止这种危害的延续，人们架起了中国式的铁丝网，这种巨大的铁网地上部分有三英尺，地下部分还有三英尺，这样一来，那些害人精就不能在地下打洞了。但是，兔灾却并没有因此而得到抑制，因为在生存的逼迫下，兔子们学会了攀爬铁丝网。人们还尝试了用毒药的方法，不过，依然是徒劳。野生兔子的数量在澳大利亚没能被成功地遏制住，新引进的动物因为不适应，也很快死掉了。殖民者尝试过很多方法，做了很大的努力，兔子却依旧像麻雀一样快乐地繁殖着，速度快得跟仙人果似的。同时，从欧洲引进来的麻雀，如今也变成园艺工作者的头号大敌。至于仙人果，它们就像海豚适应海水一样，快速地适应了这块干旱贫瘠的土地。

在如此之多令人望而却步的不利条件下，移民们却通过自己的努力使澳大利亚成为世界上最重要的羊毛盛产地。而今，有大约 8000 万只绵羊生活在澳大利亚，全世界所需的 1/4 的羊毛都在这里，而全国总出口量的 2/5 都是羊毛。

澳大利亚是一个比欧洲大陆更为古老的大陆，蕴藏着丰富的矿产资源。50 年代初期的淘金热使这块大陆的采金地集聚了全世界人们的注意力。此后，铅矿、铜矿、锡矿和煤矿也逐渐被人们所发现，还有数量稀少的钻石以及储量巨大的次贵重宝石，蛋白石和蓝宝石就是其中之一，不过，石油却一直没有被找到。这些宝藏受制于资金的匮乏和交通不便而没有得以彻底勘测。不过，等到澳大利亚多年管理不善的情况得以改善，并且再次成为具有偿付能力的国家的时候，这种状况一定会改变。

人们一直认为，除了非洲以外，澳大利亚是开发难度最大的大陆了。这块大陆主要由三个部分组成，19 世纪初期，人们已经对这几个地方很熟悉了。西部的高地是金矿盛产区，平均海拔高达 2000 英尺，某些地方有 3000 多英尺之高，重要的城市珀斯就坐落在这个地方，但遗憾的是，这里没有任何海港。东部高原地区被古老的山脉所覆盖，科修斯科山是这里的最高山峰，不过，它仅高出海平面 7000 英尺，这都是风雨多年侵蚀的结果，澳大利亚的首批移民最先到达的就是这个地方，因为这里是澳大利亚良港的所在地。

在这两个高地之间的是一块海拔低于600英尺的宽广平原，而且这里的艾尔湖地区甚至比海平面还要低。有两座高山将平原分成了两个部分，西面是弗林德斯岭，北连昆士兰山脉的格雷岭则位于东面。

澳大利亚的政治发展虽然不是十分成功，但总体上还算平稳。18世纪晚期的英国法律将第一批移民当成了“罪犯”。其实，他们只是犯了偷一片面包或是几个苹果这样的罪行而已。植物学湾是首个流放地，当年，库克船长踏进这个地方的时候，遍地开满了鲜花，它因此而得名植物学湾。殖民地原本叫新南威尔士，悉尼是它的首府。1803年，塔斯马尼亚成了一个专门的劳教所，那个时候，这个地方是属于新威尔士的一部分，在塔斯马尼亚附近的霍巴特市周围聚集着大量的囚犯。1825年，布里斯班正式建立了，它是昆士兰州的首府。30年代，那个以墨尔本勋爵的名字命名的殖民地飞利浦港湾成为维多利亚州的首府，它坐落在海湾的前沿。同时建立的还有南澳大利亚的首府阿德莱德，至于珀斯这个西澳大利亚的首府，直到50年代早期淘金热席卷大陆的时候，还只是个微不足道的小村子。如同我们美国的土地以前也被华盛顿管理过一样，北部是联邦所管理的地区。有5000居民居住在这个50万平方英里的地域内,其中,帝汶海的达尔文市还居住着将近2000人。这个世界上最优良的天然港就是达尔文市，不过，在这里看不到一丝商业气息。

这六个州最终在1901年组成了澳大利亚联邦，一共有600万人口，东部地区就集中了总人口的3/4。七年之后，他们决定建都于悉尼南部150英里的地方，并且以堪培拉来命名，这个地方距离澳大利亚的最高峰科修斯科山并不遥远。

1927年，自治政府迁居新总部。不过，要想使这个国家从目前的困境中挣脱出来，新的联邦议会还需要下很大的功夫。首先，新联邦已经不可能从欧洲的放债人那里得到任何贷款了，这都是因为，那些从世界大战以后就一直执掌政权的工党政府曾经挥金如土，大肆浪费。令人怀疑的是，如果不做出非常重大的让步，最近才将工党取而代之的新政府会不会克服财政上的那些不利条件呢？而且澳大利亚是一个人口严重匮乏的国家，在塔斯马尼亚和新南威尔士的土地上，每8个人才踩着一平方英里的土地，维多利亚州每平方英里有20个人，而昆士兰州和南澳大利亚每平方英里才有1个人，西澳大利亚就更少了，每平方英里的土地上仅有0.5个人。就这些人，深陷在公会的旧习中不可自拔，可以说，他们无愧于世界上最无能、最消极的工人称号，离开了那些可以去运动和赛马的公共假期，他们就无法活下去了。

这样的话，谁来干活呢？谁来维持这个国家的发展呢？

非常愿意承担这项工作的意大利人却不被欢迎，英国中产阶级在联邦政治生活中占有重要的地位，他们提出了这样的口号："澳大利亚由澳大利亚人来统治。"这表示，所有的白人和英国中产阶级都被排斥在外了。这也不关勤劳的意大利人什么事，因此，他们也对托雷斯海峡望而生畏了。黄皮肤的中国人和日本人也不能来做这件事情。波利尼西亚人、马来西亚人和爪哇人因为他们的巧克力肤色而遭受嫌弃。谁来干活呢？我复述一遍这句话，然后再补偿一句：我不知道。可是，当这个世界上的其他地方因为人口过剩而无处安身，而这个拥有300万平方英里的大陆却无人居住的时候，对于这个事实的惯有解决方法就将出现了。

第四十三章
新西兰

最近，连萨摩拉群岛也被新西兰囊括进自己的版图，这样算来的话，它的面积已经达到英格兰和苏格兰之和的 1/4 了，在这块土地上共生活着 150 万人，其中，北岛的首都惠灵顿有 14.3 万人居住。

新西兰是 1642 年由塔斯曼发现的，连名字也是塔斯曼给定的，他借用的是其祖国荷兰南部的一个岛屿的名字，我们在前面已经对他的祖国有所描述了。距今 300 年以前，太平洋上神奇的水手，一位划着独木舟的波利尼西亚人，也发现过新西兰。这些波利尼西亚人可以在大海中航行几千英里，而且不会迷失归路，这是因为他们拥有一种奇异且实用的草编地图。

早期的波西尼亚人就是后来那些英勇善战的毛利人的祖先。他们的人口数量在 1906 年的时候已经达到了 50000，这个数字还在持续增长着。为了维持自己的生存权利，毛利人坚定地站在反抗白人的阵营里，同时，他们也能够保持自我，对西方文明的精华部分进行汲取，他们就是这样一支在人类家族成员中并不多见的土著民族。他们放弃了那些诸如吃人和在自己脸上刺青的古老陋习。他们的代表还出席了新西兰的议会，并且修建了教堂，这些教堂从任何一个方面看，跟他们的白人主子修建的一样，都丝毫不具备吸引力。不过，这却有利于解决种族问题。

在19世纪的最初25年中，英国、法国打着派遣高尚传教士的旗号，企图霸占新西兰。不过，毛利人在1883年的时候，主动投奔了英国人，以寻求保护，所以，1839年，新西兰正式归属于英国。

假如法国的将军能够提前三天到达新西兰，那么这个国家很可能就会成为他们的殖民地，新西兰将会落得像今天新喀里多尼亚和马克萨斯群岛,还有太平洋上的其他群岛一样的下场。1840年，新西兰从澳大利亚的南威尔士州独立了出来。1847年，它被纳入英国殖民地的范畴。本来在1901年，它完全有机会加入澳大利亚联邦，可是，它拒绝这么做，因为新西兰认为自己并不像澳大利亚那样，是一个专门对犯罪分子进行惩处的地方，而且它还以没有与澳大利亚联盟为荣。终于在1907年，它成为不列颠联合王国统治下的一个主权国家，拥有自己的政府。

新西兰或许与澳大利亚并无任何关系，它的南北两个岛屿的地质情况提供给我们的信息是，塔斯曼海沟很有可能是组成太平洋西海岸那一系列高大山脉的一个组成部分，这条海沟位于两岛之间，有1.5万英尺深，宽度为1200英尺。不过，真实的情况究竟是怎样的，我们却不能给出一个精确定论。对于构成两个岛极少相似的原因,我们就更不了解了。南岛与北岛之间隔着库克海峡，这条海峡只有90英里宽，它与瑞典有着相似的结构特点，而北岛则是一座巨大的火山带。

新西兰的气候跟意大利很像，这个国家远离赤道地区，因此不是热带气候。与澳洲大陆相比，欧洲人更加喜欢新西兰，因为这个地方适合种植各种各样的欧洲水果，比如桃子、杏子、苹果、葡萄和橘子等。山坡是非常优良的天然牧场，并且这个地方还适合亚麻的生长，这些亚麻原本是生长在古老潮湿的泽兰地带的，北岛奥克兰出产的慢生树是上好的木材，经常出口到各地。

1901年，太平洋的许多岛屿都被新西兰占领了，其中库克岛和拉罗通加岛住进了首批波利尼西亚人。事实上，库克岛是一个死火山口，不过，现在我们讨论的重点并不是这个。还是让我们来欣赏一下这里的自然奇观珊瑚群岛吧。

一种海洋微生物珊瑚虫死后的尸体堆积在一起，就形成了这些珊瑚岛。只有新鲜的咸水以及恒定的温度才适合这些美丽的生物生存，稍微的寒冷就会要了它们的命。海平面120英尺以下的区域它们就无法存活了，因此，假如我们在这个深度以下依然发现了它们的痕迹，那就证明，这个地方有沉降发生。要经过几百万年的时间，珊瑚才能够堆积成岛屿，这些珊瑚在水中处于随时晃动之中，所以恐怕连最心灵手巧的泥瓦匠也不可能完成这项工作。要形成珊瑚岛，首先需要那些在海中间生活的珊瑚虫中心先死去，处于边缘地带的虫体还要继续活着并生长。这种珊瑚岛由外侧微小而坚硬的物质构成，中间会形成一个环形的礁瑚，一般情况下，礁瑚都有一个出口，如果海上起风，大批水螅动物就会被裹进来，珊瑚因此而加快生长速度。

像这样的环岛，在新西兰有很多，上面生长着茂密的椰子林，这些岛屿同时也是椰子干的出产地。一战时期，德国管辖着新西兰和萨摩拉群岛，由于新西兰军队在战争中有较好的表现，因此，它在战后变成了托管地。至于今后这个国家的命运如何，我就不清楚了。

第四十四章

太平洋群岛

岛屿在大西洋上极为罕见，可是，在太平洋上却随处可见，南太平洋上的岛屿非常复杂，它们一律以群岛状分布着。不过，复活节岛却是个例外，这个岛上有神秘的巨石雕像，而且是孤零零的一个，与南美洲相比，似乎离澳洲更近一些，罗林群岛、马尔绍群岛以及夏威夷群岛都位于北太平洋。

太平洋的岛屿由三大类组成。史前地质时期的岛屿归入第一类，它们曾经是澳洲大陆的一个组成部分，这类岛屿的代表是新喀利多尼亚群岛，这个岛屿是法国用来流放罪犯的；第二类是诸如斐济、萨摩亚群岛、夏威夷群岛等；最后一类是珊瑚群岛，比如新赫布里底群岛。

夏威夷群岛是这几千个岛屿(大多数珊瑚岛只露出海平面几英尺而已)中最为重要的一个。这个群岛是1779年著名的库克船长丧生的地方。1810年开始，这个岛被当作南太平洋的中心，这种地位一直到美国在1893年将它占为己有为止。这是一个物产极为丰富的岛屿，当然，更重要的是它的战略地位，它扼守着美洲和亚洲的交通要道。

夏威夷群岛一直在进行着缓慢的运动。在这个岛上，有一座至今都非常活跃的火山——高达4400英尺的基纳韦亚火山，全球最大的火山口也坐落在这个群岛，即位于毛伊岛上的火山。这个岛拥有非常宜人的气候，不过，人们能够做的也仅仅是惊恐地望一下从火山上挥发出来的烟尘而已，几乎没有人胆敢去靠近它。位于瓦胡岛的火奴鲁鲁是这个群岛的首府。

苏瓦是从美国到澳洲和新西兰的船只中途休息站，同时，它也是斐济岛上最为重要的城市。阿皮亚是萨摩亚群岛的首府。

还有关岛。这个岛屿位于阿加尼亚，你可能已经听说过这个岛屿了，它是美国重要的海底电报站，就在日本和新几内亚之间。

社会群岛中的塔希提地岛属于法国，人们在这个岛屿上拍摄了很多与南太平洋有关的电影。

最后出场的是美拉尼西亚群岛、密克罗尼西亚群岛和波利尼西亚群岛，这些自西北向东南平行排列的群岛成了太平洋航线上的主要障碍。如果是在大西洋上，航行就会变得非常安全，唯一的阻碍就是从爱尔兰到美洲的那条航线上有一座罗德岛而已。

据说，这些岛屿成了那些厌烦了工业文明社会中的纷繁复杂、试图回归自然的人的理想隐居之地，因为他们能够在这里找到舒适和安宁。我个人认为，与纽约的百老汇和第四十二大街相比，它们确实太安宁了，不过，它们也非常遥远。难道在这些岛上，有一种功能奇异的草，凡夫俗子们吃了后，会彻底将自己遗忘?

第四十五章

非洲

澳大利亚大陆是一块古老大陆的残存，像它一样，非洲大陆也是一块古老无比的大陆的残留部分。这块古老大陆的大部分在很多个百万年以前，就永沉海底了。非洲和欧洲这两块大陆，时至近代，都是连在一起的。事实上，当这个地球上开始涌现出生命迹象的时候，那三块大陆也是连在一起的，这样的结论，我们可以从阿拉伯半岛（如果从地理学的角度来看，阿拉伯半岛仅是撒哈拉的延伸）和马达加斯加岛（拥有非洲、亚洲和澳大利亚三大洲的所有动物群和植物群）的存在得出。

如果我们要说“就是这样的，不是那样的”，那一定要找到足够的证据才行，因为这个情况实在是太复杂了。当然了，提出这样的设想，还是不错的。从中我们可以得出：我们生活的这个星球表面在不断地变化当中，不会有任何一种东西从昨天到今天还能保持完全相同的状态；我们现在的地图到了 100 年以后的后代手中，将会给他们带来不可思议的惊异，他们会问：“这可能吗？”就跟我们现在盯着第三纪或志留纪时代的假设地图是一样的情形。

赤道以北的那片广袤的方形土地和赤道以南的那一小块三角形土地是这块古老的大陆上有史以来未曾变迁过，而最终得以保存的两块。不过，地理上的灾难却同时光顾了这两块土地。它们内陆的形状都跟一个巨大的茶碟一样，外围部分比较高，内部比较低。就像我们在意大利那个章节中分析的一样，这种地理条件对整个国家都将造成不利的影响。从海上吹来的风被茶碟外围高起的部分阻挡了，内陆就有成为沙漠的可能，并且内陆通向大海的天然通道也没有了。非洲更是如此，河流必须翻越崇山峻岭，从很多错落有致的地区蜿蜒流过，最后才能投进大海的怀抱。这样一来，人们将会在那些毫无利用价值的瀑布和险滩面前受尽苦难；船只也别指望从这些河流走向内陆；非洲要想发展贸易，就必须建立人工港口和公路。总而言之，这无异于与世隔绝。

大多数人都认为非洲大陆是一块“黑色大陆”。一提起非洲，人们立刻就会想到热带森林和黑人。其实，拥有 1130 万平方英里的非洲，一无是处的沙漠就占了 1/3 的土地。大约有 1.4 亿人口生活在非洲大陆上，这些人由三类组成，第一类黑人，也就是黑种人，第二类是闪米特人，第三类是含米特人，他们有着不一样的肤色，从深棕色一直到象牙白都有。

一般情况下，比起那些肤色浅的人，我们对黑人的印象要更为深刻一些。这是因为当我们第一次见到他们的时候，会因为他们的奇特外形而对他们难以忘怀，还有更重要的原因是，我们的祖先在错误的经济观念的驱使下，将他们视为廉价劳动力，在全世界范围内售卖。现在这些不光彩的事情一闪现在脑海，我们就会觉得不安。黑人在黑奴制度下，遭受了巨大的灾难，同时，这也是我们白人民族的莫大耻辱。关于这个话题，稍后我们会再做讲解，现在，就让我们先来谈论一下这个制度产生以前的非洲吧！

对于希腊人来说，埃及以及在尼罗河谷定居的含米特人是他们无比熟悉的。很早以前，北非这块大地就被含米特人霸占了，他们赶走了那些肤色更黑的人，将地中海北部沿岸一带据为已有，可怜的黑人被迫去了南方苏丹的那个方向。含米特这个名称太过模糊了，它与我们印象中的中国人、瑞典人完全不同，缺少太过鲜明的民族特征。其实这是一个古老的混血人种，当雅利安人、拥有少量黑人血统的闪米特人以及在这些侵略者第一次踏进这块土地的时候，他们就已经存在了。

首次走进非洲的含米特人尚处于游牧阶段，南至阿比西尼亚，西到大西洋沿岸的整个尼罗河流域都是他们的居住地。在阿特拉斯山脉的柏柏尔人就是正统的含米特人，同时具有含米特血统的还有撒哈拉沙漠里的许多游牧民族。现在的阿比西尼亚人已经不具备含米特人的民族特征，因为他们完全与闪米特人融合在一起了。同样具有含米特人血统的还有那些在尼罗河流域生活的身材矮小的农民。不过，在几千年的岁月里，他们与其他民族相互通婚，至今已经完全失去了含米特人的特征。

通常情况下，我们会根据语言来对不同的民族加以区分。可是，在非洲，语言却不起任何作用。生活在这里的闪米特部落只讲含米特语，含米特部落又只讲阿拉伯语，而唯一保留了古代含米特语的民族却是科普特人，这些人是古埃及的基督徒。对此，希腊人和罗马人就像我们一样都不得其解，这是显而易见的。他们干脆将那些生活在森林里狭窄地带的人统称为“埃塞俄比亚人”或者是“黑脸人”，这就是他们解决那个困惑的办法。这些人建造的金字塔和司芬克斯如黑人般厚厚的嘴唇让他们感到惊诧万分。含米特人都是这样的嘴唇吗？还是去问一下教授吧！在漫长的苦难面前，农民所表现出来的忍耐力，让他们赞叹不已，数学家的卓越智慧，也令他们佩服万分，尤其是物理学家的博学多才，更是让他们崇敬不已，不过，关于这些人的来历，他们从来没有花更多的心思去打探，所有生活在这个地方的人被他们统称为“埃塞俄比亚人”。

我不得不对你发出警告，假如你去北非，千万不能因为那些人的肤色深沉，就把他们统统称为“黑人”。因为这样会惹恼他们，而且他们当中的有些人可以称得上是世界上最强大的斗士，在他们的身上，有那些曾经征服了整个西亚的埃及战士的血液在流淌，他们很可能是那些具有闪米特人血统的迦太基人的后裔，而迦太基人曾经差点就夺取了罗马在地中海的统治地位；他们也可能是阿拉伯征服者的后代，而那些人前不久才占领了整个南欧。尽管有着卷曲的头发，不过，他们的祖先也极有可能是阿尔及利亚的族长（这些族长曾经组织了强大的武装力量，进行殊死的抗争，极力阻止法国征服阿尔及利亚的企图，并且破坏了意大利染指突尼斯的计划）。1896 年，有一个恐怖的日子，请务必记住，那些有着绒毛一样头发的埃塞俄比人在这一天将白色皮肤的意大利人扔进了红海。

欧洲人顺利穿越地中海后遇见的第一批人就是含米特人，关于他们的话题，我们就谈到这里吧。还有闪米特人，要补充的也不是很多。欧洲人在汉尼拔将军带着驯化的大象踏进波河平原的时候就已经跟他们碰过面了。不过，那是一次非常痛苦的接触。而迦太基人的灭亡使得通往非洲的道路变得畅通起来。可是，关于那个被罗马人命名的浩瀚沙漠后面所隐藏的秘密，几乎没有任何一个欧洲人想去了解，这实在是一件令人匪夷所思的事情。

尼禄对探索开发非洲的强烈兴趣，相信没有任何一位皇帝可以比得上。他的远征军所到过的最远的地方是法绍达（这个村庄在 30 年前险些成为英法战争的导火线）。不过，就算是那个遥远的年代，这位皇帝的探险队依然算不上是走得最远的白人。现在看来，迦太基人穿越撒哈拉的行为可能发生在很多个世纪以前，他们在那个时候就已经到达几内亚湾了，因为无论多么勇敢的探险队也会对撒哈拉这个障碍望而却步的。当然，他们的探险旅程本来可以顺着沿海海滨地区开展，可惜的是，在这些地方几乎没有任何港口，他们无法克服淡水供给的问题。非洲的面积虽说是欧洲的3倍，却只有16000英里的海岸线，而欧洲拥有20000英里的海岸线。航海者如果想登陆的话，就不得不在距离陆地很多英里之外的地方抛锚，无论任何地方都是这样，然后要借助敞篷的皮划艇才能到达海岸。在这个过程中，皮划艇要从惊涛骇浪中穿过，面对这种危险，任何人都是不敢尝试的。

所以，直到19世纪，我们才对非洲的地理情况有所了解。而且就算是那个时候，我们也是通过偶然的渠道才解了一些信息。当时，葡萄牙人（第一次到非洲南海岸进行探险的探险者）正在印度开辟新天地，这块裸体黑人生活的土地丝毫也不能引起他们的兴趣。不过，如果他们想到中国和印度的话，必须从整个非洲南部绕过去。当他们航行到非洲海岸的时候，就像一个盲人摸索着走出漆黑的屋子一样，表现得异常小心。就这样，他们意外地“撞”上了亚速尔群岛、加那利群岛、佛得角群岛。终于，他们于1471年到达了赤道，迪亚士紧随其后，1488年对好望角的具体位置进行了探测，1498年，达·伽马从好望角经过，由此发现了从欧洲至印度的最短航线。

在这以后，非洲大陆又被冷落了。在航海史上，它是难以逾越的障碍：不是酷热干燥就是炎热潮湿，居住的又都是野蛮人。非洲大陆在16、17世纪的船长眼里，简直就是一块糟糕透顶的土地，如果他们在前往印度的途中，船员们不幸受到坏血病的侵袭而大量死亡的时候，他们也不会在非洲停靠，而是选择停靠在亚速尔群岛、阿森松岛、圣赫勒拿岛。假如没有那位新世界的牧师的慈悲之心，在这块宽阔的大陆上生活的那些可怜的异教徒肯定会一如从前过着安宁的生活。

哥伦布第一次航行到美洲的时候，一同前往的还有拉斯卡萨斯（在美洲的西班牙传教士、历史学家。——译者注）的父亲。当拉斯卡萨斯后来担任了墨西哥恰帕斯州的主教之后，他像在新世界生活的所有西班牙人那样，变成了一个奴隶主，作为对他工作的报酬，他得到了土地和生活在那片土地上的印第安人。在那个时候，所有新世界的西班牙人都拥有一定数量的奴隶为他们干活。这是一项糟糕透顶的制度，不过，集体犯罪就相当于没有人犯罪了，所以，就像其他糟糕透顶的制度一样，整个社会都默认了这项坏制度。可是，有一天，拉斯卡萨斯突然觉得这是一项充满罪恶感的制度，因为这些奴隶还是自由之身的时候，是绝对不会去干现在所干的这些活儿的，这块土地原本是属于他们的，现在却被逼迫着去采矿，这对他们来说真是一件极不公平的事。

拉斯卡萨斯想采取一些措施来解决这些问题，于是他来到了西班牙。那个时候伊丽莎白女王的忏悔神父是吉麦内兹主教，他手握重权。这位主教非常认同拉斯卡萨斯的想法，于是，赋予他“印第安人保护人”的职责，并让他返回美洲去撰写相关的调查报告。回到墨西哥的拉斯卡萨斯突然发现，其实他的上司丝毫也不关心这个问题。基督徒们就像对待野外的牲畜、天空中的鸟儿和大海里的鱼儿那样对待印第安人，任意驱使他们。为何要制造困惑呢？这样一来，新世界的整个经济结构将会被全盘打乱，即使西班牙人的利益也将受到严重的影响。

后来，拉斯卡萨斯想出来一个绝妙的办法。如果要让海地的印第安人去做奴隶，那他们宁愿去死，正是在这样的决心之下，那个地方的印第安人在不到 15 年的时间里从 100 万锐减到了 6 万。不过，非洲的黑人却似乎不介意自己沦为奴隶。拉斯卡萨斯在 1516 年向世人公布了他那篇彻底解放印第安人的著名人道主义方案，即所有在新世界里生活的西班牙人都有进口 12 个非洲黑人奴隶的权利，而印第安人被允许回到白人移民挑剩下的那些农场里。

拉斯卡萨斯的一生并不短暂，这位可怜的人有充裕的时间对自己的所作所为做一番思考。他觉得无比羞愧（他是个诚实的人），跑到海地的一个修道院里过着隐居的生活。后来，他为了继续为黑人争取人道对待，重新回到了社会中，不过，并没有人愿意理睬他。1556年，他与世长辞了，与此同时，新的计划也在进行当中，非洲的奴隶贸易正如日中天，印第安人的命运被更加紧实地捆绑在土地上。

对于非洲来说，300年的奴隶买卖活动究竟意味着什么？对此，我们也只能凭借流传至今的少数权威数据进行猜测而已。事实上，真正干着猎捕奴隶勾当的人是阿拉伯人，并不是白人。这项非法的勾当正是被那些自由进出北非（北非慢慢地开始信奉伊斯兰教）的阿拉伯人垄断了。他们将整船的非洲黑人贩卖给葡萄牙人从1434年就开始了，当奴隶贸易成为阿拉伯人的一项巨大贸易活动的时候，已经是1517年的时候了。奴隶贩卖是一项非常有利可图的买卖。查理五世（著名的哈布斯堡王朝）曾经批准他的一位弗兰芒朋友，每年可以从海地、古巴和波多黎各运送4000个非洲黑奴。这项特权马上被这个弗兰芒人转手卖给了热那亚的一个投机商，他从中获得了2.5万个金币，这个特权最终又被卖给了一个葡萄牙团体，这个葡萄牙团体立刻回到非洲开始了与阿拉伯人的密切联系。此后，苏丹的部落遭到了阿拉伯商人的多次袭击，这些阿拉伯商人从中捕够了1万个奴隶（我们要记得把那些在途中损失掉的奴隶数量也算进去），将他们塞进暗无天日的大船舱，送到了大洋的另一边。

关于这条新的致富之路的各种消息被传播得沸沸扬扬。教皇下达了正式的命令（将世界分成了两半，一半属于西班牙，一半属于葡萄牙），将西班牙人从奴隶贸易市场中剔除了。这样一来，黑奴贸易被葡萄牙人全部控制了。后来，葡萄牙人在与英国和荷兰的交战中惨败而归，奴隶贩卖这块肥肉马上被英国与荷兰霸占了。此后，这两个基督教国家不停地将“黑色象牙”（这是布里斯托尔和伦敦的商人对黑人奴隶的戏称）运送至世界各地。1811 年，议会以法令的形式规定了贩卖运送奴隶的行为等同于严重犯罪，违抗这项法令的人将被罚款或放逐。然而，从 1517 年到 1811 年，这确实是非常漫长的岁月。1811 年以后，奴隶走私活动仍然在英国军舰的监视之下继续了 30 年之久。这些罪恶的活动最终宣告终结是在 19 世纪 60 年代初期，所有的欧美国家在这时才算将奴隶制度彻底废除了（阿根廷在 1813 年废除了奴隶制度，墨西哥在 1829 年废除，美国在 1863 年废除，巴西是 1888 年废除的）。

如果你想了解欧洲的统治者到底有多看重奴隶贸易，那么完全可以从这些统治者为了霸占奴隶贸易这块肥肉所做出的巨大努力中看出来。有一次，西班牙与英国险些开战，就是西班牙拒绝与英国的一些商人续签奴隶贸易合同导致的。著名的《乌得勒支和平条约》中有一个条款对要把荷兰在西印度群岛的奴隶贸易控制权转让给英国做出了明确的规定。早在 1620 年的时候，弗吉尼亚的大地上就迎来了荷兰人送来的第一批非洲黑人奴隶。在威廉和玛丽统治时期，他们为了不落后于别的国家，而努力促成并通过了一项允许殖民地与世界各地展开奴隶贸易的法案。其实，由于荷属西印度公司的可耻疏忽导致了新阿姆斯特丹的损失，对此，荷属西印度公司应该负起全部责任，但这样一来，他们就面临着破产的威胁，可他们最终因为奴隶贸易的巨大利润而幸免于难了。

由于进行奴隶贸易的商人对他们所从事的生意毫无科学兴趣，因此，有关奴隶贸易的数据少之又少。不过，就我们现在所掌握的这点数据足够让我们目瞪口呆了。法国的红衣主教拉维日里对非洲的事务非常熟悉，他同时也是迦太基的大主教，创立了著名的白神父会（这个传教士组成的团体在非洲做了很多善事），根据他的说法，因为奴隶贸易，非洲每年要损失 200 万的人口，这其中包括那些在猎捕过程中被杀害的人以及那些没有利用价值而被扔去喂野兽的孩子，还包括了那些被运送到世界各地的奴隶。

而称职的法官——利文斯顿博士则认为每年有 35 万的奴隶被掠夺（不包括那些死去的、被遗弃的奴隶），而最终能送到大洋彼岸的是 7 万人。

在 1700—1786 年间活着到达牙买加的奴隶至少有 60 万，与此同时，有 200 多万名奴隶被英国的两个小奴隶贸易公司从非洲运送至西印度洋。18 世纪后期，利物浦、伦敦和布里斯托尔共计 200 多条船定期在几内亚湾和新世界之间来来往往，这些船只加起来可以容纳 4.7 万个黑人。1791 年，爆发了反抗奴隶制的运动，它是由贵格会教徒和反蓄奴主义者共同发起的，当时的奴隶贸易据点英国就有 14 个，荷兰有 15 个，葡萄牙有 4 个，丹麦有 4 个，法国有 3 个，这些是沿贝宁湾进行的那次奴隶贸易调查的结果。整个奴隶贸易市场的一半都被装备精良的英国公司所控制，另外 4 个国家则分享了剩下的一半。

以前，我们对这些在非洲大陆上发生的耸人听闻的买卖了解得太少了，一直到了很久之后，我们才发现，当地的酋长也参与了这项勾当，这是英国政府决定废止这种暴行，并到非洲对这件事进行详细调查的时候发现的。这些酋长将自己的族人随意卖掉，跟 18 世纪的德国政治者如出一辙——他们将自己招募的新兵卖给了英国人，只是为了镇压弗吉尼亚和马萨诸塞的小暴乱。至于这项勾当的组织权，一直被阿拉伯人牢牢地掌控着。这是令人百思不得其解的一件事情。这种残暴的行为遭到了《古兰经》的极力反对，并且与基督教法令相比，穆斯林教义对待奴隶的态度要宽容得多。白人的法律规定了,白人和奴隶所生下的孩子仍然是奴隶，可是《古兰经》的教义却认为，这个孩子可以跟随他的父亲，是个自由的人。

后来，奴隶贸易在葡萄牙的殖民地安哥拉和刚果盆地之间得到了短暂的复苏，因为利奥波德要开发刚果，这个巨大的工程需要大批廉价的劳动力来为之工作，这个比利时人真是罪孽深重啊！不过，当这个卑劣无耻的老家伙（在一个现代国家，居然还有这么一个戴着中世纪王冠的无耻之徒，这真是历史上最为奇特的对比）合上双眼的时候，刚果自由联邦已经被比利时政府接管，至此，这种贩卖人口的勾当彻底终结了。

白人和黑人之间的关系自始至终都很糟糕，在接下来的发展中，这种境况也并没有得到任何改观，我尽量用简短的语言对此加以说明。

白人在亚洲遇到的民族，不是与他们有着一样的文明发展程度，就是比他们的文明程度要高很多。这表示着，亚洲的民族完全具备与他们抗衡的能力，假如白人不小心谨慎的话，就会招致严重的后果。

19 世纪 50 年代，印度发生了兵变，20 年代又爆发了蒂博 · 尼哥罗战争，这场战争使荷兰差点丢掉了爪哇岛，还有在日本发生的大规模驱逐外国人的运动，以及刚刚在中国爆发的义和团运动，再加上当前的印度动荡不安的局面，这些都使白人提心吊胆。

白人在澳大利亚遇到的是贫困潦倒、蛮横粗俗的石器时代早期的幸存者。他们对待这些土著人的态度与对那些将他们的绵羊吃掉的澳洲野狗是一样的，毫无歉疚地对土著人进行了大肆屠杀。

当白人踏进美洲大陆的时候，实际上，那里的大部分地区都渺无人烟。人口主要集中在生活环境良好的中美洲高原地区和安第斯山脉的西北地区，除此之外的地区则人迹罕至。数量稀少的游牧民族轻而易举就被消灭了，剩下的那些，他们交给疾病和衰败去解决。

非洲的情况却是截然不同的。生活在这里的人们顽强地与各种各样的煎熬和折磨做着殊死抗争，奴隶制度、疾病、陷阱、非人的待遇等等，都不能使他们走向灭亡。白人在清晨摧毁的一切，第二天清早就会得以恢复。白人为了掠夺黑人的财富，制造了空前绝后、惨绝人寰的大屠杀。白人的枪支炮弹与黑人旺盛的生殖力在进行着一场顽强的较量。

现在，我们对照地图，简略地探讨一下当前非洲的情况。

我们可以将非洲笼统地划分成七个部分。从左上角开始，臭名远扬的巴巴利海岸就位于西北地区，这个地方是我们的先辈每次从北欧到意大利和地中海东部港口的必经之地，这个地方总让他们感到阴森恐怖。因为可怕的巴巴利海盗经常在此出没，如果往来的人们不幸被他们抓住，就要开始许多年的奴隶生涯了，如果他们想回家，就必须让家里人送来足够的赎金。

这个地方到处都是崇山峻岭，这可以解释为什么这里的国家仍能按老样子发展，直到今天还未被白人真正征服。这是一个沟壑纵横的地方，到处充满了危机，任何地方都可以轻易地设下埋伏，强盗们袭击完目标后，能够神不知鬼不觉地消失。

即使飞机和远程大炮也不能对这个地方造成任何威胁。就在不久前，里夫人（住在北非里夫山地区的柏柏尔人。——译者注）还在这里多次击败了西班牙人。美国的先民从来没有让自己的海军去那些被禁止的港口冒险，看来，还是我们美国的祖先聪明得多，海军和名誉都没有因此而受到损失。他们宁可选择每年进贡给统治这里沿海地区的苏丹。为了解决那些被俘虏的下属的赎金问题，他们还专门在阿尔及尔和突尼斯设立了特别领事。除此之外，他们也对一些宗教团体进行资助，想方设法将那些不幸被摩尔人抓走的水手解救出来，是他们唯一的使命。

如果站在政治的角度看，目前，非洲大陆的西北角由四个部分组成，这些都是独立的部分，却无一例外地对巴黎唯命是从。

1830年，渗透和侵占的历史开始了，直接的导火索是一只普通的苍蝇拍，而海盗丑闻则是真正的原因，这些丑闻已经在西北地中海地区公开很久了。

对于地中海地区猖獗的海盗现象“必须采取措施”，这是欧洲列强在维也纳会议上做出的一致决定。可是难以决策的是，这个艰巨的任务应该由哪个国家来完成呢？当然，谁担当此任，谁就要为自己留下一些额外的份额，这样就会导致对别的国家不公平——这种故事，几乎所有的外交会议上都会出现。

有这么一个索赔的例子：两个阿尔及利亚犹太人因为在拿破仑统治时期向法国政府交了粮食，现在他们向现任政府进行索赔。像这类老旧的索赔案在旧世界与新世界的档案馆里有详细的材料记载。在过去的两个世纪中，无数误会都因此而起。假如国家能够像私人那样，将自己欠下的账单全部付清，那么我们百姓就能感受到更多的幸福和安全了。

突然有一天，阿尔及尔总督在关于那笔粮食账单的谈判过程中，用苍蝇拍将法国领事狠狠地拍了。这就导致了法国对阿尔及尔的封锁和开火（这件事也可能是一次事故，不过这种事故一般都发生在军舰包围的地方）。法国远征队穿过地中海，1830年7月5日，阿尔及尔被攻陷了，他们俘获了阿尔及尔总督，并将他流放了，自此，战争正式拉开了序幕。

这个时候，有一个虔诚的穆斯林被阿尔及尔的山民拥立为新领袖，这是一个智慧和勇气超群的人，叫阿卜杜卡迪尔。在他的带领下，阿尔及尔人民与侵略者之间展开了长达15年的坚决抵抗，一直到1847年才被迫投降。侵略者在他投降前给了他可以留在祖国的承诺，可是，他们却没有遵守这个承诺，阿卜杜卡迪尔被带到了法国，后来，拿破仑三世以永远禁止他干涉自己祖国的和平为前提条件将他放了。此后的阿卜杜卡迪尔在大马士革过着隐居的生活，他在那里潜心研究哲学，并做了很多善事，以此度过余生，1883年，他在大马士革与世长辞。

阿尔及利亚的最后一次起义在阿卜杜卡迪尔去世之前遭到了镇压。现在它变成了法国的一个组成部分。不过，它的人民有选举他们自己代表的权利，这样一来，他们就可以在巴黎议会中捍卫自己的利益了。甚至阿尔及利亚的年轻人也有“荣耀”地加入法国军队的权利，不过，选择权不是全部都在他们的手中。不管怎样，从战争经济的角度来看，在改善新臣民的生活条件方面，法国确实做了很多有益的尝试。

特尔是坐落在阿特拉斯山脉与大海之间的一个平原地区，这是个粮食的盛产地。闪特高原是个牧业区，它因为许多小盐湖而得名，山坡地带被大量地用于葡萄种植和酿酒。另外，这里正在兴建大型的水利灌溉工程，有了这个工程以后，热带的水果也能够在这里进行种植了，这样一来，它就可以向欧洲市场输送大量的热带水果。人们还在这里探明了铜矿和铁矿的储量，同时，还有公路干线连接到阿尔及尔、奥兰和比塞达这三个地中海的主要港口。

位于阿尔及利亚东部的突尼斯是个名义上的独立国家，虽然它拥有自己的王国，可是从1881年开始，它实际上已经置于法国的统治之下了。这个地方的大多数人来自意大利，因为法国是没有多余人口可以输送的。迁居到这里的意大利人在与早已经在这个地方生活了几个世纪的犹太人之间进行了激烈的竞争，并且吃尽了苦头。当突尼斯还在土耳其的统治之下的时候，犹太人就已经来到这里了，与基督徒统治的国家相比，犹太人在这里的生活要好很多。

斯法克斯市是全国除了首都突尼斯之外最为重要的城市。2000多年前的突尼斯作为迦太基的一个组成部分，显然要比现在显赫很多，时至今日，我们依然能够模糊地看到当年那个可以容纳 220 艘船只的港口。至于其他方面却很少被保留下来，因为那个时候的罗马人无论做什么，都做得很彻底。公元前 146 年，罗马人历经千辛万苦终于占领了这座城市，心怀着对迦太基的无比仇恨，他们将这个城市彻底摧毁了，甚至没有留下一座房屋，现在 16 英尺以下的地里还安静地埋藏着当年被烧成灰烬的废墟。就是这座变成废墟的城市，曾经有百万居民生活在这里，谁又会想到这些呢？

摩洛哥公国位于非洲的西北角，它的统治者是苏丹。当今的摩洛哥依然有苏丹存在，不过，从 1912 年开始，他就变成被法国人控制的傀儡了。那些在小阿特拉生活的山民也不会对他们的国王多加操心,毕竟保住自己才是最重要的。并且他们为了安全起见，总是在南面的首都摩洛哥和北面的城市非斯之间来回跑。

当然，说到反对法国在非洲地区的统治的理由实在太多了，不过，他们确实在这里创造了公路奇迹。为了在必要的时候便于法国海军支援，他们将政府中心迁移到了拉巴特，这是一座坐落在大西洋岸边的城市，在大西洋的另外一个港口阿加迪尔北部几百英里的地方。世界大战爆发的前四年,阿加迪尔意外地一举成名。那个时候，法国人为了警示摩洛哥不要成为阿尔及尔第二，派遣了一艘炮舰驻守在这个地方。可以说，正是因为这件事，才导致了 1914 年那场灾难性的战争爆发。

摩洛哥有一个小角落正对着直布罗陀，它作为一件代表和平的礼物，是法国在占领了摩洛哥以后送给西班牙的，所以，它是西班牙的殖民地，最近的报纸报道了士气低落的西班牙军队在休达和梅利利亚这两座城市多次败给当地的里夫——卡卡比尔人的手下，这两座城市因为这些报道而出名了。

国际城市丹吉尔位于里夫山脉的西边。它曾经是 18、19 世纪驻摩洛哥的欧洲大使的驻地，这是苏丹为他们挑选的，因为这样，他们就不会住到苏丹的宫廷附近去了。

关于这片山地众多的三角地带，已经有一个清晰的未来了。50年以后，法国将整个拥有它，还有那片广袤的沙漠，即非洲的第二个自然区划，也就是阿拉伯的埃兹－撒哈拉，就是我们现在地图上的撒哈拉沙漠，我们马上就要谈到这个地方了。

坐落在大西洋和红海之间的撒哈拉沙漠拥有与欧洲一样的面积，它的一部分已经越过红海，延伸到了阿拉伯。摩洛哥、阿尔及尔、突尼斯都在它的北部，地中海是它的北部分界，苏丹位于它的南面。属于高原地形的撒哈拉，绝大部分地区的海拔仅为1200英尺。在这里，到处都是被风雨侵蚀后的古老山脉的残余。这片沙漠上有很多绿洲，绿洲上的地下水是数量稀少的阿拉伯人生存的依靠。在撒哈拉，每平方英里有0.04个人居住，这几乎可说是一片渺无人烟的地方。图阿雷格人（西撒哈拉和中撒哈拉的柏柏尔人）是非常出色的战士，他们是游荡在沙漠里的众多部落中最为著名的一支。除此之外，闪米特人（阿拉伯人）、含米特人（埃及人），以及苏丹黑人的混血民族都居住在撒哈拉。

到这个地方参观旅行的游客将会受到法国军队中外籍军人的保护，他们表现得非常优秀。这些法国外籍兵团（顺便说一下，他们不被允许踏进法国的土地）会遇到很棘手的问题，因此，他们有时候可能有些粗鲁。只有几个人就能将一块与欧洲一样的土地上的治安管理好，这可能吗？所以，人们都不愿意加入部队来干这个活儿。当有车轮和发动机的汽车驶进沙漠，将刺鼻的骆驼取而代之的时候，古老的沙漠商队就已经作古了。汽车是一种成本低廉，而且有利于长途运输的交通工具。我们永远也看不到廷巴克图积聚着几万只为居住在撒哈拉西部的人们运送食盐的骆驼的场面了。

撒哈拉靠近地中海的那些区域在1911年之前都控制在当地的

巴夏手中，土耳其的苏丹是它的最高统治者。1911 年，法国企图霸占摩洛哥，假如德国不加以干涉的话，这个企图就变成了现实。这个消息传到意大利，他们立刻打起了利比亚（的黎波里的拉丁名字）的主意，他们想趁机占领这个曾经繁华无比的罗马殖民地，于是，他们从地中海而来，将意大利的国旗插在了这块 40 万平方英里的非洲土地上。占领了这里之后，他们就如何处置这个局面，温婉礼貌地向全世界发问。由于的黎波里对世界上的其他国家来说，毫无吸引力，所以，这块地方自然而然地变成了这些恺撒后裔的殖民地了。而今，他们正在这个地方修建公路，发展棉花种植业，想把这里变成伦巴第纺织工厂的原料供应地。

埃及位于意大利这块殖民试验田的东部，因其地位条件而繁荣。利比亚沙漠在它的西部，努比亚沙漠在它的南部，这可说是它的两个天然屏障，它北部的自然边界是红海，东部的自然边界是地中海，这样一来，埃及像极了一个岛屿。至于真正的古埃及其实是一个狭长的地带，那是法老掌控的领地，是古代艺术和知识以及科学的殿堂，它顺着一条大河的两岸延伸，那条大河与美国的密西西比河平行，并且，几乎与密西西比河一样长。

如果将沙漠地带排除在外的话，真正的埃及还没有荷兰的面积大，荷兰能够养活 700 万人口，而丰腴的尼罗河流域能够养活的人口却是荷兰的两倍。如果英国人建造的大型水利灌溉工程竣工，尼罗河流域容纳的人口将会更多。可是，埃及却是一个煤和水力资源匮乏的国家，对工业的发展极为不利，所以，农民们也只能种田而已。

埃及作为土耳其的属地源自于公元 8 世纪伟大的穆罕默德西征开始，土耳其驻埃及总督和埃及国王是这块土地的共同管理者。1882 年，英国以埃及糟糕的财政情况为借口将埃及占领了，因为欧洲列强对埃及具有干涉权。大战结束后，在“埃及是埃及人的埃及”的强烈呼声下，英国又被迫放弃了埃及。获得独立权的埃及可以与其他国家签订各种条约，但是商业条约例外，商业条约的签订必须得到英国的同意才行。英国军队从除了塞得港以外的所有埃及城市撤离了。除此之外，英国在亚历山大的海军基地也被保留了下来。当尼罗河三角洲上的达米埃塔和罗塞塔失去了它们原有的重要性之后，地中海上最重要的商业港口就被亚历山大取代了。

这个协约真是既慷慨又安全。这个时候，苏丹东部地区也已经永远属于英国了，这里刚好是尼罗河流过的地方。这条河流是身材矮小、棕色皮肤的1200万埃及人生存的依靠，现在却被英国人控制了，英国人以此作为警示开罗的筹码，他们非常有自信，对于他们的要求，开罗一定会明白的。

至于英国想控制这个地区的企图，只要是对近东地区的政治情况真正了解的人都不会再说些什么了，不管那个人是谁。如果其他的国家控制了商业大动脉苏伊士运河，英国将自取灭亡，因为这条通往印度的便捷之道全部从埃及的领土上流过。

当然，英国并不是苏伊士运河的开凿者，而且他们曾经还极力阻止这条运河的开凿。他们有两个反对的理由：第一，虽然拿破仑三世一再强调，法国之所以出资出力开凿这么一条运河，完全是出于商业考虑，可是，英国对此非常怀疑。女王那位居住在杜伊勒里宫里的兄弟（就在她宠爱的子民们为了面包而濒临混乱的时候，这个人正好担任伦敦的特别警官）或许能够博得维多利亚女王的钟爱，不过，平民老百姓都非常厌恶听到他的名字，一听到这个名字，半个世纪前的那场噩梦就会在人们的脑海里出现。第二，英国好望角城的繁荣很可能会因为这条通往印度、日本和中国的捷径而受到影响，对此，英国人感到恐惧。

不过，运河终究还是建成了。为了对这个伟大的时刻进行纪念，威尔第特意写了一篇宏伟的歌剧，叫作《阿依达》。而埃及国王则尽其所能为所有前来观光的旅客提供免费食宿，人们观看《阿依达》也不收取门票钱。政府至少要派遣69艘船才能将从塞得港到苏伊士去野餐的游客运送完。

于是，英国不得不改变谋略。苏伊士运河的大部分股票都被当时的首相本杰明·狄斯累里想方设法从埃及国王手中夺了过来，这是位很有商业才能的首相。那个时候，拿破仑已成了明日黄花，这条亚欧贸易黄金干线的地位已经开始凸现，每年的收入高达4000万美元（仅在1930年，苏伊士运河的吞吐量就达到了2800万吨，近乎美国苏圣玛丽运河从开始运营至今的1/3吞吐量），英国还有什么好埋怨的呢?

埃及是一个到处都是古迹的地方。坐落在开罗附近的金字塔曾经是古埃及的都城孟菲斯的所在地。距离孟菲斯几百英里的尼罗河上游地带曾经是上埃及的古都底比斯的所在地。可是，因为阿斯旺大坝的建立，菲莱岛被分成了无数的小岛屿，这实在是令人遗憾的事。而今，浑浊的尼罗河水环绕在这些小岛的周围，它们走向毁灭的命运已经注定了。人们还在这里发现了图坦卡蒙的陵墓，这位埃及法老在公元前14世纪离开人世。许多其他法老的陵墓也是在这个地方被发现的。而今，在开罗的博物馆里陈列着法老们从前使用过的居家用品、财产以及他们本人做成的木乃伊，那个地方正在以最快的速度发展成一座陵墓，同时，世界上最有趣的古迹收藏地也将在这个地方诞生。

苏丹是非洲的第三个组成部分，它有着与其他部分迥然不同的地理条件。与撒哈拉平行的苏丹被埃塞俄比亚阻挡了东去的脚步，所以它向东延伸得不是很远，而且与红海隔离开来。

在现在的国际上盛大的桥牌比赛中，如果赌注是非洲的话，一个国家将“三张黑桃”甩出来的时候，另一个国家就会回击以“四张方块”。19 世纪初期，原本属于荷兰人的好望角被英国人抢到了手。在这种情况之下，那块土地上原先的居民，即固执的荷兰人被迫用大敞篷车托运自己全部的家当开始了到北方的艰苦卓绝的旅程。于是，16 世纪俄国人征服西伯利亚所使用的老办法被英国人采纳了。对于各种情况，大家可能已经很清楚了——西伯利亚的某个地区一旦积聚了足够多的流浪者，沙皇的军队就会到来，他们对这些居民说，因为他们本来就是俄国的臣民，因此他们所占据的新土地也理所应当地归俄国所有，莫斯科政府甚至会告诉他们收税官到来的时间。

英国人一直觊觎着布尔人的土地，因此，他们一路跟随着布尔人向北推进。布尔人擅长户外运动，有着精湛的射击技术，而且比那些伦敦的士兵要强很多，这样一来，不愉快的争执是不可避免的。1881 年马杰巴战役之后（在这件事上，格莱斯顿做得有失公平，他还发表了一通与忍耐有关的话，其中有这么一句："昨天晚上，我们失败了，我们的骄傲因此而受伤，不过，这并不是我们一直坚持让暴力事件发生的原因。"可能所有的政治家都会摘录这句话的），布尔人获得了暂时休养生息的机会，他们再次取得了独立。

关于爆发在英国和少数农民之间的这场战争的结果，整个世界都非常清楚。英国的地产公司从土著首领那里购买了很多土地，他们逐步地向北方挺进。与此同时，尼罗河沿岸地区有一支英国军队也正在缓慢而坚定地向南方奔去，他们抱着控制整个非洲的目的这样做。在对中部非洲进行开发的过程中，涌现出了一支著名的英国探险队，他们取得了丰厚的收益。英国人企图挖开一条从黑非洲的中心地区穿越而过的隧道，这是显而易见的。同时，他们也开始了建立开罗和好望角地面指挥中心的工作，这两个端点将相遇在尼罗河与刚果河的发源地大湖区，这是迟早的事。等到那一天到来的时候，英国人的火车就可以中途不换车，而直接从亚历山大抵达桌湾了（这座山有非常奇特的形状，因为像桌子而得名，这个平顶山是开普敦的天然背景）。

英国企图沿着南北线一展宏图，法国人的事业则在东西线，这是很明显的。我在这里所说的东西线指的是从大西洋到红海的那个区域，即从塞内加尔的达喀尔一直到法属索马里的吉布提。整个阿比西尼亚的出海口就在吉布提，在这里还有连接阿比西尼亚的首都亚的斯亚贝巴的铁路线。

这是一项巨大的工程，所要花费的时间也是很久的，不过，还没有超出我们的想象。当我们对照地图观察的时候，或许会自然而然地想到，在这项工程里，会遇到无数难以克服的艰难困苦。其中,尼日利亚北部的乍得湖工程就很难搞定,由于东面的苏丹（今天的盎格鲁－埃及的苏丹）是一个如同撒哈拉一样贫瘠荒芜的地方，所以最艰难的工程部分就是从这里一直向东的那段。

但是，如果一个活力十足的现代强国拥有充足的资本，并且还有一个能够使手中的资本成倍增长的机会摆在它面前的话，它一定会不加任何考虑地将拦在前进道路上的障碍全部炸毁。一般情况下，他们不会拒绝使用残酷的手段，就像用一辆坦克去轧一群鹅那样。法兰西第三帝国已经具备足够的能力和资本了，资本来源于法国农民饲养的牲畜和收藏已久的雪茄烟，因此，他们一直都想把第二帝国失去的那些特权控制到自己手中。一场激烈的竞争在南北干线和东西干线之间展开了。从 17 世纪早期开始，法国与英国和荷兰之间为了塞内加尔河和冈比亚河之间的那块土地展开了无休止的斗争。现在，那些土地被法国当成了一个吞并整个苏丹的阀门，他们企图通过这个政治斗争阀门，占领那片广袤无边的土地。

法国人一直在不停地使花招，运用了各种外交手段和商业手段，还有欺骗和谎言，在这里，我就不再全部展开阐述了。其实他们的目的就是要将苏丹西部的绝大部分纳入他们在非洲的殖民帝国的版图，时至今日，他们还用托管国和保护国的临时管理者为自己的行为开脱，不过，随着时间的推移，所有的人都明白了其中的真相。那些杀手可能会被垄断了纽约牛奶生意的黑社会称为“牛奶商保护协会”，而欧洲各国也很快学会了美国那些卑劣的拦路抢劫的手段。他们真是惊人的相似。

站在地理的角度来看，法国的选择是明智的。可以说，苏丹的土著人是非洲所有的黑人部落中最聪明、最勤奋的，这个结论我们从苏丹大部分地区的富庶中可以看出来。苏丹有部分土地跟中国一样，是黄土地。在塞内加尔和海洋之间，并没有山脉横亘，因此，内地的雨量是非常充足的，人们可以在这里发展畜牧业和种植业。在此多说一句，非洲的黑人以玉米为主食，他们不吃大米。他们的玉米除了在做法上没有美国的精致以外，其他都与美国的差不多。同时，他们还是具有卓越才能的艺术家，他们那些在美国博物馆里展出的雕刻和陶器一直都是人们关注的焦点，常常使人惊叹万分。在他们眼中，这个世界就像我们美国的那些未来主义画派的画家的大作一样。

苏丹人忠实地追随着穆罕默德，这一点在白人看来，正是他们最大的不足之处，并且先知的追随者已经充斥着整个北非了，北非俨然一个伊斯兰世界。法国当局的心头大患就是富拉人（西非黑人和柏柏尔人的混血种族），这是苏丹的一个种族。富拉人统治了塞内加尔河的以南和以东地区。与《古兰经》的诗句相比，毕竟还是铁路、公路、飞机、坦克和拖拉机更为强大一些，所以，富拉人慢慢地学会了廉价小汽车的驾驶方法，汽车加油站迅速取代了那些风花雪月的浪漫情怀。

当苏丹这块土地还没有法国人、英国人、德国人光顾的时候，当地的诸如酋长之类的人物是这块土地的统治者，他们相互偷盗和抢劫彼此的子民，通过贩卖这些人质来发财致富。因此，他们当中的很多人臭名昭著，被看作旧时代最残暴的恶棍。很多人在小时候看过达荷美国王的所作所为，那个时候，他带领着敏捷的亚马逊军队出现在外面美国的博览会上。这可以用来解释当地的土著居民在看到欧洲的军舰时，并没有奋起反抗的一个原因——无论多么贪婪的白人统治者都比不上被废止的黑人暴君残暴。

为什么像尼日尔河这样的河流不能对内地的发展起到促进作用呢？其原因是几内亚海湾沿岸的山脉将苏丹的大部分地区与大西洋隔离了。尼日尔河跟刚果河一样，弯弯曲曲的河道都是为了避免与那些山峰相撞而产生的。尼日尔河必须从岩石中冲突出一条道路来，才能最终到达大海，这样就导致了在他们最不看好的地方（即海洋附近）出现了许多瀑布激流，至于上游地区，几乎是渺无人烟，其实那个地方很适合航行。

就像帕克（为了找寻在苏格兰的童年时代梦想中的河流，帕克最终牺牲了自己）在 1805 年发现它的时候一样，尼日尔河其实是一连串的湖泊和下水塘而已，算不上什么正规的河流。所以，苏丹人成功地完成了一条陆地贸易路线的开通工作，苏丹人从来就没有过一条合格的水路交通线，就在他们开通的这条贸易线上，尼日尔河上游左岸的廷巴克图一跃成了具有重要地位的商贸中心，可以说，它就是非洲的下诺夫戈罗德，这个地方积聚了从四面八方蜂拥而至的商贾。

廷巴克图的名字听上去跟某个非洲巫医开出来的神奇药方一样，这也是造就它繁荣的一个很重要的原因。那个被称为阿拉伯世界的马可·波罗的伊本·拔图塔曾经在 1353 年经过这儿。这个地方正式出现在西班牙人的地图上是 20 年以后，人们把它当作黄金和盐（在中世纪，黄金和盐的价值是一样的）的贸易大市场来看待。当英国少校戈登·莱恩1862年从的黎波里出发，穿越撒哈拉沙漠到达这里的时候，展现在他眼前的只是一片被阿雷格人和富拉人蹂躏和破坏的废墟而已。塞内加尔的富拉人杀害了走在海边小路上的莱恩少校。自此之后，法国军队把廷巴克图当成了他们在西部苏丹军事活动的一个普通“目标”，它再也不是第二个神秘的麦加、希瓦或者西藏了。

1893年，法国军队占领了廷巴克图。其实这支法国军队不过是由1名海军少尉、6名白人和12名塞内加尔仆从所组成的小队伍而已。那个时候的沙漠部族力量还没有瓦解，因此，大部分白人入侵者被这些部族杀死了，甚至连一支有200名成员的救援队伍也被他们彻底消灭了。这支救援队是为战败的海军小分队报仇雪恨而来的。

事实上，西部苏丹落入法国人的手中是迟早的事。还有中部苏丹的乍得湖也面临着这样的局面，而且由于尼日尔河的支流贝努埃河的流向是自东向西，有着比尼日尔河更加有利的航行条件，所以，乍得湖地区的可进入性更大。

乍得湖海拔700英尺，不过湖水不深，还不到20英尺。乍得湖与大多数内陆海有所不同，它拥有新鲜的淡水，然而，这个湖正在慢慢缩小，或许在一个世纪以后，这里就会变成一片沼泽。流入乍得湖的沙里河其实是一条源头与大海相距甚远的内陆河，同样，它的终点也远离大海，不过这是一条与莱茵河一样长的河流。通过这个事实，你可能已经对中部非洲的所有事物有了更明确的认识了吧！

从政治上来说，乍得湖东部山区是法国的属地，这个法属刚果的辖区同时也是法国最后的势力范围，尼罗河、刚果河和乍得湖区的分水岭恰恰也是它。在这个分水岭以东的地区是苏丹，也就是英属埃及苏丹，在古代，人们把它叫作白尼罗国。

当广阔却充满了人们梦想的东部苏丹被一片沙漠覆盖的时候，英国人正好开始对他们从好望角到开罗的公路进行勘察。那个时候，英国人自信满满地想要把这个价值极高的战略点据为己有，如若不然，就将被别的国家夺走了。尼罗河是一条不能通航的河流，甚至没有任何公路分布在它的沿岸。这里的人们生活穷困潦倒，并且条件恶劣得让人无法想象。东部苏丹在地理方面是完全没有价值的，不过，它却有巨大的政治方面的潜力。1876 年，英国对赫迪夫进行了诱劝，让他把这片拥有几万平方英里的“名义上的埃及领土”交给戈登将军管理。我们在“中国”那个章节中已经谈过戈登这个人物了，北京的清政府曾经在他的协助下发起了对太平天国运动的镇压。在苏丹待了两年的戈登，得到了一位聪明绝顶的意大利助手盖西的辅佐。戈登完成了一件急需完成的事：将那些奴隶主统统击毙，解放了 1 万个男女奴隶，允许他们回到自己的祖国，他将最后的奴隶制枷锁打破了。

然而，当这位使人胆怯的清教徒从苏丹的土地上离开的时候，老一套的政府管理不善、奴役压迫卷土重来，最终导致了独立运动的爆发，这场要求独立的运动打着“苏丹是苏丹人的苏丹，我们需要奴隶贸易”的口号，由一个叫作穆罕默德·艾哈迈德的人发起，他以马赫迪自称，把自己说成是一个能够正确领导穆斯林的首领。最终，他赢得了胜利，1883 年，他成功地攻占了科尔多凡的乌拜德（现在这个地方已经开通了连接开罗的铁路），就在那一年的晚些时候，一支由英国军官希克斯·巴夏率领的有 1 万人的埃及军队也被他击败了。至于埃及，在 1882 年的时候就成为英国的保护国了，所以现在有一个更为强大的敌人出现在马赫迪的面前。

可是，英国并没有做出任何冒险行动，毕竟他们对殖民地统治有着丰富的经验，对当前所面临的困难也很清楚明了。它对埃及政府进行了劝说，让他们从苏丹撤离。这时，戈登将军再次受命出使喀土穆，他的工作是对滞留埃及军队的撤离事宜做相关安排。他刚刚到达喀土穆就遇到了向北侵袭的马赫迪的武装力量，就这样，他和他的属下被困在了喀土穆，于是他发出请求救援的急电。那个时候的英国政府首脑是格莱斯顿，这是一个主教派教会的成员，而戈登却是个清教徒。这两个人相互都不喜欢对方，他们一个在尼罗河畔的喀土穆，另一个在泰晤士河边的伦敦，所以他们之间绝不可能有愉快的合作。

1885 年，喀土穆被马赫迪的军队攻陷了，戈登被杀。事实上，格拉斯顿派的援兵已经出发了，只不过当喀土穆被攻陷的时候，他们离城还有几天的路程呢！也是在同一年的 6 月，马赫迪也离世了。苏丹由他的继承者继续统治着，一直到 1898 年，马赫迪的继承者及其追随者被基钦纳指挥的英属埃及军队赶出了沙漠，苏丹全境都被收复了，最南部甚至到了赤道地区的乌干达。

为了改善当地土著人的生活条件，英国人做了很多努力。他们修建了公路、铁路，消灭各种疾病。其实白人在一般情况下总会为黑人做这些事。白人已经拥有几百年的殖民统治经验了，他们不会愚蠢到希望黑人会对他们表示感谢，反正黑人回报给他们的感谢就只是在背后开枪而已。

那条从亚历山大和开罗一直向南蜿蜒的公路现在又向西到达了乌拜德，东部一直到达红海和苏丹港。就算以后苏伊士运河被人毁坏了，这条贯穿埃及并且从努比亚沙漠穿越而过的路线依然能够将英国的军队从东部运送到西部去。

现在，我们还是把目光放到几年前马赫迪发起的那场暴乱上吧！让我们来看一下，那场暴乱是如何对非洲的发展产生影响的，而且这似乎与野心勃勃的马赫迪想自己统治祖先留下来的这块土地没有什么关系。

由德国的爱德华·施尼策尔医生指挥的埃及最南部的军队，在那次暴乱中不得不躲藏在中非的某个不为人知的地方。这位医生在喀土穆失守后就消失不见了，整个世界都不知道他去了哪里。1858年，从这里路过的斯皮克发现了维多利亚湖，这个湖就是尼罗河的母亲湖，不过，没有人探明在阿尔伯特湖和维多利亚湖中间的那大片土地。

有一个叫斯坦利的美国新闻记者担负起了寻找德国医生的重任，这位记者的真实名字其实是罗兰兹。他很小的时候就从英国的感化院里逃出来了，这个贫苦可怜的小男孩一直逃到了美国，并且得到一位新奥尔良商人的厚爱和照顾。斯坦利这个名字就是为了纪念这位恩人而改的。1871年，他因承担了寻找利文斯顿博士的工作而声名大振，并且因此成为知名度极高的非洲探险家。也就是在那个时候，插手非洲的重要性开始被英国所重视。斯坦利的那次探险资金是伦敦的《每日镜报》和纽约的《先驱者》共同提供的。他用了三年的时间，从东部一直走到了西部，在这次探险中，利文斯顿所怀疑的刚果河的源头其实就是组成刚果河的卢阿拉巴河这个猜想得到了证实，刚果河在曲折入海的过程中所流经的广袤区域也得以探明，而且斯坦利还带回了许多与土著人有关的故事。当然，这些土著人从来没有怀疑过他们的存在。

斯坦利进行第二次航行的时候，刚果河的商贸潜能开始引起世人的注意，正因为如此，比利时的利奥波德极有可能将刚果建成一个自由之国。

当这个世界开始把注意力集中在艾敏巴夏的命运之上的时候，斯坦利自然而然地成为承担这项重任的不二人选。他的访查活动开始于1887年，第二年，他在瓦达伊找到了艾敏，这个地方位于阿尔伯特湖北面。斯坦利努力地说服这个德国人效忠比利时，这样一来，刚果殖民地的版图上又将多出非洲的大湖地区，但是，这个有能力左右当地人的艾敏却有自己的想法。当他来到达桑给巴尔（其实，他一点也不急着“获救”）的时候，立即与德国政府取得了联系。最后，在德国政府充裕的人力和财力的支持下，他建立了一个德国保护领地，这个领地就建立在维多利亚湖、阿尔伯特河和坦噶尼喀湖之间的那个高原之上。德属东非公司在1885年就已经从桑给巴尔沿岸地区获得了巨额的财富，假如连这片湖区也算在内的话，英国企图从好望角到宽广的开罗，并将整个非洲一分为二的计划就会被德国轻易地破坏。可是，1892年的时候，阿拉伯奴隶贩子为了给自己那些被青年艾敏绞死的同胞报仇而将艾敏杀死在刚果河上的斯坦利瀑布附近。事实上，那些人是罪有应得。艾敏原本是想把坦噶尼喀湖区建成一个新的德国，可是，他的这个梦想随着他的死去随风飘散了。然而，正是因为他的失踪，我们才逐渐探明了中部非洲的大部分地区，并且在地图上做了标注，由此，我们被带进了非洲的第五个自然区划，即东部的高山。

北部从阿比尼西亚开始，一直到南部南非的起点赞比西河都属于非洲的高山区。含米特人居住在高山区的北部，至于长着绞缠的头发的阿比西尼亚人和索马里人其实并不是黑人。高山区的南部的主要居民则是黑人和一些欧洲人。

早在公元4世纪，阿比西尼亚人就开始信奉基督教了，他们是古老的基督教徒，而第一个基督教组织出现在欧洲的时候已经是公元8世纪了。可是，基督徒之间的情感并没有阻止阿比西尼亚人向他们的邻居宣战。公元525年，他们穿越红海，将阿拉伯的南部地区占领了，这个地区其实就是罗马人的阿拉伯菲利克斯地区（相对于内陆的阿拉伯沙漠地区来说的）。通过阿比尼西亚的这次远征活动，年轻的穆罕默德开始产生了要建立一个强大和统一的阿拉伯国家的念头，受到鼓舞的穆罕默德开始致力于宗教创立和帝国伟业的事业。

将埃塞俄比亚人从红海的沿岸城市驱逐出去，并且阻断埃塞俄比亚人与锡兰、印度以及远方的君士坦丁堡之间的商贸往来，是穆罕默德的追随者所做的第一件事。那次战败，导致了埃塞俄比亚对所有事务失去了兴趣，就像日本那样，一直到了10世纪中叶，索马里半岛吸引了各个欧洲列强觊觎的目光。因为索马里位于红海之上，它马上就会成为苏伊士运河的延伸，所以欧洲各国才会对它兴趣百倍，而并不是因为它有什么潜在的价值。第一个来到这里的是法国人，吉布港被他们牢牢地掌控着。阿比西尼亚的皇帝西奥多被英国的问罪之师逼得自杀了。于是，索马里就顺理成章地被英国人控制了，并且连亚丁湾也落入了他们手中。为了在将来侵袭阿比西尼亚的时候，能够拥有一个后勤供给基地，意大利人也在英法属地以北的东方弄到了一小块土地。

1896年，意大利人将那个谋划已久的远征计划付诸行动，可是，他们却损失了4500名白人士兵和2000名土著士兵，而且，还有接近6000人成了俘虏。自此之后，阿比西尼亚人再也没有受到他们的意大利邻居的骚扰，尽管现在意大利又占领了英属殖民地南部索马里的另外一块土地。

到了最后，阿比尼西亚又重蹈乌干达和桑给巴尔的覆辙。遗憾的是，阿比西尼亚的交通非常糟糕，只有一条从吉布提到亚的斯亚贝巴的铁路，而这根本就无济于事。此外，阿比尼西亚就像一个天然要塞那样，有着错落有致的高原地势，白人活在黑人随时反击的恐惧之中。正是因为具备了这些条件，这个古老的王国才得以保存至今，而免于被其他邻国侵占。

在阿比西尼亚南部和刚果东部之间分布着非洲的三大湖泊。它们分别是尼亚萨湖、维多利亚湖以及坦噶尼喀湖，尼亚萨湖的支流最终注入了赞比西河，刚果河的源头就是维多利亚湖，与刚果河连接的是坦噶尼喀湖，这样看来，我们就能肯定这个地区就是非洲的最高处了。关于这一点，人们已经用过去 50 多年的考察来加以证明了。在维多利亚湖的南部，屹立着海拔达 1.9 万英尺之高的乞力马扎罗山；还有海拔 1.67 万英尺的鲁文佐里峰和海拔 1.7 万英尺的肯尼亚山，以及海拔 1.4 万英尺的埃尔贡山。

这个区域火山遍布，不过，它们在非洲已经沉默了好几个世纪了。整个地区在政治上被划分为很多片区，它们全部归属于英国。

乌干达是在 1899 年沦为保护国的，这是一个盛产棉花的国家。

1920 年，英国将原来的英属东非公司的领地，也就是现在的肯尼亚殖民地划入自己的版图。1918 年，以前的德属东非殖民地也沦为英国的托管国，它现在属于坦噶尼喀地区的一个组成部分。

苏丹统治下的那个古老的奴隶贸易之国的首都就是桑给巴尔，1890 年，这个沿海地区最重要的城市也沦为英国的保护国。这个城市同时还是那些从印度洋各国纷沓至来的阿拉伯商人的活动中心。作为桑给巴尔的土语，斯瓦西里语能够得到广泛传播，都是这些商人的功劳。现在，这种语言已经在整个非洲东海岸普及了，它的地位如同马来语在荷属东印度群岛的“法定语言”一样。现在，任何一个人，只要懂得一点斯瓦西里语，就会成为他在印度洋 3000 英里海岸沿线以及几百平方英里的近海内地做生意的最有价值的资本。如果他想要从非洲的这边走到那边都不至于被饿死，那只要再有点耐心，稍微学习一点班图语（所有南非黑人都讲这种语言）和几个葡萄牙单词、简单的几句阿拉伯语以及一两句阿非利堪斯语就足够了。

非洲的北部地区基本上就是这样了，现在，我们还没有提及的只有那块位于大西洋、苏丹山和喀麦隆山区之间的狭窄沿海区域了。最近的这 400 年，我们一直以上几内亚和下几内亚来称呼那块狭长的陆地。其实，我在谈奴隶制的时候，已经提到过这个地方了，所有的“黑色象牙”都是在这里集中，然后再送往世界各地。而今，只有一些集邮爱好者会对这个地方产生兴趣，它已经分属于许多不同的国家。跟它西边的利比里亚一样，古老的英国殖民地塞拉利昂如今被那些重获自由的黑人奴隶建设成为他们自己的家园了。塞拉利昂、利比里亚或者利比里亚的首都蒙罗维亚（据说，这个地方为了纪念美国的门罗总统而改成现在的名字）这些城市都没有什么好讲的，这里有的只是善男信女的失落感而已，这些人曾经为了帮助那些被卖掉的黑奴重返自己曾祖的家园而慷慨解囊。

法国霸占了象牙海岸，用不了多久，阿克拉也会变成法属苏丹国的一个港口。尼日利亚属于英国,拉各斯是它的首都。1893 年，法国又侵占了一直属于土著民族的独立之国——达荷美。

世界大战以前，喀麦隆是德国人的领地，现在，又沦为法国的保护国，至于多哥，它一直都是法国的保护国，此外，还有法属刚果。法国人的企图是，让整个地区变成一个庞大的法属赤道大王国。尽管在这个地区，有一些土地是属于其他国家的，不过，总有一天，法国会把这些土地都弄到自己名下，他们可能会用现金收购，或者用那些国家想得到的分布在世界上其他地区的领土作为交换。

荷属东印度公司曾经开辟了一条途经波斯、叙利亚和亚历山大的陆上通道，这是为了缩短巴塔维亚到阿姆斯特丹的航程。即便如此，美索不达米亚的那两位国王一旦发生了争执，邮件和商队照样会被无限期地拖延，因此，大部分货物依然没有办法经过好望角。

荷兰人抢占了几内亚的几个港口，用以奴隶贸易，此外，圣赫勒拿岛也被他们攻占了，他们在好望角上构筑了防御工事，这样一来，从印度来的货物运输就有了充分的安全保障。

1671 年，霍屯督人将开普敦要塞附近的那些土地卖给了荷兰人（他们跟所有出色的商人一样，喜欢记录所有的事情。想一想那场用 24 美分的小玩意将曼哈顿买到手的滑稽戏剧吧），霍屯督人由此迎来了他们的末日。失去土地的霍屯督人被迫向北迁移到奥兰治河和瓦尔河地区，而他们的世敌布须曼人正在这些地方等着他们呢。后来，那些残忍对待霍屯督人和布须曼人的荷兰农民也落得同样的下场，这似乎是天意啊！布尔人在 1795 年的时候也踏上了北迁之路，因为开普敦被英国占领了。尽管他们用尽计谋和手段，但在 1902 年，德兰士瓦和奥兰治这两个最后的独立共和国还是被英国人侵占了。

开普敦一直都是非洲南部三角地带最为重要的港口，不过这些沿海地区与物产丰富的内地相比，根本算不了什么。内地完全是一片高原区域，无数低矮的平顶山散布其间，这些山被当地人叫作孤丘。科马斯高地将这座高原向西延伸至大西洋的道路阻断了，在东部地区将它与印度洋隔开的则是马托波山脉，南部则坐落着一座德拉肯斯堡山脉，这同样挡住了通往开普敦地区的去路。

这个地区的河流完全指望降雨给它们补给，因为这里所有的山脉都没有冰川覆盖。这些河流在冬季的时候尤为湍急，而夏天来临，就变成了一条可以通行的道路了。事实上，这些河流无益于内地的商业交通运输，因为它们都是先从山脉中穿过，然后才注入大海的。

为了开辟内地的出海口，人们修建了很多铁路。比勒陀利亚与葡属东非境内德拉瓜湾的马普托港之间的那条铁路在大战前夕是所有铁路中最为重要的一条。大战之后，通向斯瓦科普蒙德和吕德里茨兰德的铁路就中断了，前者以前是德属西南非洲（现在由国联托管）的领地。而今，人们如果要到桑给巴尔去，首先得乘坐火车一路北上，到达坦噶尼喀湖以后，乘坐小船从这个湖中渡过，再换乘另一列火车就可以到达了。

如果要从南非到北非去，那绝对不是轻松简单的事，光是穿越卡拉哈里沙漠就要花掉你一整天煎熬难耐的时间。从这个沙漠出来以后，紧接着就要踏上罗得西亚的土地。罗得西亚因为那个创立了英属南非特许公司的塞西尔·罗得斯而得名。最早提出建立一个在英国统治之下的南非联邦政府的倡议者之中就有他。塞西尔·罗得斯的部分梦想最终成了现实。1910 年，囊括了五花八门的特许公司、前布尔共和国、卡菲尔和祖鲁人的国家的南非联邦政府正式成立了。那些原本住在乡村里的布尔人似乎大有赶超英国城市居民的势头，因为他们在约翰内斯堡发现了黄金，又在金伯利发现了钻石，这样，一场决定谁是主导力量的激烈争夺在双方之间爆发了。最后调解的结果是,联邦会议的所在地是开普敦，政府则设置在原德兰士瓦共和国的首都比勒陀利亚。

位于南非西面的安哥拉以及东面的莫桑比克以前是属于葡萄牙帝国的领地，它们是帝国两块非比寻常的残留地，安哥拉将南非和大西洋分割开来，南非和印度洋则被莫桑比克隔离了。这两块残留地已经出现了管理不善的问题，它被强大的邻居吞并是迟早的事。现在，农牧业近乎停滞不前的状态，这都是农产品价格下降造成的，而新的牧场和土地，还没有被南非人找到，对于这些葡萄牙的殖民地，将来走上正轨后，别人可以不动用任何武力就能轻易地吞掉它。在南非，一个新的种族正在崛起，这个种族是单纯的南非人，而非荷兰人和英国人。这个国家拥有丰富的矿产资源，包括煤、铜、铁等，土地丰腴的南非完全有发展成为一个美国式国家的可能，只是规模要小一些。

马达加斯加岛在莫桑比克海峡的对岸。有 400 万人口生活在这个 23 万平方英里的岛上，这个岛比它的宗主国法国还要大一些。岛内山地较多，东部地区受到信风的影响，是优质木材的出产区，这些木材通过塔马塔夫港口出口到各地。有铁路把这个港口连接到首都塔那那利佛。

居住在这个岛上的人外形跟马来人很相像，一点也不像黑人。在这个岛上你找不到任何一种非洲动物，如此看来，早在地质史早期，这个岛屿就与非洲大陆分离了。

毛里求斯岛和留尼汪岛分布在马达加斯加岛的东部。这两个小岛的重要作用在印度商贸通道取道好望角的时候得以充分彰显。留尼汪岛是法国的地盘，毛里求斯岛现在属于英国，以前它是荷属东印度公司的淡水和蔬菜的供给站。

我在前面已经提过的大西洋上的圣赫勒拿岛和它北部的阿森松岛在地理上都是属于非洲的。阿森松岛同时是一个轮船加煤中心和海底电缆中转站。目前微不足道的西属殖民地里奥德奥罗则占领了葡属佛得角群岛，这个群岛位于毛里塔尼亚海岸西边的几百英里处。除此之外，还有西属加那利群岛、葡属马德拉群岛以及亚速尔群岛，西班牙则占领着特内里费岛以及它世界闻名的火山。还有一个是圣·布兰登岛，关于它的存在问题，17 世纪和 18 世纪的船长就像相信九九乘法表一样对此坚信不疑。任何船只只要靠近它，这个岛屿就会全部沉入海底，探访者离开后，它才会再次出现在水面上，所以，至今也没有人发现过这个岛的踪迹。我认为这显然不符合非洲岛屿的实际情况，不过，这可能是他们为了免遭外国列强侵略而采取的一个办法吧。

说起欧洲，我们的脑海中立刻就会浮现出圣彼得教堂的大圆顶、莱茵河畔颓败的古堡、挪威海岸幽静的峡湾，还有叮叮作响的俄国三驾马车。要是说到亚洲，则会使人想到宝塔、在河水中洗澡的个子矮小的人、威严高大的庙宇以及悠远的富士山所体现出来的安宁与和谐。说到美洲，摩天大楼、工厂的烟囱就会立刻涌入人们的脑海，此外，还有骑着小马悠闲自在、到处闲逛的老印第安人。而南十字星座，转动着好奇、聪慧的双眼的可爱袋鼠则是遥远的澳大利亚的代表物。所以说大部分大陆都可以用简单的事物来代替。

可是，我们又该用怎样简化的象征来代表非洲这块充满矛盾和极端的大陆呢?

酷热难耐的非洲居然没有可供航行的河流。不过尼罗河几乎与密西西比河一样长，还有比亚马逊河略短的刚果河以及与黄河一样长的尼日尔河。非洲大雨滂沱，极湿极热！可是，撒哈拉这个世界上最大的沙漠却比整个澳大利亚还要大；卡拉哈里沙漠的面积则与不列颠群岛一样大。非洲人是柔弱无助的，黑人连自卫都不会，可是，祖鲁人却发明了世界上最完美的军事机械，甚至装备精良的荷兰人还败给了沙漠中的贝都因人和其他一些部落，他们还因此而名声大噪。

维多利亚湖与苏必利尔湖面积相同，坦噶尼喀湖的面积与贝加尔湖一样，尼亚萨湖有两个安大略湖那么大，可是，像波罗的海和美国大湖区那样便利的内陆海在非洲是找不到的。

非洲的乞力马扎罗山比美国的最高峰惠特尼山还要高出 5000 英尺，位于赤道北部的鲁文佐里峰远远高于勃朗峰。

那么，这块大陆的问题出在了哪里呢？我无从得知。这个大陆什么都不缺，可是，对人们有用的却没有。这里的地貌排列顺序全乱了套，除了尼罗河以外，似乎全部的河流、高山、湖泊和沙漠都毫无利用价值。尼罗河在流经的途中，瀑布过多，对航运具有不利的影响，可是，它好歹流入一个商业价值巨大的海洋里去了。而刚果河与尼日尔河居然连一个通达的入海口都没有，奥兰治河与赞比西河的入海口完全颠倒了，奥兰治河应该在赞比西河的源头处入海，而赞比西河则应该在奥兰治的发源地入海。

在现代科学的作用下，沙漠里有可能会长出水果来，沼泽也可能会干涸成陆地。苏丹和刚果农村地区那种十室九空以及疟疾和昏睡症这些悲惨的疾病或许也能够通过现代科学来治疗，如同黄热病和天花就是被现代科学消灭的一样。甚至于，位于非洲中部和南部的高原也能够被现代科学打造成第二个法国的普罗旺斯或者意大利的利里维埃里。非洲的丛林用几百万年的时间编织的不便利并不是那么容易打破的，它们超乎想象的顽强和坚毅。如果现代科学略为疏忽，丛林以及在丛林里面发生的暴行就会死灰复燃。它们会对白人进行疯狂反扑，把他们的喉咙扼断，用毒气毒害他们，连他们死后的尸体也要扔去喂狗或者被蚂蚁吃光。

与令人生畏的沙漠相比，遮天蔽日、鬼火闪动的森林更加让人毛骨悚然，可能非洲的文明已经被黑暗的热带森林打上了恐怖的印记了吧！森林里因为有生命存在，所以危机四伏，并且随时悄悄发生着殊死的搏斗，不然的话，猎人就会变成被猎捕的对象了。经年累月，在这些无情的树荫之下，万事万物都相互吞噬着。具有温柔外表的昆虫，或许长着置人于死地的毒刺；致命的毒液很可能就潜藏在美丽的花草里面。它们之间进行着激烈的竞争，它们总是以牙还牙，从不相让，从不包容。生存脉搏随时跳动着，肤裂骨折的危机也随时存在着，一个生命诞生了，另一个生命消逝了，因果轮回，生生不息。

对于这些事情，我试图讲给非洲人听，不过，得到的却是他们对我的讥讽。生活应该就是这么一个样子：不是穷困潦倒就是富可敌国，中庸之道是不存在的。人也是这样，不是被冻死，就是被烧死，不是同阿拉伯的富豪们在摩加多尔用金制的杯子喝咖啡，就是任意对一个霍屯督的老妇人开枪。这块矛盾无比的大陆，似乎给人们带来的只有厄运而已。人们的视野因为它而发生扭曲，人们对事物的美好愿望也被它扼杀了。他们身上散发着南非大草原和森林里永不停歇的杀戮所散发出来的血腥味。谁会想到，那个将不能多缴一磅橡胶的妇女鞭笞致死的魔鬼在没有来到非洲之前，只是一个受过正统教育的胆小如鼠的人呢？或许，当他用餐完毕后，悠闲自在地抽着雪茄的时候，某个因为拖欠了象牙而被砍去四肢的可怜黑人正在被昆虫吞噬。

为了保持公平，我已经做了最大努力的尝试。人类的残忍和狠毒在其他大洲也经常发生，那些居民同样应该对此负责。可是，那些地方毕竟会有踏在乡村小道上的轻微足音，能够听到耶稣的循循劝诫、孔子的谆谆教诲、释迦牟尼的真切恳求以及穆罕默德的道德操守，而非洲却连一个智慧先知都没有。尽管其他大洲的居民也同样自私和贪婪，可是，他们还有灵魂成功控制肉体的时候，他们有去朝圣的意志，虽然他们的真正目的在天堂的大门之外潜藏着。

在非洲的沙漠或者密林深处制造足音的人只是那些铺设陷阱的阿拉伯人，这些目光锐利的人正在准备猎杀猎物，或许他们正准备对一个处于熟睡中的村庄进行洗劫，或许他们正准备将邻居的小孩偷走，然后卖到国外做奴隶。其他大洲上的妇女总是想法设法打扮自己，以美丽的外表吸引男人的注意力，这样男人才会宠爱她们。可是非洲的妇女恰恰相反，她们特意将自己丑化，最好是面目狰狞，这样，那些不认识他们的男人就不敢靠近她们了。

关于这个话题，我可以一直讲下去，无奈这本书已经够长了，因此，你还是自己去寻找答案吧。时至今日，人们一直稀里糊涂地被一个问题困惑着，这种困惑的状态从他们首次凝望金字塔毫无价值的壮观开始，从他们不解地注视着在遥远的沙漠中消失的小路开始。

第四十六章

美洲

在所有的大陆中，最幸运的就是美洲大陆了。当然，我这样说是站在单纯的地理角度，而不是以工业发展中的经济因素来定论，也没有把它当成五花八门的新政治体制实验室。如果从地理角度来看的话，美洲大陆确实是一个受到上天恩宠的大陆，它得天独厚，近乎完美。

美洲大陆坐拥整个西半球，因此，它与非洲、亚洲和欧洲是不一样的，它根本没有任何直接的竞争敌手。世界上最大的两个海洋将它夹在其间，大西洋刚刚成为世界文明中心的时候，白人就在此定居了。

在这块大陆上，可以找到所有的气候类型，因为这块大陆的地域范围从北极跨越到了南极。地势最高的是距离赤道最近的那一部分，那里的气候温暖适宜，是人类理想的居住地。

造物主赐予美洲大陆以广袤的平原，它甚至连沙漠都不具有，就连那些平原都一律位于温带气候区，它成为整个世界的粮仓，已经是注定的了。

美洲具有修建深水港的自然条件，因为它的海岸线不是平直无比，也不是曲折纵横。

美洲的主要山脉一律是南北走向的，这样一来，冰河时期的冰川就不会对生长在这里的动物群和植物群造成威胁，所以，与其他大洲相比，美洲大陆的动植物群存活下来的要多得多。

除此之外，造物主赐给美洲的煤、铁、石油和铜等矿产资源，还有大生产时期需求量巨大的其他原材料都比其他大洲丰富得多。

当白人踏上美洲大陆的时候，这里只有1000万印第安人，几乎是无人区，侵略者可以随心所欲地干他们想干的任何事情，反正也没有更多的人来阻挠他们，更没有人对他们按照自己意图干预国家发展的行为进行阻止。所以，在这块大陆上并没有什么严重的种族问题，至于后来的种族问题，那是他们自己酿就的。

每个国家最具活力和劲头的那个阶层都被这片新鲜、广袤的大陆上的无限商机所吸引。这部分人聚在一起，于是，一个独特的混血种族就诞生了，他们对这个新奇、奇特又单纯的环境适应得很快。

最后还要强调一点，也是最重要的一点：如今在这片大陆居住的人们几乎没有什么历史可言，他们不会受累于过去，也不会感到历史的沉重（这些在其他地方已经被证实是件非常麻烦的事情，而非好事），因而，他们能够比其他民族行走得更加轻快和轻松，其他民族无论走到任何地方，都不能遗弃祖先的独轮车。

南美洲和北美洲的真实地理情况非常简单，而且要比其他大陆对称得多，也更加相似，这样的话，我可以一并对它们进行介绍，读者也绝对不会觉得混乱不堪。

南北美洲的形状就像两个三角形，所不同的是，与北美洲的三角相比，南美洲的三角要更靠东部一些，正因为如此，人们最先发现的是南美洲，这是无可置疑的。并且，当北美洲尚处于一片“盲区”的时候，南美洲已经为人们所熟知了。

有一列山脉组成了南北美洲的西侧，这些山脉都是正北正南的走势，其面积占到总面积的1/3。其余的2/3则是东部宽广的平原地区，隔开平原和大海的是一些低矮的山脉（南北美洲都是这样）。在北美洲，这些山脉是指拉布拉多山脉和阿巴拉契亚山脉，在南美洲，这些山脉是指圭亚那山脉以及巴西高原。

南北美洲的河流也是惊人的相似。向北流淌的河流是那些不太重要的，圣劳伦斯河是一条与亚马孙河平行的河流，巴拉那河与巴拉圭河在中途汇合之后继续沿着圣劳伦斯河与亚马逊河的垂直方向奔流而去，这两条河与密西西比河和密苏里河简直一模一样。

从地理学角度来讲，中美洲是北美大陆的一个组成部分，这是一个狭长的陆地带，呈东西走向。可是，到了尼加拉瓜，地形和动物群就开始发生改变了，于是，以此地为界，往南就是南美洲的地盘。中美洲的其他部分均是高大的山脉，由此造就了墨西哥宜人的气候和稠密的人口，墨西哥跟撒哈拉沙漠一样，都位于赤道附近，但情况却迥然不同，原因就在这里。

与北美洲相比，南美洲离赤道更近，其实，亚马逊河是顺着赤道从安第斯山脉开始，一直投奔到大西洋的怀抱之中。如果要对人类和地理环境的相互影响进行研究的话，这个地方的地理概况将是一个绝佳的例子。

大自然在这个地方为自己建造了两个近乎一模一样的大舞台——中间是开阔的平地，右边是一条主要通道，左边是一堵高大的墙壁，就像储量颇丰的粮仓。它任命一群地位低下的日耳曼流浪艺人掌管北部的舞台。这些人以前是在城镇上的小剧场里混饭吃的，他们总是扮演着屠夫、面包师傅、烛台工匠等这些平凡枯燥的小角色，他们习惯长时间地演出。至于南部的舞台则被大自然交给了一群悲剧演员，这些人高贵显达、资历深厚，他们毕业于地中海最优秀的学校，只表演给王公贵族们看，他们所有人都具有潇洒挥剑舞刀的能力，并且举止优雅从容，风度翩翩，这些都是他们的北方同行没有见识过的。由于长年干着锄地伐木的活计，那些北方艺人的胳膊变得僵硬，他们永不停歇地在土地上耕作，背脊也早早地变弯曲了。

接着，两个舞台上的幕布突然被拉开了，世界各地的人立刻如潮水般涌进来观看表演。在第一幕接近尾声的时候，双方的不同之处就展露无遗了；在第二幕中，这两群人扮演的女士、先生和儿童已经出现了泾渭分明的差别，观者不禁凝神静气地问道："真是这样的吗？"

那些看上去别致无比的、古老的斯堪的纳维亚海盗船在波涛汹涌的大海中看起来有些笨拙。由于缺乏指南针和探测仪，北欧那些彪悍的人也经常被海风吹得迷失航向，这些人的装备也极其落后，跟古埃及的那些帆船的装备是一样的。但是，假如这些3000年前的帆船以及装备出现在尼罗河那一卷卷莎草纸的古籍上时，你肯定会为之惊叹。

现在，你可以看一下关于墨西哥湾暖流（在这本书已经提到过很多次了）的地图。你可能已经看到，这股暖流先是从非洲开始，穿越大西洋，直达美洲大陆，然后又从西南方向向东北折向大西洋北部地区，挪威海岸感受了它带来的福泽，从北冰洋经过之后，顺着冰岛和格陵兰返回去了。在冰岛它叫作格陵兰海流，连温度也降低了一些，然后流向南方，后来，它又变成了拉布拉多寒流（即北冰洋寒流）。正是在这股可恶的寒流影响下，大西洋的整个北部地区都被无数蔚蓝色的冰川所覆盖。

早在公元9世纪的时候，斯堪的纳维亚人就已经在冰岛登陆了。我的荷兰祖先曾经说过，这些人在海上航行完全是依靠运气（他们没有陆标为其导航，也没有特定的航向，在大海上航行都是以粗略的估计为依靠进行的）。当冰岛和欧洲之间进行频繁的联系后，格陵兰和美洲的发现就只是时间问题了。就像一条中国或日本的小船迷失了航线，太平洋暖流会将它们带到英属哥伦比亚或者加利福尼亚的海岸一样。同样，如果一个挪威人要从特隆赫姆到冰岛去，因为大雾迷茫而迷失了方向，那也没有什么大不了的，因为他总会发现格陵兰的东海岸的。假如这场大雾一直持续存在着，倒霉的他很可能会漂到大陆沿岸去。由于这个地方出产一种可以酿制好酒的葡萄，所以被那些早期的移民称为瓦恩兰。

这个世界没有听说过的重大发现还有很多，我们必须牢记这一点。绝大多数船长都无法接受在同行面前丢脸，这似乎是天性。例如给他们讲一个过分夸张的故事，肯定是没有人会相信的，后来也得以证实，这个故事只是空中楼阁而已，他们可能是误把那些低矮的云彩当成了山脉，也可能是把一缕阳光错看成了笔直的海平线。阿贝尔·塔斯曼曾经踏进澳大利亚海岸，给雅加达政府写了一封信，这封信是用他自己制作的鹅毛笔写成的，他在信中对凶悍无比的土著人进行了描述，与此同时，法国和西班牙的水手已经能够在遥远的地方清晰地看到澳大利亚大陆了。关于亚速尔群岛和加那利群岛在世界大发现中被首次提起的时间，在编写教科书的时候着实花费了我们很大的精力，因为它们总是一次次被发现，一次次被遗忘，然后又一次次被发现。无疑，早在几个世纪以前，法国的渔民就已经发现了到达纽芬兰大浅滩的路线，不过，邻居们只是从他们那里打听到了那个地方有很多鱼而已，除了这个，他们什么也没有告诉邻居。新的土地仅仅是一块新的土地而已，能够引起他们兴趣的只有鱼。在布列塔尼，所有人都有足够的土地了，为什么要为那些远离家乡的事情操心呢？

人性总是先于民族性的，这个原则，我在我所有的作品中一直坚决地维持着。我绝对不会深陷在那些常有的讥讽刻薄的评论中不能自拔，譬如要求对哥伦布日或者利夫·埃里克森日进行庆祝，又或者要对那个从诺曼底的档案室里挖掘出来的法国水手举办纪念活动。事实上，在11世纪的第一个10年，古老的斯堪的纳维亚人就已经涉足美洲海岸了，关于这一点，我们有资料可以加以证明。此外，在15世纪的最后一个10年，那些主要由西班牙人组成的水手也曾经到过这个海岸，或许还有一些其他国家的人吧，带领他们的是一位意大利船长。他们一踏进这块土地，就立马明白过来，他们绝不是最早发现这块大陆的人，因为这个地方已经有一群亚洲血统的居民定居了。因此，在我们将来所有的纪念册里，假如一定要给某个特殊的人群授予“第一人”这个称号的话，那蒙古人将是唯一能够获此殊荣的人选。

现在，如果我们要建立一座高大的大理石纪念碑来纪念那些“无名发现者”，应该是件不怎么体面的事吧，因为我们已经有了一座“无名英雄”纪念碑了。可是，那个可怜的发现者的亲人们却被我们现在的法律禁止踏入美国的土地，所以，这样做也不会有什么结果。

我们已经很熟悉那些从远东地区来的首批开拓者后裔的情况了。不过，我们只对亚洲人来到美洲的途径有兴趣，这个问题可能是一个永远也解不开的谜团吧！亚洲人是乘坐船只从太平洋狭窄的北部穿越来的，还是从白令海峡的冰面上走过来的？又或者，他们来到这里的时候，美洲和亚洲之间还存在着一条相互连接的大陆桥呢？不管怎样，我们都毫不知情。但是，在我看来，这些都是不重要的。当白人踏进这些地处遥远的海岸时，这里的民族（除了少数偏远的地方）还生活在石器时代，更别说已经可以使用车来取代人们单纯的人力劳动了，也没有发展到开始饲养家畜的地步，那些人也没有能够因此从狩猎捕鱼的烦闷乏味工作中解脱出来。那些有着紫铜色皮肤的人就算是带着弓箭，也不可能斗得过使用枪支从远处射击敌人的白人。

那些红皮肤的人在精神上以及肉体上都拥有太多优秀的品质，尽管他们已经经历了从主人到客人的角色转变，但依然会继续存在几个世纪的时间，之后，他们可能被自己的敌人完全同化。这确实是一个悲剧。

可是，我们还能怎样呢？事情通常都是这样发展的。

现在，我们最后看一次地图吧！

美洲西海岸的那些高山大川从白令海峡一直到巴拿马海峡，充当着隔开太平洋的天然屏障。这些山脉都是从北到南的走向，有部分地方是几座平行山脉组成的，所以并不是所有的屏障都上下一样宽。

让我们来关注一下阿拉斯加，很明显，这里的山脉是东亚山脉的延伸。它们被广袤的育空河盆地一分为二了，北部诸城最主要的河流就是育空河。以前，阿拉斯加是属于俄罗斯的，1867 年，这里的 59 万平方英里归了美国，美国为此支付了 700 万美元。

或许俄罗斯人完全没有意识到这块土地所蕴含的价值，因此，如此低廉的价格居然也能够使他们感到满足。在当时看来，700 万美元卖掉的只是几个小渔村以及一大片令人畏惧的冰雪覆盖的山脉而已，似乎是笔划算的买卖。然而，1896 年，阿拉斯加已经被标注在地图上了，因为人们在这里的克朗代克发现了黄金。与人类寻找物质宝藏的其他旅程一样，从温哥华到朱诺，然后走过斯卡圭和奇尔库特山口，最后才能到达克朗代克地区的中心，也就是道森，这段有 1000 英里之长的旅程充满了艰难险阻（由于当时的牲口价格昂贵，人们完全靠自己来托运行李，而且北极圈南部地区的海拔已经高达 3500 英尺了，人们几乎没有办法在这些雪地里面行走），不过，在终点站那些黄金的诱惑下，所有人都信心十足地鼓励自己要第一个到达目的地。

从此以后，不单单是阿拉斯加的黄金被人们发现，这个地方储量丰富的铜、银以及煤矿也被人们发现了。不仅如此，人们还可以在这里猎获许多优质的兽皮，并且能够捕鱼。美国拥有阿拉斯加仅仅 40 年的时间，它就创造了当年身价 20 倍之多的利润。

阿拉斯加的南部山系被分成了两个部分，伸向内陆地区的落基山脉属于东部山系，而西部山系则保持着与大海的平行。落基山脉一直延伸到墨西哥，并消失在那里，依然叫作落基山脉。坐落在太平洋沿岸的那些山脉则拥有许多不同的名字，当它们从阿拉斯加的最高峰和北美大陆的最高峰麦金利山（高 20300 英尺）出来之后，就以不同的名字出现了。在加拿大还叫作圣伊莱亚斯山脉和海岸山脉，一经过温哥华，就被分成了两半，东半部变成了华盛顿和俄勒冈的喀斯喀特山脉以及加利福尼亚的内华达山脉了，西半部的名称没有变，依然是海岸山脉。萨克拉门托河和圣华金河峡谷就坐落在东西两半山脉之间，这两条河在途中合二为一之后，流入了圣弗朗西斯科海湾。著名的金门将圣弗朗西斯科与太平洋连在了一起，可以说，世界上最宽、最深，同时也是最优良的港口就是圣弗朗西斯科湾了。

当年，西班牙拓荒者的先锋部队踏进这个山谷的时候，这里只是一片荒凉的原野。而今，因为有了灌溉，再加上人们合力的劳动，苹果、桃子、李子、橘子和杏子等水果就会挂满枝头，这个岩谷已经成了世界水果之乡。

加利福尼亚的这个山谷是个真正的天赐宝地。在 19 世纪 40 年代的那场淘金风暴侵袭过后，原先的那些矿主和矿工发现，如果他们想继续过舒适幸福的生活其实很简单，改变一下职业，做果农或者探矿工就可以了。加利福尼亚这个地方绝对不会因为金矿被采伐殆尽就走向枯竭，并且它还会因此而发财致富，这在人类历史上是比较独特的，应该被载入史册。而阿拉斯加和澳大利亚的情况却与之不同，富含金矿的山脉一旦“弹尽粮绝”，人们就会立刻散开，就像来的时候那样，迅速消失不见，因为这些地方无法承担那么多人的生活，这些人走后，城镇、村庄以及锡罐也就空空如也了。

当人们证实了地下有丰富的石油资源的时候，这个地方的人的未来得到了良好的保障。不过，加利福尼亚海峡的那些深邃的切口有时会引起不同岩层的移动，这种危险可能就是加利福尼亚唯一一个不稳固的问题了。地震所带来的危害（尤其是随后发生的火灾）毕竟只是暂时的，而更为长久的却是暖和的阳光和适宜的气候。加利福尼亚是北美大陆人口最为集中的地方，它的发展历程才刚刚开始而已。

在内达华山脉和落基山脉之间有一个广阔的山谷，这个山谷有三个组成部分。哥伦比亚高原就是它的北部，流经这个地方的斯内克河与哥伦比亚河最终注入了太平洋；南部是与沃萨奇和科罗拉多高原相邻的平原地区，有一个著名的大峡谷正是科罗拉多河在穿越科罗拉多高原的时候形成的；在这两座高原之间有一个大盆地，这是一块凹下去的土地，同时也是当年被迫从美国东部出走的摩门教徒物色的永久居住地。这些摩门教徒用不到一年的时间就将这个气候干燥（大盐湖的水量非常丰富，可是咸度却高于海水）的地方变得美丽富饶。

这个地区全部处于火山活跃区，在这里，人们站在海平面以下276英尺的死谷谷底，依然能够清晰地看到美国最高峰惠特尼山的山顶（14496英尺），这就证明了肯定有强烈的地震光顾过这个地方。

在落基山脉以东的地区，有一片宽阔的平原，这块平原北部与北冰洋毗邻，南部与墨西哥湾接壤，东面连接着劳伦琴山脉和阿巴拉契亚山脉，前者位于拉布拉多地区（在加拿大的北部），后者位于美国。如果种植的方法科学合理的话，它养活全世界的人口都不成问题。我们通常所说的大平原（在这个地方，落基山脉缓慢地变成了平地）以及中央平原其实就是一个庞大的粮食生产区。在这两个平原地带，有密西西比河、俄亥俄河、阿肯色河和雷得河流经，这些河流最后的归属都是墨西哥。由于马更些河、阿萨巴斯卡河、萨斯喀彻温河以及奥尔巴尼河的缘故，使得平原北部地区的条件糟糕透顶，因为这些河流不是注入北冰洋，就是在哈德逊湾消失不见，并且这些河流一年的大部分时间都是结冰期，所以它只是对某些地区的作用比较重大而已。那条从蒙大拿的黄石公园附近起源的密苏里河以及发源于加拿大的温尼伯湖和苏必利尔湖之间的分水岭的密西西比河（它与密苏里河加在一起就成为世界上最长的一条河流了）从发源地一直到下游的三角洲地带都有利于通航，这两条河流流经的地区拥有很高的人口密度，在未来的几个世纪，很可能会变得跟中国东部沿海地区一样。

密歇根湖、休伦湖、伊利湖和安大略湖所在的那个地势稍高的平原处在哈德逊湾（或者是北冰洋）、大西洋和墨西哥湾之间。有一条短短的河连接了伊利湖和安大略湖，著名的尼亚加拉瀑布（与赞比西河上的维多利亚瀑布相比，尼亚加拉瀑布要略宽一些，不过，它只有维多利亚瀑布的一半高而已，然而，这两个瀑布是无法与1000多英尺高的尤塞米提瀑布相提并论的）就在这条河上，由此导致了这条河无法通航。人们还开挖了韦兰运河，其目的就是为了连通伊利湖和安大略湖。那条叫作苏圣玛丽的运河则将休伦湖和苏必利尔湖连在了一起。从这条运河上通过的船舶吨位甚至超过了巴拿马运河、苏伊士运河和基尔运河这三条运河通过的船舶总吨位之和。

这些湖在注入圣劳伦斯湾以前，已经流经了圣劳伦斯，最终，它们都汇合于大西洋。圣劳伦斯湾就像一个内陆海，加拿大的高山大岭挡在它的西面，纽芬兰岛（这个岛是1479年约翰·卡伯特发现的，在1599年这个岛拥有了首任总督）位于它的东面，布雷顿角岛、新斯科舍岛和新布伦瑞克岛分布在它的南面。卡伯特海峡证实了意大利人是最先踏进这个地方的人，纽芬兰岛和布雷顿角岛正是由这个海峡分隔开来的。

我们很少听说的就是加拿大的北部地区，即所谓的西北地区，这个地方气候太过寒冷，根本不适合白人生存。关于这个地区，我们仅仅听说了一些与当地独特的警察队伍有关的传言。这个地区湖泊纵横，过去它的大部分领土都归哈德逊公司所有，该公司是在哈德逊本人死后59年成立的，即1670年。海峡因为它的发现者亨利·哈德逊而得名。这个公司的组建者是“英格兰冒险者们”，他们真是人如其名，不过，不问缘由地蛮干一通并不是他们的风格。这些人源源不断地，并且是毫无限制地将类似杜松子酒这样的烈酒提供给印第安人，使得这个民族险些因此而走向灭亡，所以说，假如这些人还要在这里住上半个世纪之久的话，森林里、湖泊里的一切生物（就算是动物繁殖的季节，他们也无动于衷地继续残杀着有毛皮的动物），甚至印第安人都会被他们赶尽杀绝的。后来，这件事受到了英国女王的干预，公司的大部分领土都被她兼并了，并且把这块土地归入了她在加拿大的领地名下。作为一个历史古迹，哈德逊公司得以保留至今。现在，这个公司依旧在原来的地盘上从事贸易活动（尽管规模不大，但对于任何一家公司来说，能够连续经营262年，确实是一个了不起的纪录），不过，过去那种古老而不负责任的方式已经被人们摒弃了。

对人们而言，拉布拉多半岛也没有丝毫的利用价值，因为它与来自格陵兰冰雪海岸的寒流靠得太近了，该岛处在哈德逊湾和圣劳伦斯河中间。加拿大自治领美好的未来已经拉开序幕了，它目前面临的主要问题就是人口匮乏。

从政治的角度来看，加拿大是往日的大帝国的残梦。有这样一些事实经常被我们遗忘：乔治·华盛顿出生时，北美大陆的很多地方已经归属法国和西班牙所有了，仅有的一小块属于英国的殖民地，是那个位于大西洋沿岸，已经完全被其他敌对国家死死围住的孤岛。法国人在1608年的时候开始定居于圣劳伦斯河口，之后，他们又开始向内陆地区进军，刚开始他们一直向着正西方前进，到尚普兰才停止，还来到了休伦湖，并对整个庞大的湖区进行了全面考察。这个时候，马凯特和乔利斯特找到了密西西比河的上游。路易斯安那是以法国国王路易十四世的名字命名的，它是在1682年，拉萨尔从密西西比河上游顺河而下，统治了整条河的流域后才被命名的。17

世纪后期，被法国人占领的土地延伸到了落基山脉。而在山的那边就是西班牙的统辖区。阿利根尼——一个屹立于属于法国的这片宽广的殖民地与大西洋沿岸属于英国的殖民地、属于荷兰的殖民地及属于西班牙的一块殖民地之间的地域，是一个极为重要的地区。

如果路易十四和路易十五这两位艺术爱好者能够懂一丁点儿的地理知识的话，如果他们能够分辨出一张地图跟一条新的哥白林双面挂毯上的图案哪个更重要些的话，也许英格兰和弗吉尼亚的历史将会是另一种，而他们今天的语言将会是法语，整个北美洲将归属于法国，听命于法国政府——巴黎。但是，这些能够决定欧洲命运的人，从来都没有想过这些问题，也不知道新世界能给他们带来什么好处。正是因为他们的无知，今天的加拿大才讲着英语，而且魁北克和蒙特利尔也不是法国所有。经历了几代人的时间后，由几个大西洋沿岸叛变的英国小行省建起来的一个合众国从他们的手中把新奥尔良，乃至整个远西都买了过来。这样的一桩买卖，在伟大的拿破仑看到成堆的美元时，也赞不绝口地称赞它的超值性。若干年后，这里成为美国最富有的地区，这是那些卖家无论如何也想不到的。

1819 年，这块新领地又把佛罗里达招了进来。1848 年，墨西哥的德克萨斯、新墨西哥、亚利桑那、加利福尼亚、内华达和犹他州也加入了进来。在前后 100 年的时间里，美洲大陆的北半部从两个拉丁强国的后院，演变成了欧洲北部大平原的延续。

如果没有战争，这些地方的经济将会在后来的发展中出现欣欣向荣的景象，不过，更重要的因素是源于原来统治这些土地的人的鼠目寸光和对经济发展的不热情。第一条铁路的诞生以及第一艘汽轮的出现，为数以万计的移民带来了便利的交通条件。他们要么坐汽轮来到大湖区，要么从阿勒格尼来到大平原，并准备在这个地区定居。他们开垦了很多荒野，并种植了大量的农作物——小麦，从此以后，芝加哥就变成现今世界上一个重要的粮食交易中心。

在大湖区、阿勒格尼山脉及落基山之间的那个三角地带，人们发现了储量空前丰厚的煤、石油、铁及铜矿。很快，这里就发展成为这个新的合众国的一个大工业园区，世界各地的劳工来到匹兹堡、辛辛那提、圣路易斯、克利夫兰、底特律及布法罗这些工业区谋生，跟那些早期的移民一起来挖掘这个空前的宝藏。因为受到交通的影响，为了能够将这些城市的钢铁、石油和汽车运出去，只能依赖于大西洋沿岸的一些诸如纽约、波士顿、费城、巴尔的摩等老殖民地，使这些老城市也沾了光，从此声名远播，地位也显得空前重要。

与此同时，在南方的各个州市也走出了那个比内战还要让人难过的重建时期的阴影。他们积累了大量的财富，供他们在没有任何奴隶的情况下种植棉花。加尔维斯顿、萨瓦纳和新奥尔良也重燃生机。在公路、电报及电话线的连接下，整个国家成为一个庞大的工厂和农场。在短短50多年的时间里，这些开拓者中又加入了6000万的欧洲人，他们不辞万里来到这里，跟开拓者一起规划、建设、生产、销售，把这个国家变成了世界上最具影响力的大工厂。没有任何一个国家能够得到像我们美国这样的待遇，造物者给了我们这样一次机会——这不仅是一片没有人居住过的土地，还是一个大平原，这里土地不但肥沃，而且风调雨顺。两边还有高山护航，再加上取之不尽、用之不竭的矿产资源以及便利的交通，使得这里有了得天独厚的条件。除了这些，历史还遗留下一个重要的礼物，那就是有着同样的民族、同一种语言以及空白的过去。

有谁能告诉我，一个有着这么多优势的国家意味着什么呢？看看南面的中美洲，答案不言而喻。高山占据着尤卡坦半岛除外的整个墨西哥地区。里奥格兰德地势是最低的，向南开始，地势成上升趋势，最高点有1.6万—1.7万英尺，那里是马德雷山脉及阿纳海克高原。这里，在1.7万英尺左右高的山都是火山，比如波波卡特佩特山（17543 英尺）、奥里萨巴山（18564 英尺）及伊克斯塔华特山 (16960 英尺) 等。不过，这里有一座唯一的活火山——科利马山，它高 13092 英尺。

在太平洋沿岸，山坡形势趋于平缓。那里的马德雷山脉屹立在那里，就像从岸边长出来的一样，这样的地势方便了欧洲人的入侵，因为他们都是从东面过来。所以他们不费吹灰之力就来到了内陆。在 16 世纪初期的时候，他们的先锋队伍已经来到了这里，而此时西班牙正好陷入低谷。热那亚人的那些新发现最终被实践所打败，真是该死。这是一个惨痛的教训，他们没有得到任何黄金和白银，只有一群赤身裸体的野蛮人，他们根本不听从你的命令，在你命令他们干活时，他们宁愿去死，况且，这里还有成千上万的蚊子。

再后来，不知从哪里冒出了这样一个消息，一位阿兹特克人的皇帝住在山的另一边，他的城堡是用黄金铸造的，睡觉的床是金子造的，吃饭用的盘子也是金子造的。就在 1519 年，费迪南德 · 科斯特兹率领 300 名勇士在墨西哥登陆，他们用 12 门大炮，13 支大口径散弹短枪，就占领了蒙特朱马的全部领地。紧接着，以哈布斯堡国王的名义，蒙特朱马就被绞死了，所以他连这个被他治理得井井有条的国家的覆灭都没机会见到。

墨西哥在此后的 300 年间，或者说直到 1810 年一直是西班牙的殖民地，“享受”着殖民地的“待遇”。因为怕与西班牙一些不太受欢迎的产品竞争，在当地，许多农作物被禁止种植。极少数富裕的地主手中控制着农产品的绝大部分收入，宗教机构也分享着一部分收入，从古至今，这些宗教一直希望对这些公有制的土地持有控制权。

后来，在 19 世纪中叶，一个叫马克西米利安的奥地利人希望通过法国的力量来帮助他成为蒙特朱马的继承人，这是多么可笑的一件事情啊，真是个可怜的人。不久之后，人们惊奇地发现，墨西哥不仅是一个农业发展较快的国家，就是在铁和石油的储量方面，它的蕴藏量也是很丰富的，可以跟美国相媲美，还可能有超越的趋势。不过，这个拥有 1500 万墨西哥人（他们当中有 40% 的人是印第安血统）的国家却并不富有，反而非常贫穷，似乎跟科斯特兹刚来的时候差不多。于是，那些富裕的大地主开始对墨西哥的内政事务进行干涉，企图通过一次又一次的变革，为他们带来更多的利益，这样的做法遭到了当地墨西哥人的强烈反抗。这种现象一直持续到世界大战爆发之前。这个国家以每年平均进行 20 场变革打破了几百年来战争的纪录,这期间，整个墨西哥国家笼罩在灰色的天空下，举国上下都处于腥风血雨中。值得庆幸的是，在世界大战期间，由于那些大财团都被这样或是那样的事情困扰着，使得墨西哥有了放松的机会。现在，几个核心人物正在医治三个世纪以来懒惰及愚民政策给墨西哥人民制造的伤痛，这样的做法取得了极大的成功。墨西哥的两个港口，韦拉克鲁斯和坦皮科的铁与石油出口量越来越多。通过短短的几年时间，墨西哥的发展程度基本上跟华盛顿差不多，墨西哥也能挺直腰杆和华盛顿“交谈”了。

两块大陆通过中美地峡连接到了一起，这里土地非常肥沃。外国商人想要任何农产品，这里都可以种植，比如说咖啡或者香蕉、甘蔗。不过，这里的气候可不适合白人居住，但是，黑人又不愿意给白人干活。还有，这里是火山的多发地区，这些对于白人或者黑人来说，都不是件简单的事情。

对于很多人来说，除了集邮，危地马拉、洪都拉斯、尼加拉瓜及哥斯达黎加毫无用处。因为存在这样的一条规律——一个国家的国库越是空虚，这个国家的邮票制作得越精美。这是一条全世界都公认的定律。

接下来，我们要谈到一个对我们美国有很大意义的国家——巴拿马共和国。我们可以将她称作我们的孩子，我们必须接受她，保护她，因为只有我们才能保卫这个太平洋兼大西洋海防的独立小国。

否则，等到哥伦比亚将巴拿马卖给我们时，要他们在投降书上签字，我们现在还很有可能在跟哥伦比亚的那些政府官员讨价还价呢。

巴拿马地峡是块非常狭窄的陆地，就在巴尔博亚站在巴拿马地峡的巴尔博亚峰顶处同时看到两个大洋后，西班牙人就得出了这样的结论。追溯到 1551 年，西班牙人就有了为自己开辟一条运河的想法。从此以后，西班牙人世世代代都会听到不同的计划。在这个念头里，一些有点名气的科学家都会利用一套图纸，来说明解决开辟运河这道难题的方法。但是，有个很不现实情况，就是要挖通运河，必须在坚硬的岩石上凿出 30 英里的厚度，这些基本上是不可能实现的。最后，这个难题的解决，还是靠诺贝尔发明的炸药。诺贝尔根本就没有料到，他的发明会成为人类相互杀戮的工具，他发明炸药的初衷仅仅是为了帮助农民除去田里的树桩和岩石。

后来，数以万计的人匆匆忙忙地跑向巴拿马，为的是走近路加入加利福尼亚的淘金热流中，而不必长途奔波绕道合恩角。1855 年，横跨地峡的铁路终于通车了。15 年过后，在不知不觉间，苏伊士运河开始闻名于世，取得了意料之外的成就。这条运河是费迪南德·雷赛布设计的。之后，他又想把太平洋和大西洋连接起来。但是，由于他所在的公司管理不当，加之其中的工程师也出现多次计算失误，还有工人们因为身患疾病或者得黄热病，一个个惨烈地倒下，就这样，在与大自然的战争坚持了 8 年，又经历了与巴黎交易所那场间接交锋的惨痛损失后，这家公司最终倒闭了。

在此后的 10 年里，这个残局都无人收拾。甚至棕榈树都从雷赛布遗留下来的火车头上的烟囱里冒了出来。美国政府在 1902 年决定将这家公司的所有权买到自己名下来，因此，一场讨价还价的持久战在华盛顿和哥伦比亚之间展开了——能够修建一条运河的土地，美国究竟要支付多少钱才能够买得到呢？这种无期限的拖延将西奥多·罗斯福的耐心消磨殆尽了，于是，他主动将局面扭转了。这块渺无人烟的地方由他策划导演了一场小小的政变，而且这个刚刚诞生的巴拿马共和国，居然能够在不到24小时就得到承认。于是，运河在1903年动工开挖，1914年顺利竣工。

加勒比海这个内陆海从此变成了欧亚之间的商业要道，这要归功于这条运河的开通。此外，那些在加勒比海和大西洋之间的岛屿的知名度也因此而大大提高了。同样获利于这条运河的还有牙买加（英属）、海地和圣地亚哥（名义上已经独立了，至于真实的情况只有华盛顿知道），因为这些地方拥有优越的地理位置。波多黎各、小安的列斯群岛，还有东面和南面都面向南美洲的大安的列斯群岛、古巴、海地、牙买加以及波多黎各的岛屿等都受惠于这条运河。只有英属巴哈马和古巴以及在纽约和佛罗里达之间的英属百慕大距离航道较远。

与美国大陆相比，17世纪的欧洲各国一致认为小安的列斯群岛的价值要更大一些。这个群岛是甘蔗种植的天堂，因为它拥有炎热又湿润的气候，并且奴隶们一旦踏上这个岛屿就无处可逃了。而今，甘蔗、可可和咖啡依然是这个岛上的种植物，不过，岛上的大多数居民还是希望能够通过巴拿马运河这条通向欧洲的中转站多赚取一些钱财。这些岛屿有：背风群岛、对托马斯岛、圣克鲁斯岛、圣马丁岛、萨巴岛、圣约翰岛、圣尤斯塔塔尤斯岛（是一个小岩石岛，大革命时期的走私物品主要在此集散）、瓜达卢佩岛、多米尼加岛、马提尼克岛（如其他地方一样，火山频繁爆发，1902年的培雷火山喷发险些将它毁了）、神卢西亚岛、圣文森特岛以及巴巴多斯岛。

布兰基亚岛（属于委内瑞拉）、伯奈尔岛、库拉索岛和奥鲁巴岛共同组成了向风群岛。很久以前，圭亚那山脉（属于委内瑞拉）和马德雷山脉（属于墨西哥）的山系向外延伸的那一部分就是被这些岛屿连接在一起的，只是后来，那座高山消失不见了，而一些地势较高的地方逐渐演变成了岛屿。

如果站在工业的角度来说，这些岛屿都不具有安全性。而今，它们的富庶随着奴隶制的废除而消散了，取而代之的是世界著名的冬季旅游胜地，同时它们还是轮船、煤炭以及石油的集散地。昔日的繁华我们只能在特立尼达岛看得到，它与奥里诺科河三角洲相对而立，这个岛上沉积了大量的沥青，这都是拜火山喷发所赐。以前，在这里干活的是奴隶，现在，在这里开矿的是印度人，占了这个地方人口总数的1/3。

我在世界大战期间用最短的时间学到了足够多的地理知识（如果我们觉得对道库特埃勒阿马拉或者伊索佐所在的具体位置的了解无关紧要的话，我们也会忘得一样快）。在那个“西班牙语在南美洲前景广阔，不可估计”的理由驱使下，年轻人都对西班牙语趋之若鹜，而放弃了对德语（理由是这种语言很快就会消亡）的学习。可是，当真实的战争爆发时，这种前景却并没有特别的表现。其实，这块广袤的大陆与世界各地的商贸往来已经江河日下了。

对于其中的缘由，在后来的岁月里逐渐被我们发现了。秘鲁、巴西、厄瓜多尔，还有其他一些南美洲的国家都把他们的对外贸易交给那些心细如尘的德国小职员管理，人们对他们充满了信任感，觉得他们完全有能力胜任。可是，却发生了不幸的事情：那些可怜的日耳曼职员在南美洲加入协约国以后（因为只有少数几只船停泊在这些国家的港口里，他们需要的是贷款），迎来了他们的灾难，他们被送进了集中营，这样一来，南美各个商业机构与外国的交易活动就立刻停止了。战争结束后，德国职员在和平局面开始时立即回到了自己的岗位，使得一切又恢复正常了。

我们慢慢地了解到了事情的真相。南美大陆目前的情况对于任何人来说，至少还要过半个世纪才可能有所改观，因为这个人口稀少的大陆虽然被上天赋予了巨大的自然财富，可是与世界其他地方相比，它的许多地方都非常落后。我说的这些已经把少数几个达官显贵除外了，那些人很可能发迹于西班牙殖民统治时期，也可能以叔叔或者外甥的名义，从南美洲那些更换频繁的总统亲戚那里得到了财产。

假如在这个章节中，我花费在南美洲上面的笔墨不多，并不代表我具有反拉美情绪，关于这一点，大家千万不要怀疑。而且，作为北美人的我反而能比南美人更懂得品味那里人的许多优秀品质。在这部作品的开头，我已经强调过，我是在写一本与“人的”地理有关的书。我觉得，一块土地上的人民用科学、商业或者宗教以及某些艺术形式为人民谋取幸福做出的一切贡献都是决定这块土地重要性的关键因素，对此，我深信不疑。如果是以这个思路来看的话，时至今日，南美洲还和澳大利亚以及蒙古一样，几乎一无所有。其实，这一点我已经说过很多次了，可能是由于人口太过稀少。南美洲的绝大部分地区都在赤道附近，正是这个地理条件导致了这里稀少的人口。白人在很多地方还不能将土著人取而代之，可能还有一个原因，那就是不同肤色的混血人种将他们彻底搞懵了，他们的政治和智力潜能不能得以很好地发挥。

南美洲充当政治实验室已经很长时间了。存在不到一个世纪的巴西帝国是个彻头彻尾的新鲜事物。还有，在那些对乌托邦实践进行研究的学术著作中可能会经常恭敬地提到巴拉圭那独具特色的耶稣会自由邦。玻利瓦尔就是来自南美洲的一个杰出人物。就是这位跟我们的华盛顿总统一样的人物，解放了自己的国家，并且对整个南美大陆许多革命运动的成功起到了直接或间接的巨大推动作用。其实，对此我深感怀疑，因为在乌拉圭和玻利维亚这些国家的历史上，出现过许多不为世人熟知的杰出人物。我想对他们进行深入了解，然后再将他们列入世界名人簿里，这件事情，我正在考虑当中。然而，我只是抱着简要地介绍一下山川、河流以及国家这样的目的来写这本书的。在此，我做出诚挚的保证，此后 1000 年的人类活动，我一定会补充进去的。

美国的落基山脉和墨西哥的马德雷山脉的延续构成了整个南美的西海岸，这列山脉的名字叫安第斯山脉，是一个典型的西班牙名称，印第安人在西班牙占领者居住的山坡上修建的灌溉水渠的西班牙叫法就是这样的。西班牙人破坏了水渠和堤坝，只是这一个罪行就导致了无数土著部落在饥饿中丧生。很显然，这是侵略者掠夺土著人财富的最佳办法，因为他们冲破艰难险阻，跋山涉水来到这里，就是为了发财致富，而非在新世界永久定居。

安第斯山脉接近南极圈的那个部分变成了无数的岛屿，火地岛是这些岛屿中名气最大的。以麦哲伦名字命名的海峡就位于智利和火地岛之间，在当年白人开始的首次环球航行过程中，麦哲伦通过这条海峡的时候可谓经历了重重的磨难。合恩角位于火地岛的最南端，它的名字来自发现它的那个人家乡的名称（荷兰一个叫作合恩的小镇），可能很少有人知道这个地方。麦哲伦海峡的突出地位表现在它的战略意义上，属于英国的福克兰群岛守护着麦哲伦海峡。

安第斯山脉跟那列从北极向南极伸展的山脉一样，拥有众多的火山区。钦博拉索山（现在已经变成了死火山）有 20702 英尺之高，矗立在厄瓜多尔。有 22834 英尺高的阿空加瓜山最高，它位于阿根廷境内，而全世界最高的活火山要数海拔 19550 英尺的科托帕希了（也在厄瓜多尔境内）。

坐落在南美洲的安第斯山脉与它们在北美洲的姐妹山有两个地方是很相似的：第一，广袤的高原总是被高大的山系所环绕，像玻利维亚、厄瓜多尔这些国家因此而获得了天然的大屏障；第二，阿根廷—智利的铁路是唯一一条从安第斯山脉翻越而去的铁路，因为这些地区都缺乏便利的要隘，这条铁路在进入隧道之前，一直在翻山越岭，它攀登的高度甚至超过了圣伯纳山口和哥达山口。

南美洲的阿巴拉契亚山脉由北部的圭亚那山和东部的巴西高原组成，这列山脉在东海岸居于主要地位。这些山系中的独立山脉共同组成了一个山系的余脉，亚马逊河将这列山系一分为二。亚马逊河上支流众多，差不多有一百多条，至少有 15 条与莱茵河的长度相当，像马代拉河与塔帕诺斯河这些的支流则远远超过了莱茵河的长度。亚马逊河虽不是世界上最长的河流，却是世界上流量第一的河流。

奥利诺科流域位于圭亚那山的北侧。内格罗河将奥里诺科河与亚马逊河连接在了一起，与亚马逊河相比，奥里诺科河更利于航运的开展。这条河流与亚马逊河很不一样，首先，它不用翻山越岭就直接注入大海了；其次，这条河的水量非常丰富，有 20 英里多宽的河口，在内陆地区的水道长达几百英里；此外，还有 300 多英尺的水深能够持续保持，这些都为海轮的航行创造了有利的条件。

南美洲还有一条南北走向的河流，即巴拉那河，它与巴拉圭河和乌拉圭河汇合后形成了拉普拉塔河，最后注入大海。在这条河上，坐落着乌拉圭的首都蒙得维的亚。巴拉那河与奥里诺科河都是极为优良的内陆航道。

除了欧洲以外，南美洲比其他大洲要优越得多，因为这里并没有沙漠覆盖，当然，这只是从某个特定的方面来说的。整个南美洲除了智利北部地区以外，都享受着丰沛的降水。尤其是亚马逊地区和巴西的东部边界，降水更为充足，因为这些地区在赤道附近，是典型的热带雨林气候。这就造就了亚马逊地区分布均匀且茂盛无比的林木区，这一点刚果远远比不上。南美洲大陆的其他地区，尤其是远离赤道的南部地区，是发展农业生产的沃土，因为这些地区降水充足，并且较为稳定。阿根廷大草原、奥里诺科大草原和巴西大草原都是我们美国大平原实力相当的竞争对手。

其实，我们现在所熟知的那几个南美洲国家，几乎没有一个是历史的必然产物。它们无一例外都诞生于革命成功之后，并没有经历过漫长的成长和发展过程。委内瑞拉有将近 321.6 万的人口，可是他们却死气沉沉，都是因为距离赤道太近的缘故。不过，人们在北部马拉开波的环礁湖发现了石油，因此，马拉开波取代了原先首都加拉加斯的拉瓜伊拉港一跃成为委内瑞拉最为重要的港口（有一座高山将加拉加斯与大海分开了，所以它的地位条件非常不利）。

哥伦比亚位于委内瑞拉的西侧。这个国家有着丰富的自然资源和丰腴的土地，就像美国那样，被两个大洋包裹着。如果它们要对国内任何一种资源进行开发，都必须从北欧大量移民。波哥大是哥伦比亚的首都，这个身居内陆腹地的城市，交通极为不便，这种情况在后来马格达莱纳河河口的巴兰基亚开始有了定期通往这里的航班之后终于得到了改善。

贫穷落后的厄瓜多尔实在没有什么好介绍的，它的首都基多的瓜亚基尔港口与巴拿马运河尚未开通以前相比，确实有了很大的发展，不过，它的改变只是，以前出口最多的是奎宁，现在出口最多的是可可，仅此而已。

接下来，让我们沿着太平洋继续南下，到秘鲁去。秘鲁这个国家在西班牙人刚刚踏进新世界的时候，是一个贵族统治的强大无比的印第安人国家，这里所说的贵族是指太阳的子孙印加人。他们的国王由自己推选，国王的专制权力也是人们赋予的。决定这一切的可能是他们的封建性，也可能不是，不过，刚好能够克服这一弱点。总而言之，秘鲁人所创造的文明比阿兹特克的文明更加高级，也更具有人文特征。

印加帝国在皮萨罗到来的时候就已经有 400 年的历史了，无论哪一个政府都不会觉得这是一个短暂的时期。那个时候，在印加帝国充斥着很多不同的政治党派，他们彼此对立和仇视。皮萨罗正是利用了这一点，从中挑拨离间，使这个国家内讧不断，最终在 1531 年的时候，整个印加帝国都掌控在了他的手中。印第安人的首脑全部被他关押起来，印第安人则被他变成了奴隶。大批从印加帝国偷抢来的东西被运往西班牙。从古印加帝国颓败的废墟中，从的的喀喀湖延伸到安第斯山的城堡遗迹中，从废弃的道路中，从残破的陶器碎片中，从所有的艺术品残缺中，我们能够看到一个强悍智慧的民族顷刻间成为绝望痛苦的土著人，或是在旧都库斯科的大街小巷茫然徘徊，或是在某场革命中挣扎，这一切给人类历史造成的损失是多么惨痛啊！

现代化的利马城决定着秘鲁的银、铜以及石油等资源未来的命运，除非在很久以前，共和国的首领和他的外国银行家朋友将这些资源转移到了法国银行的保险箱里。我为什么会如此简略地对这个章节进行描述呢，原因就在于这些事情发生的可能性很大。

富有的玻利维亚，其锡矿产量在世界上排名第三。不过，却只有不到 300 万人生活在这里，大概每平方英里不到 5 个人，这是一个人口稀少的国家，并且这些居民大多数都是印加帝国灭亡后残存的印第安人，所以我们有理由相信，这个国家的发展需要花费相当长的时间。此外，玻利维亚还是一个可怜的内陆国，本来它并不是这样的，因为曾经有一个直接的入海口在首都拉巴斯。不过，玻利维亚在 1879—1882 年发生的那场阿里卡地亚著名的硝石之争的战役中，做出了愚蠢的选择。当时，交战双方是智利和秘鲁，玻利维亚支持了秘鲁，而最后获胜的却是智利，就这样，玻利维亚的沿海地区被剥夺了。

现在，南美大陆最重要的两个国家就是智利和阿根廷，它们位于南美大陆的最南端，正是如此重要的地理位置，造就了它们的繁荣。那些水平和层次较高的移民被它们的温带气候（因此，这里很多有印第安人,印第安人在热带能够迅速繁衍）深深地吸引。

与阿根廷相比，智利的自然资源要丰富得多。南美西海岸最重要的四个港口城市就坐落在智利，它们分别是阿里卡（你可以从这个地方乘坐火车到玻利维亚）、安托法加斯塔、伊基克以及瓦尔帕莱索。整个南美最大的城市是智利的首都圣地亚哥。在智利南部宰杀的牛经过冷冻后，从麦哲伦海峡上的蓬塔阿雷纳斯运往欧洲各地。

南美最为重要的养牛国则是阿根廷。最富裕的地方在巴拉那河沿岸的那块平原上，它只有欧洲面积的 1/3 而已。肉、羊毛、皮革以及黄油是它们重要的大宗出口产品，这些物品在美国的价格与它们的出口量有着直接的关系。过去的 10 年，不计其数的意大利劳工和农民迁居到这里，他们将阿根廷建设成西半球最重要的粮食和亚麻生产基地，巴塔哥尼亚发达的养羊业可以与澳大利亚一争高下。

坐落在拉普拉塔河上的还有阿根廷的首都布宜诺斯艾利斯，小国乌拉圭与它隔河对望。乌拉圭的气候与土壤同阿根廷如出一辙。现在，你已经不可能在乌拉圭找到印第安人了，这个缓慢发展的国家却取得了很大的成功。至于阿根廷，尽管有着宏大的发展规模，却时时陷入投机和理财不善的危急之中。

拉普拉塔河流域的第三个国家是巴拉圭，它同时也是这三个国家中条件最好的一个。发生于 1864—1870 年的那场战争毁灭了巴拉圭的繁荣。那场战争导致全国 5/6 的男人惨死，那时的国家总统简直就是个愚蠢的狂人，毫无理由地与三个强大的邻国开战。这场杀戮过后的巴拉圭已经变得惨不忍睹了，为了快速增长人口，国家被迫恢复了一夫多妻制。即便如此，经历了浩劫的巴拉圭至少需要一个世纪的时间才能从战争的伤痛中恢复过来。

巴西也是一个值得介绍的国家。这个受尽歧视的殖民地先后遭到荷兰人的横行霸道和葡萄牙人的为所欲为。葡萄牙人明令禁止当地居民和移民与其他商人贸易往来，他们只能跟少数几个里斯本授权的商人做生意，这一招导致了整个地区的经济停滞不前。直到 1807 年，葡萄牙王室在拿破仑的追击下逃到里约热内卢，这种局面才得以改善。于是出现了乾坤大翻转的情况，受尽凌辱的殖民地凌驾于宗主国之上，并对其进行了近十年的统治。1821 年，葡萄牙国王将自己的儿子彼得罗留下来作为代表，而自己回到了里斯本。一年以后，彼得罗当上了独立的巴西王国的皇帝。此后，能够将殖民地与它的前宗主国进行联系的唯一纽带就只是葡萄牙语而已。在南美洲的所有国家中，最好的政府就是布拉干萨王朝建立的巴西政府了，但遗憾的是，1889 年，发生了一次军事政变，美洲最后一位皇帝下台后去了巴黎，并在那里与世长辞了。

整个巴西占到南美洲大陆的 1/2 还多，它的国土面积和美国一样大，有 328.5 万平方英里。在赤道以南的所有国家中，巴西是最为富裕的。它由亚马逊低地或亚马逊河流域、大西洋沿岸地区以及高原地区三个部分组成。在高原地区有一个叫桑托斯的小镇，全世界一半的日用咖啡都由这里提供。除此以外，橡胶也是巴西的主要产品，位于亚马逊河口南面的帕拉和贝伦地区是橡胶的盛产地，种植橡胶的地方还有玛瑙斯，这个地方在内格罗河与亚马逊河的交汇处。烟草和可可则种植在东海岸的巴伊亚，至于马托格罗索的高地则是放牧草场。巴西还蕴藏着丰富的钻石以及其他珍贵的宝石，不过，时至今日也没能充分利用起来，因为开采难度非常大。处于同样困境的还有铁矿以及其他金属矿藏，要想改善开采条件，恐怕得修建更多的铁路才能做到。

最后，我再给大家简单地介绍一下南美大陆上欧洲的三块小殖民地，它们是 17、18 世纪旧殖民地的残余，分别是英属圭亚那（也叫德梅拉拉）、荷属圭亚那（也叫苏里南，是荷兰用新尼德兰和新阿姆斯特丹换来的）、法属圭亚那（也叫作卡宴）。我们之所以还能记得有圭亚那这么一个地方的存在，主要因为它是法国的囚犯流放地，而关于这个恐怖地方的一些传言，我们美国人能够偶尔从报纸的头条中看到。当然了，人类的存在和幸福跟这些地方又有什么关系呢？那些海外的游客只会通过这些地方想起南美洲的历史——惨遭掠劫的富裕仓库，仅此而已。

第四十七章

新的家园

我很想知道乞力马扎罗山到底有多高。如果一本书被修改了五六次，那么，那一行一行的数字就很可能不准确了。被抄写了很多次以后，你会在旁边发现无数改动的痕迹，就好像在玩捉迷藏的游戏那样，一下是这个样子，一下又是那个样子。我所说的这些，患有雪盲症的人肯定会了解。

你可能会这样回答：“可是，这有什么关系呢，只需去查阅那些权威的地理手册或者百科书、地图册，从中摘录下来就可以了啊！”

假如任何特定的问题都能够从那些可恶的地理书、百科全书和地图册上找到一致的答案，那么事情就变得非常简单了。不过，显而易见，他们的看法并不是一致的。我几乎拥有绝大多数规范的地理书，它们总是看上去很有趣，实际读起来却并不是那么回事。地理学这门学科并不具有趣味性。一旦讲到高山和大海，它们就会装腔作势。因为江河湖海的面积有时候会缩小，有时候又会扩大。这个地球上某个地区的气候也从来没有保持过持续的稳定，因此，不同的气象台里的水银柱总是不断地发生着变化，像极了股市在恐慌时期的行情自动收录机。同样高低不断变化的还有大海底部，就像一个痴傻儿疯狂玩耍过后，气喘吁吁的肚子。

人们已经对这个世界的很多东西失去了信心，我实在不忍心继续破坏人们的幻想。从中我得出了这样的结论：很多统计地理事实的重要数字都是令人质疑的。我猜测，那些数据之所以大不相同，很可能它们是出自无可救药的民族主义的恶作剧——毕竟，每个小国家为了显示自己独立的主权，都需要制造出一些自己的数据来。

上面所说的这些仅是枝叶部分，我在这里还要讲述一些其他的问题，用几个例子加以说明。在这个世界上，使用十进制来计算重量和长度的国家有一半，另一半的国家则依然使用着十二进制。要把米和公里准确地换算成码和英里，还真不是件简单的事情呢，世界大战期间的枪炮制造商就知道其中的难处了。如果要完成那些必要的计算，恐怕得聘请一位能干的数学助理（我在这个方面很外行）了。不过，对于那些国家的名称以及山脉的名称又要怎么拼写呢？ The Gulf of Chili,Gulf of Tjili,Gulf of Tschili,Gulf of Tshi-li——我的朋友，请你自己来选择吧！ Hindu-kush,Hindoe-koesch,Hindu-kutch,Hindu-Kusj——这当中哪一个是你喜欢的呢？不过，要是几个大语系中的俄语、汉语、日语和西班牙语能够在各种名称的写法上统一的话，情况就会好一些了。现在的问题是，外来语汇被每一种主要语言翻译出多个版本来，有的时候甚至会出现三种不一样的拼写方法。

即使只有巴掌那么大的地方，都希望拥有属于自己的语言，并且以此为荣，他们强烈要求维护“祖先神圣语言”的平等权，在这样的情况下，语言变得愈加混乱不堪。战前的欧洲地图是非常简单易懂的，而今却让人眼花缭乱，所有的语言区域都用不同的颜色来表示，这样一来，库克先生的那本古老而有信赖价值的《大陆铁路指南》阅读起来就变得苦不堪言，让人痛苦的程度一点也不比商博良开始研究埃及象形文字逊色。

我不是在为自己找借口，对于我所写的这些，我已经写好的，不管写得如何，在我这本书中出现的所有高度和深度的数字，请大家给予宽容。连著名的百科全书和统计手册甚至都在三四页中有三四个地方是自相矛盾的，何况我只是个非专业的作家而已，我能怎么办呢？

商博良最后也会重蹈我的覆辙，这是我的猜测。他可能会祈求让那些博大精深的碑文来承担这一切的灾难，之后，他会买一本《世界年鉴》送给自己，并且这样说："这本书就是我的参考标准，我把乞力马扎罗山的高度改成了 19710 英尺（《大英百科全书》上说的是 19321，安德鲁的《地理志》中是 19000，塔尔和麦克穆的书中写的是 19780，《牛津高级地图册》中记录的是 19320，《世界年鉴》中是数字是 19710），对此，如果要控告我的话，那他最好去跟世界电信公司的出版商们争论黑白曲直去吧。"

这些就是我在准备 Kilimanjaro-Kiliman'djaro-Kilimantscharo-Kilimansjar（指乞力马扎罗山）这个主题的时候，想要说的话。当我从一大堆地图册中将我的《世界年鉴》翻出来的时候，不久前别人寄给我的一本小册子也被同时发现了。这本小册子的主要内容是讲述罗纳德·罗斯爵士的生平事迹，通过作者隐晦的表达方式，我们可以了解到罗纳德是一个既不贫困也不富裕的人，我想，我们应该为他做一些事，如果他还能在这个世界上生活很久的话，我们至少也做一些让他的晚年舒适的事情吧。而且他并没有什么过高的要求，通常，科学家都不会用金钱来衡量所收到的回报。不过，他们的健康终究是毁在了经年累月的科学研究上，一张舒适方便的轮椅就会让他很满足了。

小册子被我放在了一边，这个时候，我想起了我们美国的沃尔特·里德。对于他的遗孀，不知道我们心怀感激的国家为她做过些什么，我已经不记得了。他善良的夫人似乎只得到了一项"免费邮递权"，如果我没有记错的话，只是这样而已，而那项权利，每个国会议员都享有。此外，她还得到了一笔医疗机构的遗孀们都会有的抚恤金。除此之外，还有一个地方有一座以里德的名字命名的医院。

当我心里默默想着这一切的时候，我也正在寻找一本关于传染病历史的书籍，猛然间，我的内心为之一震。还有两个很少被人提起的人物，他们是里德和罗斯，他们对人类社会所做出的贡献，即使把小学生熟悉的几百个科学家的功绩加起来，也比不过。疾病和黄热病的发病根源正是由这两个人发现的，从此，人类知道了如何免受瘟疫折磨的方法。就算我们再开发研究几百年，也无法超越他们两个所开辟的领域。因为他们，谋杀了几百万人类性命的蚊子得以制止，虐蚊在走投无路的情况下，走向了灭亡。

想要在这个章节里多加几页关于“医药对世界地理的影响”其实是一件很容易的事。如果想要我们这个世界的绝大多数地方成为适合人类居住的家园，就必须彻底消灭天花、脚气病、昏睡性脑炎等多种疾病。不过，这样做的话，似乎已经不是我的“领地”范围了。我在这方面只是个外行。即便如此，里德和罗斯这两位伟大的医生却是值得我认真研究的。

这个世界充斥着无数不确定的因素。在翻开的地图册上，遍布的红色点点会映入你的视线，如同得了严重的麻疹病那样，到处都是疹子。人们写了不计其数的书籍，期望能够以此解决这个问题。如果不是写这本书，我几乎没有考虑过类似的问题（作者过着与世隔绝的生活），可是，因为有里德和罗斯，所有的问题都豁然开朗了。

有一种使人感到愉悦的消遣，就是对着地图冥想，而且这样做还会有教育上的收获。这里就是罗得西亚，这是个自成一体的世界。让少数人先富裕起来的塞西尔·罗德斯，残忍地杀害了许多土著人。他变成了一个土匪，在所有的小战役中均以失败告终。

可是，当他当上政治家的时候，却打了一个大胜仗。他的名字被刻在了无数被害妇女和儿童的墓碑上，对于这种小事，有一个国家却忘记了，他们一个广阔的新成立的省份就以他的名字来命名。

继续往北，就到了刚果。在这个地方，有斯坦利维和利奥波德维尔这两个城市，还有无数没有标志的墓地。因为无法按时或者没有及时交出足够的橡胶和象牙，大量的土著人死于非人的折磨之下。

有一个海湾是哈德逊用自己的名字命名的，后来，有一个殖民公司也用了这个海湾的名字。这家殖民公司在当地做出了令人发指的行为，它成功地成为人类殉难史上光荣的一页。但是，我们没有必要扯那么远。其实，我们美国人与印第安人达成的任何协议，我们从来也没有遵守过。荷兰的公立学校从来不会向学生讲述关于300年前，荷兰祖先在被自己征服的香料岛上对那里的棕色人种所做的一切。直到今天，人们还对在南美洲普图马约地区发生的一切记忆犹新。

人们迫切地希望能够在他的“地狱”里为那些各式各样的非洲土著统治者和阿拉伯的奴隶贩子留出一层来，专门囚禁这些在沉默的塞内冈比亚森林里犯下累累罪行的恶棍。

当我讲述澳大利亚和新西兰那些远古时代的历史时，几乎不会提起殖民者带着马和狗猎杀人类的情景。他们正是像那样消灭掉当地的土著居民的。

莫非还要继续讲述?

其实，我只是对众所周知的事情进行复述而已。

伟大的拓展时期已经彻底结束了，不过极少有人知道。以前的那些受害者迫切地想要从以前的角色中解脱出来，由此导致了当今世界的许多不安定的局面。

如果我们一味地追究过去所犯的错误，显然是没有任何意义的。明智的做法是积聚我们的聪明智慧，尽力避免再次犯以前的那种错误。而像里德和罗斯这样的人们正走在前面，为我们引路呢。如果我们一味地在乌托邦式的光荣梦想中深陷不可自拔，那最终将一无所获。如果“我们已经索取了几个世纪，现在我们必须为这个世界做出奉献”这样的话，也仅仅是口头上说说而已，并不能解决任何问题。施舍和抢夺一样具有可恶的嘴脸。其实，施舍这种行为对捐赠者和接受者都是有失公平的。把印度人从残暴的英国人那里解救出来，却又让他们没有任何防备地接受穆斯林山民的统治，这只是让荒唐的错误再一次重复而已。

假如现在，我们突然收回那些在中国、爪哇和缅甸的公路、小汽车、飞机，并且将电话亭和加油站都拆除掉，他们将再次回到甘地腰布和小舢板的年代，这对于那些国家的人民又有什么好处呢？机器已经永恒存在了，当地的居民对便利的交通和通信设施已经非常适应了，他们还培养了很多好习惯：如果孩子患了白喉，知道应该去请白人医生，他们知道巫婆是不管用的；如果是去拜访朋友，他们会选择乘坐便宜的小公共汽车，再也不会花 10 个小时长途跋涉了。

对硬币和钞票已经熟悉的世界是不可能再次回到那个用一桶蜜或者一勺盐等进行物物交换的古老时代了。不管怎么说，我们的世界已经变成一个庞大的商贸实体了，它开始的时间不是 932 年，也不是公元前 32 年，而是 1932 年。

我们从里德和罗斯的努力中看到了前进的方向，这两个人进行的是“合作”，他们没有“拿走”什么，也没有“给予”什么。他们所取得的一切成功都建立在成千上万人的合作之上。他们不是为了黑人、白人或是黄种人才消灭了疟疾和黄热病，他们对任何肤色和任何信仰的人们都没有偏见，整个人类都因为他们得到了幸福。同样，开凿巴拿马运河的戈特尔斯和戈加斯博士也是心系全世界的人，他们考虑的不只是太平洋、大西洋或者美洲。马克发明的无线电也并没有限定“只给意大利的船只在遇到危险时使用”，他的发明造福着桑给巴尔岛上的不定期货船以及在大西洋上往来的特快海轮。

对于我的良苦用心，你们是否已经明白了呢?

当然，你们不要对我产生误会，我并没有暗示要重新建立一个社会，那完全没有必要。所有的问题总会有解决的一天。即使现在无法解决，200 年后就会变成不是问题的问题了，因为那时或许已经没有幸存的人了。

那种听之任之的世界早已经离我们远去了。这个法则早就消失在蒸汽和电力诞生之日，巴塔哥尼亚高原和拉普兰，波士顿和汉口因此而成了近邻，只需花不到两分钟的时候，两地的人们就可以相互交谈了。我们生产的粮食不再只是为了满足自己的生存，也不再是单纯地为了自己的村庄而去种植粮食。日本人制造的火柴价格比我们美国人的要低很多，德国人因为阿根廷的小麦而免遭饥饿的折磨，而且这些小麦很廉价。

以前，我们支付给中国苦力和南非黑人的工资只有白人的 1/20，而今，我们却再也无法那样做了。因为黑人和黄种人会在莫斯科的那个覆盖范围广泛的电台里得知自己应该得到的很多东西都被人骗走了，那家电台的播音员可是精通多个国家的语言的。

像我们的父辈那样尽情偷盗抢劫的时代已经一去不复返了，现在的我们不可能再那样做，真实的原因是——你真的想知道的话是因为我们的良知不允许我们做那样的事情，就算我们刚好天生就不具备那样的精神指向；可是，人类的团体良知总会共同到达某个高度，在国际事务和私人交往中，诚实和言行一致是必不可少的，关于这一点，人们在某一天迟早都会明白过来的。

我没有说教的打算,也不想用所谓的“预言”将大家送回从前。

假如你们刚好阅读到这个地方，我希望你们能够用30分钟的时间安静地思考，然后自己得出结论。

时至今日，人类似乎一直以偶然的方式生存着，似乎我们停留在这个世界上的时间就是短短的几十年，最多也就几个世纪而已。我们所做的一切，无异于一列火车上的旅客，我们非常清楚，再有10分钟就要下车了，正是在这10分钟内，我们要消灭掉三顿大餐，因此而变得贪婪无比。

慢慢地，我们意识到自己已经待在这个地方很久了，并且我们还将无止境地继续待下去。何必要匆匆忙忙呢？如果你搬到一个村庄，并且有了长居于此的打算，你就会对未来有一个清晰的规划，你的那些邻居，不管是屠夫、面包师、杂货店老板、医生或者殡仪馆的负责人，无一例外，都会和你有一样的想法，如若不然，这个地方就会极度混乱，最少也得等一个星期才能住人。

如果你已经想到了这些，你会不会觉得这个世界跟你老家的那个村庄有所差别呢？我要说的是，如果真的有区别，那必将是量的差别，而非本质的差别。

你可能觉得我的这个章节实在是不着边际，先是乞力马扎罗山，然后是里德和罗斯医生，接着又讲述了对未来的家园的设想，似乎很游离。

“但是，”艾丽斯或许会这样问，“假如没有旅游，地理又有什么意义呢？”

1931年4月 巴黎

1932年5月 新奥尔良

出 品 人：许　永
出版统筹：林园林
责任编辑：许宗华
特邀编辑：张　洋
装帧设计：海　云
印制总监：蒋　波
发行总监：田峰峥
投稿信箱：cmsdbj@163.com
发　　行：北京创美汇品图书有限公司
发行热线：010-59799930

创美工厂
微信公众平台

创美工厂
官方微博